I0876781

Kohlhammer

Veröffentlichungen zur badischen
Kirchen- und Religionsgeschichte

herausgegeben
im Auftrag des Vorstands des Vereins für Kirchengeschichte
in der Evangelischen Landeskirche in Baden
von Johannes Ehmann

Band 10

Micha Willunat

Kirchenleitung und Seelsorge

Ludwig Schmitthenners Wirken als Pfarrer, großherzoglicher Seelsorger und Prälat der badischen Landeskirche (1892–1923)

Verlag W. Kohlhammer

Für Katja

1. Auflage 2019

Gesamtherstellung: W. Kohlhammer GmbH, Stuttgart

Print:
ISBN 978-3-17-035496-8

Inhaltsverzeichnis

Vorwort

Die vorliegende Arbeit wurde im Frühjahr 2012 begonnen und im Oktober 2017 von der Evangelisch-Theologischen Fakultät der Universität Tübingen als Dissertation angenommen. Für den Druck wurde die ursprüngliche Fassung geringfügig überarbeitet.

Ich danke der Hanns-Seidel-Stiftung, die meine Forschungen durch ein Promotionsstipendium aus Mitteln des Bundesministeriums für Bildung und Forschung finanziert hat.

Ich danke meinem Doktorvater Prof. Dr. Jürgen Kampmann in Tübingen, der sich als westfälischer Kirchengeschichtler an einer württembergischen Universität eines Themas der badischen Lokalkirchengeschichte in bewundernswerter Weise mit hohem wissenschaftlichen Engagement und großer persönlicher Verbundenheit angenommen hat. Ich danke Prof. Dr. Reinhold Rieger, der das Zweitgutachten erstellt hat.

Ich danke Prof. Dr. Johannes Ehmann und Kirchenrat Dr. Udo Wennemuth für die Aufnahme dieses Buches in die Reihe der Veröffentlichungen zur badischen Kirchen- und Religionsgeschichte. Herrn Prof. Dr. Ehmann verdanke ich außerdem den ersten Hinweis auf das Thema meiner Arbeit.

Ich danke den Mitarbeiterinnen und Mitarbeitern des Landeskirchlichen Archivs in Karlsruhe, namentlich Heinrich Löber und Walter Schnaiter, für die vielfältige Unterstützung beim Studium der Akten. Ich danke Dr. Gerhard Schwinge und Dr. Eckhard Marggraf für ihre wissenschaftliche Expertise und Beratung in wesentlichen Einzelfragen der Geschichte unserer badischen Landeskirche. Ich danke den Mitarbeiterinnen und Mitarbeitern im Lektorat für Theologie des Kohlhammer-Verlags, namentlich Daniel Wünsch und Florian Specker, für ihre Unterstützung bei der Erstellung der Repro-Vorlage.

Ich danke meinen Eltern Dorothea und Werner Willunat, die meinen theologischen Werdegang immer unterstützt und sich zuletzt auch der Mühe des Korrekturlesens des Manuskripts unterzogen haben.

Ich danke meinen Kindern Raphael, Hanna, Sara, David und Mattea, die viel zu oft auf ihren Papa verzichten mussten, damit der sein „dickes Buch" fertigstellen konnte.

Und ich danke meiner Frau Katja: Du bist für mich eine unverzichtbare Quelle der Inspiration und Kraft sowohl bei der theologischen Arbeit als auch im persönlichen Leben. Ohne Dich wäre dieses Buch niemals begonnen und niemals geschrieben, geschweige denn fertig gestellt worden.

Karlsruhe, am 22. August 2018, dem 200. Geburtstag der ersten badischen Verfassung.

Micha Willunat

Karl Ludwig Wilhelm Schmitthenner (1858–1932)
(LKA Karlsruhe FA Schmitthenner)

1. Einleitung

1.1. Forschungsinteresse und Intention

> „Welch gewaltige Lehrmeisterin wird die Geschichte für den, der in ihr zu lesen versteht.“[1]
>
> (Prälat Ludwig Schmitthenner am 13. Oktober 1919 in der Predigt zur Eröffnung der verfassunggebenden Generalsynode der Evangelisch-protestantischen Landeskirche Badens)

Versteht man mit Martin Greschat die Aufgabe der Kirchengeschichte als

> „das Bemühen um das Verstehen des kirchlichen Lebens, Denkens und Handelns im Kontext der allgemeinen politischen und sozialen, ökonomischen und geistigen und nicht zuletzt der religiös-kulturellen Sehnsüchte und Gegebenheiten, Hoffnungen und Zwänge einer Epoche“,[2]

dann bietet die wissenschaftliche Biographie einer bedeutenden kirchengeschichtlichen Persönlichkeit auf dem Hintergrund ihrer Zeit wertvolle Anknüpfungspunkte. Wenn es gelingt, eine Lebensgeschichte zu erzählen, ohne dass „Geschichten an die Stelle von Geschichte treten“,[3] dann können anhand einer solchen Biographie – wie Gotthard Jasper in der Einleitung zu seiner Biographie des Erlanger Theologen Paul Althaus treffend bemerkt – allgemeine „Fragestellungen aufgenommen, zusammengefasst und generell erkannte Tendenzen und Probleme am biographischen Einzelfall konkretisiert werden […].“ Dadurch wird es möglich, „ihnen ein individuelles Gesicht zu geben, sie dadurch zu präzisieren und eben auch zu überprüfen.“[4]

---

[1] VGS 1919, Anlage VII, 2.

[2] GRESCHAT: *Bedeutung*, 73. Vgl. FISCHER: *Zeugnis*, 18–21.

[3] LORENZ: *Arbeiterbewegung*, 17. Auch Jens Wolff weist in seiner Untersuchung der dynamischen Relationalität von Pietismus, Orthodoxie und Aufklärung auf die Gefahr hin, dass sich ein rein individueller biographischer Ansatz auf die Person beschränkt und daher weder „operationalisierbar noch theoriefähig“ sei. WOLFF: *Lutherus*, 16.

[4] JASPER: *Althaus*, 10. Eine „Mischform“ zwischen Biographie und allgemeiner geschichtlicher Darstellung wählt Roland Kurz, indem er die unterschiedlichen Ausprägungen des national-protestantischen Denkens in der Weimarer Republik auch anhand einer biographischen Charakterisierung von repräsentativen Charakteren des protestantischen Milieus wie Wilhelm Stapel, Paul Althaus und Otto Dibelius darzustellen versucht. Vgl. KURZ: *Denken*.

Die Nachzeichnung des Lebensweges von Karl Ludwig Wilhelm Schmitthenner (1858–1932) als letztem Prälaten der Evangelischen Landeskirche im Großherzogtum Baden[5] vor der Revolution von 1918, die in der vorliegenden Arbeit unternommen wird, geht außerdem davon aus, dass gerade der badischen Kirchen- und Territorialgeschichte – die nach den Worten des „Rotteck-Welckerschen Staatslexikons" von 1846 immerhin einem der „fruchtbarsten, bevölkertsten und aufgeklärtesten Länder deutscher Zunge"[6] angesiedelt ist – ein exemplarischer Charakter *sui generis* zukommt:

Es war die badische Verfassung von 1818 als eine der ersten und liberalsten innerhalb des Gebietes des Deutschen Bundes, die als Vertreter der evangelischen Kirche einen „vom Großherzog lebenslänglich ernannte[n] Geistliche[n] mit dem Range eines Prälaten"[7] zum Mitglied der Ersten Kammer der Landstände bestimmte. Aufgrund der Anerkennung, die der erste Prälat Johann Peter Hebel (1760–1826) – nicht zuletzt auch dank seiner Verdienste beim Zustandekommen der badischen Kirchenunion von 1821 – innerhalb der Geistlichkeit genoss, war das Amt des Prälaten seit seinen Anfängen an der Schnittstelle zwischen staatlichem und kirchlichem Leben angesiedelt.[8] Eine schon für damalige Verhältnisse „eigentümliche Ordnung, die in Baden seit alters herrschte, und deren Sinn nicht recht zu erkennen"[9] war, sorgte außerdem dafür, dass der jeweilige Prälat der evangelischen Landeskirche auch mit der seelsorglichen Betreuung des großherzoglichen Hauses betraut war.

Im Fall Schmitthenners war das Vertrauensverhältnis zur Fürstenfamilie sogar besonders eng, weil Großherzog Friedrich II. von Baden (1857–1928) und seine Frau Hilda (1864–1952) ihn seit der ersten Begegnung 1889 als persönlichen Seelsorger „schätzten und liebten".[10] 1917 wurde Schmitthenner daher vom Großherzog neben seinem Amt als Prälat auch mit den Aufgaben des großherzoglichen Hofdekans betraut.[11] Der Kontakt der verschiedenen Mitglieder des Hauses Baden, zuletzt Markgraf Berthold von Baden (1906–1963), zu „unserem lieben Seelsorger"[12] blieb bis zu Schmitthenners Tod 1932 bestehen. Am innigsten war die Beziehung wohl zu Großherzogin Luise von Baden (1838–1923), einer geborenen Prinzessin von Preußen und einzigen Tochter des deutschen Kaisers Wilhelm I. (1797–1888).

---

5 Vgl. zu den verschiedenen Schreibweisen SCHWINGE: *Geschichte*, 9.

6 Zitiert nach: TILING: *Gemeinde*, 555.

7 BRBl 1818, 101.

8 Vgl. EHMANN: *Unionskatechismen*, 250, der das Prälatenamt im Fall Hebels lediglich als „Ehrentitel des in die Erste Kammer der Stände abgeordneten evangelischen Geistlichen" (noch) ohne kirchenleitende Funktion einordnet.

9 FROMMEL: *Helbing*, 13.

10 Hilda an Berthold von Baden, Zwingenberg, 8. Juli 1932. Zitiert nach: ILGENSTEIN/CATTERFELD: *Hilda*, 36.

11 GuVBl. 1918, 2.

12 Berthold von Baden an Hermann Schmitthenner, Salem, 22. Juni 1932, in: GLA Karlsruhe N Schmitthenner, Nr. 18.

Als dritter Sohn des Neckarbischofsheimer Stadtpfarrers Johann Heinrich August Schmitthenner[13] und seiner Frau Mathilde, geb. Herbst, entstammte Ludwig Schmitthenner einer alteingesessenen badischen Pfarrerdynastie. Seine beiden älteren Brüder Christian Heinrich[14] und Adolf Schmitthenner[15] waren ebenfalls Theologen. Adolf Schmitthenner – wegen seiner schriftstellerischen Tätigkeit als Heimatdichter der wohl bekannteste Namensträger der Familie – notierte 1876 in seinem Lebenslauf an den Evangelischen Oberkirchenrat:

> „Solange ich zurückdenken kann, wußte ich nichts anderes, als das ich einmal Pfarrer werden wolle. Es schien mir das so selbstverständlich, – es ist auch wirklich so für die männlichen Glieder unserer Familie, – daß ich mich nie nach einem anderen Beruf umsah."[16]

Adolf Schmitthenners Sohn, der Militärhistoriker und spätere Rektor der Universität Heidelberg und badische NS-Kulturstaatsminister Paul Schmitthenner,[17] wusste sich ebenfalls geprägt von der Tatsache, „dass mehr als 300 Pfarrerahnen in meinem Blute predigen."[18]

So sind die ersten beiden Kapitel der vorliegenden Arbeit zum einen der Geschichte Badens sowie dem Verhältnis von Staat und Kirche in einem der bedeutendsten deutschen Mittelstaaten gewidmet.

---

13 Johann Heinrich August Schmitthenner (1818–1893), Studium in Heidelberg und Berlin, Rez. 1843, Vikar in Asbach und Epfenbach 1844, Eichtersheim 1845, Pfarrer in Kälbertshausen 1845, Zweiter Pfarrer in Neckarbischofsheim 1850, Heidelberg-Kircheim 1872–1893, Dekan des KB Oberheidelberg 1881, Mitglied der Generalsynode 1876, 1881–1882, 1886. Vgl. NEU II, 541.

14 Christian Heinrich Schmitthenner (1849–1937), Studium in Erlangen, Heidelberg, Berlin und Tübingen, 1870 Kriegsfreiwilliger, Rez. 1872, Vikar in Malterdingen 1872, Emmendingen 1874, Pfarrer in Kälbertshausen 1875, Schatthausen 1881, Hugsweier 1902–1922, Dekan des KB Lahr 1910–1920, Mitglied der Generalsynode 1909, 1914, Kirchenrat 1917. Vgl. NEU II, 541.

15 Adolf Schmitthenner (1854–1907), geb. am 24. Mai 1854 in Neckarbischofsheim, Rez. 1876, Vikar in Brötzingen 1876, Kippenheim und Lahr 1878, Heidelberg 1879, Karlsruhe Mittelpfarrei 1881, Heirat mit Aline Wagner am 30. März 1880, Zweiter Pfarrer in Neckarbischofsheim 1883, Erster Pfarrer 1892, Stadtpfarrer an der Providenzkirche in Heidelberg 1893, Heiliggeist 1903–1904, Christuskirche 1904–1907, Lehrer am Praktisch-Theologischen Seminar, Vorsitzender des Wissenschaftlichen Predigervereins 1898–1907, gest. am 22. Januar 1907 in Heidelberg. Vgl. NEU II, 541f.

16 LKA Karlsruhe PA 940. Vgl. BEISEL: *Schmitthenner*, 123.

17 Ludwig Paul Schmitthenner (1884–1963), geb. am 2. Dezember 1884 in Neckarbischofsheim, Abitur 1904, Berufsoffizier, Entlassung 1918 als Major, Geschichtsstudium in Heidelberg, Abgeordneter der DDP 1925–1933, Eintritt in die NSDAP 1933, Habilitation 1928, Ordinarius für Militärgeschichte in Heidelberg 1933, Rektor der Universität 1938, Kulturstaatsminister 1940, Internierung 1945–1948, gest. am 12. April 1963 in Heidelberg. Vgl. LENNARTZ: *Preuße*; WOLGAST: *Schmitthenner*.

18 LKA Karlsruhe FA Schmitthenner, Nr. 503, 9.

Die hundert Jahre seit der Inkraftsetzung der Verfassung von 1818, die am 22. August 1918 in Anwesenheit des Großherzogs mit einem – mitten im Weltkrieg doch recht realitätsfern anmutenden – Festakt im Karlsruher Ständehaus gefeiert wurden, sind der Wurzelboden der politischen und kirchlichen Ereignisse vor und nach dem Ende des landesherrlichen Summepiskopats. Nur wenige Monate nach der Feier des Verfassungsjubiläums, in deren Rahmen der Großherzog noch das Vertrauen des Volkes zu seiner Person gelobt und das Versprechen abgegeben hatte, „nach Kräften mitzuarbeiten an seiner glücklichen Zukunft“,[19] fegte die Novemberrevolution von 1918 diesen geistigen Wurzelboden hinweg und läutete eine neue Zeit ein.

Zum anderen wird vor dem Hintergrund der allgemeinen Territorial- und Kirchengeschichte die Familiengeschichte der Pfarrerdynastie Schmitthenner skizziert, deren Vertreter sich – so die Überzeugung Heinrich Schmitthenners als Herausgeber der 1884 erschienenen Familienchronik[20] – unabhängig von Stand oder Beruf „in dem einen eins [seien], dass das Wahre, das Schöne, das Gute ihr Lebensziel“[21] sei. Naturgemäß ergeben sich zwischen der badischen Kirchen- und der Familiengeschichte Berührungspunkte – etwa im so genannten „Schenkelstreit“, der 1864 die badische Landeskirche erschütterte und in dem Ludwig Schmitthenners Vater Heinrich Schmitthenner zu den Wortführern der konservativen Proteste gegen den liberalen Direktor des Heidelberger Predigerseminars Daniel Schenkel (1813–1885) gehörte.[22]

Das dritte Kapitel ist der Kindheit und Jugend Schmitthenners im Neckarbischofsheimer Pfarrhaus sowie seinem Bildungsweg gewidmet. Weil die beiden älteren Brüder bereits Theologie studierten, war der Pfarrberuf für ihn nicht vorgezeichnet. Der Vater empfahl ihm, „ein technisches Fach [zu] ergreifen, um mich schneller aus den Kosten zu bekommen“[23]. Nach dem Besuch der Bürgerschule in Heidelberg entschloss sich Schmitthenner dann aber doch zum Theologiestudium. Ab 1874 besuchte er das Gymnasium in Heidelberg. 1879–1882 studierte er Theologie in Erlangen, Tübingen und Heidelberg. Ab 1883 wurde er als Stadtvikar zunächst in Baden-Baden, dann in Meersburg und schließlich in Mannheim eingesetzt. 1885 unternahm Schmitthenner eine Studienreise nach England und Norddeutschland, um dort die Arbeit der Inneren Mission besser kennen zu lernen. 1887 übernahm Schmitthenner die Stelle des Militärpfarrers zunächst in Rastatt, 1888 dann in Freiburg.

---

19 VBL 1917/1918, 651.

20 SCHMITTHENNER: *Genealogie 1884*. Weitere überarbeitete und ergänzte Ausgaben der Genealogie wurden 1928 und 1958 herausgegeben. Vgl. SCHMITTHENNER: *Genealogie 1928* sowie SCHMITTHENNER: *Genealogie 1955/1956*.

21 SCHMITTHENNER: *Genealogie 1884*, VII.

22 Vgl. EHMANN: *Schenkel*, 178.

23 LKA Karlsruhe PA 3243.

Ab 1892 war er der erste Stelleninhaber an der neugegründeten Pfarrei der Christuskirche in Freiburg, einer vom ultramontanen Katholizismus geprägten Stadt, in der erst seit 1807 eine evangelische Kirchengemeinde existierte.[24] Während der Amtszeit Schmitthenners wuchs Freiburg zu einer der größten badischen Metropolen. So verdoppelte sich die Einwohnerzahl von 36 401 im Jahr 1880 auf 76 283 im Jahr 1905.[25] Das vierte Kapitel untersucht die verschiedenen Aspekte der Amtsführung Schmitthenners als Stadtpfarrer in Freiburg: Wie etwa begegnete die evangelische Gemeinde den wachsenden sozialen Herausforderungen? Stadtvikar Otto Lang[26] gründete in Freiburg einen der ersten evangelischen Arbeitervereine,[27] 1906 fand in der Stadt unter seiner Leitung die Delegiertenversammlung des Gesamtverbandes der Evangelischen Arbeitervereine Deutschlands statt.[28] In welchem Verhältnis stand der theologisch konservativ eingestellte Schmitthenner zu seinen liberalen Kollegen Adolf Hasenclever[29] an der Ludwigskirche und Philipp Kattermann[30] in der 1905 neu eingerichteten Pauluspfarrei? Wie lässt sich die Haltung der evangelischen Geistlichen in der schwierigen Situation der Freiburger Diaspora beschreiben? Diese bewegte sich im Spannungsfeld eines starken freikirchlichen Protestantismus der vom Freiburger Industriellen und Politiker Carl Mez (1808–1877) gegründeten Stiftsgemeinde auf der einen, sowie eines wiedererstarkenden ultramontanen Katholizismus auf der anderen Seite. Auch Schmitthenners Engagement bei der Gründung des Freiburger Diakonissenhauses seit 1893 wird hier in den Blick genommen.

1909 erfolgte mit der Berufung in das Amt des Prälaten der badischen Landeskirche durch Großherzog Friedrich II. die entscheidende Lebensveränderung für den bisherigen Gemeindepfarrer Schmitthenner.

---

24 Vgl. SCHULIN: *Geschichte*, 4; OVERMANS: *Wort*.

25 Vgl. HASENCLEVER: *Protestantismus*, 165.

26 Otto Lang (1872–1938), Sohn eines Lokomotivführers, Studium in Straßburg und Heidelberg, Rez. 1987, Vikar in Eckartsweier 1897, Schiltach 1898, Schopfheim 1899, Mittelpfarrei und Christuskirche Karlsruhe 1900, Pauluspfarrei Freiburg 1902, Pfarrer der Pauluspfarrei 1909–1938, Vorsitzender des Landesvereins evangelischer Arbeitervereine 1909–1919. Vgl. NEU II, 360; LORENZ: *Arbeiterbewegung*, 174f., LKA Karlsruhe GA 5117.

27 Vgl. zur Rolle der evangelischen Arbeitervereine zwischen Bürgertum und Sozialdemokratie HÜBINGER: *Sakralisierung*, 238.

28 Vgl. LKA Karlsruhe GA 5117.

29 Karl Adolf Hasenclever (1849–1910), geb. 1849 in Kirchberg (Hunsrück), Studium in Hamburg und Heidelberg, Rez. 1871, Dallau und Baden-Baden 1871, Freiburg 1873, Pfarrer in Badenweiler 1878, Braunschweig (St. Andreas) 1886, Freiburg (Ludwigskirche) 1892–1910, seit 1903 Dekan des KB Freiburg, Mitglied der Generalsynode 1909. Vgl. NEU II, 236.

30 Philipp Friedrich Kattermann, geb. 1868 in Michelfeld, Studium in Hamburg, Berlin, Heidelberg, Rez. 1890, Badenweiler 1890, Konstanz 1891, Militärdienst 1892–1893, Mannheim (Trinitatisgemeinde) 1893, Pastorationsgeistlicher in Triberg 1895, Pfarrer in Flehingen 1900–1905, Freiburg (Pauluspfarrei) 1905–1935, Mitglied der außerordentlichen Generalsynode 1919, der Landessynode 1921, KR 1927. Vgl. NEU II, 311.

Die Kapitel 5 bis 7 sind den Amtsjahren als Prälat bis zum Ausbruch des Ersten Weltkriegs gewidmet. In der evangelischen Landeskirche in Baden war dies die Zeit der so genannten „Ära Helbing" – benannt nach Albert Helbing,[31] der 1900–1903 als Prälat und von 1903 bis zu seinem Tod am 30. Dezember 1914 als Präsident des Evangelischen Oberkirchenrats die kirchlichen Verhältnisse entscheidend prägte. Ein erster Schwerpunkt liegt hier auf Schmitthenners Aufgabe der seelsorgerlichen Betreuung der badischen Pfarrerschaft: Wie etwa nutzte der Prälat die ihm zugeschriebene Autorität im Umgang mit Disziplinarfällen? Untersucht werden hier anhand der jeweiligen Personalakten Fälle wie der von Otto Raupp,[32] der als junger Stadtvikar in Freiburg 1893 Schmitthenners Missfallen erregte. In einer Schulung von Kindergottesdienstmitarbeiterinnen äußerte Raupp, Jesus sei nicht Gott, sondern Mensch gewesen. Der landesweit in der konservativen Presse verhandelte „Gräuel der Verwüstung"[33] führte zu einer heftigen Auseinandersetzung Schmitthenners und Raupps vor dem Oberkirchenrat. Raupp wurde schließlich Pfarrer in Mundingen, Dekan des Kirchenbezirks Emmendingen und Wortführer der gemäßigten liberalen Fraktion innerhalb der Pfarrerschaft. 1909, 1911, 1914 und 1915 bewarb er sich erfolglos auf größere Pfarrstellen und klagte schließlich, er werde aus persönlichen Gründen auf eine „klägliche Statistenrolle" reduziert und bei Stellenbesetzungen systematisch übergangen. [34]

---

31 Karl Albert Helbing (1837–1914), geb. am 5. Mai 1837 in Oberacker, Rez. 1860, Vikariat und Lehrtätigkeit an der Karlsruher Friedrichschule 1860–1867, Diakon 1867, Hofdiakon 1869, Hofprediger 1877, Dr. theol. h.c. 1886, Oberhofprediger 1889, Dekan des KB Karlsruhe 1894, Prälat 1900, Präsident des Oberkirchenrats 1903–1914, Mitglied der Generalsynode 1881–1903, Vorsitzender des Wissenschaftlichen Predigervereins 1887–1897, gest. am 30. Dezember 1914 in Karlsruhe. Vgl. NEU II, 248.

32 Otto Heinrich Raupp (1867–1945), geb. 1867 in Dossenbach, Studium in Jena und Heidelberg, Rez. 1889, Eberbach 1889, Berwangen 1890, Müllheim 1891, Freiburg 1892, Mannheim 1895, Pfarrverwalter in Auggen 1898, Pfarrer in Mundingen 1899, Denzlingen 1919–1938, 1907–1933 Dekan des KB Emmendingen, Mitglied im Leitungskreis des Evangelisch-Sozialen Vereins, Mitglied der außerordentlichen Generalsynode 1919, KR 1927, gest. 2.11.1945 in Freiburg. Vgl. NEU II, 473f.

33 Badische Landpost vom 17. April 1893 in: LKA Karlsruhe PA 1574.

34 Raupp an EOK, Mundingen, 2.7.1915, in: ebd.

Mit Hermann Maas[35] wird auch ein weiterer Fall eines kirchenpolitisch ähnlich exponierten Pfarrers untersucht. Zwar sollte Maas, der im Februar 1925 an der Beerdigung des verstorbenen Reichspräsidenten Friedrich Ebert (1871–1925) mitwirkte und dafür von der Kirchenleitung heftig gemaßregelt wurde, erst nach dem Ende der „Ära Schmitthenner" für Aufsehen in der Landeskirche sorgen. Trotzdem stellt sich die Frage nach dem Umgang Schmitthenners mit dem Heidelberger Stadtpfarrer. Hier ergibt sich aus den Akten ein deutlich positives Bild: Als Maas im Februar 1921 als Pfarrer nach Bonn berufen werden sollte, versuchte die badische Kirchenleitung, ihn unter allen Umständen zu halten.[36] Maas erteilte der Anfrage aus Bonn eine Absage und begründete seine Entscheidung auch mit der persönlichen Intervention Schmitthenners, die ihn „nach schwerem inneren Kampf zum Bleiben"[37] bewogen habe.

Die Darstellung Frank-Michael Kuhlemanns, der von Baden als dem „Land der politischen Pastoren'"[38] spricht, wirft auch die Frage auf, wie der politisch und theologisch konservative Schmitthenner sich neben Maas zu weiteren politisch links stehenden Kollegen in der Pfarrerschaft positionierte. Mit Ernst Josef Lehmann,[39] seit 1911 Pfarrer an der Mannheimer Lutherkirche, Theodor Steltz,[40] seit 1921 dort Gefängnispfarrer, Heinz Kappes,[41]

---

[35] Hermann Ludwig Maas (1877–1970), geb. 5. August 1877 in Gengenbach, Rez. 1900, Vikariat in Rheinbischofsheim, 1901 Weingarten, Pforzheim I, 1903 Pfarrverweser in Lörrach, Teilnahme am 6. Zionistischen Weltkongress in Basel 1903, Pfarrer in Lauffen 1906, Erster Pfarrer an Heiliggeist in Heidelberg 1915, Mitglied der Generalsynode 1914 und 1919, 1916 Verleihung des badischen Kriegshilfekreuzes, seit 1918 Mitglied der DDP, 1925 Teilnahme am Ökumenischen Weltkongress in Stockholm, 1933 Mitglied des Pfarrernotbundes, am 1. Juli 1943 zwangsweise in den Ruhestand versetzt, am 1. August 1946 zum Dekan des Kirchenkreises Nordbaden ernannt, 1947 Dr. theol., 1954 Großes Bundesverdienstkreuz, seit 1. Juli 1956 Amtsbezeichnung „Prälat", 1. Januar 1965 Ruhestand, 1966 Yad-Vashem-Medaille als „Gerechter unter den Völkern", gest. 27. September 1970 in Heidelberg. Vgl. NEU II, 384f.; RÜCKLEBEN: *Maas*; KELLER: *Versöhnung*; GEIGER: *Maas*.

[36] Vgl. EOK an Maas, Karlsruhe, 20.2.1921, in: LKA Karlsruhe PA 4350.

[37] Maas an EOK, Heidelberg, 28.2.1921, in: ebd.

[38] KUHLEMANN: *Kultur*, 101.

[39] Ernst Josef Lehmann (1861–1948), Rez. 1889, Vikar in Wieblingen 1889, Dossenbach 1890, Mannheim-Schwetzinger Vorstadt 1892, Pfarrverwalter in Hornberg 1894, Pfarrer 1895, Pfarrer an der Mannheimer Lutherkirche 1911–1931, 1894 Gründung eines Arbeitervereins in Mannheim, Organisation der Evangelisch-Sozialen Vereinigung Badens, Gründung der National-Sozialen Partei in Baden, Gründung der Mannheimer Ortsgruppe des Volkskirchenbundes 1920, 1930 Eintritt in die SPD, 1940 in Gestapo-Haft. Vgl. NEU II, 365.

[40] Vgl. NEU II, 591.

[41] Martin Heinrich Kappes (1893–1988), Kriegsdienst 1914–1918, Rez. 1919, Vikar in Brötzingen 1919, Lutherkirche Mannheim 1920, Jugendpfarrer in Karlsruhe 1922, Mitglied des badischen Volkskirchenbundes 1924, Mitglied der Landessynode 1926–1932, Eintritt in die SPD 1924, Stadtrat in Karlsruhe 1929–1933, Strafversetzung nach Büchenbronn 1933, Auswanderung nach Palästina 1935, Rückkehr und Wiederaufnahme in den Kirchendienst 1948, Religionslehrer in Karlsruhe, Pfarrer in Karlsru-

1920–1922 Vikar bei Ernst Lehmann und Erwin Eckert,[42] seit 1927 Pfarrer der Trinitatisgemeinde, wirkten gleich vier bekennende sozialistische Pfarrer beinahe zeitgleich in der badischen Metropole Mannheim.[43] Hervorzuheben ist hier Eckert, der, ähnlich wie Hermann Maas, wegen seiner politischen Agitation gegen die Wahl Hindenburgs als Reichspräsident einen ersten Verweis durch die Kirchenleitung erhielt und 1931 schließlich aus dem badischen Kirchendienst entlassen wurde.[44] Die Anfänge des in Baden berüchtigten „Falles Erwin Eckert“[45] liegen im Mai 1925 und damit nach Schmitthenners Emeritierung. So stellt sich die Frage, ob es lediglich ein Zufall war, „dass es in der ersten Periode der Weimarer Republik, der revolutionären und gegenrevolutionären Nachkriegskrise von 1918 bis 1923, zu keinen Zusammenstößen zwischen Eckert und seiner Kirchenleitung kam,“[46] oder ob auch Eckert wie Maas von einem Vertrauensverhältnis zu seinem „väterlichen Freund“[47] Schmitthenner profitieren konnte.

Ein eigener Abschnitt ist der Frage gewidmet, wie Schmitthenner in der – spätestens seit 1914 durch den kriegsbedingten Pfarrermangel äußerst virulenten – Frage der Zulassung von Frauen zu den kirchlichen Dienstprüfungen agierte: In der kirchlichen Öffentlichkeit in Baden wurde die Zulassung von Frauen zum Pfarrberuf zumindest für die Zeit des Krieges bereits öffentlich diskutiert.[48]

---

he 1952–1959, Auslandsaufenthalt in Indien 1962–1966, Gründer der „Anonymen Alkoholiker“ in Deutschland. Vgl. NEU II, 309.

42 Georg Richard Erwin Eckert (1893–1972), geb. am 16. Juni 1893 in Zaisenhausen, Vater Lehrer, seit 1899 in der Mannheimer Neckarvorstadt, Kriegsteilnehmer 1914–1918, Rez. 1919, Vikar in Pforzheim-Dillweißenstein 1919, 1920 Gründung des „Bundes Evangelischer Proletarier“, ab 1922 mit dem badischen Volkskirchenbund zum „Volksbund religiöser Sozialisten Süddeutschlands“ fusioniert, Diasporapfarrer in Meersburg 1922, Gründung und Vorsitz der „Arbeitsgemeinschaft religiöser Sozialisten“ 1924, Jungbuschpfarrei Mannheim (Trinitatiskirche) 1927–1931, Schriftleiter des „Religiösen Sozialisten“ 1926–1931, Mitglied der Landessynode 1926–1931, 1931 „Fall Eckert“ zunächst mit Redeverbot, SPD-Ausschlussverfahren, KPD–Eintritt und Entfernung aus dem Kirchendienst am 11. Dezember 1931, Verhaftung 1933, Verurteilung wegen Hochverrat 1936, Vorsitzender der KPD in Südbaden 1946–1950, Staatsrat der südbadischen provisorischen Regierung, Vizepräsident der verfassunggebenden Versammlung, Staatskommissar für Wiederaufbau 1946, Kandidatur als Mannheimer Oberbürgermeister 1949, Landtagsabgeordneter bis zum KPD-Verbot 1956, Verurteilung im „Düsseldorfer Prozess“ 1959–1960, Rehabilitierung durch die badische Landessynode 1999. Vgl. SCHWINGE: *Geschichte*, 565f.; BALZER: *Protestantismus*, 21.

43 Vgl. WENNEMUTH: *Geschichte*, 217–307.

44 Vgl. LORENZ: *Arbeiterbewegung*, 150–165.

45 Vgl. BALZER/SCHNELL: *Fall.*

46 BALZER: *Protestantismus*, 33.

47 Eckert an Schmitthenner, Meersburg, 12. Februar 1926 (Abschrift), in: GLA Karlsruhe FA N Max von Baden, Nr. 1872.

48 Vgl. den Artikel von Friedrich Hindenlang im „Evangelischen Gemeindeboten Karlsruhe“ vom 20. Mai 1916, 82. Zitiert nach: LKA Karlsruhe PA 485.

Gegen den Widerstand aus der Kirchenleitung trat Schmitthenner für die Examinierung der damals 44jährigen Elsbeth Oberbeck (1871–1944) ein, die im Frühjahr 1916 – als erste Frau in Deutschland überhaupt – zum Ersten Kirchlichen Examen zugelassen wurde.[49] Zwar wurde Oberbeck, die dem Prälaten schon vor der Entscheidung des EOK die „Dankbarkeit für Ihre wohlwollende Stellungnahme“[50] übermittelt hatte, anschließend nicht in den Pfarrdienst übernommen. Von 1917 bis zu ihrem Ruhestand arbeitete sie aber als „Gemeindehelferin“ in Heidelberg. Dass die verhältnismäßig große Offenheit gegenüber der Anstellung von Frauen zunächst nur eine kriegsbedingte Episode blieb, zeigt aber auch Schmitthenners Stellungnahme gegen die Übernahme von Grete Gillet (1895–1970), der zweiten Frau, die in Baden zum kirchlichen Examen zugelassen worden war.[51] Als Gillet 1923 – also noch während Schmitthenners Amtszeit – schließlich doch als erste Frau überhaupt als Religionslehrerin in Mannheim in den Kirchendienst übernommen wurde, enthielt ihr Dienstvertrag besondere geschlechtsspezifische Einschränkungen.[52]

Welche Positionen vertrat Schmitthenner schließlich in den Debatten der badischen Generalsynoden der Jahre 1904 bis 1914, die von der zunehmenden Auseinandersetzung zwischen Konservativen und Liberalen in Fragen wie der Reform der Agende oder der Freigabe des Apostolikums gekennzeichnet waren? Wie etwa machte es sich bemerkbar, dass Schmitthenner sich trotz seines Amtes als Prälat klar den „Brüder[n] zur Rechten“[53] zugehörig wusste?

Durch sein Amt war Schmitthenner lebenslänglich ernanntes Mitglied der Ersten Kammer des Landtages und vertrat die Belange der Kirche im politischen und öffentlichen Leben. Zwar hatten die Landstände in einer konstitutionellen Monarchie wie dem Großherzogtum lediglich das Recht der Haushalts- und Steuergesetzgebung, trotzdem vermitteln die Beratungen und die Stellungnahmen Schmitthenners einen aufschlussreichen Blick auf die politische Kultur der Kaiserzeit. Zu denken ist hier etwa an die anachronistische Haltung der adeligen Vertreter in der Ersten Kammer, die noch im Sommer 1918 ihre Zustimmung zu einer Reform der Kammerzusammensetzung verweigerten, weil diese eine stärkere Repräsentanz der Arbeiterschaft im politischen System Badens ermöglicht hätte. Darzustellen ist hier auch das Eintreten Schmitthenners für einen „Burgfrieden“ zwischen den Konfessionen im Juni 1918, die, „wenn auch getrennt marschierend, vereint den Feind schlagen und so des Landes Bestes schaffen“[54] sollten.

---

49 Vgl. Schmitthenner an Wurster, Karlsruhe, 6. Januar 1918, in: LKA Karlsruhe GA 5609.

50 Oberbeck an Schmitthenner, Malterdingen, 21. August 1915, in: LKA Karlsruhe PA 485.

51 Vgl. VLS 1921, 61.

52 Vgl. LKA Karlsruhe PA 4514.

53 VGS 1914, 360.

54 VBL 1917/1918, 401.

Die Reden Max von Badens (1867–1929), der als Präsident der Ersten Kammer wiederholt die öffentliche Bühne zur Darstellung seiner politischen Reputation nutzte, zeigen als aufschlussreiche geschichtliche Quelle die Auffassungen des badischen Thronfolgers und späteren Reichskanzlers zur besonderen Rolle des Deutschen Reiches und seiner humanistischen Kultur in einem Konflikt, dessen Schrecken den Zeitgenossen erst nach und nach zu Bewusstsein kamen.

Zu fragen ist auch nach der allgemeinen politischen Haltung Schmitthenners während des Ersten Weltkrieges und in den Nachkriegsjahren bis 1923. Aufschlussreich ist hier etwa eine Predigt, die anlässlich der Gedächtnisfeier für die Opfer des schweren Luftangriffs auf Karlsruhe am 22. Juni 1916 gehalten wurde.[55] Die Ansprache bietet keine Kritik des Krieges, allerdings auch keine Rechtfertigung. Der gängige Enthusiasmus, der für so viele „Kriegspredigten“ der damaligen Zeit kennzeichnend war, fehlt ganz.

Nach dem Zusammenbruch des Kaiserreichs trat auch bei Schmitthenner an die Stelle apokalyptischer Endzeiterwartungen im Gefolge der Revolution bald ein organisatorischer Pragmatismus bei der Neuordnung der kirchlichen Verhältnisse. Eine innere Identifizierung mit den neuen politischen Verhältnissen fand aber nicht statt. Wenige Monate nach der „Staatsumwälzung“ – durch die für die meisten Zeitgenossen die Zeit förmlich „aus den Fugen“[56] gesprengt zu sein schien – hielt der Prälat am 13. Oktober 1919 die Predigt zur Eröffnung der verfassunggebenden Generalsynode und lobte den abgetretenen Großherzog Friedrich II. (1857–1928) als den Mann,

> „der unseres Landes Herr und unserer Kirche Bischof war, der sich es nie hatte nehmen lassen, mit den Seinen in diesem Gotteshause solche Feierstunden mitzuerleben. Als ein Opfer der staatlichen Umwälzung ist er von uns gegangen. Wir grüßen ihn mit den Seinen in schmerzlichem Vermissen und in tiefer Dankbarkeit für Alles, was sie uns und unserer Kirche gewesen sind, und wir wissen, sie grüßen uns auch in dieser Stunde aus der Ferne, in die sie die neue Zeit verbannt hat. Über dieser wehmütigen Erinnerung aber steigt das ganze Elend vor uns auf, das vor Jahresfrist über unser Volk und Vaterland hereinbrach, und wie ein Notschrei ringt es sich aus unserer Seele: Herr, Gott, hilf doch, dass unser Volk nicht verderbe!“[57]

Bei der Beerdigung Friedrichs knapp zehn Jahre später am 16. April 1928 lobte er die „Treue, die sich der Pflicht, dem Vaterland auch in einer neuen Gestaltung seines Staatswesens zu dienen, wohl bewusst ist, die aber dem alten Herrscherhaus doch zugetan bleibt in dankbarer Liebe.“[58]

Die Dankbarkeit der Kirche und ihrer höchsten Vertreter gegenüber der großherzogliche Familie blieb also in der gesamten Zeit der Weimarer Republik bestehen. Wie zur Beisetzung der Großherzogin Luise 30. April 1923 wurden auch zur Beisetzung Friedrichs am 16. August 1928 in den badischen

---

55 Predigt über Jer 29,11 am 2.7.1916 in: GLA Karlsruhe N Schmitthenner, Nr. 2.

56 SCHOLDER: *Geschichte*, 78. Vgl. FISCHER: *Zeugnis*, 23–27.

57 VGS 1919, Anlage VII, 1.

58 LKA Karlsruhe FA Schmitthenner, Nr. 196/6.

Kirchen die Glocken geläutet.[59] Auch die Seelsorgetätigkeit Schmitthenners bzw. seine persönliche Verbindung zur großherzoglichen Familie in Baden endete mit der Revolution von 1918 nicht. Namentlich mit der alten Großherzogin Luise verband ihn bis zu deren Tod 1923 ein enges Vertrauensverhältnis. In den 14 Jahren seit dem Amtsantritt Schmitthenners als Prälat 1909 entstanden so 294 Briefe Luises und 180 Antwortschreiben Schmitthenners, die nicht nur als geschichtliche Quellen ihrer Zeit, sondern auch als Dokumente einer ausgedehnten Briefseelsorge verstanden werden können.[60]

Wie etwa verarbeitete die tief religiöse Tochter Kaiser Wilhelms I. (1797–1888), die von ihrer Umgebung spöttisch das „Tantchen Gottbefohlen“[61] genannt wurde, den Untergang des Kaiserreichs? Welche theologischen Implikationen maß sie, die bis zuletzt vom „Sieg der gerechten Sache“[62] im Ersten Weltkrieg überzeugt gewesen war, der Niederlage Deutschlands bei? Welche Hoffnungen für die Zukunft hatte sie angesichts der „vaterländische Erniedrigung dieser Tage“?[63] Wie lässt sich die Aufgabe Schmitthenners als des „lieben Seelsorger[s]“[64] der großherzoglichen Familie beschreiben? 81 Briefe von Luises Tochter Viktoria von Baden (1862–1930), seit 1881 verheiratet mit dem Kronprinzen Gustav von Schweden (1858–1950) und seit 1907 schwedische Königin, sowie 54 Briefe Großherzog Friedrichs II. (1857–1928) und seiner Frau Hilda (1864–1952) lassen auf ein enges Vertrauensverhältnis zwischen dem Prälaten der badischen Landeskirche und dem großherzoglichen Haus auch über den Zusammenbruch von 1918 hinaus schließen.[65] Freundschaftlich verbunden war Schmitthenner schließlich auch mit dem Mitglied des badischen Fürstenhauses, dessen Rolle in der Forschung nach wie vor umstritten ist: mit dem Neffen des kinderlosen Großherzogs Friedrich und damit badischem Thronfolger Max von Baden (1867–1929).

---

59 Vgl. GuVBl 1923, 27; GuVBl 1928, 67.

60 Vgl. MORGENTHALER: *Seelsorge*, 351. Auffallend sind die Ähnlichkeiten zur Seelsorgepraxis Martin Luthers, der neben seinen vielfältigen Pflichten als Prediger, Distriktsvikar des Augustinerordens und Professor in den Nachtstunden ebenfalls einen ausgedehnten Briefwechsel – nicht zuletzt mit verschiedenen Vertretern des Adels – pflegte. 1997 hat Gerhard Ebeling Luthers Seelsorgepraxis anhand dieser Briefe näher untersucht. Luthers Trostschrift „Vierzehn Tröstungen für Mühselige und Beladene“ von 1519 ist den Trostbriefen Schmitthenners an die verbitterte Großherzogin in ihrem Baden-Badener Exil 400 Jahre später in ihrer Abfassungssituation durchaus ähnlich. Vgl. zum Text WA 6, 99–134. Vgl. MÖLLER: *Luther*, 29. EBELING: *Seelsorge*.

61 BORCHARDT-WENZEL: *Frauen*, 281.

62 HESSELBACHER: *Erinnerungen*, 62.

63 LKA Karlsruhe, PA 3243.

64 Berthold von Baden an Hermann Schmitthenner, Salem, 22. Juni 1932, in: GLA Karlsruhe N Schmitthenner, Nr. 18.

65 Vgl. zu Briefen als Quelle historischer Darstellung anhand des Briefwechsels zwischen Alexandra von Hessen-Darmstadt (1872–1918) und Zar Nikolaus II. von Russland (1868–1918) exemplarisch MAYLUNAS/MIRONENKO: *Liebe*, 15.

Bereits die Zeitgenossen rätselten über die Frage, ob der „Spross aus einer zu Ende gehenden Monarchie [...] als überzeugter Demokrat“[66] handelte oder als „Revolutionär wider Willen“,[67] der aus persönlicher Unzulänglichkeit mit seiner Mission scheiterte, das deutsche Kaiserreich vor dem Untergang zu bewahren.[68] Als Max von Baden am 6. November 1929 starb, hielt Schmitthenner als einziger Kirchenvertreter eine Traueransprache, die den Verstorbenen in seinem „ehrlichen Wollen und Planen“[69] ausgiebig würdigte. Das neue Familienoberhaupt Berthold von Baden (1906–1963) wurde aufgefordert, „seines Hauses Schild rein zu halten und auch in den Verhältnissen der anders gewordenen Zeit das zu pflegen, was uns in dem Zähringer Fürstenhaus lieb und unvergesslich geworden [ist].“[70]

Die in Kapitel 7 vorgenommene Darstellung der Entwicklung der kirchlichen Verhältnisse in Baden bis zur Verabschiedung der neuen Kirchenverfassung von 1919 berücksichtigt in einem eigenen Abschnitt auch die Kooperation der Badischen Landeskirche mit den Protestanten im ehemaligen „Reichsland“ Elsass-Lothringen. Sie wird vor allem anhand der Übernahme von ausgewiesenen elsässischen Pfarrern in den Dienst der badischen Landeskirche untersucht. Kirchenpräsident Uibel erklärte am 27. Februar 1919 auf der Vorkonferenz zum Deutschen Evangelischen Kirchentag in Kassel die Bereitschaft Badens, vertriebene Geistliche der Elsass-Lothringischen Kirchen aufzunehmen und sie auch an andere Landeskirchen zu vermitteln.[71] In Baden selbst kam es allerdings zu heftigen Interventionen, weil vor allem viele unständige Geistliche und Vikare um die eigenen Übernahmechancen fürchteten.[72]

Zu den Bedingungen des Prälatenamtes in der Weimarer Republik gehört schließlich auch auch die Repräsentanz der badischen Landeskirche in der Deutschen Evangelischen Kirchenkonferenz (Eisenacher Konferenz) und anderen überregional kooperierender kirchlichen Gremien.[73] Auch nach der Revolution von 1918 blieb Schmitthenner bis zu seinem Ruhestand im „Krisenjahr“[74] der Weimarer Republik 1923 im Amt. Als die badische Landeskirche in ihrer Verfassung von 1919 darauf verzichtete, ein Bischofsamt einzuführen, wurde statt dessen die Prälatur entsprechend ausgestaltet:[75]

---

66 SCHWINGE: *Geschichte*, 300.

67 MACHTAN: *Prinz*, 11.

68 Vgl. a.a.O., 473–520.

69 GLA Karlsruhe N Schmitthenner, Nr. 15.

70 Ebd.

71 Vgl. LKA Karlsruhe, GA 2658.

72 Vgl. den Bericht über die Hauptversammlung des Badischen Pfarrvereins am 20. Mai 1919 in Karlsruhe in BPfVBl. 1919, 41.

73 Vgl. BOBERACH: *Handbuch*, 16.

74 HUG: *Geschichte*, 320.

75 Vgl. die Erläuterungen von Kirchenpräsident Eduard Uibel zum Verfassungsentwurf in VGS 1919, 12.

Schmitthenner erhielt als der „erste Geistliche der Landeskirche“[76] und als Seelsorger der Pfarrerschaft nahezu bischöfliche Vollmachten.[77] Bei seinem Abschied war 1923 in den Pfarrvereinsblättern zu lesen, er sei als Oberhirte der Gemeinden und ihrer Pfarrer „seines hohen Amtes würdigster Vertreter“[78] gewesen. Nach Schmitthenners Tod 1932 wurde er von seinem Nachfolger Julius Kühlewein (1873–1948) gerühmt als Mann, der in seinem Leben „viele Freunde und Verehrer, aber kaum einen eigentlichen Feind und Gegner“[79] gehabt habe. Friedrich Hindenlang urteilte 1934 in seinem kurzen Lebensbild für das Kalenderblatt „Gottesfreude“ über Schmitthenner: „Seit Hebels Tagen ist er unstreitig der bekannteste und beliebteste Prälat der badischen Landeskirche gewesen.“[80]

---

76 Beilage zu GVBl. 1919, 19.

77 Vgl. zur Wahrnehmung des Prälaten in den badischen Gemeinden die Anrede „Landesbischof“ im Schreiben der Evangelischen Kirchengemeinde St. Georgen vom 2. Mai 1922 in: LKA Karlsruhe GA 4276.

78 BPfVBl 1924, 2.

79 LKA Karlsruhe PA 3243.

80 Vgl. HINDENLANG: *Schmitthenner*, 38.

1.2. Forschungs- und Quellenlage

1.2.1. Gedruckte Literatur

Das von Friedrich Hindenlang gezeichnete Bild zieht sich durch die diversen Veröffentlichungen zu Schmitthenner bis in die Nachkriegszeit.[81] Sie machen den letzten Prälaten der großherzoglichen Zeit zum Kristallisationspunkt einer nostalgisch verklärten „Welt von gestern".[82] Die neuere Forschung bricht mit diesem einseitigen Bild und konzentriert sich im Wesentlichen auf Einzelaspekte, etwa auf Schmitthenners Verdienste als „Vater des evangelischen Kindergottesdienstes in Baden".[83] In den verschiedenen bisher erschienenen Veröffentlichungen etwa über die badische Großherzogin Luise oder ihren Neffen Prinz Max von Baden sucht man den Namen Schmitthenner vergebens.[84]

Eine möglichst umfassende und kritische Biographie Schmitthenners ist daher ein Desiderat der Forschung. Zwar sind, der Einsicht Gotthard Jaspers folgend oder sie bereits vorwegnehmend,[85] neben den einschlägigen Überblicksdarstellungen in den letzten Jahren verstärkt neuere Biographien über Protagonisten der Zeit des Kaiserreichs und der Weimarer Republik erschienen.[86] Das genannte Lebensbild von Hindenlang ist aber das einzige, das bisher über Schmitthenner verfasst wurde. Es stammt aus dem Jahr 1934 und umfasst 11 Druckseiten.[87] Kritische Töne sucht man darin vergebens.

Ein kritischer Ansatz fehlt auch in den bereits vorhandenen älteren Biographien zu führenden Personen der badischen Kirchengeschichte wie den Oberkirchenratspräsidenten Albert Helbing oder Eduard Uibel beinahe ganz. Klaus Fincks 2004 erschienenes Buch über seinen Großvater Klaus Wurth trägt deutlich apologetische Züge und erfüllt die wissenschaftlichen Anforderungen an eine Biographie nicht.[88]

---

81 Vgl. etwa die Reihe von Anekdoten aus dem kirchlichen Mitteilungsblatt „Der Sonntag" vom 18. 3. 1951, sowie die von einstigen Freunden und Weggefährten zusammengestellten Lebensberichte in LKA Karlsruhe PA 3243.

82 Vgl. ZWEIG: *Welt.*

83 ULRICHS: *Laienbewegung*, 18.

84 Vgl. BICKEL: *Luise*; GIHRING: *Licht*; SCHEIDLE: *Großherzogin*; FEHRLE: *Großherzöge*, 47–66; BORCHARDT-WENZEL: *Frauen*, 235–339. Auch Lothar Machtan thematisiert in seiner Biographie des Prinzen Max von Baden zwar ausführlich dessen Vertrauensverhältnis zum „Seelenführer" Johannes Müller, erwähnt den Namen Schmitthenner aber nicht. Vgl. etwa MACHTAN: *Prinz*, 192–202.

85 Vgl. Kap. 1.1., Anm. 4.

86 Vgl. etwa die umfangreiche dreibändige Biographie zu Kaiser Wilhelm II. von John C. G. Röhl und die erwähnte Darstellung Machtans zu Prinz Max von Baden, aber auch die vergleichenden Biographien zu Theologen wie Althaus, Wilhelm Stapel oder Otto Dibelius. Vgl. RÖHL: *Wilhelm*; MACHTAN: *Prinz*; KURZ: *Denken.*

87 Vgl. HINDENLANG: *Schmitthenner*.

88 Vgl. FINCK: *Wurth* und die Kritik bei MARGGRAF: *Finck*.

Dagegen enthalten die von Gerhard Schwinge und Johannes Ehmann herausgegebenen drei Bände der – auf insgesamt fünf Bände angelegten – Reihe der Lebensbilder aus der Evangelischen Landeskirche in Baden im 19. und 20. Jahrhundert gleich mehrere – aufgrund des Formats allerdings recht knappe – Aufsätze über wichtige Protagonisten der badischen Kirchengeschichte im Kaiserreich und in der Weimarer Republik.[89] Markus Geiger unternimmt in seiner 2016 veröffentlichten Dissertation den Versuch, das Lebenswerk von Hermann Maas würdigend-kritisch aufzuarbeiten.[90]

Aus der breiten Masse der Überblicksdarstellungen zum Deutschen Kaiserreich, zum Ersten Weltkrieg und zur Weimarer Republik konnte naturgemäß nicht einmal annähernd sämtliche erschienene Literatur berücksichtigt werden. Neben Wolfgang Hugs Standardwerk zur badischen Geschichte liefern einen ersten Zugang zur jeweiligen Epoche am geeignetsten die Bände von „Gebhardts Handbuch der Deutschen Geschichte" von Volker Berghahn zum Kaiserreich, von Wolfgang Mommsen zum Ersten Weltkrieg und von Ursula Büttner zur Weimarer Republik.[91]

Berghahn will die Geschichte des Kaiserreichs nicht als Geschichte von Diplomatie und Politik, sondern als Wirtschafts-, Sozial- und Kulturgeschichte und damit als „Geschichte der deutschen Gesellschaft in dieser Epoche mit allen ihren Aspekten"[92] schreiben. Auch Büttner verweist auf die Tendenz der neueren Forschung, sich neben der andauernden Untersuchung der politischen Zusammenhänge und Gründe für das Scheitern der Weimarer Republik verstärkt um die Wirtschafts- und Sozialgeschichte der Jahre 1918–1933 zu bemühen.[93] In der badischen Lokal(kirchen)geschichte hat sich dem sozial- und mentalitätsgeschichtlichen Ansatz vor allem Frank-Michael Kuhlemann mit einer umfangreichen Monographie zur Geschichte des evangelischen Pfarrerstandes in Baden von 1860–1914 gewidmet.[94]

Kuhlemanns 2001 veröffentlichte Habilitation enthält eine Fülle von Informationen zur (sozial)geschichtlichen Entwicklung der Pfarrerschaft von der Mitte des 19. Jahrhunderts bis 1914. Allerdings klammert die Beschränkung des Zeitraums die sozial- und mentalitätsgeschichtlich wohl kaum weniger interessante Epoche des Weltkriegs, der Revolution von 1918 und der Weimarer Republik aus.

---

89 Vgl. etwa die Beiträge zu Daniel Schenkel, Ernst Josef Lehmann, Erwin Eckert und Heinz Kappes bei EHMANN: *Lebensbilder Bd. II,* zu den Theologinnen Elsbeth Oberbeck und Margarete Gillet bei SCHWINGE: *Lebensbilder Bd. IV*, sowie zu Ludwig Schmitthenners Bruder Adolf bei SCHWINGE: *Lebensbilder Bd. V*. Der von Udo Wennemuth herausgegebene Band zur Kirchenleitung ist in Vorbereitung.

90 Vgl. GEIGER: *Maas*.

91 Vgl. HUG: *Geschichte*, 205–321; BERGHAHN: *Kaiserreich*; MOMMSEN: *Urkatastrophe*; BÜTTNER: *Weimar*. Einen ausgezeichneten und nicht ausufernden Überblick über die bis 2002 entstandene Literatur zum Ersten Weltkrieg liefert MOMMSEN: *Urkatastrophe*, 3–14.

92 BERGHAHN: *Kaiserreich*, 32.

93 Vgl. die Literatur bei BÜTTNER: *Weimar*, 173–243.

94 Vgl. KUHLEMANN: *Bürgerlichkeit*.

Die umfangreichsten monographischen Darstellungen zum Verhältnis von Staat und Kirche in Baden sind zwei Beiträge von Hans Liermann, erschienen 1929 über die Ereignisse während und nach der Revolution von 1918 und 1971 über den Zeitraum 1818–1918.[95] Zu nennen ist hier auch der 1996 anlässlich des 175jährigen Jubiläums der badischen Union von Gerhard Schwinge herausgegebene Sammelband „Geschichte der badischen evangelischen Kirche seit der Union 1821 in Quellen", in dem der Zeitraum von 1860–1924 immerhin 252 Seiten umfasst.[96]

Der aktuelle Forschungsstand zur Geschichte der evangelischen Landeskirche in Baden im Ersten Weltkrieg spiegelt sich in mehreren Beiträgen im Jahrbuch für badische Kirchen- und Religionsgeschichte 2014/2015 wider. Karl-Heinz Fix widmet diesem auch hundert Jahre später „weithin unerforschte[n] Gebiet"[97] einen Überblicksbeitrag über das Jahr des Kriegsbeginns 1914. Johannes Ehmann skizziert die Haltung der Heidelberger Universitätstheologen zum Krieg.[98]

Matthieu Arnold untersucht diverse im „Reichsland" Elsass-Lothringen während des Krieges gehaltene Predigten.[99] Biographisch nähern sich Eckhart Marggraf mit einem Aufsatz zu Briefen des Kirchenpräsidenten Albert Helbing und Gerhard Schwinge mit einer Untersuchung über die Haltung der Mannheimer Pfarrer Theodor Achtnich, Ernst Josef Lehmann, Paul Klein, Heinz Kappes, Gustav Rost und Erwin Eckert zum Weltkrieg.[100] Einen instruktiven Blick auf die Situation der Zivilbevölkerung an der „Heimatfront" geben die verschiedenen Beiträge im 2014 begleitend zur gleichnamigen Ausstellung erschienenen Sammelband „Der Krieg daheim", in dem in umfassender Weise die Auswirkungen des Krieges auf die badische Residenzstadt Karlsruhe als Garnison- und Lazarettstadt sowie als direktes Ziel von feindlichen Bombenangriffen beleuchtet werden.[101]

1.2.2. Die „Fürstenbriefe"

Den Anlass zur Abfassung einer Biographie Schmitthenners gab die zufällige Auffindung und wissenschaftliche Erschließung von Teilen des privaten Nachlasses durch das Landeskirchliche Archiv in Karlsruhe. Die Bestandsgeschichte des seit 2012 dort einsehbaren „Familienarchivs Schmitthenner" lässt sich folgendermaßen rekonstruieren: Am 4. Juli 1968 schickte Ludwig Schmitthenners Tochter Martha Keller zwei Ordner mit „Fürstenbriefen" aus ihrem Privatbesitz an ihren Neffen Werner Schmitthenner zur Übergabe an

95 Vgl. LIERMANN: *Staat*; ders.: *Kirche*.
96 Vgl. SCHWINGE: *Geschichte*, 175–327.
97 FIX: *Gott*, 199.
98 Vgl. EHMANN: *Fakultät*.
99 Vgl. ARNOLD: *Kriegspredigten*.
100 Vgl. MARGGRAF: *Blumenstraße*, SCHWINGE: *Kriegsbegeisterung*.
101 Vgl. BRÄUNCHE: *Krieg*.

das Landeskirchliche Archiv.[102] Dazu vermerkte sie, von ihrem Vater selbst geschriebene Briefe seien nicht vorhanden. Diese seien wie der gesamte übrige Nachlass einem Luftangriff auf Karlsruhe im Zweiten Weltkrieg zum Opfer gefallen.[103] Bei den übergebenen Briefen handelte es sich im Wesentlichen um Briefe des Prinzen Max von Baden (1867–1929), geschrieben in den Nachkriegsjahren aus dessen Refugium Schloss Salem am Bodensee, seiner Frau Maria-Luise von Hannover-Cumberland (1879–1948), sowie ihrer Tochter Marie Alexandra von Baden (1902–1944) und deren Mann Wolfgang von Hessen (1896–1989). Außerdem finden sich in dem Bestand diverse Briefe der Schwestern Feodora von Sachsen-Meiningen (1890–1972), durch die Heirat mit Großherzog Wilhelm Ernst (1876–1923) am 4. Januar 1910 letzte Großherzogin von Sachsen-Weimar-Eisenach, und Adelheid (1891–1972), seit dem 3. August 1914 Frau des dritten Sohnes Kaiser Wilhelms II. Prinz Adalbert von Preußen (1884–1948).

Zunächst wurden die „Fürstenbriefe" Teil des von Werner Schmitthenner verwalteten Familienarchivs. Dabei handelt es sich um ein umfangreiches Konglomerat von Nachlässen, Büchern, Bildern und Alben, Gemälden und Sachgegenständen unterschiedlichster Provenienz. Im August 2004 wurden Teile dieses Bestandes mit einer Laufzeit ab 1738 und einem Umfang von ca. 5,2 laufenden Metern von Werner Schmitthenner an das Landeskirchliche Archiv in Karlsruhe übergeben.

Bei der Sichtung des darin enthaltenen Nachlasses von Ludwig Schmitthenners Bruder, dem Theologen und Heimatdichter Adolf Schmitthenner (1854–1907), fanden sich insgesamt 429 weitere an den Prälaten gerichtete Briefe der Großherzogin Luise von Baden (1838–1923), ihres Sohnes Friedrich (1857–1928), dessen Frau Hilda (1864–1952), sowie ihrer Tochter Viktoria (1862–1930), seit der Heirat mit Kronprinz Gustav von Schweden und Norwegen (1858–1950) am 20. September 1881 Thronfolgerin, seit 1907 dann auch regierende Königin von Schweden.[104]

Nach Werner Schmitthenners Tod am 8. Januar 2011 wurde am 26. September 2011 schließlich das gesamte Familienarchiv durch dessen Sohn Martin Schmitthenner an das Landeskirchliche Archiv in Karlsruhe übergeben. Darunter befanden sich auch die genannten Fürstenbriefe Ludwig Schmitthenners aus dem Besitz seiner Tochter Martha. Sie bilden den Grundbestand der vorliegenden Untersuchung des seelsorglichen Wirkens des „lieben Seelsorger[s]"[105] der badischen Fürstenfamilie seit dem Amtsantritt im April 1909 bis zum Tod Max von Badens im November 1929.

---

102 Vgl. LKA Karlsruhe FA Schmitthenner, Nr. 218/1a.

103 Vgl. a.a.O., Nr. 34/2.

104 Zu diesem Teil des jetzigen Familienarchivs Schmitthenner im Landeskirchlichen Archiv vgl. SCHNAITER: *Nachlässe*, 345f.; ders.: *Familiennachlass*, 331.

105 Berthold von Baden an Hermann Schmitthenner, Salem, 22. Juni 1932, in: GLA Karlsruhe, N Schmitthenner, Nr. 18.

Dank der Erschließung der Nachlässe Luises von Baden im Großherzoglichen Familienarchiv sowie des Prinzen Max von Baden im Markgräflichen Archiv in Salem durch das Generallandesarchiv Karlsruhe seit 2012 und der Sichtung des Nachlasses Viktorias von Schweden im Bernadotte-Archiv in Stockholm konnte in der vorliegenden Untersuchung außerdem die umfangreiche – von Schmitthenners Nachfahren verschollen geglaubte – Gegenüberlieferung der „Fürstenbriefe“ mit 183 Briefen Schmitthenners an die Mitglieder der großherzoglichen Familie von Baden ausgewertet werden.[106]

1.2.3. Generalsynoden und Landtagsprotokolle

Eine weitere Primärquelle der vorliegenden Untersuchung sind die Protokolle der badischen Generalsynoden, beginnend mit Schmitthenners erster Teilnahme als Freiburger Stadtpfarrer 1904 bis zur letzten Generalsynode der Vorkriegszeit, die im Juli 1914 vom Ausbruch des Ersten Weltkriegs unterbrochen wurde. Für die badische Kirchengeschichte bedeutsame Vorgänge wie die Agenden- und Katechismusfrage oder der badische Apostolikumsstreit wurden in diesen Jahren von der Synode behandelt. Die Regelung der Pfarrbesoldung oder der dauerhaft virulente Kampf um die öffentliche Moral und Sittlichkeit erlauben auch Einblicke von sozialgeschichtlicher Relevanz. Die Debatte um die Einführung eines Friedenssonntages auf der Generalsynode 1914 ist ein bleibendes Dokument der Auseinandersetzung zwischen einem aus dem Evangelium gewonnenen christlichen Pazifismus und dem kirchlichen Nationalismus der Kaiserzeit. Die Protokolle und Beschlüsse der Generalsynoden der Jahre 1918 und 1919 dokumentieren den Neuaufbau der Landeskirche von der Übertragung des Kirchenregiments vom Großherzog auf den Oberkirchenrat im Herbst 1918 bis zur Verabschiedung der neuen Kirchenverfassung im Dezember 1919.

Auch die Protokolle der Verhandlungen der Ersten Kammer der Badischen Landstände, denen Schmitthenner als Prälat der evangelischen Landeskirche nach den Bestimmungen der Badischen Verfassung von 1818 angehörte, werden in der vorliegenden Untersuchung berücksichtigt. Die ausführlichen Debatten um die Einführung des allgemeinen Frauenwahlrechts, um die Wiederzulassung von katholischen Männerorden, die Verlängerung der Staatsleistungen an die evangelische und die katholische Kirche oder die Umgestaltung der Ersten Kammer hin zu einer demokratischen Volksvertretung aller gesellschaftlichen Gruppen im Sommer 1918 sowie eine Fülle von Einzelfragen bilden eine bedeutsame Quelle zum Demokratieverständnis und zur politischen Kultur in Baden in der Endphase der Monarchie und deren Zusammenbruch nach dem Ersten Weltkrieg.

---

[106] Vgl. zum Nachlass Victorias, der neben dem handschriftlichen Manuskript der Traueransprache zum ersten Todestag Luises von Baden am 23. April 1924 nur noch drei weitere Briefe Schmitthenners enthält, auch CARLSSON: *Familjearkiv*, 94f.

Die Reden des Kammerpräsidenten Prinz Max von Baden zur politischen Lage vor allem während des Krieges sind Dokumente eines ethischen Imperialismus, der als politisches Programm die Reichskanzlerschaft des badischen Thronfolgers mit vorbereitete.

1.2.4. Aktenbestände im Landeskirchlichen Archiv Karlsruhe

Ein besonders Augenmerk legt die vorliegende Untersuchung auf die Rekonstruktion der kirchenleitenden Funktion Schmitthenners. Dazu wurden die einschlägigen Sachakten im Landeskirchlichen Archiv in Karlsruhe weitestgehend ausgewertet. Dazu kommt die Auswahl einer Reihe von Personalakten badischer Pfarrer, die zum Teil in intensivem freundschaftlichem Verkehr, zum Teil aber auch in deutlicher Opposition zum politisch wie theologisch konservativen Prälaten standen.

Besonders in den Blick genommen werden hier Fälle von Pfarrern, gegen die seitens der Kirchenleitung disziplinarische Maßnahmen erforderlich waren. Aufgrund der wenigen Fälle – die in ihrer individuellen Beschaffenheit auch jeweils sehr unterschiedlich veranlagt waren – ist ein differenzierter Befund hier allerdings schwer zu erheben. Unklar bleibt in einigen Fällen auch, inwieweit im Umgang jeweils Schmitthenners kirchenleitende bzw. seelsorgerliche Funktion zum Tragen kommt.

Aufschlussreich für die Rekonstruktion der kirchenleitenden Funktion Schmitthenners sind in jedem Fall die relevanten Spezialakten. Hier wurden u.a. die Visitationsbescheide für die Kirchenbezirke Mannheim und Heidelberg ausgewertet, für die Schmitthenner als Prälat und Mitglied des Oberkirchenrats verantwortlich war. Heidelberg als Hochburg der Volkskirchlichen Bewegung nach 1918 mit Pfarrern wie Hermann Maas und Otto Frommel sowie Mannheim als Hochburg der politischen Pfarrer werden hier besonders in den Blick genommen.

Auch die Rekonstruktion des „Alltagsgeschäfts" des Prälaten anhand der Sachakten im Landeskirchlichen Archiv bleibt aufgrund der Quellenlage leider lückenhaft: Protokolle der Sitzungen des Kollegiums im Oberkirchenrat wurden – wohl als Folge der ebenfalls darzustellenden Führungskrise im Herbst 1924 – erst ab dem 14. Oktober 1924 angefertigt.[107] Eine Archivierung der Fahrtkostenbelege, die eine Rekonstruktion der Reisetätigkeit des Prälaten ermöglichen würden, erfolgte erst ab 1927.[108]

Auch Akten, welche die Arbeitsabläufe Schmitthenners direkt betreffen, sind im Archiv nur spärlich vorhanden. So wurden etwa die Gemeindebesuche und -visitationen erst seit 1922 zentral – allerdings unvollständig – in den Sachakten der Prälatur archiviert.

---

107 Vgl. LKA Karlsruhe GA 3475.

108 Vgl. LKA Karlsruhe GA 5609.

Trotz seiner Klage vom 23. Juni 1922, er habe „von den letzten 24 Tagen [...] 20 oder 21 auswärts“ verbracht, hätte Schmitthenner demnach in den Jahren 1922/1923 lediglich einen einzigen Gemeindebesuch – nämlich am am 15. Juni 1922 in St. Georgen – absolviert.[109]

Eine weitere die Prälatur betreffende Akte dokumentiert Schmitthenners Besuche an der Front zur Stärkung der Moral der kämpfenden Truppen und zur Visitation der Frontgeistlichen im Ersten Weltkrieg.[110] Eine Handakte dokumentiert die Themen der Ersten Theologischen Prüfung.[111] Darüber hinaus findet sich im Landeskirchlichen Archiv nur eine allgemeine Sachakte zur Prälatenstelle, die – ebenfalls ohne Vollständigkeit – den kompletten Zeitraum ihrer Existenz 1819–1934 abdeckt.[112]

Folglich sind auch für die Darstellung der Amtsführung des Prälaten die Briefe im Familienarchiv Schmitthenner eine wesentliche Quelle. Sie ermöglichen keine detaillierte Dokumentation, sondern eine eher auszughafte Rekonstruktion der Tätigkeit Schmitthenners vor allem in den Jahren 1918–1923, in denen der Prälat auf das Interesse der alten Großherzogin an seinem Amt mit ausführlichen Berichten – etwa über die Abläufe der Synodalsitzungen, Dienstreisen und Personalangelegenheiten – antwortete. Auf die Frage, inwieweit diese Berichte einen subjektiv-apologetischen Charakter haben und teilweise die von der Wahrung des Dienstgeheimnisses gebotenen Grenzen überschritten, wird im Folgenden noch einzugehen sein.

---

109 Schmitthenner an Luise von Baden, Karlsruhe, 23. Juni 1922, in: GLA Karlsruhe FA Zugang 2012–4, Nr. 2444. Vgl. LKA Karlsruhe GA 4276.

110 Vgl. LKA Karlsruhe GA 3283.

111 Vgl. LKA Karlsruhe GA 9012.

112 Vgl. LKA Karlsruhe GA 3678.

2. Staat und Kirche in Baden im 19. Jahrhundert

2.1. Die politische Entwicklung 1803–1907

Das Großherzogtum Baden ist einer der bedeutendsten deutschen Mittelstaaten. Und wie für die deutsche, so gilt auch für die badische Geschichte des 19. und frühen 20. Jahrhunderts: „Am Anfang war Napoleon."[113]

In Folge der napoleonischen Neuordnungen nach 1803 erzielte das Land Baden bis 1819 erhebliche Gebietsgewinne, die es auf ein Vielfaches seiner bisherigen Größe anwachsen ließen.[114] Im Reichsdeputationshauptschluss 1803 erhielt Baden als Entschädigung für die linksrheinischen Verluste an Frankreich die rechtsrheinische Kurpfalz mit Mannheim und Heidelberg, die rechtsrheinischen Gebiete der Hochstifte Speyer, Straßburg und Basel, das Hochstift Konstanz, die mittelbadischen Reichsabteien und Klöster wie die Reichenau oder Salem, sowie die freien Reichsstädte Offenburg, Gengenbach, Zell, Überlingen und Pfullendorf.[115] Im Frieden von Preßburg 1805 fielen große Teile der ehemaligen habsburgischen Provinz Vorderösterreich an Baden, namentlich der Breisgau mit seiner Hauptstadt Freiburg, außerdem die Stadt Konstanz. Mit dem Eintritt in den Rheinbund erhielt das Großherzogtum die reichsfürstlichen Herrschaften Wertheim, das kurz zuvor errichtete Fürstentum Leiningen, Fürstenberg sowie den Klettgau.[116] Freiburg und der Breisgau wurden mit einem feierlichen Staatsakt am 15. April 1806 in badischen Besitz genommen. Mit den Neuerwerbungen kam das Großherzogtum so auch in den Besitz der beiden Universitäten Freiburg und Heidelberg.[117]

Die politische Bindung an das napoleonische Frankreich hatte aber auch ihren Preis. 1812 kämpften badische Truppen an der Beresina, 1813 in der Völkerschlacht zu Leipzig an der Seite Napoleons. Von den 7000 Badenern der Grande Armée kehrten nur einige Hundert nach Hause zurück.[118] Durch einen raschen Bündniswechsel nach Napoleons Niederlage erreichte Großherzog Karl auf dem Wiener Kongress 1815 aber die Bestätigung der badischen Neuerwerbungen.[119]

---

113 NIPPERDEY: *Geschichte*, 11.
114 Vgl. BALHAREK: *Gebietsgewinne*, 103–109.
115 Vgl. HUG: *Geschichte*, 195.
116 Vgl. a.a.O., 198.
117 Vgl. a.a.O., 199.
118 Vgl. LOCHMANN: *Beresina*, 167–181.
119 Vgl. RÖDEL: *Aufstieg*, 42.

1819 erhielt Baden schließlich die inmitten seines Territoriums liegende Grafschaft Hohengeroldseck, womit die territoriale Konsolidierung eines kulturell und religiös weiterhin höchst inhomogenen Landes abgeschlossen war.[120]

Um in dem jungen Staatsgebilde eine gemeinsame nationale Identität auszubilden, erhielt das Großherzogtum 1818 eine für die damaligen Verhältnisse äußerst fortschrittliche Verfassung. Großherzog Karl unterzeichnete am 22. August 1818 nur wenige Monate vor seinem Tod die Verfassungsurkunde, deren Text von Finanzrat Karl Friedrich Nebenius (1784–1857) als jüngstem und rangniedrigstem Mitglied einer zu diesem Zweck eingesetzten Kommission entworfen worden war. Sie erwies sich bald als „genialer Wurf“,[121] wurde vom Großherzog beinahe unverändert akzeptiert und sollte die Geschicke Badens im 19. Jahrhundert entscheidend prägen. Die badische Verfassung galt als „eine der liberalsten in ihrer Epoche“,[122] machte das Großherzogtum zum politischen „Musterländle“ und wurde zum „Fundament des jungen Staates“,[123] sowie zur „Lebensgrundlage parlamentarischer Praxis in zunehmend liberalem, ja demokratischem Geist.“[124]

Seit 1818 war Baden so im Prinzip eine konstitutionelle Monarchie, in deren Verfassung bereits wesentliche Anlagen zur Umwandlung in eine demokratische Republik enthalten waren. Die Verfassung sah mit der Badischen Ständeversammlung ein Zweikammerparlament vor, das große politische Bedeutung erhielt. § 26 der Verfassung bestimmte als Mitglied der Ersten Kammer – die als ständisch gegliederte Interessenvertretung von Adel, Städten und Universitäten fungierte – für die evangelische Kirche einen „vom Großherzog lebenslänglich ernannte[n] Geistliche[n] mit dem Range eines Prälaten“.[125] Erster badischer Prälat war Johann Peter Hebel (1760–1826), der sich als Heimatdichter und maßgeblicher Befürworter der Kirchenunion von 1821 einen Namen gemacht hatte.[126] Am 2. Juli 1821 eröffnete Hebel die badische Unionssynode. Am 4. November 1822 hielt er die Festrede bei der Eröffnung des Karlsruher Ständehauses als erstem Parlamentsneubau in Deutschland.[127]

Auch 1848/1849 war Baden einer der Vorreiter der Revolution. In Offenburg verlangte eine Volksversammlung schon am 12. September 1847 eine demokratisch gewählte Regierung.

---

[120] Vgl. HUG: *Geschichte*, 198.
[121] A.a.O., 210.
[122] Ebd.
[123] A.a.O., 211.
[124] Ebd.
[125] BRBl 1818, 101.
[126] Vgl. dagegen EHMANN: *Unionskatechismen*, 251, der Hebels Engagement in der Unionsfrage als „eher gering“ einschätzt.
[127] Vgl. LIERMANN: *Kirche*, 527; HAUSS/SCHMID: *Kalendarium*, 221f.

Am 12. Februar 1848 forderte der Mannheimer Abgeordnete Friedrich Daniel Bassermann (1811–1855) in der Zweiten Kammer der Ständeversammlung eine demokratisch legitimierte Volksvertretung beim Bundestag, aus der sich die Frankfurter Nationalversammlung als erstes frei gewähltes Parlament in Deutschland entwickelte.[128] Ein erster gewaltsamer republikanischer Umsturzversuch in Baden wurde durch Bundestruppen und badisches Militär noch niedergeschlagen.[129] Nach dem Scheitern der Frankfurter Nationalversammlung schloss sich im Mai 1849 aber auch das badische Militär den Republikanern an. Die Garnison Rastatt lief geschlossen zu den Revolutionären über. Mit der Flucht des regierenden Großherzogs Leopold (1790–1852), der Bildung einer provisorischen Regierung und Neuwahlen wurde Baden 1849 faktisch zum ersten Mal eine parlamentarische Republik. Preußisches und württembergisches Militär warf die Revolution schließlich mit Gewalt nieder. Am 23. Juli 1849 mussten sich die letzten in der Rastatter Festung eingeschlossenen badischen Truppen ergeben.[130] Großherzog Leopold kehrte am 18. August 1849 nach Karlsruhe zurück. In der Folge kam es zu Verhaftungen und zur Hinrichtung von 51 revolutionären badischen Offizieren.[131] Das Großherzogtum blieb bis 1851 durch die preußische Armee besetzt. Als Verkörperung der verhassten preußischen Truppen galt bald deren Kommandeur Kronprinz Wilhelm, genannt der „Kartätschenprinz“, später preußischer König und 1871 deutscher Kaiser.[132]

Trotz der restriktiven Besatzung fiel die Reaktion auf die Revolution im politischen Bereich eher milde aus. Die Verfassung blieb in Kraft, die Bürokratie lag bis auf wenige Ausnahmen weiterhin in den Händen der alten Beamtenschaft. 1852 übernahm Kronprinz Friedrich (1826–1907) anstelle seines geisteskranken Bruders Ludwig die Regentschaft. Ab 1856 ließ er sich auch offiziell als Großherzog von Baden titulieren. Trotz der damit verbundenen Ausschaltung der legitimen Erbfolge erlangte Friedrich I. im Volk ungemeine Popularität. Seine lange Regierungszeit bis zu seinem Tod 1907 war gekennzeichnet durch einen enormen wirtschaftlichen und sozialen Fortschritt. Friedrich förderte die Industrialisierung durch den Ausbau von Verkehrswegen wie Eisenbahn, Straßen und Wasserstraßen. Wissenschaft, Kunst und Kultur erhielten durch die Gründung der Technischen Hochschule und der Kunstakademie in Karlsruhe wesentliche Impulse. Im politischen Bereich herrschte ein weit gehender Liberalismus: Trotz seiner Rechte als konstitutioneller Monarch pflegte Friedrich die Regierungsbildung im Sinne der Parlamentsmehrheit. Das Schulwesen wurde reformiert. Bereits 1904 führte Baden direkte geheime Wahlen für die Zweite Kammer ein.[133]

---

[128] Vgl. HAUSS/SCHMID: *Kalendarium*, 92.

[129] Vgl. SALABA: *Lage*, 127–130.

[130] Vgl. a.a.O., 139–142.

[131] Vgl. HUG: *Geschichte*, 255. Die abweichende Zahl von 75 Todesurteilen, von denen „knapp die Hälfte“ vollstreckt worden sei, liefert SCHWARZMAIER: *Baden*, 226.

[132] Vgl. a.a.O., 227.

[133] Vgl. HUG: *Geschichte*, 289.

Außenpolitisch verfolgte Friedrich trotz der nachrevolutionären Abneigung in der Bevölkerung den engen Schulterschluss mit Preußen. Am 20. September 1856 heiratete er Luise von Preußen (1838–1923), die Tochter des preußischen Königs und späteren Kaisers Wilhelm I.[134] Dieser neue Ansatz in der Heiratspolitik war umso bedeutsamer, weil noch 1796 Großherzog Karl die Allianz mit Frankreich durch eine Heirat mit Napoleons Adoptivtochter Stéphanie de Beauharnais (1789–1860) gefestigt hatte. Zwar stand Baden im Deutschen Krieg von 1866 formell noch auf der Seite Österreichs. Mit der Niederlage Habsburgs war für Friedrich aber klar, dass der Weg zu einem deutschen Nationalstaat nur über Preußen führen konnte. Am 18. Januar 1871 spielte der badische Großherzog schließlich bei der Reichsgründung im Spiegelsaal von Versailles eine entscheidende Rolle, als er in einem diplomatischen Drahtseilakt den ersten Toast auf seinen Schwiegervater, den „deutschen Kaiser Wilhelm" ausbrachte.[135]

Am 28. September 1907 starb Großherzog Friedrich I. auf der Mainau. Sein Sohn Friedrich II. folgte ihm auf den Thron.[136] Er setzte den liberalen Kurs seines Vaters weitgehend fort, blieb in der Regierungsführung aber blass. Friedrich war mehr Epigone denn Protagonist, wurde aber gerade wegen seiner Verlässlichkeit und seiner Anknüpfung an die Verdienste des Vaters vom Volk geschätzt. Die 1885 geschlossene Ehe mit Hilda von Nassau blieb kinderlos. Badischer Thronfolger war deshalb seit 1907 Friedrichs Cousin Max von Baden. Die alte Großherzogin Luise, im Volksmund halb spöttisch, halb respektvoll „d'alt Luis" genannt, spielte aber weiterhin eine bedeutende Rolle.[137] Sie residierte auch nach dem Tod ihres Mannes weiter im Karlsruher Schloss, während das eigentliche Herrscherpaar im privaten Erbgroßherzoglichen Palais in der Karlsruher Kriegsstraße, dem heutigen Bundesgerichtshof, wohnte.[138]

---

134 Vgl. OSTER: *Großherzöge*, 171f.
135 Vgl. a.a.O., 199.
136 Vgl. a.a.O., 209
137 Vgl. a.a.O., 213.
138 Vgl. ebd.

2.2. *Die kirchlichen Verhältnisse 1821–1867*

2.2.1. Der badische Kirchenstreit und die Osterproklamation von 1860

Ein bedeutsamer Faktor im Staatsleben des Großherzogtums waren die katholische und die evangelische Kirche. Besonders die 1821 entstandene unierte evangelische Landeskirche blieb bis 1918 eng mit dem Staat und dem Großherzog als ihrem nominellem Oberhaupt verbunden. Das Erste Konstitutionsedikt vom 14. Mai 1807 hatte die Kirchengewalt über beide evangelische Kirchen ausdrücklich dem Großherzog und dem von ihm bestellten Oberkonsistorium zugewiesen.[139] Die badische Kirchenunion von 1821 verankerte durch die Etablierung des Großherzogs als „ihrem obersten Landesbischof"[140] das Staatskirchentum fest in ihrer Verfassung. In § 10 schrieb die Unionsurkunde gleichzeitig den liberalen Charakter der Landeskirche fest: „Solcherweise einig in sich und mit allen Christen in der Welt befreundet, erfreut sich die evangelisch-protestantische Kirche im Großherzogtum Baden der Glaubens- und Gewissensfreiheit [...]."[141]

Dass sich die Gewährung gewisser institutioneller Freiheiten für die Kirche durch die sogenannte „Osterproklamation" von 1860 dann nicht kirchlichen Unabhängigkeitsbestrebungen, sondern der obrigkeitlichen Initiative Großherzog Friedrichs I. (1826–1907) zu verdanken war, zeigt deutlich, „dass der Weg zur konstitutionellen Kirche im konstitutionellen Staat beschwerlich sein würde."[142] So verdankte die Proklamation von 1860 wie die Verfassung von 1818 ihr Entstehen vor allem innenpolitischen Bestrebungen. Erstere war das Ergebnis einer akuten Krisensituation unmittelbar nach dem Amtsantritt Friedrichs.[143] Nach dem Tod seines Vaters Leopold (1790–1852) am 24. April 1852 hatte der Freiburger Erzbischof Hermann von Vicari (1773–1868) den katholischen Geistlichen im Großherzogtum untersagt, die von der Regierung angeordneten Seelenämter für den Verstorbenen zu lesen.[144] Weil der Erzbischof zudem die staatliche Oberaufsicht über die Kirche durch den katholischen Oberkirchenrat ablehnte und seinen Pfarrern jeden Dienstverkehr mit der Behörde untersagte, eskalierte die Auseinandersetzung zwischen Staat und Kirche schließlich.

Am 7. November 1853 setzte die Regierung mit dem Freiburger Stadtdirektor Karl Burger einen Spezialkommissar ein, der sämtliche erzbischöflichen Verordnungen gegenzuzeichnen hatte.

---

139 Vgl. LIERMANN: *Staat*, 10; SCHWINGE: *Geschichte*, 37.
140 Zitiert nach: ERBACHER: *Landeskirche*, 30. Vgl. LIERMANN: *Staat*, 10–25.
141 Zitiert nach: ERBACHER: *Landeskirche*, 19.
142 SCHWINGE: *Geschichte*, 72.
143 Vgl. OSTER: *Großherzöge*, 164–170.
144 Vgl. VON WEECH: *Karlsruhe*, 10.

Von Vicari reagierte umgehend und exkommunizierte am 10. November 1853 sowohl den Staatskommissar als auch sämtliche Mitglieder des katholischen Oberkirchenrats. Am 22. Mai 1854 wurde der Erzbischof in seinem Palais in Freiburg unter Hausarrest gestellt. Daraufhin kam es in den katholischen Gebieten des Großherzogtums zu tumultartigen Szenen die an einigen Orten nur durch das Eingreifen des Militärs beruhigt werden konnten. Der Hausarrest des Erzbischofs musste aufgehoben werden. Friedrich reagierte auf die Unruhen – die auf allen Seiten Erinnerungen an die Revolutionsjahre 1848/1849 wach werden ließen – auf zweifache Art und Weise:

Zunächst nahm er am 5. September 1856 auch formal den Titel des Großherzogs an, um seine Regierung endgültig zu etablieren. Dann schloss das Großherzogtum am 28. Juni 1859 nach zähen Verhandlungen ein Konkordat mit dem Heiligen Stuhl, das den Spielraum der katholischen Kirche im Land erheblich erweiterte.

Das Revolutionäre der Konvention von 1859 wirkte sich zunächst im politischen Bereich aus. Weil die liberale Mehrheit der Zweiten Kammer die Vereinbarung mit großer Mehrheit ablehnte, die konservative Regierung aber entschlossen war, sie mit aller Macht durchzusetzen, entschloss sich der Großherzog, durch eine Regierungsumbildung „Nägel mit Köpfen zu machen“[145]. Durch die Berufung der Liberalen Anton von Stabel (1806–1880) und August Lamey (1816–1896) ins Kabinett wurde die Regierung zum ersten Mal überhaupt entsprechend der Parlamentsmehrheiten umgebildet. Zwar wurde die Regierung nach wie vor vom Großherzog eingesetzt und nicht etwa vom Parlament gewählt, aber Friedrichs Etablierung einer „parlamentarischen Monarchie“[146] in Baden ebnete langfristig den Weg hin zu einer parlamentarischen Demokratie nach 1918, weil der Großherzog in der Folgezeit nie mehr gegen den selbst auferlegten Grundsatz verstieß.[147]

Auch im kirchlichen Bereich erhob sich bald lauter Protest gegen das Konkordat von 1859. Auf einer Durlacher Versammlung am 28. November 1859 protestierten führende Vertreter des kirchlichen Liberalismus unter der Führung Daniel Schenkels gegen die vermeintliche Bevorzugung der Katholiken.[148] Der Großherzog war in einer kirchenpolitischen Zwickmühle und „musste einen Weg finden, die aufgerissenen Gräben wieder zuzuschütten, ohne von seinen Grundsätzen abzuweichen“.[149] Dieses politische Kunststück gelang Friedrich mit der berühmt gewordenen „Osterproklamation“ vom 7. April 1860. In dem auf eigene Initiative veröffentlichten Text, der zu einer kirchenpolitischen Liberalisierung führen und damit zur „Magna Charta der neuen Ära in Baden“[150] werden sollte, erklärte der Großherzog zunächst sei-

---

145 OSTER: *Großherzöge*, 167.
146 HUG: *Geschichte*, 261.
147 Vgl. a.a.O., 285.
148 Vgl. LIERMANN: *Landeskirche*, 541.
149 OSTER: *Großherzöge*, 168.
150 GALL: *Liberalismus*, 124. Zitiert nach: LIERMANN: *Landeskirche*, 541.

nen Rücktritt vom zuvor abgeschlossenen Konkordat. Allerdings, so Friedrich, sei es sein „entschiedener Wille, dass der Grundsatz der Selbständigkeit der katholischen Kirche in Ordnung ihrer Angelegenheiten zur vollen Geltung gebracht werde“[151]. Um diesen Willen auch rechtlich zum Ausdruck zu bringen, kündigte er ein Kirchengesetz für das Großherzogtum an, das „der Rechtsstellung der Kirche eine sichere Grundlage verbürgen“[152] sollte.

Das eigentlich Revolutionäre an der Proklamation war aber ihre Ausdehnung auch auf die evangelische Kirche. Friedrich erklärte in der Proklamation, es sei ihm

> „[...] heute eine ebenso werthe Pflicht, von meiner eigenen Kirche zu reden. Den Grundsätzen getreu, welche für die katholische Kirche Geltung erhalten sollen, werde ich danach streben, der evangelisch-protestantisch-uni[e]rten Landeskirche auf der Grundlage ihrer Verfassung eine möglichst freie Entwicklung zu gewähren. – Ich wünsche, daß der gleiche Grundsatz auch auf anderen Gebieten des Staatslebens fruchtbar werde, um alle Theile des Ganzen zu dem Einklange zu vereinen, in welchem die gesetzliche Freiheit ihre segensbringende Kraft bewähren kann. An den erprobten Patriotismus und ernsten Bürgersinn Meines Volkes richte ich nun die Mahnung, alle Trennungen zu vergessen, welche die jüngste Zeit hervorgerufen hat, damit unter den verschiedenen Konfessionen und ihren Angehörigen Eintracht und Duldung herrsche, wie sie die christliche Liebe uns alle lehrt.“[153]

Wie der Großherzog sich die gewünschte freie Entwicklung der Kirchen tatsächlich vorstellte, verdeutlichte das sogenannte Korporations- bzw. Kirchengesetz – eigentlich das „Gesetz, die rechtliche Stellung der Kirchen und kirchlichen Vereine betreffend“ – das am 9. Oktober 1860 verabschiedet wurde und für das Verhältnis von Staat und Kirche in Baden bis 1918 maßgeblich werden sollte. Zentral wurde vor allem § 7 des Gesetzes, der mit einem schlichten Satz wesentliche Teile des Staatskirchentums im Großherzogtum aufhob: „Die vereinigte evangelisch-protestantische und die römisch-katholische Kirche ordnen und verwalten ihre Angelegenheiten frei und selbständig [...].“[154] Einschränkend hieß es allerdings in § 13: „In ihren bürgerlichen und staatsbürgerlichen Beziehungen bleiben die Kirchen, deren Anstalten und Diener den Staatsgesetzen unterworfen. Keine Kirche kann aus ihrer Verfassung oder ihren Verordnungen Befugnisse ableiten, welche mit der Hoheit des Staates oder den Staatsgesetzen in Widerspruch stehen.“[155]

Auffällig ist die inhaltliche Nähe der beiden Bestimmungen zum Art. 137 der Weimarer Reichsverfassung von 1919, der die badischen Formulierungen von 1860 beinahe wörtlich übernimmt.[156]

151 BRBl 1860, 85. Zitiert nach: SCHWINGE: *Geschichte*, 188.
152 Ebd.
153 SCHWINGE: *Geschichte*, 188f.
154 BRBl 1860, 375. Zitiert nach: a.a.O., 189.
155 Zitiert nach: LIERMANN: *Landeskirche*, 543.
156 Vgl. ebd.

Diese „volle Übereinstimmung im Grundsätzlichen“[157] der beiden grundlegenden Texte für das Verhältnis von Staat und Kirche vor und nach 1918 sollte den Übergang von der Monarchie zur Demokratie für die Kirchen im Großherzogtum nach der Revolution wesentlich erleichtern.[158]

2.2.2. Die evangelische Kirchenverfassung von 1861

Für die evangelische Kirche bedeuteten die Osterproklamation und das Kirchengesetz von 1860 mit der durch sie vollzogenen „grundsätzlichen Beendigung des Staatskirchentums“[159] zunächst die Notwendigkeit für eine neue Kirchenverfassung. Der Summepiskopat des Großherzogs als Landesbischof wurde allerdings weder von Seiten des Staates noch der Kirche in Frage gestellt, obwohl es liberale Strömungen innerhalb der Landeskirche gab, die das Kirchengesetz entsprechend deuteten.[160] Am 28. Dezember 1860 erließ der Großherzog die „Verordnung, die rechtliche Stellung des Evang[elischen] Oberkirchenrats betr[effend]“, die den Oberkirchenrat von einer staatlichen Behörde zu einem rein kirchlichen Organ „unmittelbar unter Uns als oberstem Landesbischof“[161] machte. Prälat Carl Ullmann (1796–1865) sagte in einem persönlichen Vortrag vor dem Großherzog, dieser höre „als Staats-Oberhaupt […] nunmehr auf, die evangelische Landeskirche zu regieren, aber keineswegs hört er auf, als vornehmstes Mitglied […] die bischöflichen Rechte auszuüben.“[162] Das Organ, durch das der Großherzog diese bischöflichen Rechte weiter ausüben sollte, blieb für Ullmann der Oberkirchenrat. Nach der Abdankung des Großherzogs als Staatsoberhaupt im November 1918 war so nicht zuletzt durch die Bestimmungen von 1860 ein rechtlich reibungsloser Übergang zur Übernahme der Kirchenleitung durch ihre eigenen Organe – Oberkirchenrat und Synode – möglich.

Am 5. September 1861 setzte der Großherzog die von der Generalsynode verabschiedete Verfassung in Kraft. In seiner Sanktion betonte er den Grundsatz des Entwurfs, dass „nicht der Lehrstand und die Behörden allein, sondern die gesamte Gemeinde der Christen die Kirche ausmache.“[163] Weil die Verfassung wesentliche Rechte in die Hände der Gemeinden lege, vertraue er darauf, dass „die Gemeinden diese Rechte mit dem heiligen Ernste gebrauchen werden, den eine heilige Sache erfordert.“[164]

---

[157] LIERMANN: *Landeskirche*, 543.

[158] Vgl. WINTER: *Kirchenverfassung*, 175.

[159] Vgl. FRIEDRICH: *Kirchenrecht*, 184–189. Karoline Klausing spricht in ihrer 2014 erschienen Dissertation von einer „Staatskirchenhoheit“ statt „Staatskirchentum“ in Baden ab 1860. KLAUSING: *Kirche*, 59.

[160] Vgl. LIERMANN: *Landeskirche*, 543.

[161] BRBl 1860, 553. Zitiert nach: SCHWINGE: *Geschichte*, 190.

[162] LKA Karlsruhe, GA 4530. Zitiert nach: LIERMANN: *Landeskirche*, 543.

[163] GuVBl 1861, 55. Vgl. SCHWINGE: *Geschichte*, 191.

[164] Ebd.

Es gelte zu zeigen, dass „vor dem heiligen Namen Jesu Christi, des hochgelobten Hauptes unserer Kirche, alle weltliche und selbstsüchtige Parteiung schweigt."[165]

In den einleitenden Bestimmungen der Verfassung hieß es über die Stellung der Kirche zum Staat:

> „§ 3. Sie ordnet und verwaltet ihre Angelegenheiten durch ihre eigenen Organe frei und selbständig, unbeschadet der Rechte des Staates, wie solche durch die Staatsgesetze festgestellt sind. –
> § 4. Der evangelische Großherzog hat als Landesbischof das den evangelischen Fürsten Deutschlands herkömmlich zustehende Kirchenregiment und übt dasselbe nach den Bestimmungen dieser Verfassung aus."[166]

Zum ersten Mal erschien 1861 der Titel des seit 1818 in der staatlichen Verfassung etablierten Prälaten auch in der kirchlichen Gesetzgebung. § 61 Abs. 1 KV 1861 nennt ihn – als einziges Mitglied der Kirchenleitung und damit Bindeglied zwischen dieser und der Synode[167] – an erster Stelle als geborenes Mitglied der Generalsynode.[168] Bis 1861 war das Amt durch die Mitgliedschaft in der Ersten Kammer der Landstände nach § 26 der Verfassung ein rein politisches gewesen und im kirchlichen Bereich lediglich durch die Persönlichkeit seiner jeweiligen Träger verankert. Erst die Verfassung von 1919 machte den Prälaten in § 125 Abs. 1 auch im juristischen Sinn zum „erste[n] Geistliche[n] der Landeskirche"[169] und umschrieb seine Aufgaben näher, so dass aus dem Prälatenamt 1933 schließlich das Amt des Landesbischofs herauswachsen konnte.[170]

2.2.3. Innerkirchliche Auseinandersetzungen: Der Schenkelstreit 1864–1867

Durch die Kirchenverfassung von 1861 waren die äußeren kirchlichen Verhältnisse zunächst stabilisiert. Obwohl die Verfassung bis 1919 insgesamt 13 Mal geändert wurde, blieben ihre Grundlagen unangetastet.[171] Die innerkirchlichen Unruhen waren damit naturgemäß aber keinesfalls beendet: Nach dem Agendenstreit von 1858 erschütterte 1864 mit dem Schenkelstreit eine weitere tiefgehende Auseinandersetzung zwischen Konservativen und Liberalen die badische Landeskirche, die zu den tiefgehenden Gegensätzen zwischen den sich formierenden Kirchenparteien in der Folgezeit wesentlich beitragen

---

165 GuVBl 1861, 55.
166 A.a.O., 57.
167 Vgl. KUHLEMANN: *Bürgerlichkeit*, 79.
168 Vgl. LIERMANN: *Kirche*, 537, Anm. 61.
169 Beilage zu GuVBl 1919, 19.
170 FRIEDRICH: *Einführung*, 188.
171 Vgl. LIERMANN: *Kirche*, 550, Anm. 110.

sollte.[172] Der Heidelberger Professor und Direktor des Predigerseminars Daniel Schenkel[173] veröffentlichte im Februar 1864 mit seinem „Charakterbild Jesu“[174] einen Versuch, mit einer Rekonstruktion des Lebens Jesu unter Konzentration auf die synoptischen Evangelien den Stand der liberalen Leben-Jesu-Forschung allgemein verständlich für ein breites Publikum zusammenzufassen. Das Johannesevangelium schied als historische Quelle dabei aus, so dass ein Bild des Lebens Jesu gezeichnet wurde, das „natürlich ungleich menschlicher ausfallen und nothwendiger Weise mehr Erdfarben zeigen musste, als die vom Logos-Christus ausgehenden Darstellungen.“[175] Schenkel wollte mit seinem Buch vor allem ein *„Bedürfniß der Gemeinde“* befriedigen und damit zu einer „umfassende[n] und tiefgreifende[n] kirchliche[n] Erneuerung, an welcher unser ganzes Zeitalter arbeitet“,[176] beitragen.

Obwohl es unter wissenschaftlichen Aspekten keinesfalls originell oder revolutionär war, löste das Buch einen Sturm des Protests in der badischen Pfarrerschaft aus,[177] der teilweise wohl auch auf privater Gegnerschaft zum Predigerseminardirekor Schenkel beruhte. Dieser hatte wegen seiner „Art des persönlichen Regiments, wie er es im theologischen Seminar handhabte [...], in den Reihen besonders der jüngeren Geistlichkeit Badens manche Feinde gefunden“.[178] Am 26. Mai 1864 protestierten 119 positive badische Pfarrer auf der Frühjahrsversammlung der Landespredigerkonferenz im Karlsruher Diakonissenmutterhaus gegen die *„thatsächliche Verleugnung des göttlichen Wortes“*[179] durch Schenkel, die „uns [...] die heilige Pflicht auferlegt, mit einem öffentlichen und lauten Zeugniß dagegen aufzutreten.“[180] Weil Schenkel sich mit seiner Leugnung der Göttlichkeit Jesu nicht mehr auf dem Boden der Schrift und der Bekenntnisse der Landeskirche befinde, wurde seine Ablösung als Predigerseminarsdirektor gefordert.[181] Einer der Wortführer der Protestpfarrer war Ludwig Schmitthenners Vater, der damalige Neckarbischofsheimer Stadtpfarrer Johann Heinrich August Schmitthenner.[182]

---

172 Vgl. LIERMANN: *Kirche*, 550; FRIEDRICH: *Einführung*, 209. Vgl. zum Schenkelstreit allgemein KUHLEMANN: *Bürgerlichkeit*, 327–338.

173 Daniel Bernhard Schenkel (1813–1885), Privatdozent in Basel 1838, Erster Prediger und Stadtrat in Schaffhausen 1841, Professor in Basel 1850, Direktor des Predigerseminars in Heidelberg 1851–1883. Vgl. NEU II, 526; EHMANN: *Schenkel.*; HOLTZMANN: *Schenkel.*

174 SCHENKEL: *Charakterbild.*

175 HOLTZMANN: *Schenkel*, 88.

176 SCHENKEL: *Charakterbild*, 12. Zitiert nach: SCHWINGE: *Geschichte*, 199.

177 Vgl. zum öffentlichen Protest von Pfarrern und – wohl in vielen Fällen von ihnen beeinflussten – Laien gegen Schenkel die Fülle der Eingaben bei SCHWINGE: *Geschichte*, 201–206.

178 HOLTZMANN: *Schenkel*, 186.

179 Zitiert nach: EHMANN: *Schenkel*, 178.

180 „Actenstücke von der evang[elischen] Pfarrkonferenz in Karlsruhe am 26. Mai 1864“, 53. Zitiert nach SCHWINGE: *Geschichte*, 201.

181 Vgl. a.a.O., 202.

182 Vgl. Kap. 1.1., Anm. 13.

Auf der Karlsruher Versammlung hielt er einen kritischen Vortrag über Schenkels Buch.[183] Insgesamt schlossen sich dem Protest gegen Schenkel innerhalb eines Jahres 150 weitere badische Geistliche, 5 719 Theologen, Kirchenführer und interessierte Laien aus anderen deutschen Landeskirchen und dem Ausland, 110 von ihnen sogar aus den USA, sowie 5 334 Gemeindeglieder aus 97 badischen Gemeinden an.

Eine weitere Eingabe des Freiburger Unternehmers Carl Mez und des Dinglinger Waisenhausdirektors Ferdinand Fingado wurde mit insgesamt 8863 Unterschriften an den Großherzog übergeben.[184] Von den Liberalen wurde das „Ketzergericht gegen Herrn Kirchenrath Dr. Schenkel [...] [m]it großem Erstaunen und mit noch größerer Entrüstung“[185] zur Kenntnis genommen. Am 13. Juli 1864 versammelten sich 600 geistliche und weltliche Teilnehmer in Durlach zu einer Gegenversammlung unter dem Vorsitz des Heidelberger Dekans Karl Zittel.[186] Heinrich Holtzmann, Emil Otto Schellenberg und Johann Bluntschli verteidigten nicht die Meinung, wohl aber die Person Schenkels, der „innerhalb der protestantischen Kirche und auf dem Boden derselben das Recht gehabt habe, dieses Buch zu schreiben und zu veröffentlichen.“[187]

Während die Positiven also die Gebundenheit an Schrift und Bekenntnis betonten, verteidigten die Liberalen die Gewissens- und Lehrfreiheit. Für beide Seiten war im Schenkelstreit klar, dass der jeweilige Gegner den Boden des § 2 der Unionsurkunde von 1821 und seiner Erläuterung durch den Beschluss der Generalsynode von 1855 verlassen habe. In ihnen war der Bekenntnisstand der Landeskirche festgelegt worden mit dem Augsburger Bekenntnis, welches „noch *vor* der wirklichen Trennung in der evangelischen Kirche erschienen“[188] sei, sowie den jeweiligen Hauptbekenntnissen der vorher getrennten lutherischen und reformierten Kirchen, dem Kleinen Katechismus Luthers und dem Heidelberger Katechismus.

Deren „normative[s] Ansehen [...] mit voller Anerkenntniß desselben“ beruhte allerdings ausdrücklich auf dem zuvor verloren gegangenen „Prinzip und Recht der freien Forschung in der heiligen Schrift [...] als der einzigen sicheren Quelle des christlichen Glaubens und Wissens“, welches in den Bekenntnisschriften „aber factisch angewendet worden, demnach in denselben

183 Vgl. EHMANN: *Schenkel*, 178.

184 Vgl. die Zählung von KUHLEMANN: *Bürgerlichkeit*, 332f.

185 Eingabe des Kirchengemeinderats Opfingen an den EOK vom 3. Juli 1864, in: LKA Karlsruhe GA 372. Zitiert nach: SCHWINGE: *Geschichte*, 205.

186 Karl Zittel (1802–1871), Rez. 1823, Diakon in Lörrach 1829, Pfarrer in Bahlingen 1834, St. Peter und Providenzkirche Heidelberg 1849–1871, Dekan des KB Mannheim-Heidelberg 1862–1870, Mitglied der Generalsynode 1843. 1861, 1867, Abgeordneter der Zweiten Kammer 1842–1851, Abgeordneter der Frankfurter Nationalversammlung 1848–1849. Vgl. NEU II, 694f.

187 „Verhandlungen der sechsten protestant[ischen] Conferenz in Durlach am 13. Juli 1864“, 56. Zitiert nach SCHWINGE: *Geschichte*, 207.

188 Zitiert nach: ERBACHER: *Landeskirche*, 15.

die reine Grundlage des evangelischen Protestantismus zu suchen und zu finden"[189] sei. Im Jahr 1855 hatte die Generalsynode in ihren Erläuterungen zur Unionsurkunde deshalb ebenfalls die Heilige Schrift zur „alleinige[n] Quelle und oberste[n] Richtschnur des Glaubens, der Lehre und des Lebens"[190] erklärt, aus dieser normativen Geltung zugleich aber „das Recht des freien Gebrauchs der Schrift, sowie der im Heiligen Geist gewissenhaft zu übenden Erforschung derselben [...] für alle Glieder der Kirche, insbesondere aber für ihre mit dem Lehramt betrauten Diener"[191] abgeleitet.

Auf die verfassungsmäßig garantierte freie Schrifterforschung, deren Grenzen Schenkel nicht überschritten habe, berief sich auch ein Erlass des Oberkirchenrats vom 17. August 1864.[192] So hatte die Auseinandersetzung um Schenkel zwar das „Potential für eine mögliche Kirchenspaltung",[193] die aber letztlich beide Seiten zu vermeiden suchten. Trotzdem riss die Kette aus Eingaben und Bittschriften beider Richtungen und Erlassen der Kirchenbehörde nicht ab.[194] Erst die Generalsynode von 1867 entschied unter Berufung auf das Kirchengesetz von 1860, das seit 1838 bestehende Predigerseminar zwar aufzuheben, es aber gleichzeitig durch die Gründung des „Protestantischen Theologischen Seminars" an der Universität zu ersetzen. Auch indem Schenkel einerseits auf seinem Posten als Seminarsdirektor verblieb, andererseits der bisher bestehende Seminarszwang für die angehenden Pfarrer aber aufgehoben wurde, gelang es, den Schenkelstreit in einem für beide Seiten befriedigenden Kompromiss beizulegen.[195] 1871 fand die Aussöhnung der durch den Streit aufgeworfenen Gegensätze innerhalb der badischen Landeskirche in der sogenannten „Friedenssynode" ihren sichtbaren Ausdruck.[196]

Eine unmittelbare Folge der Auseinandersetzungen war auch die Gründung des Wissenschaftlichen Predigervereins am 19. April 1865 in Karlsruhe mit dem Ziel des Ausgleichs zwischen den kirchenpolitischen Richtungen. Mehrere prominente Liberale wie Heinrich Holtzmann, Richard Rothe, Emil Otto und Oskar Schellenberg, Karl und Emil Zittel sowie Daniel Schenkel waren beteiligt. Die Positiven folgten dem Aufruf nicht. Als erster Vorsitzender wurde ausgerechnet Schenkel selbst gewählt, der jedoch noch im Gründungsjahr vom positiven Hofprediger Karl Doll abgelöst wurde. Von 1898 bis zu seinem Tod 1907 war Adolf Schmitthenner Vorsitzender des Vereins, der 1941 mit dem Pfarrverein vereinigt werden sollte.[197]

---

189 ERBACHER: *Landeskirche*, 15.
190 A.a.O., 16.
191 Vgl. zu den Auseinandersetzungen um die Formulierung des badischen Bekenntnisstandes von 1855 PFISTERER: *Ullmann*, 96.
192 Vgl. SCHWINGE: *Geschichte*, 212f.
193 KUHLEMANN: *Bürgerlichkeit*, 337.
194 Vgl. SCHWINGE: *Geschichte*, 213.
195 Vgl. a.a.O., 215f.
196 Vgl. a.a.O., 221.
197 Vgl. a.a.O., 216f.

3. Jugend und früher Werdegang 1858–1892

3.1. *Die Pfarrerdynastie Schmitthenner*

Ludwig Schmitthenner stammte aus einer alteingesessenen nassauischen Offiziers- und Pfarrerdynastie des 17.–20. Jahrhunderts, deren ursprünglich in den Niederlanden, in Herborn und in Nürnberg angesiedelte Vertreter seit 1817 auch im badischen Kirchendienst tätig waren und so die Geschicke der Landeskirche im 19. Jahrhundert entscheidend mitprägten.[198] Ludwig Schmitthenners Vater Johann Heinrich August Schmitthenner war der Wortführer der Konservativen im Schenkel-Streit von 1864.[199] Die von ihm ins Leben gerufenen wandernden Mittwochskonferenzen der Pfarrer der Diözese Neckarbischofsheim und deren Öffnung für die Kollegen aus der benachbarten Diözese Oberheidelberg schon vor der Gründung des Pfarrvereins 1890 werden in der Forschung als erster Vorläufer einer berufsständischen Vertretung der Pfarrerschaft in Baden gesehen.[200] Sein Sohn Adolf Schmitthenner – der es vor allem als Heimatschriftsteller und Chronist seiner kraichgauischen Heimat zu einer gewissen Prominenz brachte[201] – amtierte 1898–1907 als Vorsitzender des Wissenschaftlichen Predigervereins. 1876 notierte er in seinem Lebenslauf an den Evangelischen Oberkirchenrat:

> „Solange ich zurückdenken kann, wußte ich nichts anderes, als daß ich einmal Pfarrer werden wolle. Es schien mir das so selbstverständlich, – es ist auch wirklich so für die männlichen Glieder unserer Familie, – daß ich mich nie nach einem anderen Beruf umsah.“[202]

Das Bewusstsein, in einer langen Tradition von Pfarrern zu stehen, war auch bei den Nichttheologen der Familie Schmitthenner ausgeprägt. Adolf Schmitthenners Sohn, der Militärhistoriker, Rektor der Heidelberger Universität und seit 1938 badische NS-Kulturstaatsminister Paul Schmitthenner, notierte in seinen Lebenserinnerungen, auch er sei aufgewachsen und geprägt in dem Wissen, „dass mehr als 300 Pfarrerahnen in meinem Blute predigen.“[203] 1884 erschien, herausgegeben von Johann Heinrich August Schmitthenner, seit 1873 Pfarrer in Kirchheim und Dekan der Diözese Oberheidelberg, zum ersten Mal eine Genealogie der Familie Schmitthenner.[204]

---

198 Vgl. SCHNEIDER-HARPPRECHT: *Pfarrhaus*, 29.37f.
199 Vgl. Kap. 2.2.3.
200 Vgl. ERBACHER: *Geschichte*, 31.
201 Vgl. SCHNEIDER-HARPPRECHT: *Pfarrhaus*, 37.
202 LKA Karlsruhe PA 940. Vgl. Kap. 1.1., Anm. 15.
203 LKA Karlsruhe FA Schmitthenner, Nr. 503, 9. Vgl. Kap. 1.1., Anm. 17.

Im Vorwort brachte der Herausgeber stellvertretend für alle Familienangehörigen die klassische bildungsbürgerliche Überzeugung zum Ausdruck, dass diese unabhängig von Stand oder Beruf „in dem einen eins sind, dass das Wahre, das Schöne, das Gute ihr Lebensziel“[205] sei. Schmitthenners genealogische Nachforschungen ergaben, dass der älteste nachzuweisende Namensträger Johann Jakob Schmitthenner 1678 bei der Belagerung von Ypern als Leutnant in den Diensten Wilhelms III. von Oranien-Nassau (1650–1702) gefallen war.[206] Der erste nachweisbare Pfarrer der Familie war dann dessen Enkel Johann Philipp Schmitthenner (1693–1772) im hessischen Wölfersheim.[207] Neben Pfarrern und Soldaten brachte die Familie immer auch weitere bedeutende Gelehrte hervor. Friedrich Jakob Schmitthenner (1796–1850) – von Haus aus ursprünglich ebenfalls Theologe und Pfarrer – machte sich als Professor für Geschichte sowie für Staats- und Finanzwissenschaften in Gießen einen Namen. Er verfasste verschiedene sprach- und staatswissenschaftliche Bücher, unter anderem eine „Geschichte der Teutschen“.[208] 1928 zitierte Christian Heinrich Schmitthenner in seiner Fortsetzung der Familienchronik aus dem 1865 in Leipzig von Bluntschli und Brater herausgegebenen „Deutschen Staatswörterbuch“, das Friedrich Jakob Schmitthenner als „geistvolle[n] Kenner der sozialpolitischen Verhältnisse der Menschen“ würdigte, der seine „hohe und aristokratische Stellung, welche er der Wissenschaft gegenüber der Tagesmeinung vindiciert[e], […] auch unter den gewaltigen Eindrücken der Massenbewegung von 1848 laut zu proclamieren den Mut besaß.“[209]

Das bürgerlich-humanistische Ideal des Dienstes am Guten verkörperte sich aber besonders in den Geistlichen der Familie. Als erster bedeutender Theologe in der Genealogie der Familie Schmitthenner und Begründer der Nürnberger Familienlinie kann der reformierte Nürnberger Pfarrer David Jakob Elisäus Schmitthenner (1725–1799) gelten, der seinen Wahlspruch: „Befiel dem Herrn deine Wege“ (Psalm 37,5) gleichsam zum Familienmotto machte.[210]

---

204 SCHMITTHENNER: *Genealogie 1884*. Weitere überarbeitete und ergänzte Ausgaben der Genealogie wurden 1928 und 1958 herausgegeben. Vgl. SCHMITTHENNER: *Genealogie 1928* sowie SCHMITTHENNER: *Genealogie 1955/1956*.

205 SCHMITTHENNER: *Genealogie 1884*, VII.

206 Vgl. a.a.O., 1.

207 Vgl. ebd.

208 Vgl. SCHMITTHENNER: *Genealogie 1928*, 36.

209 Ebd.

210 Vgl. auch den Eintrag zur Familiengenealogie, den Schmitthenner im Predigtbuch seiner ältesten Tochter Esther Maria Philippina Ackermann (1759–1804) machte: „Nachdem die Schmitthenner bereits im 16. Saeculo in Militär-Diensten gestanden und in den Niederlanden gewohnt, so ist Johann Jakob Schmitthenner 1678 vor Ypern in Flandern als Lieutnant tot geblieben, und hat einen Sohn hinterlassen namens Johann Wilhelm Schmitthenner, welcher in Herborn als Kaufmann mit Anna Elisabetha Imantin von Dillenberg verheiratet war und einen Sohn hinterlassen hat, nämlich Johann Philipp Schmitthenner, geb[oren am] 17. April 1693, welcher erster Prediger zu Wöl-

Am 7. Mai 1776 heiratete Schmitthenner Jeanne Françoise Moulin (ca. 1755–1800), eine Tochter des Fabrikanten und Vorstehers der französischen Gemeinde im fränkischen Wilhelmsdorff Simon Moulin.[211] Als viertes von insgesamt sechs Kindern wurde am 1. April 1782 Ludwig Schmitthenners Großvater Christian Schmitthenner (1782–1843)[212] in Nürnberg geboren. Er studierte in Altdorf und Heidelberg evangelische Theologie, wurde Hauslehrer in Sinsheim, 1808 in den badischen Pfarrdienst übernommen und nach dem Vikariat in Weingarten und Bretten ab 1817 Pfarrer in Großsachsen. Am 5. Januar 1818 heiratete er Johanna Luisa Dorothea Christina Helffenstein (1785–1845), deren Vater Johann Heinrich Helffenstein (1751–1843) ebenfalls Pfarrer in Sinsheim und Wieblingen gewesen war.[213] Am 11. Oktober 1818 wurde in Großsachsen als ältestes von sechs Kindern Johann Heinrich August Schmitthenner geboren.[214] Dieser studierte in Heidelberg und Berlin evangelische Theologie, wurde 1843 in den Pfarrdienst übernommen und nach Vikariaten in Epfenbach und Eichtersheim schließlich 1845 Pfarrer in Kälbertshausen. 1850 übernahm Heinrich Schmitthenner die zweite Pfarrstelle im Amtsstädtchen Neckarbischofsheim im Kraichgau. Am 16. Dezember 1845 heiratete er Mathilde Luise Herbst (1822–1894), die als Tochter von Christian Philipp Herbst (1781–1864), Pfarrer in Oberöwisheim, Weisweil, Britzingen und Mundingen, ebenfalls einer alten badischen Pfarrerdynastie entstammte.[215] Am 20. November 1849 wurde Heinrich, am 24. Mai 1854 Adolf und am 30. September 1858 schließlich Ludwig als zweitjüngstes von insgesamt sechs das Erwachsenenalter erreichenden Kindern geboren.[216] Am 11. Oktober 1858 wurde Ludwig Schmitthenner in Neckarbischofsheim von Stadtpfarrer August Gräbener (1804–1891), dessen Frau Bertha wie Luise Schmitthenner ebenfalls eine Tochter Christian Philipp Herbsts war, getauft.[217]

---

fersheim bei Frankfurt a. M. war und 1772 in Herborn gestorben ist." SCHMITTHENNER: *Genealogie 1928*, 2.

211 Die erste Ehe mit Johanna Katharina Schmid (gestorben 1758) war kinderlos geblieben. In zweiter Ehe heiratete David Elisäus Schmitthenner Sara Serruier (1733–1775), eine Tochter des Pfarrers der niederländischen Gemeinde in Hanau Louis Serruier. Esther Maria Philippina war das erste von insgesamt neun Kindern aus dieser Ehe. Vgl. SCHMITTHENNER: *Genealogie 1928*, 45f.

212 Vgl. NEU II, 541.

213 Vgl. a.a.O., 249.

214 Vgl. SCHMITTHENNER: *Genealogie 1928*, 19f.

215 Vgl. NEU II, 256; SCHMITTHENNER: *Genealogie 1928*, 26.

216 Neben den Töchtern Auguste, geboren am 13. Dezember 1846, Klothilde, geboren am 28. Juni 1851, und Mathilde, geboren am 21. August 1860, nennt die Familienchronik noch einen älteren Bruder, Hermann, geboren am 13. Dezember 1846, der am 14. August 1848 starb. Vgl. SCHMITTHENNER: *Genealogie 1884*, 26f.

217 Die Taufpaten waren Gustav Mickel (1812–1868), Pfarrer in Hüffenhardt, und dessen Frau Carolina, Pfarrer Christian Gruner (1817–1884) in Königsbach und seine Frau Emma, der Onkel Ludwig Schmitthenner (1819–1894), damals Ingenieur in Petersburg, und Karl Schmitthenner, der als Pfarrverwalter in Mühlhausen (Kraichgau) wirkte. Als Paten genannt sind außerdem Elisa Eugelmann in Stuttgart, Levutina Dru-

3.2. *Kindheit und Jugend*

Aufgrund der dünnen Quellenlage sind über die Kindheit und Jugend Schmitthenners in Neckarbischofheim und Kirchheim allenfalls fragmentarische Anekdoten überliefert. Paul Schmitthenner – für den bis in die 50er Jahre des 20. Jahrhunderts „Neckarbischofsheim und der Kraichgau […] meine Seelenheimat geblieben“[218] waren – beschrieb die geistige Atmosphäre im Hause Schmitthenner als eine Mischung aus „[k]onservative[r] Lebenshaltung und undogmatisch-christliche[r] Gläubigkeit“.[219] Wilhelm Ziegler,[220] Landeswohlfahrtspfarrer und Geschäftsführer des Badischen Landesvereins für Innere Mission, schrieb im Juni 1932 in seinem Nachruf auf den verstorbenen Ludwig Schmitthenner:

> „Es war einmal ein Pfarrhaus in Neckarbischofsheim, das hatte drei Söhne. Frische fröhliche Pfarrersbuben waren alle drei, und im Pfarrhaus gefiel es ihnen so gut, daß sie alle drei auch wieder Pfarrer wurden. Aber merkwürdig verschieden waren sie doch, wie die Eiche, die Birke und die Buche auch alle drei prächtige Bäume sind, aber jeder ‚nach seiner Art‘. – Heinrich, der spätere Kirchenrat, war und wurde wie die deutsche Eiche, schlicht, bieder, treu, von unbegrenzter Lebenkraft. – Adolf, der Heidelberger Stadtpfarrer und Dichter, war und wurde immer mehr wie die bräutliche Birke im Silberkleid. – Ludwig, der Jüngste, wuchs zur Buche, die Same um Same bringt, unter der andere fröhlich wohnen.“[221]

Wie Ziegler zeichnete auch Friedrich Hindenlang (1867–1937), der als Geschäftsführer des Evangelischen Pressverbandes und Leiter der Evangelischen Pressestelle 1934 mit der Abfassung eines Lebensbildes für den Jahreskalender der Evangelischen Diakonissenanstalten in Karlsruhe-Rüppurr betraut war, ein nostalgisches Bild der Kindheit und Jugend Schmitthenners im Neckarbischofsheimer Pfarrhaus. Weil ihm aufgrund des lückenhaften Quellenmaterials Unterlagen oder Dokumente von Schmitthenners eigener Hand nicht zur Verfügung standen, musste er dabei im Wesentlichen auf eigene Erinnerungen und auf die Novellen Adolf Schmitthenners zurückgreifen.[222]

Letztere verwertete er weitgehend als authentisches Quellenmaterial für Anekdoten aus der Jugendzeit des Prälaten, eine Vorgehensweise, vor der allerdings Heinrich Schmitthenner ausdrücklich gewarnt hatte:

---

chinger in Lahr und Bertha Gräbener. Vgl. LKA Karlsruhe PA 3243.

218 LKA Karlsruhe FA Schmitthenner, Nr. 503, 3.

219 A.a.O., Nr. 503, 11.

220 Friedrich Wilhelm Heinrich Hermann Ziegler (1901–1993), geb. am 4. September 1901 in Karlsruhe, Sohn des Pfarrers Friedrich Wilhelm Ziegler (1870–1952), 1922 Erstes Examen, 1923 Zweites Examen, Vikar seines Vaters in Hugsweier 1923, Heuberg und Stetten 1924, Landeswohlfahrtspfarrer und Geschäftsführer des Landesvereins für Innere Mission 1930, Bundesverdienstkreuz 1952, Ruhestand 1968, gest. am 1. Dezember 1993 in Karlsruhe. Vgl. NEU II, 690.

221 LKA Karlsruhe FA Schmitthenner, Nr. 201.

222 Vgl. HINDENLANG: *Schmitthenner*, 30.

Tatsächlich sei es im Neckarbischofsheimer Pfarrhaus nicht so wild zugegangen, wie etwa in der Novelle vom „Pfarrkranz" dargestellt.[223] Den Tatsachen entspricht wohl die Schilderung der Studierstube des Vaters im Neckarbischofsheimer Pfarrhaus, die Adolf Schmitthenner in der Novelle „Non cras sed hodie!" 1896 gab:

> „Die geweißte Decke war über dem Ofen und über der Arbeitsecke des Pfarrers schwarzbraun geworden, und die ursprüngliche Farbe der Tapete nur zu erkennen, wenn man eines der unzähligen schwarz eingerahmten Bilder in die Höhe hob oder einen Bücherschrank von der Wand rückte. In einem Winkel zwischen zwei Eckfenstern war des Pfarrherrn innerste Behausung. Da stand er, verbarrikadiert hinter drei riesigen Arbeitspulten, wie in einem festen Turme, aus dem jahraus jahrein dicker Qualm dampfte."[224]

Auch in der Novelle „Der Seehund" wollte Hindenlang Jugenderlebnisse Ludwig Schmitthenners wieder erkennen. Obwohl hier jeder Nachweis der historischen Authentizität fehlt, hatte es für den Verfasser des Schmitthennerschen Lebensbildes wohl einen gewissen Reiz, sich vorzustellen, wie der spätere Prälat als Kind von einem blinden Juden vor dem Ertrinken aus dem Neckarbischofsheimer Mühlbach gerettet worden sei.[225] Auch die Herkunft des Spitznamens „Birrle" blieb nicht unerwähnt: „Birr! sagte er und legte die Hand drauf. Dass er die Hand drauf legte, ist selbstverständlich, und birr statt mir zu sagen, entsprach seinem Charakter. Birr! war sein Wort."[226]

Sicher historisch belegt ist dagegen der Brand Neckarbischofsheims in der Nacht zum 3. November 1859, den Adolf Schmitthenner ebenfalls literarisch verarbeitete.[227] Große Teile im Südwesten der Stadt brannten ab, weshalb auch die Pfarrfamilie ihr Heim vorübergehend verlassen musste.[228] Ebenfalls historisch belegbar ist der Bericht Hindenlangs, Schmitthenner sei im Alter von sechs Jahren von einem Hund in die Wade gebissen worden.[229] Im Juli 1880 wurde er deshalb als Student in Tübingen bei der Meldung zum Militär als „dauernd untauglich zum Dienst im Heer und in der Marine"[230] eingestuft und ausgemustert. 1870/1871 zum Militärdienst eingezogen wurde dagegen sein Bruder Heinrich Schmitthenner, der den Kriegsausbruch 1870 als junger Student in Berlin miterlebte:

> „Der Eindruck, den in diesen entscheidungsschweren Tagen Berlin machte, war ein großartiger. Auf den Straßen bis in die späte Nacht hinein ein ungeheures Menschengewoge, besonders unter den Linden vor dem königlichen Palast, aber kein übermütiges Jubeln, wie man es von Paris berichtete.

---

223 Vgl. HINDENLANG: *Schmitthenner*, 31.

224 SCHMITTHENNER: *Non cras, sed hodie!*, 445f.

225 Vgl. HINDENLANG: *Schmitthenner*, 31f.

226 SCHMITTHENNER: *Seehund*, 11.

227 Vgl. SCHMITTHENNER: *Novellen*, 438.

228 Vgl. zum Brand Neckarbischofsheims die zeitgenössische Darstellung bei SCHMITTHENNER: *Beschreibung*, sowie BEISEL: *Brandkatastrophe*.

229 Vgl. HINDENLANG: *Schmitthenner*, 32.

230 LKA Karlsruhe PA 3243.

Der Gesamteindruck war der einer ernsten Entschlossenheit. Ich war Zeuge, wie König Wilhelm[,] von Ems zurückkehrend[,] von der Bevölkerung empfangen wurde, und ich mußte mir sagen: ein Volk, das mit solcher Begeisterung seinem Kriegsherrn zujauchzt, wird nicht besiegt werden."[231]

In Neckarbischofsheim besuchte Ludwig Schmitthenner seit 1864 zunächst die Volksschule, ab 1868 erhielt er zusätzlich Privatunterricht bei seinem Vater, „da eine Lateinschule, die in Neckarbischofsheim früher bestanden hatte, aus Mangel an Schülern eingegangen war"[232]. Mit einigen gleichaltrigen Schülern wurde er zunächst in Latein, später auch Französisch unterrichtet. Weil die Zahl der Interessenten an diesem Privatunterricht im Pfarrhaus immer weiter zunahm, gelang es im Frühjahr 1870 sogar, in Neckarbischofsheim wieder eine Lateinschule zu eröffnen.

Schließlich war auch eine Entscheidung über die Berufswahl zu treffen. Weil die beiden älteren Brüder bereits Theologie studierten und Ludwig „von je her viel Freude an practischen Arbeiten gezeigt"[233] hatte, wollte der Vater den jüngsten Sohn ursprünglich „ein technisches Fach ergreifen [...] lassen, um mich schneller aus den Kosten zu bekommen".[234] Nach dem Wechsel Heinrich Schmitthenners nach Kirchheim 1873 besuchte Ludwig so zunächst die 4. Klasse der Höheren Bürgerschule in Heidelberg. Am 10. April 1873, dem Gründonnerstag, wurde er in Kirchheim von seinem Vater konfirmiert.

Von 1875 an besuchte der spätere Kirchenrat, Pfarrvereinsvorsitzender und Redakteur der Pfarrvereinsblätter Heinrich Neu[235] ebenfalls die Heidelberger Bürgerschule. Neu wohnte bei Verwandten in Kirchheim und blieb dank des gemeinsamen Schulwegs mit dem sechs Jahre älteren Schmitthenner lebenslang freundschaftlich verbunden.[236] In seiner Antwort auf die Bitte Martha Schmitthenners um Erinnerungen und Berichte an den Prälaten überlieferte Neu 1959 eine Episode aus der gemeinsamen Kirchheimer Zeit, die „großen Eindruck"[237] auf ihn gemacht hatte:

„Es hatte in Kirchheim gebrannt. Die Gefahr schien groß, man rief die Rohrbacher Feuerwehr zur Hilfe. Der Brand war schon gelöscht, als sie kam. Da machte sich eine Schar junger Burschen und Mädchen über die Leute aus Rohrbach lustig. Da trat Ihr Vater – damals nicht viel älter als die Leute – ihnen entgegen, verwies ihnen ihr Betragen und erklärte ihr Verhalten als nicht schön, da die

---

231 SCHMITTHENNER: *Erlebnisse*, 2.

232 LKA Karlsruhe PA 3243.

233 Ebd.

234 Ebd.

235 Karl Heinrich Neu (1864–1963), geb. am 21. Februar 1864 in Kirchheim, Rez. 1889, Vikariat in Walldorf 1889, Pastorationsgeistlicher in Achern 1890, Pfarrer Wenkheim 1892, Schmieheim und Ettenheim 1900, Söllingen 1912, Wieblingen 1916–1933, Mitglied der außerordentlichen Generalsynode 1919, Schriftleiter der Pfarrvereinsblätter 1906–1923, Vorsitzender des Pfarrvereins 1919–1923, gest. am 5. November 1863 in Heidelberg. Vgl. NEU II, 436.

236 Vgl. Die Erinnerungen Neus an die gemeinsame Schulzeit in LKA Karlsruhe PA 3243.

237 LKA Karlsruhe PA 3243.

Rohrbacher doch gekommen seien, um in opferwilliger Weise zu helfen. Ich erinnere mich noch der betretenen Stille, die seinen Worten folgte. Die Leute schämten sich sichtlich.“[238]

Nach dem Vorbild seines Onkels Wilhelm August Schmitthenner (1823–1898), der 1847 nach New York ausgewandert war und sich als Kaufmann sowie langjähriger Sekretär und Schatzmeister der Deutschen Gesellschaft in der Kolonie Bella Silva in Pennsylvania angesiedelt hatte,[239] wollte Ludwig Schmitthenner ebenfalls Kaufmann werden.[240] Bald fing er allerdings an „zu bereuen, in die Bürgerschule eingetreten zu sein; der Geist[,] der da unter den Schülern herrschte[,] stieß mich ab und der Gedanke an meine künftige Lebensstellung im Vergleich zu der meiner Brüder ließ ein immer größeres Verlangen in mir wachwerden, doch auch noch zu studieren, und zwar war ich darin in mir sicher, dass dieses Studium dann nur das der Theologie sein könne.“[241]

Im Frühjahr 1874 war der Studienwunsch zum festen Entschluss gereift. Der Vater, „[i]m Grunde des Herzens […] eigentlich ganz froh, noch einen dritten Theologen zu bekommen“[242], gab ebenfalls seine Zustimmung, und im Herbst 1874 wechselte Ludwig Schmitthenner in die Obertertia des Heidelberger Gymnasiums. Der Schulwechsel gestaltete sich zunächst schwerer als gedacht, weil nach der eher bescheidenen Lateinbildung in Neckarbischofsheim und der Zeit an der Bürgerschule ein umfangreicher Latein- und Griechischstoff aufzuholen war. So hatte Schmitthenner bis zum Wechsel ans Gymnasium noch überhaupt kein Griechisch gelernt. Die ersten Gymnasialjahre waren daher „eine schwere Zeit für den Knaben, der oft neben der brennenden Lampe über den Büchern einschlief und erst erwachte, als es Zeit war, von Kirchheim nach Heidelberg zur Schule zu gehen.“[243] Erst nach zwei Jahren konnte der junge Schmitthenner in die Untersekunda aufgenommen werden. Ab dann kam er „ohne jeden Anstand im Gymnasium fort“[244] und legte im Juli 1879 schließlich das Abitur ab. Das Abschlusszeugnis würdigte vor allem den außerordentlichen Fleiß des ansonsten durchschnittlichen Schülers. So erhielt Schmitthenner für seine Kenntnis der griechischen Klassiker zwar nur die Note „genügend-gut“, wurde aber gleichzeitig ausdrücklich gelobt:

„Er hat seine Kenntnis der griechischen Literatur durch Privatlectüre über die in der Schule innegehaltenen Grenzen ausgedehnt und in einer besonders formell recht befriedigenden Valedictionsarbeit die Handlung und den Charakter der […] Tragödie Alkestis besprochen.“[245]

---

238 LKA Karlsruhe PA 3243.
239 Vgl. SCHMITTHENNER: *Genealogie 1956*, 223.
240 Vgl. HINDENLANG: *Schmitthenner*, 32.
241 LKA Karlsruhe PA 3243.
242 Ebd.
243 HINDENLANG: *Schmitthenner*, 32.
244 LKA Karlsruhe PA 3243.

3.3. Studium und erste Berufspraxis

In seinem Studienwunsch war Schmitthenner während der Gymnasialzeit nicht zuletzt durch den Religionsunterricht Heinrich Bassermanns[246] bestärkt worden, der 1876–1909 als Professor für Praktische Theologie in Heidelberg wirkte und auch den Unterricht in der höheren Klassen des Heidelberger Gymnasiums erteilte. Die Unterrichtsstunden bei Bassermann hinterließen bei Schmitthenner einen nachhaltigen Eindruck, sie waren

> „anregend und lebendig, er verstand es, durch die Art und Weise, wie er den Unterrichtsstoff behandelte, fast Allen ein großes Interesse für die Sache abzugewinnen. In diesen Stunden begann ich die Schönheit des theologischen Berufes – wie ich sie in practischer Beziehung vom elterlichen Hause her kannte – nun auch in wissenschaftlicher Hinsicht wenigstens zu ahnen."[247]

Schmitthenner begann das Theologiestudium in Erlangen, wo er auch den – für angehende Geistliche freiwilligen – militärischen Einjährigendienst ableisten wollte.[248] Wegen der Bissverletzung im rechten Fuß wurde er zunächst zurückgestellt und im folgenden Jahr in Tübingen für dauerhaft untauglich erklärt. In Erlangen hörte Schmitthenner bei Gustav Leopold Plitt (1836–1880), August Köhler (1835–1897) und Theodor Zahn (1838–1933) Philosophie, Kirchengeschichte, sowie alt- und neutestamentliche Exegese. Zum Sommersemester 1880 wechselte der junge Student für drei Semester nach Tübingen. Dort absolvierte er das philosophische Kollegium bei Christoph von Sigwart (1830–1904). In der Theologie hörte er unter anderem den Neutestamentler Bernhard Weiß (1827–1918), den Alttestamentler Robert Kübel (1838–1894), den Orientalisten Emil Kautzsch (1841–1910) und den damaligen Ephorus am Tübinger Stift, Paul von Buder (1836–1914). Besonders zu Weiß entwickelte sich ein inniges Verhältnis, und der junge Student war mehrmals im Haus des Professors zu Gast.[249]

---

245 LKA Karlsruhe PA 3243. Tatsächlich ist die allgemeine Fleißnote die einzige „sehr gut[e]" Zensur des insgesamt „genügend[en]" Abiturs.

246 Heinrich Gustav Bassermann (1849–1909), Rez. 1872, Hilfsprediger in Arolsen (Waldeck), Dozent in Jena 1875, Dr. habil. 1876, Professor für Praktische Theologie in Heidelberg ab 1876, Direktor des Predigerseminars und Universitätsprediger 1884–1909. Vgl. NEU II, 38.

247 LKA Karlsruhe PA 3243.

248 Nach dem Wehrgesetz vom 12. Februar 1868 konnten sich angehende Pfarrer in Baden „wegen des geistlichen Berufes" vom Wehrdienst zurückstellen lassen. Wer mit der Vollendung des 27. Lebensjahres die Theologischen Hauptprüfungen bestanden hatte, wurde ganz vom Wehrdienst befreit. Zitiert nach: KUHLEMANN: *Bürgerlichkeit*, 263.

249 In die Studienzeit fällt auch eine Reise nach Schweden zum ältesten Bruder des Vaters und Taufpaten Ludwig Sigismund Schmitthenner (1819–1894), der als Ingenieur in England – ab 1843 beim Bau des Londoner Chrystal Palace – , Russland und Spanien tätig gewesen war. Seit 1870 leitete er ein Sägewerk zunächst im schwedischen La-

In Heidelberg bereitete sich Schmitthenner schließlich auf das Erste Theologische Examen vor, das er im April 1882 ablegte. Nach dem Examen folgte ein Jahr am Theologischen Seminar in Heidelberg. Dessen Besuch war nicht zuletzt dank des Einsatzes Heinrich Schmitthenners seit dem Ende des Schenkel-Streits 1867 zwar nicht mehr obligatorisch, aber wie schon zu Heinrich Bassermann im Gymnasium entwickelte Schmitthenner ausgerechnet zum ausgewiesen liberalen Predigerseminardirektor Daniel Schenkel ein inniges Verhältnis.[250]

Die – besonders in den Reihen der jüngeren Geistlichkeit Badens ausgeprägte – Gegnerschaft zur rigiden Art des „persönlichen Regiments"[251] Schenkels teilte er nicht. In seinem Lebenslauf für den Oberkirchenrat schrieb er im Rückblick auf die Zeit im Theologischen Seminar, er denke stets „mit Dank zurück an die väterliche Liebe, die Herr Kirchenrat Schenkel uns immer bewiesen und mit der er überall unser Interesse vertrat und unser Bestes suchte."[252]

Nachhaltigen Eindruck hinterließ bei Schmitthenner auch der Katechetik-Unterricht bei Oskar Schellenberg.[253] Heinrich Bassermann, den er bereits durch den Religionsunterricht am Gymnasium kannte, schätzte er als „strenge[n] aber gerechte[n] Kritiker"[254] der ersten Predigtversuche. Insgesamt empfand Schmitthenner die Zeit im Heidelberger Seminar als „anregend[,] aber auch anstrengend",[255] weil neben den Seminarstunden und den praktischen Übungen kaum Zeit für das eigene theologische Privatstudium bleibe. Das Entlassungszeugnis vom 6. März 1883 bescheinigte dem angehenden Pfarrer jedenfalls „sehr gute Hoffnungen [...] für die zukünftige Amtsführung"[256].

---

holm, dann in Hernösand. Auf der Reise lernte Schmitthenner den Norden Deutschlands, Dänemark und Schweden kennen. Vgl. LKA Karlsruhe PA 3243.

250 Seinem ältesten Sohn Christian Heinrich hatte der Vater Heinrich Schmitthenner den Besuch des Predigerseminars noch verboten. Adolf Schmitthenner hatte dagegen das Seminar ebenfalls besucht und sogar für eine Annäherung zwischen Schenkel und dem einstigen Wortführer des Widerspruchs gegen den Seminardirektor gesorgt. Vgl. HINDENLANG: *Schmitthenner*, 33.

251 HOLTZMANN: *Schenkel*, 86.

252 LKA Karlsruhe PA 3243.

253 Oskar Ernst Ludwig Schellenberg (1824–1895), 1848 des Aufruhrs gegen preußische Truppen in Rastatt verdächtigt und mangels Beweisen freigesprochen, Privatlehrer in Bern, Weinheim 1852–1855, Rez. 1855, Vikar in Eberbach, Neckargerach 1856, Pfarrverwalter 1857, Pfarrer in Gemmingen 1859, Pfarrer an Heiliggeist II in Heidelberg 1861, Lehrer am Predigerseminar, 1867–1893 Providenzkirche in Heidelberg, 1881–1890 Dekan des KB Mannheim-Heidelberg, Mitglied der Generalsynode 1867–1871, 1876, 1881–1882, 1896–1891, Dr. theol. h.c. 1883, Kirchenrat 1886. Vgl. NEU II, 524; KUHN: *Schellenberg*.

254 LKA Karlsruhe PA 3243.

255 Ebd.

256 Ebd.

Auch erste praktische Erfahrungen machte Schmitthenner in seiner Seminarzeit. In Kirchheim hielt er kurz vor dem Eintritt ins Seminar seine erste Predigt. Während der Seminarzeiten hatten die angehenden Pfarrer sogar oft mehr Vertretungen in Heidelberg und Umgebung zu übernehmen, als ihnen selbst lieb war.[257] Bei seinem Bruder Heinrich, der inzwischen seine erste Pfarrstelle in Schatthausen erhalten hatte, bereitete sich Schmitthenner auf das Zweite Theologische Examen vor. Im Mai 1883 bestand er die Zweite Theologische Hauptprüfung als Dritter von elf Kandidaten mit der Gesamtnote „gut" und wurde am 3. Juni 1883 in Kirchheim von seinem Vater – als zuständigem Dekan der Diözese Oberheidelberg – und unter Assistenz seiner beiden älteren Brüder ordiniert.

Am 4. Juni 1883 trat er seine erste Stelle als Stadtvikar in Baden-Baden bei Stadtpfarrer Wilhelm Ludwig[258] an, der 1892 den Evangelischen Pfarrverein gegründet hatte und bis 1908 als dessen Vorsitzender amtierte. Der Karlsruher Stadtpfarrer Emil Zittel,[259] der als zuständiger Dekan mit der Beaufsichtigung der Pfarrkandidaten und Vikare beauftragt war, bescheinigte Schmitthenner, er habe „sich in seiner ganzen Dienstzeit [...] mit unermüdlichem Fleiße seinem Amte gewidmet und in vollen Stücken erkennbare Fortschritte gemacht."[260] Die Semesterarbeit über die mittelalterliche Exegese gebe „Zeugnis von sorgfältigem Spezialwissen und tüchtigen philosophischen Kenntnissen".[261] Der Vortrag der Probepredigt – die nach der Pfarrkandidatenordnung von 1865 „vollständig schriftlich auszuarbeiten, zu memoriren und ohne Gebrauch des Concepts frei vorzutragen"[262] war – sei „ein natürlicher, angemessen und frei und mach[e] den Eindruck bescheidener Überzeugungstreue".[263] Zittel erwähnte eigens das gute Verhältnis zwischen dem jungen Vikar und Stadtpfarrer Ludwig und sprach sich für einen längeren Verbleib in Baden-Baden aus.

---

[257] Vgl. LKA Karlsruhe PA 3243.

[258] Karl Wilhelm Eduard Ludwig (1845–1923), Rez. 1867, Pastorationsgeistlicher in Waldshut 1870, Pfarrverweser 1877, Pfarrer in Baden-Baden 1878–1919, Mitglied der Generalsynode 1899, 1904–1919, Vorsitzender des Pfarrvereins 1892–1908, Dr. theol. h.c. 1915, Kirchenrat 1916. Vgl. NEU II, 382. Als Auslöser zur Gründung des Pfarrvereins gilt ein Gespräch zwischen Ludwig und Hermann Specht, Pfarrer in Zell i. W., auf einer Schiffsfahrt von Mannheim nach Speyer im Rahmen des badischen Gustav-Adolf-Festes am 19. September 1890. Vgl. ERBACHER: *Geschichte*, 31.

[259] Emil Zittel (1831–1899), Rez. 1855, Pfarrverweser in Ettlingen 1860, Karlsruhe 1862, Militärpfarrer 1863, Mittelpfarrei Karlsruhe 1874–1896, Dekan des KB Karlsruhe 1874–1894, Dr. theol. h.c. 1886, Kirchenrat 1896, Mitglied der Generalsynode 1876, 1881/1882, 1886, 1891/1892, Schriftleiter des „Süddeutschen evang.-prot. Wochenblattes" seit 1867. Vgl. NEU II, 695; EHMANN: *Zittel.*

[260] Zittel an EOK, Karlsruhe, 20. November 1884, in: LKA Karlsruhe PA 3243.

[261] Ebd.

[262] GuVBl 1865, 54.

[263] Zittel an EOK, Karlsruhe, 20. November 1884, in: LKA Karlsruhe PA 3243.

Auch Ludwig selbst war voll des Lobes über seinen Vikar und betonte die „Raschheit, mit der er sich hier in seine vielfältige Berufstätigkeit hineingearbeitet und überall als tüchtig bewährt hat".[264] Schmitthenner sei ein Glücksfall für die Baden-Badener Gemeinde und solle ihr so lange wie möglich erhalten bleiben.[265]

Schmitthenner selbst fühlte sich auf seiner ersten Vikarsstelle ebenfalls wohl, auch wenn ihn nach eigenen Angaben „die praktische Beschäftigung in Kirche und Schule [so] vollständig in Anspruch" nahm, „dass von spezieller wissenschaftlicher Privatarbeit keine Rede [mehr] sein konnte"[266]. Wöchentliche Abendgottesdienste, Bibelstunden und regelmäßige kirchengeschichtliche Vorträge, etwa über die Reformatoren Luther, Zwingli und Calvin, gehörten zu den Aufgaben des jungen Stadtvikars. Zwischen Juni 1883 und Oktober 1884 hatte er insgesamt 65 Predigten, 12 Kirchengeschichtsvorträge, 23 Jugendgottesdienste, 33 Bibelstunden und 25 sonstige Ansprachen bei verschiedenen Anlässen gehalten. Dazu kam die vom Oberkirchenrat geforderte wissenschaftliche Weiterbildung, etwa durch die kursorische Lektüre der Genesis und des Kolosserbriefs. Schmitthenner gab an, er habe zu diesem Zweck auch die von seinem Mentor bezogenen theologischen Fachzeitschriften wie die „Evangelische Kirchenzeitung", die von Willibald Beyschlag (1823–1900) herausgegebenen „Deutsch-Evangelischen Blätter", Heinrich Bassermanns „Zeitschrift für Praktische Theologie" und – als ebenfalls vom Oberkirchenrat geforderte wissenschaftliche Monographie – den 1882 erschienenen ersten Band des „Lebens Jesu" seines Tübinger Mentors Bernhard Weiß gelesen.

Aufschluss über die theologische Position des jungen Vikars gibt die beim Oberkirchenrat eingereichte Probepredigt zu Hesekiel 36,22–28, gehalten am Pfingstmontag, dem 2. Juni 1884.[267] Neben das Weltpfingsten, das die Apostel in Jerusalem gefeiert hätten, und das Hauspfingsten, das sich im Haus des Hauptmanns Cornelius ereignet habe, stellte Schmitthenner das individuelle Herzpfingsten der persönlichen Glaubenserfahrung. Ehe im ganzen Haus Pfingsten gefeiert werden könne, müsse es zuerst „im Herzen eines jeden einzelnen Bewohners Pfingsten geworden sein."[268] Der Kontrast zwischen dem harten menschlichen Herzen und dem weichen Herzen, in dem der Geist Gottes lebendig sei, bestimmte den weiteren Duktus der Predigt.

---

264 Ludwig an EOK, Baden-Baden, 26. Oktober 1884, in: LKA Karlsruhe PA 3243.

265 Auch wenn in den Akten kein Nachweis dafür zu finden ist, lässt sich vermuten, dass auch Großherzogin Luise, die sich in den Sommermonaten regelmäßig im Neuen Schloss in Baden-Baden aufhielt, so auf den jungen Stadtvikar aufmerksam wurde. Der spätere Briefwechsel mit Schmitthenner lässt jedenfalls mehrfach das Interesse der Großherzogin an den jeweiligen Vikaren am Stammsitz des Hauses Baden deutlich werden. Vgl. etwa den Brief Schmitthenners vom 1. November 1910 in GLA Karlsruhe FA Zugang 2012–4, Nr. 2498.

266 Schmitthenner an EOK, Karlsruhe, 26. Oktober 1884, in: LKA Karlsruhe PA 3243.

267 LKA Karlsruhe PA 3243.

268 Ebd.

Die Unwilligkeit des Menschen zur Anerkenntnis der eigenen Sündhaftigkeit wird als Hybris verurteilt und eine göttliche Erneuerung des Herzens gefordert:

> „[U]nser Herz […] muß erneuert werden, wo das nicht gelingt, bleibt alles umsonst […]. Der Mensch ist weit gekommen mit seiner Kunst: der geschickte Arzt kann an allen Teilen des menschlichen Körpers schneiden mit sicherer Hand und die Heilung der kranken Glieder herbeiführen, nur eines kann er nicht, nämlich am Herzen schneiden: ein Nadelstich nur ins Herz[,] und der Mensch hat aufgehört zu leben. Am Herzen zu operiren ist das Recht, das Gott für sich allein in Anspruch nimmt, die Eltern und Lehrer können bei ihren Kindern einwirken auf die äußere Haltung, auf Anstand und Sitte, auf den Verstand und das Gemüth, nimmermehr aber auf das Herz, das kann wiederum nur Gott allein."[269]

Auch die pflichtgemäß eingereichte Leichenrede vom 30. August 1884 am Sarg der unerwartet an einem Lungenschlag verstorbenen Frau des Baden-Badener Pfarrers Schmid über Mt 5,6 – die Losung des Todestages, des 28. August 1884 – bemüht sich erkennbar um seelsorgerliche Sensibilität, die allerdings hinter der positivistischen Betonung der Größe und Souveränität Gottes etwas zurückbleibt. Sie mündet in die emphatische Aufforderung: „Kommt, wir wollen wieder zu dem Herrn. Denn er hat uns zerrissen, er wird uns auch heilen, er hat uns geschlagen, er wird uns auch verbinden."[270]

Nach zwei Jahren in Baden-Baden konnte Schmitthenner dank eines Reisestipendiums und der Beurlaubung durch den EOK eine mehrmonatige Studienreise antreten.[271] Von Mai bis Dezember 1885 reiste er über Paris zunächst nach London, dann nach Hamburg und schließlich nach Berlin, um sich in den europäischen Metropolen „Kenntniß von der Wirksamkeit der Stadt-Mission resp. Inneren Mission"[272] zu verschaffen. In Berlin stand er in engem Kontakt zu dem – ebenfalls aus Baden stammenden – Hofprediger Emil Frommel.[273]

Nach seiner Rückkehr wurde er ab dem 10. Januar 1886 zunächst als Pastorationsgeistlicher in den Diaspora-Gemeinden Meersburg und Markdorf am Bodensee eingesetzt.[274]

---

269 LKA Karlsruhe PA 3243.

270 Ebd.

271 Vgl. den Bericht über die Reise vom 9. November 1886 an den EOK, in: LKA Karlsruhe, PA 3243.

272 Ebd.

273 Vgl. HINDENLANG: *Schmitthenner*, 34. Emil Frommel (1828–1896), geb. 5. Januar 1828 in Karlsruhe, Studium in Halle, Erlangen und Heidelberg, Beteiligung an der Revolution 1848, Rez. 1850, Vikar in Altlußheim 1850, Spöck 1853, Pfarrverweser in Altlußheim, Stadtvikar und Diakon in Karlsruhe 1854, Garnisonspfarrer 1856, Pfarrverweser 1859, Pfarrer an der Christuskirche Karlsruhe 1863, Barmen 1864, Berlin 1869–1896, Garnisonsprediger im Frankreichfeldzug 1870/1871, Hofprediger und Reisebegleiter Wilhelms I. 1872, gest. am 9. November 1896 in Plön. Vgl. NEU II, 179.

274 Auch in dieser Zeit sind Kontakte zu Großherzogin Luise anzunehmen, da diese regelmäßig die evangelischen Geistlichen der Umgebung auf die nahe Mainau einzuladen

Diverse Anträge des Kirchengemeinderates in Meersburg auf Gehaltszuschüsse für das bescheidene Einkommen und auf eine Erstattung der umfangreichen Reisekosten zeigen die Schwierigkeiten, auf die Schmitthenner bei der Versehung seines Amtes in der aus insgesamt 13 Filialen bestehenden „dürftigsten Gemeinden der ganzen bad[ischen] Diaspora“[275] stieß.

Zum 1. Oktober 1886 wurde Schmitthenner dann allerdings ohne eigenes Zutun nach Mannheim versetzt. Bis zu deren Erhebung zur selbständigen Pfarrei 1888 war er als Vikar mit der Seelsorge in den Neckargärten und auf dem Waldhof betraut.[276] Das 1874 eingerichtete Stadtvikariat jenseits des Neckars erstreckte sich damals auf ein „soziales Problemgebiet ersten Ranges“.[277] 1887 meldete der Visitationsbescheid:

> „Der Gottesdienstbesuch steht kaum irgendwo in unserem Lande so niedrig wie in den Neckargärten, die Theilnahme an der Christenlehre ist [...] eine mangelhafte, der Sonntag wird mehr zur irdischen Arbeit und zu weltlichen Vergnügungen benützt, als zur stillen Sammlung des Gemüths und andächtigen Erhebung der Seele. Nicht selten wird der Segen der Kirche [...] verschmäht.“[278]

So kam die Belastbarkeit Schmitthenners in Mannheim bald an deutliche Grenzen. Am 9. November 1886 bat er den EOK, ihm die fällige Semesterarbeit zu erlassen. Die tägliche Arbeitsbelastung sei „eine so große, daß ihm daselbst absolut Kraft und Zeit [....] zu außerordentlichen Arbeiten“[279] fehle. Schmitthenner hatte an jedem Sonntag Gottesdienst in der Lutherkirche und alle 14 Tage die Predigt auf dem Waldhof zu halten, alle 14 Tage Christenlehre und Jugendgottesdienst, alle 14 Tage Abendgottesdienst in der Lutherkirche, sämtliche Kasualien und die Seelsorge für die mehr als 2000 Gemeindeglieder in den Neckargärten, Krankenbesuche auf dem Waldhof und insgesamt 11 Stunden Religionsunterricht, sowie vier bis sechs Stunden Konfirmandenunterricht zu versehen. Dazu kam die wachsende Unzufriedenheit, mehr als drei Jahre nach der Ordination immer noch Vikar zu sein.[280]

---

pflegte. Für Karl Hesselbacher zählten diese Besuche auf der idyllischen Bodenseeinsel, die 1853 von Friedrich I. als private Sommerresidenz erworben worden war, zu den „allerschönsten Erinnerungen meines Lebens“. ILGENSTEIN/KATTERFELD: *Friedrich*, 52.

275 EZA Berlin 200/1, Nr. 4.646. Vgl. LKA Karlsruhe SpA 7116. Zur rechtlichen und finanziellen Stellung der Pastorationsgeistlichen in der badischen Landeskirche vgl. allgemein KUHLEMANN: *Bürgerlichkeit*, 149f.

276 Die Industriemetropole Mannheim war eine der am schnellsten wachsenden Städte des Deutschen Reiches. Zwischen 1880 und 1910 wuchs die Einwohnerzahl von 53 465 auf 193 928, die Zahl der Evangelischen von 24 928 auf 99 466. Die Zahl der Pfarrstellen wuchs von vier auf vierzehn, die der Vikariate von zwei auf acht an. Vgl. WENNEMUTH: *Geschichte*, 149.

277 A.a.O., 157.

278 „Kirchenkalender der evangelisch-protestantischen Gemeinde in Mannheim“ 1888, 26. Zitiert nach: WENNEMUTH: *Geschichte*, 162.

279 Schmitthenner an EOK, Mannheim, 9. November 1886, in: LKA Karlsruhe PA 3243.

280 Vgl. § 2 der Pfarrkandidatenordnung von 1865, die eine verpflichtende Vikariatszeit von zwei Jahren vorschrieb, in: GuVBl 1865, 53.

So kam Schmitthenner die Anfrage vom 21. Dezember 1886 sehr gelegen, die Stelle des am 17. Dezember 1886 verstorbenen Rastatter Divisionspfarrers Ludwig Purmann (1841–1886) bis zu einer definitiven Neubesetzung zu vertreten. Umso attraktiver war das Angebot, weil Schmitthenner gleichzeitig in Aussicht gestellt wurde, die Divisionspfarrei – welche nach § 104 KV 1861 unmittelbar vom Großherzog zu besetzen war[281] – baldmöglichst fest übertragen zu bekommen.[282]

Am 16. Januar 1887 hielt Schmitthenner seine Antrittspredigt bei der 28. Division in Rastatt über Röm 12, 3–8 und stellte neben dem ehrenden Gedenken des Vorgängers in den Mittelpunkt die Mahnung, wie jeden Beruf auch den des Soldaten als Gottesdienst zu betrachten.[283] Am 1. März 1887 wurde ihm wie erhofft die Divisionspfarrei nach der Genehmigung durch das Berliner Kriegsministerium dauerhaft übertragen. Obwohl sein Gehalt – das in Mannheim wegen der umfangreichen Versehung von Kasualien zuletzt jährlich durchschnittlich 3 256 Mark jährlich betragen hatte – leicht sank und ab April 1887 nur noch 3 216 Mark betrug, war seine soziale Stellung als Divisionspfarrer infolge der Gehaltsübernahme durch den Staat nun ungleich sicherer als zuvor.

So konnte Schmitthenner auch in privater Hinsicht seine Zukunft planen. Bereits in Mannheim hatte er die Fabrikantentochter Luise Schrader (1864–1947) kennengelernt. Die Festanstellung ermöglichte es ihm, am 18. März 1887 beim EOK um die Heiratserlaubnis zu bitten. Bereits am 16. Mai 1887 folgte die Hochzeit in Mannheim. Am 11. Februar 1888 wurde der älteste Sohn Hermann geboren. Es folgten – nach dem Wechsel nach Freiburg im Jahr darauf – 1890 Martha, 1892 Walther, 1894 Mathilde und 1902 schließlich Rudolf Schmitthenner. In die Rastatter Zeit fällt auch der Beginn einer besonderen Leidenschaft Schmitthenners, die ihn zeitlebens weiter beschäftigen sollte: 1887 gründete er auf Anregung einer Angehörigen der Militärgemeinde, die solche Gottesdienste in ihrer Jugend selbst erlebt hatte, einen Kindergottesdienst.[284]

Im April 1889 folgte ein Stellenwechsel, der für die nächsten Jahrzehnte ebenfalls prägend sein sollte. Auf eigenen Wunsch wurde Schmitthenner als Militärpfarrer der 29. Division nach Freiburg berufen. Die Stadt an der Dreisam wurde der Ort, an dem er 20 Jahre seines Lebens als Gemeindepfarrer wirken und dem er zeitlebens eng verbunden bleiben sollte.[285] Am 28. April 1889 hielt Schmitthenner seine Antrittspredigt über Psalm 119,94.[286]

---

281 Vgl. GuVBl 1861, 75.

282 Vgl. den entsprechenden Briefwechsel in: LKA Karlsruhe PA 3243.

283 Vgl. ebd.

284 Vgl. HINDENLANG: *Schmitthenner*, 34; ULRICHS: *Laienbewegung*, 14; SCHMITTHENNER: *Baden*, 92.

285 Vgl. Schmitthenner an EOK, Rastatt, 5. September 1888, in: LKA Karlsruhe GA 2515.

286 Vgl. LKA Karlsruhe PA 3243.

Der Status der Divisionspfarrei und die Aufgaben ihres Pfarrers waren in einer Vereinbarung zwischen der evangelischen Kirche und dem badischen Staat vom 18. Januar 1872 folgendermaßen geregelt:[287] Sämtliche in Freiburg stationierte Soldaten – auch solche aus lutherischen Gebieten – waren der Militärgemeinde zugeordnet.[288] 1889 bestand die „verhältnismäßig kleine"[289] Freiburger Garnison aus 720 Soldaten sowie 325 Offizieren mit ihren Familien, insgesamt 1 132 Personen.[290] Zu Schmitthenners obligatorischen nebenamtlichen Aufgaben gehörten zwei Stunden Religionsunterricht und Vertretungen im Landesgefängnis. Ein Schwerpunkt seiner Arbeit waren die Seelsorge an den Soldaten im Lazarett und die Besuche in den Offiziersfamilien.[291] Für ihre Gottesdienste nutzte die Militärgemeinde die Ludwigskirche, was dazu führte, dass ihre Gottesdienste wegen der günstigen Zeit (im Sommer um 8 Uhr, im Winter um 11 Uhr) auch von vielen Angehörigen der Zivilgemeinde besucht wurden.[292] Schmitthenners jährliche Berichte an den Militäroberpfarrer Karl Theodor Fingado (1834–1913)[293] in Karlsruhe vermitteln einen lebhaften Eindruck seiner Tätigkeit im Amt des Divisionspfarrers. So schrieb er ein Jahr nach seinem Amtstantritt:

> „An Versündigungen gegen das 6. Gebot wird es in Soldatengemeinden nie fehlen, aber d[ie] Abtheilung für Geschl[echts]krankheiten im Garnis[ions]-lazarett [ist] nie stark besetzt. Bei den im vergangenen Jahr stattgehabten Trauungen ist mir von Kindern vor d[er] Ehe nichts bekannt geworden. Ebenso habe ich nichts an anstößigen Vorkommnissen in Erfahrung gebracht."[294]

Obwohl er selbst keinen Militärdienst geleistet hatte, zeigte sich Schmitthenner seiner Aufgabe als Divisionspfarrer nach dem Urteil Friedrich Hindenlangs, der selbst seinen Einjährigendienst in Freiburg ableistet hatte, durchaus gewachsen: Zwar habe es Schmitthenner an „der genauen Kenntnis des Soldatenlebens und der Soldatenseele"[295] gefehlt. Trotzdem habe die „Herzlichkeit im Verkehr mit jedem Soldaten […] ihm auch die Herzen des rauesten Soldaten"[296] erschlossen.Als Hindenlang eines Abends wegen einer gemeinsamen Essenseinladung mit Schmitthenner den Zapfenstreich verpasste habe, habe ihn dieser „unsoldatisch, aber lieb"[297] nach Hause gebracht.

---

287 Vgl. LKA Karlsruhe Divisionspfarrei Freiburg. Festsetzungen 1872–1903.
288 Vgl. ebd.
289 LKA Karlsruhe GA 3439.
290 Vgl. LKA Karlsruhe Divisionspfarrei Freiburg. Jahresberichte 1873–1896.
291 Vgl. ebd.
292 Vgl. den Bericht an das Kriegsministerium über die militärkirchlichen Verhältnisse im Großherzogtum Baden vom 19. Juli 1889, in: LKA Karlsruhe GA 4349.
293 Vgl. Neu II, 161f.
294 Vgl. LKA Karlsruhe Divisionspfarrei Freiburg. Jahresberichte 1873–1896.
295 HINDENLANG: *Schmitthenner*, 34.
296 Ebd.
297 Ebd.

In die Freiburger Zeit fallen auch die Anfänge der lebenslangen Freundschaft Schmitthenners mit dem beinahe gleichaltrigen badischen Erbgroßherzog Friedrich, der seit seiner Hochzeit 1885 als Oberst im 5. Badischen Infanterieregiment Nr. 113 in Freiburg diente und mit seiner Frau Hilda im prachtvollen Sickingenpalais in der Salzstraße wohnte. 1891 wurde der badische Erbgroßherzog zwar nach Berlin versetzt, kehrte aber 1893 – nun als Generalleutnant – nach Freiburg zurück.

Erst 1897 musste er die Stadt endgültig verlassen, nachdem er vom Kaiser zum General der Infanterie befördert und mit dem Kommando über das VIII. Armeekorps in Koblenz betraut worden war.[298] Zwar berichtete Schmitthenner später, er habe sich als Divisionspfarrer auch einmal den Unmut des zukünftigen Großherzogs zugezogen, weil er im Militärgottesdienst den Gebrauch des Badischen Gesangbuches neben dem Militärgesangbuch ausgeschaltet hatte.[299] Trotzdem bildeten die gemeinsamen Freiburger Jahre den Wurzelboden lebenslanger Sympathie zwischen der großherzoglichen Familie und dem zukünftigen Prälaten, der seine Berufung ins höchste geistliche Amt der Landeskirche 1909 entscheidend dieser persönlichen Bekanntschaft verdankte.[300]

---

298 Vgl. OSTER: *Großherzöge*, 213.

299 Vgl. SCHMITTHENNER: *Großherzog*, 73.

300 So schrieb nach Schmitthenners Tod Großherzogin Hilda von Baden am 8. Juli 1932 an ihren Neffen Berthold, die Bekanntschaft mit dem Prälaten dauere für sie und ihren Mann nun schon 43 Jahre. Seit Schmitthenner als junger Divisionspfarrer nach Freiburg gekommen sei, „schätzten und liebten wir ihn […].“ Zitiert nach ILGENSTEIN/KATTERFELD: *Hilda*, 36.

4. Pfarrer an der Freiburger Christuskirche 1892–1909

4.1. Die Situation der Freiburger Protestanten um 1892

Seit dem Jahr 1807 gab es in Freiburg, das erst 1805 an Baden übergegangen war, eine evangelische Kirchengemeinde.[301] Durch die Gründung der Garnison 1819 kamen zusätzlich viele Protestanten in die Stadt.[302] Ihre Situation im Zentrum des 1821 gegründeten Erzbistums Freiburg war die einer Diasporagemeinde. 1829 erhielt die evangelische Kirchengemeinde mit der Ludwigskirche ein eigenes Gotteshaus.[303] 1858 wurde auf die Initiative des Industriellen und Politikers Carl Mez (1808–1877) hin der Unterstützungs- und Krankenpflegeverein ins Leben gerufen, zwei Jahre später wurde das Evangelische Stift gegründet.[304] Nach der Reichsgründung 1871 waren in der Garnison auch preußische Offiziere stationiert, was schließlich auch zur Gründung einer eigenständigen lutherischen Gemeinde in der Stadt führte.[305] Gegen Ende des 19. Jahrhunderts nahm die Zahl der Protestanten in der Stadt auch durch das Bevölkerungswachstum sprunghaft zu. 1880 waren von 36 401 Einwohnern 8 375 Protestanten. Bereits 1905 hatte sich sowohl die Einwohnerzahl mit 76 283 als auch die der Evangelischen mit 20 607 mehr als verdoppelt.[306]

Weil die Ludwigskirche im Norden der Stadt weit von den neuen Stadtteilen am linken Dreisamufer entfernt lag, plante man in Freiburg seit längerer Zeit die Errichtung einer zweiten evangelischen Kirche in der Wiehre. Da die Gemeinde aber nicht über die entsprechenden finanziellen Mittel verfügte, musste man zunächst auf mehrere Provisorien zurückgreifen. 1884 stellte die Gemeinde einen Antrag an den Stadtrat zur Überlassung des Turnsaals der höheren Mädchenschule, was von der Direktion aber abgelehnt wurde. Auch die Überlassung der von den Freiburger Altkatholiken genutzten Universitätskirche in der Bertholdstraße scheiterte, weil die katholische Kurie gleichzeitig versuchte, die Kirche von der Universität zur eigenen Nutzung zu erwerben, um sie den Altkatholiken zu entziehen.

---

301 Vgl. SCHULIN: *Geschichte*, 4.
302 Vgl. a.a.O., 9.
303 Vgl. a.a.O., 11.
304 Vgl. VOM ORDE: *Mez*, 237.
305 Vgl. SCHULIN: *Geschichte*, 14.
306 Vgl. HASENCLEVER: *Protestantismus*, 165.

Schließlich dachte man daran, den Protestanten die zur höheren Mädchenschule gehörige Kirche Adelhausen jeweils sonntags ab 10.30 Uhr zu überlassen. Nachdem der Stadtrat in dieser Angelegenheit jedoch von März bis November 1885 keine Entscheidung gefällt hatte, wurde die evangelische Kirchengemeinde erneut auf die Universitätskirche verwiesen, auch weil sich das Angebot der katholischen Kirche inzwischen zerschlagen hatte. Am 7. Juli 1887 erklärte der Senat nach mehreren diesbezüglichen Gesuchen des Kirchengemeinderats schließlich, die Universitätskirche sei den Protestanten – allerdings jederzeit widerruflich – zur gottesdienstlichen Nutzung zu überlassen.

Parallel dazu hatte sich der Stadtrat bereits am 12. Februar 1884 bereit erklärt, den Protestanten in der Wiehre ein Grundstück für den Kirchbau zu übereignen, wie es im Jahr zuvor auch für die katholische Kirche geschehen war. Aufgrund der von Bauinspektor Knoderer ausgearbeiteten Pläne bat die Kirchengemeinde den Stadtrat um die Schenkung eines 3 625,5 Quadratmeter großen Grundstückes an der Ecke Zasius-/Thurnseestraße. Der ursprüngliche Plan wurde durch die Großherzogliche Baudirektion mehrfach geändert und von der Gemeindeversammlung am 4. Dezember 1884 schließlich angenommen. Der gleichzeitig genehmigte Kostenvoranschlag von 126 696 Mark wurde am 10. März 1888 wiederum von der Baudirektion infrage gestellt, die die Baukosten bis zur endgültigen Fertigstellung auf mehr als 300 000 Mark veranschlagte. Schließlich wurde Bauinspektor Diemer in Karlsruhe mit der Ausarbeitung eines neuen Plans beauftragt. Am 29. Juni 1889 fand in Anwesenheit von Prälat Karl Wilhelm Doll (1827–1905) und Erbgroßherzog Friedrich die feierliche Grundsteinlegung statt.

Nach zweijähriger Bauzeit konnte die Kirche am 31. Mai 1891 schließlich eingeweiht werden. Dekan Gustav Köllreutter[307] hielt die Festrede zu Psalm 26,8 „Herr, ich habe lieb die Stätte deines Hauses und den Ort, da deine Ehre wohnt" und gab darin der Hoffnung Ausdruck, „dass die hiesige Gemeinde in allen Ständen viele, recht viele Glieder zählt, denen es ein wirkliches, tiefempfundenes Bedürfnis ist, sich an heiliger Stätte gemeinsam auf dem Einen ewigen Lebensgrunde zu erbauen [...]."[308] Stadtvikar Friedrich Schenck, der die Wiehre bisher versorgt hatte, predigte über 1. Kor 15,25. Prälat Doll übermittelte die Glückwünsche des Oberkirchenrats. Ein Mitglied der großherzoglichen Familie war diesmal nicht anwesend. Durch die großzügige Stiftung von Altarkreuz, Leuchtern und Abendmahlsgeräten betonte der Großherzog allerdings seine Rolle als Oberhaupt der Landeskirche und frommer Landesherr in der mittelalterlichen Tradition.[309]

---

307 Gustav Adolf Köllreuter (1845–1892), geb. 1845 in Sinsheim, Studium in Heidelberg und Jena, Rez. 1868, Schefflenz 1868, Müllheim Karlsruhe (Mittelpfarrei) 1869, Lazarettgeistlicher 1870, Pfarrer der deutschen Gemeinde in London 1871, Berlin (Neue Kirche) 1876, Freiburg 1880, Dekan des KB Freiburg 1886, Mitglied der Generalsynode 1886, 1891. Vgl. NEU II, 338.

308 Christusgemeinde Freiburg: *Christuskirche*, 28.

309 A.a.O., 29.

Insgesamt hatte der vergleichsweise bescheidene Kirchenbau rund 160 000 Mark gekostet, wovon 50 000 Mark durch private Spenden und rund 30 500 Mark durch die Abhaltung eines von Erbgroßherzogin Hilda protegierten Basars im Juni 1890 gedeckt wurden. Dazu kamen viele kleinere Spenden für Sachgegenstände. Die restliche Summe musste durch die Zeichnung von Anleihen – die allerdings wegen der im gleichen Jahr eingeführten Ortskirchensteuer[310] schon 1906 abgetragen werden konnten – aufgebracht werden.[311] Die evangelische Gemeinde war sich bei aller Freude über den Neubau darüber bewusst, dass die Kirche aufgrund der begrenzten finanziellen Ressourcen eher ein Zweckbau war: „Ein architektonisches Kunstwerk ist die Christuskirche gewiss nicht und besonders der Turm ist allzu dürftig gestaltet."[312] Weil die Stadt Freiburg gemäß der Maxime von Bürgermeister Otto Winterer (1846–1915), nach der Dörfer Dächer, Städte aber Türme haben müssten, auf einem besonders hohen Turm bestanden hatte, überragte der Turm der Christuskirche den First am Ende um das Dreifache.

Für die Besetzung der Pfarrstelle hatte der Oberkirchenrat außer dem Bau der Kirche auch die Fertigstellung der entsprechenden Gemeinderäume zur Bedingung gemacht. Nach dem Protest des Kirchengemeinderates erklärte man sich aber schließlich mit einer Besetzung bereits zum 1. Oktober 1891 einverstanden. Einzige Auflage war die Zusicherung, dem Pfarrer bis zur Fertigstellung des Pfarrhauses eine angemessene Mietwohnung zur Verfügung zu stellen. 1892/1893 wurde ein erstes Pfarrhaus in der Turnseestraße gebaut. Durch die Verzögerungen bei der Einführung der allgemeinen Kirchensteuer zog sich die Genehmigung der Pfarrstelle aber weiter hin. Erst im Frühjahr 1892 konnte sie schließlich ausgeschrieben werden. Am 2. März 1892 entschied der Freiburger Kirchengemeinderat, die neue Pfarrei mit dem Namen „Pfarrei der Christuskirche" zu benennen.[313]

---

310 Vgl. zur 1892 eingeführten und am 16. August 1895 erstmals eingezogenen allgemeinen Kirchensteuer SCHWINGE: *Geschichte*, 265f; NIENS: *Pfarrbesoldung*, 131.

311 Christusgemeinde Freiburg: *Christuskirche*, 24.

312 HASENCLEVER: *Protestantismus*, 179.

313 Vgl. Schmitthenner an EOK, Freiburg, 25. März 1892, in: LKA Karlsruhe SpA 2425.

4.2. Schmitthenners Wahl als Pfarrer der Christuskirche

So ergab sich für Schmitthenner nach drei Jahren als Divisionspfarrer die Gelegenheit, in Freiburg nun auch eine Gemeindepfarrstelle zu erhalten. Zudem war überraschend am 13. März 1892 der bisherige Stadtpfarrer und Dekan Gustav Köllreutter im Alter von nur 46 Jahren gestorben, so dass nun plötzlich auch die Pfarrstelle an der Ludwigskirche frei wurde. An seinen Bruder Adolf – der sich ebenfalls auf die Stelle an der Christuskirche beworben hatte – schrieb Schmitthenner am 29. Juni 1892: „Nun steht die Pfarrwahl vor der Tür. […] Wie sie ausfallen wird? Mir ist das Herz recht schwer. Es hat den Anschein, als ob sie mich mit Hasenclever wählen wollten. Wenigstens wurde das in einer vertraulichen Vorbesprechung ausgemacht und am anderen Tag wusste es bereits die halbe Stadt.“[314]

Am 1. August 1892 fanden unter der Leitung des Ihringer Pfarrers und späteren Dekans Johann Wolfhard[315] beide Wahlen gleichzeitig statt. Für die Ludwigspfarrei wurde tatsächlich Adolf Hasenclever,[316] zuvor Pastor an der Braunschweiger Andreaskirche, gewählt. Bei der Wahl für die Christuspfarrei setzte sich Schmitthenner – der in den Vormonaten gemeinsam mit den Stadtvikaren Schenck und von Schöpffer[317] die beiden vakanten Pfarrstellen mitversorgt hatte – schließlich gegen die Mitbewerber durch.[318] Die Wahl erfolgte nahezu einstimmig: Schmitthenner erhielt 85 von 87 Stimmen.[319] Am 16. Oktober 1892 hielt er in der Christuskirche seine Antrittspredigt über Epheser 4,15 und legte darin auch über seine Stimmungslage angesichts des neuen Amtes Rechenschaft ab. Er sei überzeugt, nicht die eigene Entscheidung habe ihn „aus meiner lieben Soldatengemeinde hierher geführt […], [sondern] meines Gottes Hand hat mich an diesen Platz gestellt.“[320]

---

314 LKA Karlsruhe FA Schmitthenner Nr. 198/93.

315 Johann Georg Wolfhard (1830–1907), geb. 1830 in Dühren, Rez. 1863, Grünwettersbach 1863, Pfarrverwalter 1864, Pfarrer in Ihringen 1867–1903, ab 1892 Dekan des KB Freiburg, Mitglied der Generalsynode 1892, 1894, 1899. Vgl. NEU II, 677.

316 Vgl. Kap. 1.1., Anm. 29.

317 Adolf Franz Karl Immanuel Otto von Schöpffer (1864–1964), geb. 13.10.1864 in Bützkow (Mecklenburg), Studium in Heidelberg, Berlin, Rostock und Straßburg, Rez. 1889, Wiesloch und Freiburg (Ludwigskirche) 1891, Mannheim (Schwetzinger Vorstadt) 1894, Pfarrer in Mannheim (Friedenskirche) 1896, Konkordienkirche (untere Pfarrei) 1909–1929, Dekan des KB Mannheim 1915–1927, KR 1920, Mitglied der Generalsynode 1899 und der außerordentlichen Generalsynode 1919. Vgl. NEU II, 548f.

318 Für familiäre Auseinandersetzungen sorgte die Wahl allerdings nicht. Adolf Schmitthenner wurde noch 1892 Erster Stadtpfarrer in Neckarbischofsheim. 1893 wechselte er an die Heidelberger Providenzkirche. Vgl. NEU II, 541f.

319 Vgl. LKA Karlsruhe SpA 2425.

320 LKA Karlsruhe PA 3243.

Und er dankte Gott, dass der „mich so freundlich geführt [hat], dass ich nun bleiben darf in dieser herrlichen Stadt und bei den lieben Menschen, die d[a]rinnen wohnen.“[321]

Die Gemeinde, der Schmitthenner bereits aus der Vakanzzeit vertraut war, schloss ihren neuen Pfarrer aufgrund der Antrittspredigt schnell in ihr Herz.[322] Die von Martha Keller überlieferten Erinnerungen von Freiburger Gemeindegliedern zeichnen ein verklärtes Bild der 17jährigen Amtszeit Schmitthenners an der Christuskirche.[323] Auch Hermann Schmitthenner berichtete 1958 anlässlich des 100. Geburtstages seines Vaters vor allem heitere Anekdoten vom Alltag im Freiburger Pfarrhaus, vom Sinn des Vaters für unfreiwilligen Humor und von seiner Hilfsbereitschaft, die so weit gegangen sei, dass die Freiburger Kollegen ihre Gemeindeglieder auch mit Anliegen wie der Suche nach einem verlorenen Sparbuch oder einer neuen Köchin mit den Worten zu ihm geschickt hätten: „[G]eht zum Pfarrer Schmitthenner, der hilft euch suchen.“[324] Vom Besprechungszimmer aus sei schließlich ein Sprachrohr in die darüber liegende Wohnung verlegt worden, um den Pfarrer im Notfall von seiner Frau oder den Kindern vor allzu aufdringlichen Besuchern befreien zu lassen.

In dem Bericht finden sich auch manche Erinnerungen aus dem Privatleben der Familie Schmitthenner, etwa an die gemeinsamen Ausflüge auf den Freiburger Lorettoberg mit „gekochtem Schinken, Spiegeleiern, Bratkartoffeln und Salat und dazu eine[r] Citronenlimonade“,[325] oder an die Weihnachtszeit, in der der Vater trotz der an ihn gestellten Anforderungen „noch mehr als sonst in seinem aus erfinderischer Liebe zusammengesetzten väterlichen Element“[326] gewesen sei. Berichtet wird etwa vom Silvester-Brauch, den Anwesenden – unter ihnen auch den Kindermädchen, Gemeindeschwestern, der Kirchendienerfamilie und dem jeweiligen Vikar – ein Lied für das neue Jahr zuzulosen. Als der Vikar, der morgens gerne länger schlief, das Lied „Wachet auf, ihr faulen Christen“[327] gezogen habe, habe Schmitthenner gelacht, „dass ihm die Tränen über die Backen herunterliefen und er zuerst gar nicht vorlesen konnte.“[328]

Mit der erfolgten Besetzung der beiden Pfarrstellen wurde die Freiburger Kirchengemeinde in zwei Pfarrbezirke geteilt. Die Druckfassung mit den genauen Bestimmungen der Amtsbezirksteilung umfasst zehn Seiten, in denen penibel die geographische Einteilung der Bezirke durch eine Linie vom Schwabentor durch die Oberlinden-, Salz- und Bertholdstraße bis zur Eisen-

321 LKA Karlsruhe PA 3243.
322 Vgl. HINDENLANG: *Schmitthenner*, 35f.
323 Vgl. LKA Karlsruhe PA 3243.
324 Ebd.
325 Ebd.
326 Ebd.
327 Vgl. das „Evangelisch-Lutherische Gesangbuch“ von 1872, Nr. 592.
328 LKA Karlsruhe PA 3243.

bahnlinie Freiburg-Basel geregelt wurde.[329] Am 25. September 1892 legte der Kirchengemeinerat fest, dass der jeweilige Pfarrer Amtshandlungen und Seelsorge außerhalb seines eigenen Bezirks nur in Notfällen oder mit der Genehmigung des zuständigen Kollegen vornehmen durfte. Als Amtsinhaber an der Ludwigkirche teilte Adolf Hasenclever 1907 mit, das System habe sich „all die Jahre hindurch aufs Beste bewährt",[330] weil die Zuständigkeiten klar geregelt und Ausnahmen selten seien. So funktionierte die Zusammenarbeit zwischen dem liberalen Hasenclever und dem positiven Schmitthenner trotz mancher Spannungen in der Gemeinde größtenteils reibungslos.[331] Auch als am 13. September 1905 mit Philipp Kattermann[332] ein Pfarrer die neu eingerichtete Pauluspfarrei erhielt, der sich als Ortsgruppenvorsitzender der Kirchlich-Liberalen Vereinigung (KLV) theologisch ebenfalls deutlich links positionierte, gab es mit dem in der Kirchlich-Positiven Vereinigung (KPV) engagierten Schmitthenner keine größeren Spannungen.[333]

Schmitthenner erhielt bei seinem Dienstantritt zunächst ein Jahresgehalt von lediglich 2 600 Mark ohne staatliche Zuschüsse. Erst im April 1898 wurde sein Einkommen durch eine Zulage aus der allgemeinen Kirchenkasse auf 3 000 Mark erhöht. Ab Juni 1900 betrug sein Gehalt dank der erneuten Bewilligung einer Zulage aus der Allgemeinen Kirchenkasse insgesamt 3 400 Mark, ab Juli 1903 3 800 Mark, ab Juni 1906 schließlich 5 400 Mark.[334] Die sonstigen finanziellen Mittel der Freiburger Kirchengemeinde mussten in den Folgejahren vor allem zum Ausbau der eilig errichteten Christuskirche eingesetzt werden. Das Gestühl wurde aufgestellt, eine Gasbeleuchtung eingerichtet, 1893 die nicht funktionierende Heizung saniert und erst 1897 die Turmuhr eingebaut.

Im Herbst 1893 konnte Schmitthenner aus der provisorischen Dienstwohnung ins neue Pfarrhaus umziehen, in dessen drittem Stockwerk nachträglich noch eine Vikarswohnung eingerichtet worden war. Um dem neu entstandenen Platzbedarf für die Gemeindearbeit der Christuskirche gerecht zu werden, musste bald auch ein Gemeindehaus errichtet werden, da sich die ursprünglich dafür vorgesehene Sakristei der Christuskirche bald als zu klein erwies. Im Frühjahr 1894 erhielt die Kirchengemeinde eine Spende in Höhe von 10 000 Mark von der Witwe des Schriftstellers Gisbert von Vincke (1813–1892) unter der Auflage, dass auf dem Gebiet der Christuspfarrei bis

329 Vgl. LKA Karlsruhe SpA 2417.

330 HASENCLEVER: *Protestantismus*, 179.

331 Vgl. HASENCLEVER: *Protestantismus*, 215.

332 Vgl. Kap. 1.1., Anm. 30.

333 Vgl. LKA Karlsruhe SpA 13801, HASENCLEVER: *Protestantismus*, 209f.. Zur Entstehung der kirchlichen Parteien in Baden vgl. ERBACHER: *Landeskirche*, 11-15, zur KPV im Besonderen RIEMENSCHNEIDER: *Geschichte*.

334 Zum Vergleich bezog Schmitthenners erster Vikar an der Christuskirche Otto Raupp (1867–1945) ab dem 18. Februar 1893 1 500 Mark jährlich. Der Blasebalgtreter Lapp erhielt ab Januar 1906 120 Mark, der Glöckner der Christuskirche Stolz 300 Mark Jahresgehalt. Vgl. LKA Karlsruhe SpA 2425, SpA 2426.

spätestens zum 1. Juli 1896 ein Gemeindehaus mit einem großen Saal sowie Wohnungen für die Gemeindeschwestern und den Kirchendiener entstehen sollten. Am 28. Mai 1894 nahm die Kirchengemeinde die Schenkung an und erwarb am 27. Juli 1894 ein 890 Quadratmeter großes städtisches Grundstück in der Maienstraße. Um die geschätzten Baukosten in Höhe von ca. 35 000 Mark decken zu können, wurde im Kirchengemeinderat der Beschluss gefasst, das erst kurz zuvor gebaute Pfarrhaus in der Turnseestraße wieder zu verkaufen und die Dienstwohnungen für Pfarrer und Vikar ebenfalls im neuen Gemeindehaus einzurichten.

Im Frühjahr 1895 veranstaltete die Kirchengemeinde unter dem Vorsitz von Kirchenbauinspektor Hermann Behagel (1839–1921) daher einen Architektenwettbewerb für das neue Pfarr- und Gemeindehaus. Der Siegerentwurf sollte zum 1. Juli 1896 schlüsselfertig zum Preis von 75 000 Mark übergeben werden. Entgegen der ursprünglichen Planung wurde das bisherige Pfarrhaus nicht verkauft, sondern an die Freiburger Rheinbauinspektion vermietet. Mit den Mieteinnahmen finanzierte man die Aufnahme einer Hypothek von 60 000 Mark für den Neubau. Die restlichen 15 000 Mark wurden durch die Kirchensteuer gedeckt. Hasenclever lobte die Architektur des neuen Gebäudes als äußerst gelungen: „Das Haus entspricht seinem Zweck in geradezu vorbildlicher Weise mit äußerst geschickter Ausbeutung des rechtwinklig gestalteten Terrains. Die Wohnungen sind in einer Weise angebracht, dass sie alle in dem einen Gebäude verbunden, aber doch unter sich wieder separiert und mit eigenen Eingängen versehen sind. Das Gleiche gilt für den Gemeindesaal, der mit seinen Zugängen und Nebenräumen äußerst geschickt angelegt ist.“[335] Die großzügigen Platzverhältnisse boten dem Gemeindeleben neue Möglichkeiten. Sonntägliche Abendgottesdienste im Wechsel zwischen beiden Kirchen, ein zweiter Frühgottesdienst in der Christuskirche anstelle des bisherigen in der Universitätskirche, Wochengottesdienste und Kindergottesdienste wurden regelmäßig abgehalten. Und Adolf Hasenclever konnte als Chronist der Freiburger Kirchengemeinde schließlich resümieren: „So waren die äußeren Verhältnisse der Gemeinde seit Gründung der zweiten Pfarrei und Kirche wohl geordnet. Hand in Hand damit ging nun auch ein intensiverer Betrieb der inneren kirchlichen Arbeit.“[336]

---

[335] HASENCLEVER: *Protestantismus*, 193.

[336] A.a.O., 199.

4.3. Innergemeindliche Spannungen: Der „Fall Raupp"

Trotz der positiven Darstellung Hasenclevers gab es in der Freiburger Kirchengemeinde, die aufgrund der ausgeprägten Diasporasituation zwischen dem wieder erstarkenden ultramontanen Katholizismus auf der einen und dem starken freikirchlichen Protestantismus der von Carl Mez gegründeten Stiftsgemeinde auf der anderen Seite stand, auch manche Spannungen. Für große Unruhe sorgte etwa der „Fall Wimmer": In der konservativen Presse polemisierte Landgerichtsrat Otto von Stockhorn als Wortführer der positiven Gemeindekreise gegen einen Vortrag des Weisweiler Pfarrers Richard Wimmer,[337] den dieser am 28. November 1894 vor einer von Adolf Hasenclever geleiteten Versammlung der Kirchlich-Liberalen Vereinigung (KLV) gehalten hatte.[338] Unter anderem hatte sich Wimmer gegen die Glaubensartikel von der Auferstehung und Wiederkunft Christi gewandt, die „nicht der Grund unserer [christlichen] Hoffnung sein"[339] könnten. Hasenclever antwortete auf den Protest von Stockhorns, „daß die Thesen Wimmers nur bei denen Anstoß erregen können, die von dem wahren Wesen des Christentums keine blasse Ahnung"[340] hätten. Auf Druck der Positiven um von Stockhorn und Carl Mez[341] hatte Hasenclever am 30. Dezember 1894 in einer öffentlichen Kirchengemeindeversammlung aber das Versprechen abgeben müssen, ähnliche Versammlungen nicht mehr durchzuführen.[342] Im September 1905 würdigte Hasenclever den verstorbenen Wimmer mit einer gedruckten Bestattungselоge und weckte damit erneut den Protest der konservativen Gemeindekreise.[343]

---

[337] Richard Wimmer (1836–1905) war seit 1871 auch als liberaler religiöser Schriftsteller tätig. 1880 und posthum 1908 erschienen seine beiden Katechismusentwürfe. Vor allem letzterer erregte durch die Streichung der Abendmahlslehre und jeglicher Bibelsprüche Aufsehen. 1898 erschienen seine „Gesammelten Schriften", in deren Vorwort er seinen theologischen Standpunkt zusammenfasste. Er sehe Jesus als „Einzigartigen unter den Gotteskindern. […] Aber so innig ich ihn liebe, zum Gott kann er mir nie werden. […] Ich kann auch die Versöhnung, welche Jesus gestiftet hat, nicht so ansehen, als habe er durch irgendeine Leistung auf Gott eingewirkt oder uns einen Anspruch an ihn erworben. […] So muß ich die Lehre der Kirche von der Gottheit und dem Verdienste Christi zurückweisen und weiß mich damit in völliger Übereinstimmung mit ihm selbst." Zitiert nach: KUHLEMANN: *Bürgerlichkeit*, 326. Vgl. JANNASCH: *Wimmer*; EHMANN: *Unionskatechismen*, 396f.

[338] Vgl. die Artikelserie in der „Badischen Landpost" in: GLA Karlsruhe 69 von Stockhorn, Nr. 188, 1–15.

[339] Hasenclever an Stockhorn, Freiburg, 13. Dezember 1894. Zitiert nach: GLA Karlsruhe 69 von Stockhorn, Nr. 188, 4.

[340] Ebd.

[341] Es handelt sich um den gleichnamigen Sohn von Carl Mez. Vgl. VOM ORDE: *Mez*, 321.

[342] Vgl. GLA Karlsruhe 69 von Stockhorn, Nr. 188, 7.

[343] Vgl. LKA Karlsruhe NL Stockhorn, Nr. 3.

Auch als 1907 das hundertjährige Jubiläum der Kirchengemeinde gefeiert wurde und Hasenclever die Abfassung der Festschrift übernahm, wurde ihm von positiver Seite der Vorwurf gemacht, den freikirchlichen Protestantismus in der Stadt zu negativ darzustellen. Hasenclever habe namentlich die Verdienste von Carl Mez herabgewürdigt, indem er diesem den Vorwurf des „engherzigsten Pietismus“[344] gemacht habe. Dass Hasenclever zum Jubiläum zwei anlässlich der Trauerfeier für den verstorbenen Großherzog Friedrich am 6. Oktober 1907 und des Festgottesdienstes am 27. Oktober 1907 gehaltene Predigten veröffentlichte, in denen er die Auffassung vertrat, „dass evangelisches Leben und Denken wohl vereinbar sei mit modernem Bewusstsein, ja, dass dieses die Kraft des Christentums fordere und bedinge“,[345] wurde ebenfalls als Affront empfunden. Am 15. November 1907 richtete von Stockhorn eine Beschwerde über Hasenclever an den Präsidenten des Oberkirchenrats Albert Helbing und an den neuen Großherzog Friedrich II.[346] Nachdem seit einigen Jahren „die Verschiedenheit der Überzeugung der beiden großen Lager, in die unsere Kirche gespalten ist, in der hiesigen Gemeinde zurückgetreten“ sei, empfinde man nun das Vorgehen Hasenclevers als „Herausforderung der Positiv-Gesinnten in unserer Gemeinde.“[347]

Schmitthenner stand dem freikirchlichen Protestantismus in Freiburg grundsätzlich positiv gegenüber. In dem von Carl Mez gegründeten Evangelischen Stift übernahm er regelmäßig die Abendandachten.[348] Die monatlichen Abendmahlsfeiern der Stiftsgemeinde – die zuvor im Haus von Carl Mez´ Tochter Johanna stattgefunden hatten[349] – wurden nach Schmitthenners Amtsantritt in die Christuskirche verlegt. Trotz der von Hasenclever beschworenen Harmonie zwischen den Freiburger Geistlichen beteiligte sich Schmitthenner auch am Protest der Konservativen im „Fall Wimmer“. Bei einem Treffen im Freiburger Parkhotel, bei dem über die Eingabe an den Großherzog gesprochen wurde, drückte er seinen Ärger darüber aus, dass Hasenclever ihm im Vorfeld der Veröffentlichung der amtlichen Festschrift trotz mehrmaliger Aufforderung eine Einsichtnahme in das Manuskript verweigert habe.[350]

---

344 Vgl. ebd. In seiner Antwort auf die Beschwerde vom 15. November 1907 wies Kirchenpräsident Helbing am 21. November 1907 zu Recht darauf hin, dass die Formulierung aus dem Zusammenhang gerissen sei. Hasenclever hatte von Mez als „wirkliches Original, in der wunderlichen Mischung von politischem Freisinn und engherzigstem Pietismus“ gesprochen. HASENCLEVER: *Protestantismus*, 159.

345 „Freiburger Tagblatt“ vom 15. November 1907, in: LKA Karlsruhe NL Stockhorn, Nr. 3.

346 Vgl. LKA Karlsruhe NL Stockhorn, Nr. 3.

347 Ebd.

348 Vgl. HINDENLANG: *Schmitthenner*, 36.

349 Vgl. VOM ORDE: *Mez*, 218.

350 Vgl. LKA Karlsruhe NL Stockhorn, Nr. 3.

Der „Fall Wimmer“ war dann auch eine der Ursachen für das folgenschwere Zerwürfnis zwischen Schmitthenner und seinem ersten Vikar Otto Raupp.[351] Seit dem 14. Dezember 1892 war die am 25. September 1892 von der Gemeindeversammlung beschlossene und am 15. Februar 1893 schließlich durch den Großherzog genehmigte Vikariatsstelle durch Raupp zunächst provisorisch besetzt.[352] Schmitthenner selbst hatte dieses Provisorium unmittelbar nach seinem Amtsantritt angeregt, da die ihm „in den nächsten Wochen obliegende Arbeit nur dann genügend und ohne Schädigung meiner Gesundheit geleistet werden kann, wenn mir dazu eine Hilfe gesandt“[353] werde. Raupp, der zuvor bereits Stadtvikar in Müllheim gewesen war und sich im März 1892 vergeblich um die Pfarrstelle in Feldberg beworben hatte,[354] wurde als „offener Charakter und treuer Arbeiter“[355] zwar auch von seinen Gegnern in der Gemeinde anerkannt, machte aber auch aus seiner liberalen theologischen Haltung keinen Hehl. Im April 1893 zweifelte er in einer Unterweisung für die Freiburger Kindergottesdienstmitarbeiterinnen bei der Behandlung der Geschichte vom ungläubigen Thomas an der Göttlichkeit Jesu.[356] Der Vorfall sorgte unter den Freiburger Protestanten für ungeheuren Wirbel. Die „Badische Landpost“ als Organ der Konservativen fragte am 17. April 1893 ihre Leser, ob ein Geistlicher der evangelischen Landeskirche ungestraft die Gottheit Christi oder ein anderes Fundament des Glaubens leugnen dürfe.[357] Das Blatt gab auch umgehend die – für die gespannte Freiburger Diasporasituation typische – Antwort: „Was können uns alle Orden, Jesuiten und Päpste schaden – angesichts der *Verwüstung*, die der Unglaube in unseren eigenen Reihen, ja in den Reihen *unserer Lehrer* der Kirche, unserer *Prediger* anrichtet.“[358] Es sei ein Skandal, wenn die Kirchenleitung angesichts dieses offenen Unglaubens von Geistlichen einfach schweige.

Am 19. April 1893 legte die Zeitung noch einmal nach und wies auf die verheerende Wirkung des Falles für das Ansehen der evangelischen Kirche bei Andersgläubigen hin. Man dürfe sich nicht wundern, dass katholische Geistliche protestantisch getaufte Kinder erneut tauften, um sicherzustellen,

---

351 Vgl. Kap. 1.1., Anm. 32.

352 Vgl. HASENCLEVER: *Protestantismus*, 181.

353 Schmitthenner an EOK, Freiburg, 3. Dezember 1892, in: LKA Karlsruhe SpA 2426. Das Stadtvikariat an der Christuskirche wurde zu einer dauerhaften Einrichtung. Während Schmitthenners Amtszeit war es nacheinander mit Raupp (1892–1895), Wilhelm Walther (1895–1896), dem späteren Prälaten und Landesbischof Julius Kühlewein (1896–1898), Hugo Schwarz (1898–1900), Wilhelm Ratzel (1900–1901), Albert Meyer (1901–1903), Albert Köhler (1904–1906), Johannes Müller (1906–1908), Schmitthenners späterem Schwiegersohn Hans Keller (1908–1909) und Otto Lang (ab 1909) besetzt. Vgl. NEU I, 83.

354 Vgl. LKA Karlsruhe PA 1574.

355 Schmitthenner an EOK, Freiburg, 28. Februar 1895, in: LKA Karlsruhe SpA 2417.

356 Vgl. die „Badische Landpost“ vom 17. April 1893, in: LKA Karlsruhe PA 1574.

357 Vgl. ebd.

358 Ebd.

dass die Taufe im Namen des dreieinigen Gottes erfolgt sei.[359] Und man könne den kritischen Kommentaren der katholischen Presse, welcher Glaube denn nun in der evangelischen Kirche gelte, kaum etwas entgegenhalten.[360] Am 21. April 1893 war an gleicher Stelle dann zu lesen, Pfarrer, die die Gottheit Christi und die Bekenntnisgrundlagen der Kirche leugneten, dürften in ihr keinen Platz mehr haben.[361] Bis nach Karlsruhe sorgte die Affäre für Unruhe. Dort allerdings kommentierte der „Badische Beobachter“ am 22. April 1893 bissig, es gebe noch „Arbeit in Hülle und Fülle“[362] für die positive Presse, wenn sie jeden Fall eines protestantischen Geistlichen verfolgen wolle, der unter der Berufung auf die Freiheit der Forschung und des Gewissens seine Meinung äußere.

Raupp selbst verteidigte sich am 11. Mai 1893 vor dem Oberkirchenrat gegen die Vorwürfe und gab an, er könne sich kaum mehr an alles erinnern, was in jener Vorbereitungsstunde gesagt worden sei. Keinesfalls habe er irgendjemanden mit seiner Aussage provozieren wollen, bezweifle aber, dass „an einer solchen Stelle Aufrichtigkeit und Vorsicht [...] einen Kompromiss miteinander schließen“[363] sollten. Raupp erklärte, er habe sich in seiner „gesamten pfarramtlichen Wirksamkeit [...] nie anders gegeben, als ich war. Niemals aber bin ich darüber auf diese Weise angefochten worden [...].“[364] Zwei Wochen später erfolgte die Antwort aus Karlsruhe, in der die „aufrichtigen und befriedigenden“[365] Ausführungen des Vikars gewürdigt wurden. Zwar habe er „offenbar seine Stellung den Erzieherinnen des Kindergottesdienstes gegenüber falsch aufgefasst“, man wolle aber „im Vertrauen auf seinen guten Willen und beruflichen Ernst der Hoffnung Ausdruck geben, es werde künftig keinen solchen Anstoß mehr geben.“[366]

Weitere Konsequenzen seitens der Kirchenleitung hatte die Affäre für Raupp zunächst nicht. Dafür war das Verhältnis zu Schmitthenner umso nachhaltiger gestört. Dieser teilte Raupp nämlich kurz und bündig mit, dass seine Mitarbeit in der Kindergottesdienstarbeit nicht weiter erwünscht sei. Auch die Mitarbeiterinnen selbst sprachen sich gegen eine weitere Beteiligung Raupps aus. Als Schmitthenner am 27. Januar 1895 den Festgottesdienst anlässlich des Kaisergeburtstages zu leiten hatte und daher nicht selbst zur Verfügung stand, fiel der Kindergottesdienst in der Christuskirche aus. Raupp klagte gegenüber dem Oberkirchenrat, dass nach der in Freiburg geltenden Vikarsordnung ausdrücklich er als Vikar mit der Vertretung in solchen Fällen beauftragt sei.

---

359 „Badische Landpost“ vom 19. April 1893, in: LKA Karlsruhe PA 1574.
360 Vgl. ebd.
361 „Badische Landpost“ vom 21. April 1893, in: ebd.
362 „Badischer Beobachter“ 22. April 1893, in: ebd.
363 Raupp an EOK, Freiburg, 11. Mai 1893, in: ebd.
364 Ebd.
365 EOK an Raupp, Karlsruhe, 26. Mai 1893, in: ebd.
366 Ebd.

Der Grund für seinen Ausschluss war nach seiner Überzeugung „in meiner theologischen Stellung zu suchen“.[367] Die positiven Kreise in der Gemeinde stünden ihm als Stadtvikar von Anfang an negativ gegenüber. Raupp machte seine Ansicht deutlich, dass in der Gemeinde „eine verschwindende Minderheit nicht eine derartige Diktatur ausüben“ dürfe.[368] Tatsächlich weigerten sich nach Auskunft Schmitthenners an den Oberkirchenrat einige der Teilnehmer der monatlichen Abendmahlsfeiern des Evangelischen Stifts, weiter am Abendmahl teilzunehmen, falls Raupp an dessen Austeilung beteiligt sei.[369] Auf Vermittlung Dekan Wolfhards wurde Schmitthenner durch den Oberkirchenrat ebenfalls um eine schriftliche Stellungnahme gebeten und erhielt dazu auch die erforderliche Einsicht in Raupps Briefe.[370]

Schmitthenner gab an, er sehe in dem betreffenden Paragraphen der Vikarsordnung lediglich das „Recht des Stadtpfarrers, den Stadtvicar zur Stellvertretung beizuziehen, nicht aber ein Recht des Stadtvicars, diese Stellvertretung zu fordern, wenn der Stadtpfarrer sich veranlasst sieht, darauf zu verzichten.“[371] Raupp selbst habe durch „seine freien theologischen Anschauungen besonders im Betreff der Person Christi“[372] seine Mitarbeit im Kindergottesdienst gänzlich unmöglich gemacht. Als sich Schmitthenner aufgrund der Erkrankung und des Todes seines Vaters am 27. Juli 1893 trotzdem von Raupp im Kindergottesdienst vertreten ließ, erreichten ihn nach seiner Rückkehr neue Klagen der Kindergottesdiensthelferinnen.[373] Erneut wurde Raupp aus der Kindergottesdienstarbeit abgezogen, weil die Mitarbeiterinnen nach Auskunft Schmitthenners sonst ihre Arbeit niedergelegt hätten.[374]

Raupp wurde über die genauen Gründe der Abberufung gar nicht informiert, „weil ich ihm die Kränkung, die in der Mitteilung der Verhältnisse für ihn lag, ersparen wollte.“[375] Schmitthenner betonte, seine Haltung sei nicht persönlich gegen Raupp gerichtet, sondern gegen dessen theologischen Standpunkt, „wie er ihn in jener Besprechung der Thomas-Geschichte, in seiner Zustimmung zu den Wimmerschen Thesen und durch manche Predigt offen und klar ausgesprochen hatte.“[376] Er befürchte eine Abwanderung der positiven Freiburger Gemeindekreise zu den verschiedenen Sekten wie Methodisten, Baptisten und Pregizerianern, sollte es dem Oberkirchenrat nicht gelingen, „mir, wenn einmal eine Personalveränderung in dem Stadtvicariat der Christuskirche eintreten sollte, einen Stadtvicar als Geistlichen [zu] geben[,]

367 Raupp an EOK, Freiburg, 31. Januar 1895, in: LKA Karlsruhe SpA 2417.
368 Ebd.
369 Vgl. Schmitthenner an EOK, Freiburg, 28. Februar 1895, in: ebd.
370 Vgl. Wolfhards Notiz auf dem Schreiben vom 21. Januar sowie den Bescheid des EOK vom 8. Februar 1895, in: ebd.
371 Schmitthenner an EOK, Freiburg, 28. Februar 1895, in: ebd.
372 Ebd.
373 Ebd.
374 Ebd.
375 Ebd.
376 Schmitthenner an EOK, Freiburg, 28. Februar 1895, in: ebd.

mit dem ich – weil in *einer* Glaubensüberzeugung stehend – so zusammenarbeiten könnte, daß er mir ein wirklicher Helfer in allen amtlichen Arbeiten wäre und dass die Gefahr der Zersplitterung von unserer Kirchengemeinde abgewendet würde.“[377]

Am 5. März 1895 erging der Bescheid der Kirchenbehörde, man könne Schmitthenners Vorgehen in der Angelegenheit nicht tadeln und erinnere erneut an die 1893 ausgesprochene Mahnung zur Mäßigung.[378] Raupp wurde daraufhin nach Mannheim versetzt. Mit Wilhelm Walther und Julius Kühlewein[379] erhielt Schmitthenner in den Folgejahren wunschgemäß ausgesprochen positive Theologen zugewiesen. Vor allem Kühlewein wurde von Schmitthenner sehr geschätzt. Im Herbst 1896 fügte er dessen Bericht an den EOK die Anmerkung hinzu, „dass die Art und Weise, wie Herr Stadtvikar Kühlewein seines Amtes waltet, in höchstem Maße befriedigend ist. Die theologische Tüchtigkeit und die theologische Reife, der sittliche Ernst des Mannes, die Arbeitsfreudigkeit bei jeder ihm zugewiesenen Aufgabe macht ihn dem Unterzeichneten zu einem immer wertvolleren Gehilfen im Amt. Es wäre nur zu wünschen, dass seine Kraft der Gemeinde lange erhalten bliebe.“[380]

---

377 Schmitthenner an EOK, Freiburg, 28. Februar 1895, in: LKA Karlsruhe SpA 2417. Hervorhebung M.W.

378 EOK an Dekanat Freiburg, Karlsruhe, 5. März 1895, in: ebd. Hervorhebung M.W.

379 Walter Wolfgang Julius Kühlewein (1873–1948), geb. am 18. Januar 1873 in Neunstetten, Rez. 1894, Vikariat in Lahr 1895, Freiburg 1896, Pfarrer in Mauer 1898, Vorsteher des Mannheimer Diakonissenhauses 1901, Altstadtpfarrei Karlsruhe 1909, Christuskirche Freiburg 1921, Mitglied der Generalsynode 1914–1921, synodales Mitglied der Kirchenregierung 1921–1924, Prälat 1924, Dr. theol. h.c. 1926, erster badischer Landesbischof 1933–1946, gest. am 2. Februar 1948 in Freiburg. Vgl. NEU II, 350.

380 Schmitthenner an EOK, Freiburg, 7. November 1896, in: LKA Karlsruhe PA 3308.

4.4. Weitere Schwerpunkte in der Gemeindearbeit

Wie in Rastatt war für Schmitthenner auch in Freiburg ein wesentliches Anliegen der Gemeindearbeit der Aufbau der Kindergottesdienstarbeit. Bereits 1887 hatte er einen sonntäglichen Kindergottesdienst in der Rastatter Divisionspfarrei eingeführt.[381] Auch als Divisionspfarrer in Freiburg hatte er am 24. März 1890 den zuständigen Militäroberpfarrer Fingado gebeten, neben den obligatorischen nebenamtlichen Verpflichtungen im Religionsunterricht und im Landesgefängnis zusätzlich die „Leitung eines Kindergottesdienstes für Kinder der Militär- und Civilgemeinde übernehmen zu dürfen […].“[382] An der Freiburger Ludwigskirche gab es bereits seit 1866 eine vom Pfarrer verantwortete Kindergottesdienstarbeit, deren 25jähriges Bestehen am 4. Oktober 1891 gefeiert worden war.[383] Carl Mez unterhielt daneben seit 1870 eine private Sonntagsschule.[384]

Als Pfarrer an der Christuskirche fand Schmitthenner in der Kindergottesdienstarbeit ein reiches Arbeitsfeld, in welches er auf vielfältige Art und Weise seine persönliche Überzeugung einbrachte, es könne „den Kindern nur von Segen sein, wenn ihnen das Gotteshaus schon frühe lieb gemacht“[385] werde. Kindergottesdienste, die „sich dem Verständnis der Kleinen anpassen“,[386] waren für ihn ein unverzichtbares Element des Gemeindelebens. Die Berichte ehemaliger Teilnehmer des Kindergottesdienstes in Freiburg zeigen deutlich, welche große Faszination von Schmitthenners Arbeit ausgegangen

---

[381] Vgl. Kap. 3.3.

[382] LKA Karlsruhe Divisionspfarrei Freiburg. Nebenamtliche Beschäftigungen 1878–1911.

[383] HASENCLEVER: *Protestantismus*, 200.

[384] Vgl. ULRICHS: *Laienbewegung*, 13. Während die „Sonntagsschule“ als freikirchlicher Import aus dem englischsprachigen Raum im landeskirchlichen Bereich weitgehend abgelehnt wurde, galt der „Kindergottesdienst“ unter kirchlicher Aufsicht als eigenständige deutsche Weiterentwicklung. Im Oktober 1913 schrieb Reinhard Mettin in einem Beitrag „[z]um 50jährigen Jubiläum der Sonntagsschulen und Kindergottesdienste in Deutschland“ über den Kindergottesdienst: „Am wertvollsten scheint mir jedoch zu sein, daß die evangelische Kirche Deutschlands es verstanden hat, die *englisch-amerikanische* Sonntagsschule in einen deutschen *Kindergottesdienst* umzuschaffen. Das zeigt die Gestaltungskraft der deutschen Eigenart, die sich eben Formen schafft, die *ihrem* nationalen Gefühl angepaßt sind, und das ist ein erfreulicher Beweis für die Selbständigkeit des deutsch-evangelischen religiösen Empfindens, daß sie nicht fremde Schablonen einfach übernahm, sondern nach sorgfältiger Prüfung selbständige Wege geht.“ Beilage zu „Der Korrespondent“ vom 1. Oktober 1913. Zitiert nach : VOIGT: *Ökumene*, 76.

[385] So heißt es in der gemeinsamen Einladung der Stadtpfarrer Hasenclever, Schmitthenner, Kattermann und des Vikars Otto Lang an die Eltern in den „Kirchlichen Mitteilungen“ vom 1. April 1906 in: LKA Karlsruhe SpA 13801.

[386] Ebd.

sein muss.[387] Dieser selbst berichtete bei seinem Abschied aus Freiburg 1909 über sein Erfolgsrezept im Umgang mit Kindern: „Ich suchte mich hinein zu denken in ihr junges Leben und habe sie teilnehmen lassen an meinen persönlichen Erfahrungen. [...] Die Großen und die Kleinen haben's mir geglaubt: Nicht ein Herr ihres Glaubens, sondern ein Gehilfe ihrer Freude wollte ich sein. Es war ein gegenseitiges Geben und Nehmen."[388] So besuchten bis zu 900 Kinder in 47 Gruppen den Kindergottesdienst. Der Helferkreis – bestehend vor allem aus Lehrerinnen und anderen berufstätigen Frauen – war die „Kerntruppe"[389] des Pfarrers, mit der er 1907 auch die Weltsonntagsschulkonferenz in Zürich mit über 5 000 Teilnehmern besuchte. Noch in den Nachrufen auf Schmitthenner, die 40 Jahre später zu Papier gebracht wurden, findet sich die aufrichtigste Dankbarkeit von Freiburger Gemeindegliedern und vor allem ehemaligen Kindergottesdienstmitarbeiterinnen: Schmitthenner sei „gewiss einer der treuesten Seelsorger" gewesen, die die Gemeinde je gehabt habe, ein „im wahrsten Sinne [...] Vater seiner Gemeinde", der das Christentum täglich vorgelebt habe. Alle Gemeindeglieder „hatten das Gefühl, daß er ihnen besonders nahe stünde, und alle hatten das größte Vertrauen zu ihm."[390] Vor allem mit den Kindern habe er wie kein anderer verständlich sprechen können, was das Aufblühen der Kindergottesdienstarbeit in seiner Amtszeit erkläre. Besonders während der zahlreichen Ausflüge in die Freiburger Umgegend mit Kakao, Gebäck, Spielen und Luftballons sei der Pfarrer „richtig in seinem Element" gewesen.[391]

Auch Adelheid „Adi" (1891–1971) und ihre Schwester Feodora von Sachsen-Meiningen (1890–1972) gehörten zu Schmitthenners Gemeinde und wurden von ihm konfirmiert. Ihr Vater war als Offizier in der Freiburger Garnison stationiert.[392] Adelheid heiratete am 3. August 1914 in Wilhelmshaven Prinz Adalbert von Preußen (1884–1948), den dritten Sohn des Kaisers. Feodora wurde durch die Heirat mit Wilhelm Ernst von Sachsen-Weimar-Eisenach (1876–1923) am 4. Januar 1910 letzte Großherzogin von Sachsen. Beide sollten ihrem einstigen Freiburger Pfarrer lebenslang verbunden bleiben.[393] Die badische Großherzogin Luise nahm an der Entwicklung der Kindergottesdienstarbeit in Freiburg ebenfalls Anteil.

---

387 Vgl. die Berichte von Teilnehmenden in: Christusgemeinde Freiburg: *Christuskirche*, 30–32.

388 SCHMITTHENNER: *Abschiedspredigt*, 5.

389 Christusgemeinde Freiburg: *Christuskirche*, 31.

390 A.a.O., 30.

391 A.a.O., 31.

392 Friedrich von Sachsen-Meiningen (1861–1914) war einer der wenigen adligen Frontkommandeure im Ersten Weltkrieg und kam am 23. August 1914 an der Westfront bei Nalinnes ums Leben. Nur drei Tage nach ihm fiel sein Sohn Ernst bei Maubeuge. Vgl. MACHTAN: *Abdankung*, 92.

393 Der Nachlass Feodoras von Sachsen-Meiningen befindet sich im ThStA Weimar: Großherzogliches Hausarchiv, Abt. A XXXIV, Nr. 6-14-1340. Briefe Schmitthenners sind in ihm nicht enthalten.

Für die Weihnachtsgottesdienste, die als „Höhepunkt des Kindergottesdienstes“[394] jeweils am Heiligen Abend um 16 Uhr in der Christuskirche stattfanden, stiftete sie ein Transparent, das für die Festtage über dem Altar angebracht wurde.[395]

Auch in der Kirchenleitung nahm man von Schmitthenners Engagement für den Kindergottesdienst Notiz. Seit Mai 1893 hatte er sich in Karlsruhe für eine einheitliche Agende sowie ein Gesangbuch mit Liedern für den Kindergottesdienst eingesetzt.[396] Im Oktober 1898 wurde Schmitthenner schließlich beauftragt, eine in Freiburg erarbeitete Liedersammlung für den Kindergottesdienst so umzuarbeiten, dass sie für ganz Baden „in sämtlichen Kindergottesdiensten und Sonntagsschulen eingeführt [...] werden“[397] könne. Trotz mancher Schwierigkeiten schickte er zweieinhalb Jahre später ein erstes Exemplar zur Begutachtung an den EOK. Dort sprach man „Herrn Stadtpfarrer Schmitthenner für die [...] Übersendung [...] der ‚Lieder für den Kindergottesdienst der ev[angelisch] prot[estantatischen] Kirche im Großh[erzogtum] Baden‘ unseren Dank“[398] aus. Auch die 1904 tagende Generalsynode griff die „vorhandene[...] Freiburger Vorarbeit“ dankbar auf und bat den EOK, durch die Einführung einer Kindergottesdienstagende und eines kindertauglichen Gesangbuches, „diesen Gottesdiensten [...] eine festere Stellung in dem Organismus der Kirche zu geben“[399]. Schmitthenner dankte als Abgeordneter der Synode dafür, dass „die Oberkirchenbehörde die Kindergottesdienste nicht nur als ein wertvolles Mittel zur Pflege und Stärkung des religiösen und kirchlichen Lebens in den Gemeinden, sondern geradezu als eine notwendige Lebensäußerung der evangelischen Kirche immer mehr anerkennt. Wenn die evangelische Kirche als solche sich der Jugendgottesdienste wieder ernstlich annimmt, so tut sie damit eigentlich nichts anderes, als dass sie eine Einrichtung aus den Tagen ihres Entstehens wieder aufleben lässt.“[400]

Durch seine Überzeugung und Tatkraft wurde Schmitthenner zum „‚Vater‘ des evangelischen Kindergottesdienstes in Baden“.[401] Sein 1904 im Verlag Moritz Schauenburg in Lahr erschienenes Liederbuch – dessen verhältnismäßig niedriger Preis von 10 Pfennig eine möglichst große Verbreitung sicherstellen sollte – war ausdrücklich als Anhang an das badische Gesangbuch gedacht.[402]

---

394 Christusgemeinde Freiburg: *Christuskirche*, 32.

395 Vgl. LKA Karlsruhe Christusgemeinde Freiburg Nr. 85, Allgemeine Amtsführung und Verwaltung 1891–1994.

396 Vgl. LKA Karlsruhe SpA 13801.

397 LKA Karlsruhe GA 3877. Vgl. ULRICHS: *Laienbewegung*, 15f.

398 LKA Karlsruhe GA 3877.

399 Ebd.

400 VGS 1904, 108.

401 ULRICHS: *Laienbewegung*, 18.

402 Vgl. die „Lieder für den Kindergottesdienst der Evang[elisch]-protest[antischen] Kirche im Großherzogthum Baden“, Lahr 1904. Ein Exemplar befindet sich u.a. in LKA Karlsruhe GA 3877.

Seit dem 30. November 1911 war das Buch als Anhang I mit „Lieder[n] besonders für Jugendgottesdienste und Christfeiern“[403] Bestandteil des badischen Gesangbuchs. Und spätestens mit der Berufung in den EOK 1909 sollte in der evangelischen Kindergottesdienstarbeit in Baden dann die „Ära Schmitthenner“ beginnen, in welcher der Prälat als erster Vorsitzender des 1911 gegründeten Landesverbandes für die Kindergottesdienstarbeit und ab 1921 als badischer Delegierter im Reichsverband zum „Organisator des evangelischen Kindergottesdienstes in Baden schlechthin“[404] werden sollte: So zog Schmitthenner auf dem Höhepunkt der Blüte der organisierten Kindergottesdienstarbeit in Baden vor dem Ausbruch des Ersten Weltkriegs 1913 das Fazit, es sei „auch in Baden aus dem Senfkorn ein stattlicher Baum geworden unter Gottes Segen durch vieler Menschen treues Pflegen und Begießen.“[405]

Trotzdem war der Kindergottesdienst nur *einer* der Schwerpunkte der Arbeit Schmitthenners an der Christuskirche: Jeweils freitags fand in der Sakristei das sogenannte „Bibelkränzchen“ statt. Von Woche zu Woche waren etwa 40 Personen anwesend. In den Wintermonaten übernahm Schmitthenner selbst die Leitung der Bibelstunden, so im Winter 1892/1893 über den Jakobusbrief und im Winter 1893/1894 über das Vaterunser. In den Sommermonaten fiel diese Aufgabe dem jeweiligen Stadtvikar zu. Die theologische Prägung des Bibelkränzchens war konservativ. Am 5. Juni 1909 vermerkt das Protokoll zu einer Bibelstunde über Lk 2,1–26: „Die Stunde war sehr interessant und anregend. Das Wort Gottes ist und bleibt eine Fundgrube der Wahrheit.“[406] Neben den biblischen Exegesen standen in den sogenannten Missionsstunden auch Vorträge über die Situation in der Mission in China, Armenien, Sumatra, Japan oder Amerika.

Die Sommerausflüge führten teilweise für mehrere Tage an touristische Ziele, so vom 4.–8. August 1908 nach Würzburg, Erlangen, Nürnberg und ins Pegnitztal. Im Sommer 1909 standen militärische Übungen und am 10. Juni 1909 ein Vortrag über „Deutschlands Schmach und jetzige Größe“ mit besonderer Würdigung der „Verdienste unseres Kaisers um die Sache des Deutschen Reiches“[407] auf dem Programm.

Während Schmitthenners Amtszeit fanden in Freiburg auch mehrere evangelische Großveranstaltungen und Feste statt, welche die Diasporagemeinde „nicht wenig in ihrem protestantischen Selbstbewusstsein zu stärken geeignet waren und von ihrem Zusammenhalt ein schönes Zeugnis ableg-

---

403 VGS 1914, Anlage I, 9.

404 ULRICHS: *Laienbewegung*,15.

405 SCHMITTHENNER: *Baden*, 94.

406 LKA Karlsruhe Christusgemeinde Freiburg. Allgemeine Amtsführung und Verwaltung 1891–1994, 46/1 Nr. 115.

407 LKA Karlsruhe Christusgemeinde Freiburg. Allgemeine Amtsführung und Verwaltung 1891–1994, 71/14 Nr. 168.

ten.“[408] Am 10. Dezember 1894 wurde in Anwesenheit des Erbgroßherzogs der dreihundertjährige Geburtstag Gustav Adolfs mit einem Bildvortrag über die Bedeutung des Schwedenkönigs für die deutsche Geschichte begangen. 1895 feierte man den vierhundertjährigen Geburtstag Philipp Melanchthons. Am 20. Juni 1897 eröffnete Professor Julius Smend (1857–1930) aus dem nahen Straßburg das Badische Kirchengesangfest mit einem Vortrag über Tersteegen. Im März 1897 hielt Ernst Troeltsch (1865–1923), damals Professor in Heidelberg, eine Reihe von Vorträgen in der Kunst- und Festhalle. Am 18. und 19. Juli 1899 feierte man in Freiburg mit einem Vortrag Heinrich Bassermanns das badische Landesfest des Gustav-Adolf-Vereins. Im November 1893 hielten der Badische Landesverein für Innere Mission, im August 1897 der Landesverein für Äußere Mission und im Herbst 1895 der Landesverein für die Sonntagsheiligung ihre Jahresfeste in der Christuskirche ab. Am 1. Juni 1902 besuchten Großherzog Friedrich I. und Großherzogin Luise aus Anlass ihres 50jährigen Thronjubiläums Freiburg und wurden in der Christuskirche von Schmitthenner – in Vertretung des erkrankten Dekans Hasenclever – begrüßt.

[408] HASENCLEVER: *Protestantismus*, 203.

4.5. *Diakonie und Ökumene*

Seit 1888 nahm Freiburg unter Bürgermeister Otto Winterer (1846–1915), der wegen seines prägenden Einflusses auf das Freiburger Stadtbild als zweiter Gründer der Stadt bezeichnet wurde, einen immensen Aufschwung. Neue Stadtteile wie der Stühlinger wurden erschlossen. Seit 1901 fuhr in Freiburg eine elektrische Straßenbahn. Die Bevölkerung wuchs von 41 300 Einwohnern im Jahr 1880 auf 86 800 Einwohner im Jahr 1910.[409]

Wie die politische Gemeinde wuchs auch die Freiburger Kirchengemeinde nach der Einrichtung der zweiten Pfarrei weiter. Auf dem Stühlinger wurde im Januar 1898 ein drittes Stadtvikariat eingerichtet. Im Februar 1905 folgte aufgrund der durch die wachsenden Einnahmen aus der Kirchensteuer günstigen Finanzlage die Gründung der Pauluspfarrei.[410] Am 13. September 1905 wurde der dritte Stadtpfarrer Philipp Kattermann von Schmitthenner in sein Amt eingeführt.[411]

Die wachsenden diakonischen Aufgaben in der Gemeinde hatten bereits 1893 zu einer Initiative des Evangelischen Bundes zur Gründung eines Diakonissenhauses mit einem angeschlossenen Krankenhaus für die protestantische Diaspora des badischen Oberlandes geführt.[412] Schmitthenner fungierte als Vorstandsmitglied des zu diesem Zweck gegründeten Vereins. 1894 wurde er stellvertretender Vorsitzender, 1898 schließlich Vorsitzender des nach dem badischen Körperschaftsrecht gegründeten „Vereins zur Gründung und Führung eines Diakonissen- und Krankenhauses in Freiburg".[413] Im Oktober 1894 bat der Verein erstmals konkret um Spenden zur Errichtung einer solchen Einrichtung.[414] Am 26. Februar 1897 veröffentlichte der Vorstand, in dessen Aufsichtsrat auch Adolf Schmitthenner als Heidelberger Stadtpfarrer vertreten war, einen reichsweit beachteten Aufruf zur Errichtung eines 389 000 Mark teuren Neubaus auf einem von der Stadt Freiburg für 112 000 Mark erworbenen Grundstück.[415] Der Zweck des Baus war klar benannt:

---

409 Vgl. HUG: *Geschichte*, 274. Vgl. zu den leicht abweichenden Angaben Hasenclevers Kap. 4.1., Anm. 304.

410 Die Errichtung eines Gemeindehauses mit Kirchsaal in der Dreisamstraße wurde nicht zuletzt durch private Spenden und Darlehen finanziert. Schmitthenner teilte seinem Bruder Adolf am 30. Oktober 1905 mit, er habe 500 Mark für das Projekt gegeben. Vgl. LKA Karlsruhe FA Schmitthenner, Nr. 198/30.

411 Vgl. HASENCLEVER: *Protestantismus*, 209.

412 Vgl. SCHWINGE: *Thoma*, 288f.

413 Vgl. LKA Karlsruhe FA Schmitthenner, Nr. 196/16.

414 Vgl. EZA Berlin 200/1, Nr. 2.928.

415 Vgl. etwa den Bericht „Ein Diakonissenhaus in der Diaspora", der im Juni 1897 im „Sächsischen Gustav-Adolf-Boten" Nr. 12, 92f. erschien. EZA Berlin 200/1, Nr. 2.928.

„Helft uns, teure Glaubensgenossen, dass hier am Sitz des katholischen Erzbistums, hier auf dem vorgeschobenen Posten des Protestantismus am Fuß der Schwarzwaldberge, in dem evangelischen Diakonissen- und Krankenhaus ein leuchtendes Denkmal evangelischen Glaubens und evangelischer Bruderliebe sich erheben möge.“[416]

Am 29. Juni 1897 konnte der Grundstein des Hauses gelegt werden. Nach der Predigt von Stadtpfarrer Hasenclever über Psalm 118,19–24 und einer Ansprache des Vorsitzenden des Evangelischen Bundes Albrecht Thoma (1844–1915)[417] über die Geschichte des Baus wurde die Grundsteinurkunde verlesen. In ihr hieß es: „Der Vorstand des badischen Hauptvereins des Evang[elischen] Bundes zur Wahrung der deutsch-protestantischen Interessen hat im Jahre 1893 die Anregung zur Gründung dieser Anstalt gegeben mit der Absicht, darin Schwestern auszubilden für die Gemeindepflege in der evangelischen Diaspora. Zugleich soll das Haus eine vom Geist des evangelischen Glaubens getragene und geleitete Pflege- und Heilstätte für Kranke werden, zum Wohle der hiesigen evangelischen Gemeinde und der Protestanten des badischen Oberlandes.“[418] Im Rahmen der Landesversammlung des Evangelischen Bundes wurde das Haus am 1. November 1898 eingeweiht. Zwei durch die Kirchengemeinde veranstaltete Basare erbrachten 1898 einen Reinerlös von 72 000 Mark und 1903 nochmals 82 000 Mark. Am 30. Oktober 1898 konnte die Rückzahlung der für den Bau notwendigen Baudarlehen beginnen. Im Gegenzug für die finanziellen Aufwendungen der Kirchengemeinde sollten die Gottesdienste in der Diakonissenkapelle auch deren Gemeindegliedern offenstehen.

Ab dem 31. März 1906 wurde der laufende Betrieb des Hauses außerdem vom Leipziger Zentralvorstand des Gustav-Adolf-Vereins finanziell unterstützt.[419] Zwar kam es bereits 1898 aufgrund von nicht näher erläuterten „Unschicklichkeiten in dem Aufsichtsrat“[420] zum Ausscheiden der beiden Stadtpfarrer Schmitthenner und Hasenclever aus dem Vorstand des Hauses. Trotzdem konnte Letzterer als Chronist der Freiburger Kirchengemeinde resümieren: „Der Bau steht vor unseren Augen als eine großartige Leistung protestantischer Liebesarbeit.“[421]

Mit dem enormen Bevölkerungswachstum Freiburgs wuchsen auch die sozialen Probleme und damit die sonstigen diakonischen Aufgaben der Kirchengemeinde.[422] Bereits 1898 hatte Schmitthenner vor der Bezirkssynode darauf hingewiesen, als Stadtpfarrer nicht nur die geistliche, sondern in vie-

416 LKA Karlsruhe SpA 2524.
417 Vgl. SCHWINGE: *Thoma.*
418 LKA Karlsruhe SpA 2524.
419 Vgl. Weißheimer an GAW, Freiburg, 29. November 1905, in: EZA Berlin 200/1, Nr. 2.928.
420 HASENCLEVER: *Protestantismus*, 210.
421 A.a.O., 209.
422 Vgl. zur kirchlichen Armenpflege in den badischen Großstädten KUHLEMANN: *Bürgerlichkeit*, 444–460.

len Fällen auch die materielle Not seiner Gemeindeglieder bekämpfen zu müssen.[423] Im Wechsel hatten beide Stadtpfarrer für jeweils drei Jahre einen Sitz in der Schulkommission inne und nahmen auch an den Sitzungen des städtischen Armenrats teil.[424] Die zunehmend wichtige diakonische Arbeit in der Gemeinde wurde zwar zunächst durch die Evangelische Stadtmission abgedeckt, aber bald mussten darüber hinaus weitere verschiedene Vereine wie ein Kleinkinderpflegeverein, ein Armenunterstützungsfonds und ein Krankenpflegeverein ins Leben gerufen werden. Neben einem ersten Haus in der Brombergstraße erwarb der Kleinkinderpflegeverein 1905 auch noch ein Haus auf dem Stühlinger, weil die Zahl der zu betreuenden Kinder ständig zunahm.

Der Krankenpflegeverein, in dessen Vorstand neben den Frauen der Stadtpfarrer Hasenclever, Kattermann und Schmitthenner auch die Frau des damaligen Freiburger Landgerichtspräsidenten und späteren Präsidenten des Oberkirchenrats Eduard Uibel (1846–1925) vertreten war, hatte allein elf Diakonissen des Diakonissenhauses angestellt, für die jeweils 300 Mark – für die drei Oberschwestern jeweils 360 Mark – an das Mutterhaus zu entrichten waren. Dazu kamen die Aufwendungen für Wohnung und Lebensunterhalt, die der Verein ebenfalls aus eigener Tasche zu bezahlen hatte. Unter dem Protektorat der Erbgroßherzogin wurde 1899 das Hilda-Kinderhospital gegründet. Am 16. September 1896 berichtete Schmitthenner vor der Bezirkssynode über die Einrichtung von Kleinkinderschulen, die sowohl in den städtischen Gemeinden mit Fabrikbevölkerung als auch in vielen Landgemeinden für die evangelische Kirche unerlässlich seien, um „die Gefahr leiblicher und sittlicher Verwahrlosung“[425] von den Kindern fernzuhalten. 1898 und 1904 beschäftigten sich die Diözesansynoden mit der „leibliche[n] und geistliche[n] Pflege der unehelichen Kinder“ in Freiburg, die nicht zuletzt durch die karitative Arbeit der katholischen Kirche „große[n] Gefahren an Leib und Seele“[426] ausgesetzt seien. Die Wiederansiedlung katholischer Orden durch die Abmilderung des Jesuitengesetzes in Baden 1904 habe auch im Bereich der Kindererziehung „dem Erbfeind evangelischen Lebens Tür und Tor geöffnet“.[427]

Auch der Kampf gegen die sittlichen Zustände der wachsenden Großstadt beschäftigte die evangelische Gemeinde. Am 18. September 1895 sprach Schmitthenner vor der Bezirkssynode über das vom Oberkirchenrat vorgegebene Thema „Die Bekämpfung der Trunksucht“ und warnte vor der „immer mehr ungescheut ans Licht tretenden *Unsittlichkeit* in Stadt und Land“.[428] Als Freiburger Delegierter zur Generalsynode referierte er ebenfalls über den Kampf zum Schutz der Jugend, in den einzutreten die „heilige Pflicht der

---

[423] Vgl. LKA Karlsruhe SpA 13801.
[424] Vgl. LKA Karlsruhe SpA 2442.
[425] Vgl. LKA Karlsruhe SpA 13801.
[426] Vgl. ebd.
[427] Vgl. ebd.
[428] Vgl. ebd.

Kirche“[429] sei. So sollten etwa Freiburger Buchhändler, in deren Schaufenstern unsittliche oder jugendgefährdende Literatur zu sehen sei, durch einen Besuch des Pfarrers zur Besserung ermahnt werden. Auch Schmitthenners Kollege Hasenclever machte für den abnehmenden Gottesdienstbesuch in der Kernstadt – 1906 lag die Zahl der Gottesdienstbesucher in Freiburg bei 18,5 Prozent, in den umliegenden Landgemeinden wie Bischoffingen bei 50,7 Prozent und in der Gesamtdiözese bei 23,0 Prozent – die „überhand nehmende Geselligkeit und Vergnügungssucht, welche Zeit und Kraft absorbiert und nach edler deutscher Gewohnheit vor allem die Samstagabende ausfüllt und den Sonntagmorgen zum Ausschlafen braucht“,[430] verantwortlich.

Ihren schärfsten Gegner sahen die Freiburger Geistlichen nicht in den „kirchenfeindlichen Strömungen [...] der Sozialdemokratie“,[431] denen Stadtvikar Otto Lang[432] durch die Gründung eines evangelischen Arbeitervereins zu begegnen suchte,[433] sondern vielmehr im wiedererstarkenden ultramontanen Katholizismus.[434] Pfarrer Ernst Stücklin aus Opfingen stellte 1906 vor der Bezirkssynode fest: „Da wo die römische Kirche die Macht hat, ist sie erbarmungslos, skrupellos, sie treibt keine Sentimentalität und Ideologie.“[435] Beklagt wurde vor allem der Einfluss der katholischen Kirche im Bereich der konfessionell gemischten Ehen, die aufgrund der allgemeinen Bevölkerungsentwicklung stark zugenommen hatten.[436] Auf dem Stühlinger häuften sich die Klagen über Evangelische, die an der Fronleichnamsprozession teilgenommen hätten. Schmitthenner verbot seinen Konfirmanden, in der Fastnachtszeit auf die Straße zu gehen.[437] Im Bericht zur Kirchenvisitation von 1894 klagte er, ihm seien auch in seiner Gemeindearbeit „verschiedene Fälle von rücksichtslosen Propagandaversuchen der katholischen Geistlichen bekannt geworden“.[438]

---

429 VGS 1904, 124.

430 HASENCLEVER: *Protestantismus*, 207.

431 A.a.O., 206.

432 Vgl. Kap. 1.1., Anm. 26.

433 Vgl. zur Rolle der evangelischen Arbeitervereine zwischen Bürgertum und Sozialdemokratie HÜBINGER: *Sakralisierung*, 238.

434 Von der von Frank-Michael Kuhlemann für die Mitte des 19. Jahrhunderts skizzierten Annäherung zwischen konservativem Protestantismus und Katholizismus zur Erreichung gemeinsamer Ziele war in der angespannten Freiburger Situation jedenfalls nichts mehr zu spüren. Vgl. KUHLEMANN: *Bürgerlichkeit*, 307–319.

435 Vgl. LKA Karlsruhe SpA 13801.

436 1895 wurden von 102 konfessionell gemischten Paaren 56 katholisch getraut. 1905 waren es 83 von 147 Eheschließungen. Die Statistik hielt außerdem fest, von den 338 Kindern aus konfessionsgemischtenEhen seien nur 163 evangelisch getauft worden. 1906 fanden 85 evangelische Trauungen auf 180 gemischte Eheschließungen statt, von 384 Kindern wurden 158 evangelisch getauft. Vgl. LKA Karlsruhe SpA 13801.

437 Vgl. LKA Karlsruhe PA 3243.

438 Trotzdem lag in Freiburg die Zahl der Übertritte von der katholischen in die evangelische Kirche konstant höher als umgekehrt. 1894 vermerkt der Visitationsbericht, seit der Gründung der Christusgemeinde habe es 14 Übertritte gegeben, davon 11 von der katholische Kirche und 3 von der israelitischen Religion. 1898 traten 16 Katholiken –

4.6. *Die Generalsynode von 1904*

Im Jahr 1904 nahm Schmitthenner als ordentlich gewählter geistlicher Abgeordneter der Diözese Freiburg an der badischen Generalsynode teil.[439] Weit mehr, als dies in späteren Jahren als Prälat der Fall war, engagierte er sich durch umfangreiche Redebeiträge zu unterschiedlichsten Fragen.[440] Neben der Verabschiedung des Haushaltsplans für die Jahre 1905–1909 beschloss die Generalsynode mehrere Gesetzesvorlagen über die Einkommensverhältnisse der Geistlichen – deren Bezüge erhöht wurden –, sowie die Übernahme der Beiträge zur Witwenkasse durch die Landeskirche und die Bewilligung von Ruhegehältern für Pfarrer, die für den Dienst in der Inneren Mission oder einer ähnlichen Einrichtung beurlaubt waren. Zum ersten Mal überhaupt beschäftigte sich eine badische Generalsynode mit dem Zusammenschluss der evangelischen Landeskirchen im Deutschen Evangelischen Kirchenausschuss, wobei einer deutschen Nationalkirche allerdings eine klare Absage erteilt wurde.[441] Breit debattiert wurde außerdem über eine Kürzung des Katechismusstoffes im Religionsunterricht in den Volksschulen und im Konfirmandenunterricht.[442]

Schmitthenner, der sich als Pfarrer in Freiburg den Ruf eines „treuen, bibelgläubigen Verkünder[s] des Evangeliums“[443] erworben hatte, war Mitglied des Hauptausschusses, der den Bericht des EOK und die Tagungen der Diözesansynoden zum Thema hatte.[444] Im Verlauf der Tagung konnte er durch sein gewinnendes Auftreten trotz klarer Positionen parteiübergreifend überzeugen.[445] Inhaltlich tat er sich als ehemaliger Divisionspfarrer besonders dadurch hervor, dass er einen eigenen Antrag auf die Gleichstellung von Geistlichen im Staatsdienst mit den für den Dienst in der Inneren Mission beurlaubten Pfarrern bei den Beiträgen zur Witwenkasse stellte.[446]

---

die meisten von ihnen katholisch getaufte Kinder aus Mischehen, die nun doch evangelisch erzogen werden sollten – und zwei Juden in die evangelische Gemeinde ein. 1906 gab es 22 Übertritte von erwachsenen Katholiken gegenüber 12 Austritten, die in der Statistik folgendermaßen erklärt wurden: „Zum Katholizismus traten nach unserer Kenntnis über 1 Witwe und ihre 5 unmündigen Kinder. Außerdem wurden 4 unmündige Kinder eines kath[olischen] Witwers nach dem Tode der evang[elischen] Mutter der kath[olischen] Kirche zugeführt.“ LKA Karlsruhe SpA 13801.

439 Vgl. zu deren Verlauf zusammenfassend FRIEDRICH: *Einführung*, 207f.

440 Vgl. VGS 1904, VIII.

441 Vgl. a.a.O., 372f.

442 So waren die Hälfte der siebenten Sitzung am 14. Oktober und die ganze achte Sitzung am 15. Oktober 1904 dem Thema gewidmet. Vgl. VGS 1904, 208-292.

443 So Karl Pross im April 1959 in seinen Erinnerungen in: LKA Karlsruhe PA 3243.

444 Vgl. VGS 1904, 15.

445 Vgl. BPfVBl 1909, 29.

446 Vgl. VGS 1904, 39.

Auch für eine Besserstellung der Dienst– und Stadtvikare durch eine Beteiligung an den Stolgebühren beziehungsweise eine entsprechende Vergütung, wie sie in Freiburg bereits üblich war, setzte er sich ein.[447] In der Debatte um die Breite des Memorierstoffes im Katechismusunterricht sprach er sich – gegen die allgemeine Haltung der Rechten[448] – für dessen Kürzung aus. Sei die Stoffmenge zu groß, gehe dabei „das zu Grunde, was doch eigentlich die Seele des Konfirmandenunterrichts zu sein scheint".[449] Was diese sei, führte Schmitthenner so aus: „Ich habe immer den Kindern den Eindruck zu geben gesucht: Wir sind hier nicht in der Schule, sondern es ist ein höherer Standpunkt, auf den wir uns stellen; wir wollen als Freunde miteinander arbeiten, ich möchte hier euer Seelsorger sein, ich möchte euch mein Bestes, meine Seele geben, ich möchte euch zeigen, auf welchem Grund des Glaubens ich stehe, und ich möchte dazu kommen, dass auch ihr die innere Überzeugung bekommt: das, was uns hier gesagt ward, ist etwas Hohes und Herrliches und Heiliges, und unserm Pfarrer ist es die Kraft seines Lebens gewesen."[450] Auch die Überlegungen zu einer Neustrukturierung der Kirchengemeinden in den badischen Großstädten, von denen naturgemäß auch Freiburg betroffen war, dürften schließlich das Interesse Schmitthenners erregt haben, auch wenn er sich hier nicht selbst zu Wort meldete.[451] Es fällt auf, dass ein diesbezüglicher Antrag des „Evangelischen Bundes" an die Generalsynode zur Errichtung von einzelnen Gemeinden mit abgegrenzten Pfarrbezirken, bei deren Besetzung ein ausgewogenes Verhältnis der theologischen Richtungen berücksichtigt werden könne, und mit gemeinsamem Kirchengemeinderat und gemeinsamer Kirchengemeindeversammlung zur Erledigung der Amtsgeschäfte ziemlich exakt die Freiburger kirchlichen Verhältnisse seit 1893 widerspiegelte.[452]

In Erinnerung blieb die Generalsynode von 1904 vor allem durch ein Thema, das durch das geschickte Vorgehen des Oberkirchenrats während der öffentlichen Sitzungen gar nicht mehr zur Sprache kam: der Antrag des Kirchengemeinderates der Stadt Mannheim über die Aufhebung des zwangsweisen Gebrauchs des Apostolikums im Gottesdienst und die völlige Entfernung des Katechismus aus dem Volksschulunterricht.

---

447 Vgl. VGS 1904, 55.

448 So war eine Stellungnahme für die Kürzung im Mitteilungsblatt des Evangelischen Vereins für Innere Mission Augsbsurgischen Bekenntnisses, dem „Reich-Gottes-Boten" Nr. 43/1904, 167, nachdem es „nicht darauf an[komme], daß in der Stunde, welche die wichtigste für das ganze spätere Leben ist, möglichst viel gelernt wird, sondern darauf, daß das Gelernte möglichst tief in den Herzen der Kinder haftet […]", vom Verwaltungsrat des Vereins selbst kritisiert worden, weil man keine Kenntnis von ihm gehabt habe. „Die Reformation" Nr. 36/1904 meinte, die Geschichte beweise, „daß die Reduzierung des Memorierstoffes jeweils das Ende des jeweiligen Katechismus war." Zitiert nach: LKA Karlsruhe GA 779.

449 VGS 1904, 266.

450 Ebd.

451 Vgl. a.aO., 294.

452 Vgl. a.a.O., 295.

Der Mannheimer Privatier und Kirchenälteste Robert Bassermann hatte am 16. März 1904 eine – im wesentlichen von ihm selbst verfasste und vom Mannheimer Kirchengemeinderat am 16. März 1904 mit zwölf zu acht Stimmen angenommene – Eingabe[453] an den Oberkirchenrat gerichtet, in der es unter anderem hieß:

> „Hoher Oberkirchenrat wolle den Inhalt dieser Eingabe einer geneigten Kenntnisnahme und Erwägung unterziehen und dann bei der diesjährigen General-Synode die verfassungsgemäße Festsetzung folgender Bestimmungen beantragen [...]: 1. Die durch die General-Synode von 1855 ausgesprochene ‚volle Anerkennung der Bekenntnisschriften' ist keine obligatorische, und ist der Bekenntnisstand so zu erweitern, daß auch eine Lehre, die dem heutigen Stand der ‚wissenschaftlichen Kultur' entspricht, ihr volles Recht hat. 2. Der zwangsweise Gebrauch des Apostolikums ist aufzuheben [...]. 3. Der Katechismus wird aus der Volksschule entfernt [...]. 4. Der Gebrauch einer neueren Bibelübersetzung ist im Gottesdienst wie in der Schule neben der überlieferten Bibelübersetzung zu gestatten. 5. Eine den heutigen Anforderungen der Hygiene entsprechende Aenderung der Darbietung des h[ei]l[igen] Abendmahls ist zu erstreben."[454]

Im Hintergrund der Eingabe stand deutlich der Einfluss des seit 1894 in Heidelberg lehrenden Ernst Troeltsch (1865–1923) und dessen Forderung nach einem undogmatischen Christentum.[455] Im Winter 1902/1903 hatte Troeltsch auf Einladung der ebenfalls von Bassermann geführten Kirchlich-Liberalen Vereinigung in Mannheim mehrere Vorträge über die Ergebnisse der vergleichenden Religionsgeschichte gehalten.[456] Am 5. April 1904 erklärte der EOK gegenüber dem Mannheimer Kirchengemeinderat, man sehe sich in Übereinstimmung mit dem Großherzog nicht in der Lage, die Eingabe an die Generalsynode zu übermitteln oder sie gar zur Billigung zu empfehlen.[457] Es sei vielmehr

> „unzweifelhaft, daß in der evangelischen Kirche von lange her zwei Strömungen vorhanden sind, die beide ebenso natürlich wie unentbehrlich erscheinen: auf der einen Seite diejenige, welche den von der Reformation überkommenen Besitzstand ungeschmälert zu wahren, auf der anderen eine solche, die ihn stets von neuem zu prüfen und mit der modernen Weltanschauung in Einklang zu bringen sucht. Gerade in unserem Heimatland war und ist das in hervorragendem Maße der Fall und niemand bereitet den Vertretern der zwei Richtungen, so lange sie sich keine verfassungswidrigen Ausschreitungen zu schulden kommen lassen, ein Hindernis."[458]

---

453 Der Oberkirchenrat versäumte es im Bericht an die Generalsynode nicht, auf diese Tatsache hinzuweisen. Von den 20 erschienenen Mitgliedern des Kirchengemeinderates erklärten sich zwölf für den Antrag. Drei Personen – darunter zwei Pfarrer – stimmten gegen ihn, während die anderen vier Pfarrer sich der Stimme enthielten und ein Ältester gegen das gesamte Verfahren protestierte. Vgl. VGS 1904, Beilage I, 14.

454 Zitiert nach: SCHWINGE: *Geschichte*, 276f.

455 Vgl. a.a.O., 276.

456 Vgl. WENNEMUTH: *Mannheim*, 489.

457 Vgl. VGS 1904, Beilage I, 15.

458 Ebd.

Verlasse man den Weg der Gleichberechtigung beider Richtungen, könne dies schwere Folgen für die Landeskirche bis hin zu einer Spaltung nach sich ziehen.[459] Trotzdem wurde die Eingabe an die Synode gerichtet und von 100 Mannheimer Gemeindegliedern unterzeichnet.[460] Auch der Vorstand der Mannheimer Kirchlich-Positiven Vereinigung richtete eine Eingabe an die Generalsynode, allerdings mit der Bitte, „daß der dermalige Bestand im Gebrauch des Apostolikums unter allen Umständen aufrecht erhalten werde".[461] Beide Eingaben wurden daraufhin in einem von der Synode eingesetzten Ausschuss behandelt.[462]

Der Präsident des Evangelischen Oberkirchenrats Albert Helbing[463] – der in der positiven Presse für seine energische und zielstrebige Leitung der Synode gelobt, von liberaler Seite aber auch vorsichtig kritisiert wurde[464] – ließ die Ausschussmitglieder wissen, er selbst könne sich trotz der ablehnenden Antwort an Bassermann im Vorfeld der Synode zumindest eine Freigabe des Apostolikums bei Taufe und Konfirmation vorstellen. Während eines gemeinsamen Ferienaufenthaltes im schweizerischen St. Moritz habe Großherzog Friedrich I. ihm aber deutlich gemacht, er werde aus der evangelischen Kirche austreten, sollte sich die Aufhebung des Apostolikumszwangs jemals durchsetzen.[465] Weil auch ein Teil seiner liberalen Mitglieder den Antrag für „ein kirchliches Unglück hielt",[466] waren die Verhandlungen des zuständigen Ausschusses vorgezeichnet, so dass sich Bassermann am 14. Oktober 1904 während der siebten Sitzung der Generalsynode schließlich gezwungen sah, seinen Antrag „für jetzt"[467] zurückzuziehen. Er behielt sich im Namen der Mannheimer Kirchlich-Liberalen Vereinigung allerdings vor, *„auch fernerhin mit allen uns verfassungsmäßig zustehenden Mitteln die Verwirklichung unserer Ziele im Auge zu behalten."*[468] So war die Agendenfrage in der badischen Landeskirche zunächst vertagt und sollte erst fünf Jahre später auf der Generalsynode von 1909 umso heftiger wieder aufbrechen.

---

459 Vgl. VGS 1904, Beilage I, 15.
460 Vgl. a.a.O., 16.
461 VGS 1904, 36.
462 Vgl. zur Kritik an diesem Vorgehen den „Reich-Gottes-Boten" Nr. 44/1904, 171: „Die Hauptarbeit wurde in den Kommissionen getan; auch fanden unter den einzelnen Führern der Parteien persönliche Besprechungen statt. […] Die Beschlüsse waren meistenteils in den Kommissionen zum Voraus schon festgelegt, und die Synode hatte nur zuzustimmen." Zitiert nach: LKA Karlsruhe GA 779.
463 Vgl. Kap. 1.1., Anm. 31.
464 „Die Reformation" Nr. 36/1904 fragte ihre Leser, ob nicht das autoritäre und umsichtige Kirchenregiment gerade durch seine souveräne Beherrschung der Synode unter theologischen und kirchenjuristischen Gesichtspunkten „dem ganzen Synodalwesen die Axt an die Wurzel" gelegt habe. Zitiert nach: LKA Karlsruhe GA 779.
465 Vgl. FROMMEL: *Helbing*, 67.
466 „Die Reformation" Nr. 36/1904. Zitiert nach: LKA Karlsruhe GA 779.
467 VGS 1904, 190.
468 Ebd.

Weil es aber immerhin gelungen war, die öffentliche Austragung der Gegensätze zu vermeiden, sollte die Synode von 1904 aber als zweite „Friedenssynode“[469] in die Geschichte der badischen Landeskirche eingehen.[470]

---

[469] Zitiert nach: LKA Karlsruhe GA 779.

[470] Die schärfste Kritik an der Politik des Oberkirchenrats kam aus Freiburg. Otto von Stockhorn polemisierte in der „Badischen Post“ Nr. 171/1904 scharf gegen den „Mannheimer Antrag“. Als er daraufhin vom damaligen St. Georgener Dekan Theodor Friedrich Mayer (1864–1936) wegen seines streitsüchtigen Verhaltens kritisiert wurde, antwortete er in der „Badischen Post“ Nr. 181/1904 mit einer persönlichen Erklärung: „Nicht Streitsucht ist Beweggrund meines Handelns gewesen, sondern Liebe zu meinem Herrn, zu unserer Kirche, zu den Brüdern, verbunden mit einem kräftigen *Rechtsbewußtsein* und einem gesunden *evangelisch-protestantischen Ehrgefühl.*“ Zitiert nach: LKA Karlsruhe GA 779.

4.7. *Letzte Dienstjahre in Freiburg*

Die hohe Arbeitsbelastung in der Freiburger Stadtgemeinde machte sich nach der Jahrhundertwende für Schmitthenners Gesundheit mehr und mehr bemerkbar. Bereits im Januar 1901 diagnostizierte sein Arzt Kopfdruck, Schwindel und eine allgemeine Verstimmung als Folge der Überanstrengung im Dienst.[471] Im März 1901 verbrachte Schmitthenner einen längeren Kuraufenthalt in Baden-Baden, vom 8. August bis 5. September 1901 wurde er zudem in ein Sanatorium bei Rappoltsweiler im Oberelsass eingewiesen. Der 80 Seiten umfassende Bericht für die von Oberkirchenrat Julius Zähringer geleitete Kirchenvisitation vom 14.–22. Juli 1906 vermittelt einen Einblick in seine Arbeitsbelastung: Weil die Gynäkologische Klinik auf dem Gebiet der Gemeinde lag, fanden 1905 allein 320 Taufen, dazu 105 Trauungen, 84 Krankenkommunionen und 119 Beerdigungen statt. 1908 waren es 277 Taufen, davon allein 81 in der Universitätsfrauenklinik, 69 Trauungen und 101 Beerdigungen. Im Mai 1902 gab Schmitthenner an, er habe nun auch die Christenlehre selbst übernommen und lasse sich nur bei Verhinderung oder Urlaub vom jeweiligen Vikar vertreten. Dazu kam noch der Religionsunterricht, den die Freiburger Stadtpfarrer an der Karlsschule, der Lessingschule, der Hildaschule und der Thurnseeschule zu erteilen hatten.

Auch mit den ihm zur Entlastung zugeteilten Vikaren hatte Schmitthenner, was deren gesundheitliche Konstitution und Belastungsfähigkeit anging, nicht immer Glück. So bat am 16. Juni 1904 Stadtvikar Albert Meyer (1875–1918)[472] aus gesundheitlichen Gründen um einen längeren Erholungsurlaub vom 1. Juli bis zum 12. September. Als Dekan befürwortete Stadtpfarrer Hasenclever „[n]ach Rücksprache und im Einverständnis mit Herrn Stadtpfarrer Schmitthenner" das Gesuch unter der Bedingung, dass ein Stellvertreter für Meyer benannt werde, „da andernfalls die den anderen Geistlichen dringend notwendige Urlaubszeit nicht innegehalten werden könnte."[473] Mit Pfarrverwalter Albert Höhler (1876–1913)[474] wurde zwar schon im Juli 1904 ein Vertreter für Meyer entsandt, der allerdings ebenfalls bald gesundheitliche Schwierigkeiten bekam. Aus seinem eigenen Urlaub bei seinen Schwiegereltern in Mannheim musste sich Schmitthenner erneut um einen Ersatz bemühen.[475] Am 10. August 1904 hatte der Oberkirchenrat mitgeteilt, Meyer solle durch Stadtvikar Karl Euler[476] ersetzt werden.[477]

---

471 Vgl. LKA Karlsruhe PA 3243.
472 Vgl. NEU II, 412.
473 LKA Karlsruhe SpA 2426.
474 Vgl. NEU II, 276.
475 Schmitthenner an EOK, Mannheim, 20. August 1904, in: LKA Karlsruhe SpA 2426.
476 Vgl. NEU II, 148.
477 EOK an Schmitthenner, Karlsruhe, 10. August 1904, in: LKA Karlsruhe SpA 2426.

Im Juli 1905 wurde Euler aber wiederum nach Baden-Baden versetzt, Mayer kehrte auf seine bisherige Stelle zurück, nur um bereits im Oktober 1906 als Pfarrer an die Mannheimer Friedenskirche berufen zu werden. Ab dem 8. November 1906 war Johannes Müller (1882–1919)[478] Stadtvikar an der Freiburger Christuskirche. Ab Herbst 1908 war aber auch er wegen einer Rippenfellentzündung beurlaubt.

Am 16. Oktober 1908 musste Schmitthenner abermals dringend beim EOK um Ersatz bitten. Im Gespräch war bald der damals beschäftigungslose Stadtvikar Hans Keller.[479] Aber bereits am 25. Oktober 1908 bat Hasenclever in einem privaten Schreiben an Helbing darum, Keller – dessen Familie sich ebenfalls in Freiburg niedergelassen hatte – nicht auf seiner neuen Stelle zu belassen. Es sei für den Dienst nicht förderlich, „wenn ein Stadtvicar seine Familie am Orte hat, und in diesem Falle erst recht nicht. Denn es bestünde die Gefahr, daß der Vater, [der Missionar] Samuel Keller, wenn sein Sohn hier ein Kirchenamt bekleidet, sich in die von ihm ja sehr minderwertig eingeschätzten landeskirchlichen Verhältnisse unserer Gemeinde einmischt."[480] Hasenclever verwies auf die unliebsamen Erfahrungen mit dem unerfahrenen Müller und meinte, es sei ratsam, „wenn nicht ein direct aus dem Examen kommender Stadtvicar hierher käme. Es ging ja schließlich mit Müller, aber durch viel Hindernisse und Ungemach, von dem ich unmittelbar nicht viel zu verspüren bekam, über das aber Schm[itthenner] um so mehr jammerte."[481] Hans Keller blieb aber noch bis 1911 Stadtvikar in Freiburg. Am 7. Juni 1911 wurde er durch die Hochzeit mit Schmitthenners noch minderjähriger Tochter Martha dessen Schwiegersohn.

Die bedeutsamste Veränderung in Schmitthenners Leben fiel dann aber ins Frühjahr 1909. Krankheitsbedingt legte der amtierende Prälat der Badischen Landeskirche Friedrich Karl Oehler[482] sein Amt nieder. Kaum ein Jahr später – am 12. März 1910 – verstarb er in Karlsruhe. In der Presse war schon im Herbst 1908 über einen konservativen Nachfolger für den zwar von allen kirchlichen Richtungen geschätzten, persönlich aber als liberal gelten-

---

478 Vgl. NEU II, 426. Nicht zu verwechseln mit dem aus Sachsen stammenden gleichnamigen „Seelenführer" des Prinzen Max von Baden, Johannes Müller (1864–1949). Vgl. MACHTAN: *Prinz*, 192–202; SCHNEIDER: *Müller*, 426f.

479 Hans Keller (1881–1918), geb. 2.3.1881 in Jekaterinoslaw (Russland), Sohn des Missionars Samuel Keller, kam 1882 nach Deutschland, Studium in Tübingen, Halle, Berlin und Heidelberg, Stadtvikar in Freiburg 1908, Divisionspfarrer in Rastatt 1911, Divisionsgeistlicher an der Westfront 1914, gest. am 14.10.1918 infolge einer Grippeerkrankung im Feldlazarett Stenay (Belgien). Vgl. NEU II, 317.

480 Hasenclever an Helbing, Freiburg, 25. Oktober 1908, in: LKA Karlsruhe SpA 2426. Vgl. BRANDENBURG: *Keller*.

481 Ebd.

482 Friedrich Karl Oehler (1844–1910), Rez. 1867, Vikar in Betberg 1867, Laufen 1869, Pastorationsgeistlicher in Meßkirch 1870, Pfarrer in St. Georgen 1873, Pforzheim 1879, Mithilfe im Oberkirchenrat 1894, Oberkirchenrat 1895, Prälat 1904–1909. Vgl. NEU II, 445.

den Oehler spekuliert worden.[483] Der Präsident des Evangelischen Oberkirchenrats Albert Helbing hatte 1908 die Prälatur bereits Johannes Bauer angeboten.[484] Der im Vergleich zu seinem 1907 verstorbenen Vater deutlich konservativer eingestellte Großherzog Friedrich II. wollte in der Kirchenpolitik aber eigene Akzente setzen und den Einfluss der Positiven stärken.[485] Die Wahl des durch die gemeinsamen Jahre in Freiburg vertrauten Schmitthenner, den der Großherzog und seine Frau auch als persönlichen Seelsorger „schätzten und liebten",[486] lag daher nahe. In der badischen Pfarrerschaft hatte Schmitthenner sich in konservativen Kreisen den Ruf eines „treuen, bibelgläubigen Verkünder[s] des Evangeliums"[487] erworben. Gleichzeitig war es ihm auf der Generalsynode von 1904 aber auch gelungen, einem breiteren Kreis von Geistlichen als „lieber und freundlicher Kollege" bekannt zu werden, dem der „Ruf eines segensreichen Wirkens auf großem Arbeitsgebiete"[488] vorauseilte. In den Badischen Pfarrvereinsblättern war am 15. Februar 1909 zu lesen, Schmitthenner eigne sich in besonderer Weise für das Amt des Prälaten, weil er auf der Synode von 1904 durch sein „liebenswürdiges Auftreten" alle Herzen gewonnen habe.[489] Im Gegensatz zum Wechsel in der Prälatur fünf Jahre zuvor gab es in der Presse so auch kaum kritische Stellungnahmen der Presse zum neuen Amtsinhaber.[490] Mit großherzoglicher Entschließung wurde Schmitthenner am 25. Januar 1909 „die Würde eines Prälaten der evangelischen Landeskirche nebst den damit verbundenen Vorrechten und Bezügen"[491] übertragen.[492]

483 Die Kandidatur des liberalen Arnold Schloemann (1858–1926) wurde daher auch als wenig aussichtsreich erachtet. Vgl. die „Straßburger Post" vom 21. Dezember 1908, in: LKA Karlsruhe PA 3080.

484 Vgl. FROMMEL: *Helbing*, 70.

485 Vgl. LUDWIG: *Geschichte*, 106.

486 Hilda an Berthold von Baden, Zwingenberg, 8. Juli 1932. Zitiert nach: ILGENSTEIN/CATTERFELD: *Hilda*, 36.

487 LKA Karlsruhe PA 3243.

488 BPVBl 1909, 29.

489 Ebd.

490 Im September 1903 war in der „Badischen Landeszeitung" noch offen über Oberkirchenrat Julius Zähringer (1838–1911) spekuliert worden. Weil dessen wiederholte antikatholische Äußerungen im katholischen „Badischen Beobachter" kritisiert worden waren und der Verfasser die Ansicht vertrat, es werfe „ein bezeichnendes Schlaglicht auf unsere badischen Verhältnisse, wenn ein evangelischer Oberkirchenrat trotz seiner ausgesprochenen und auch von protestantischer Seite gerügten Kampfesstimmung gegen katholische Einrichtungen zur höchsten Würde der evangelischen Landeskirche emporsteigen könnte", wurde am 2. Januar 1904 schließlich Oehler statt Zähringer zum Prälaten ernannt. LKA Karlsruhe GA 3678.

491 GuVBl 1909, 3.

492 Schmitthenner war nach Johann Peter Hebel (1760–1826), Johann Bähr (1767–1828), Johann Jakob Ludwig Hüffel (1784–1856), Carl Ullmann, Julius Holtzmann (1804–1877), Karl Wilhelm Doll (1827–1905), Friedrich Wilhelm Schmidt (1831–1902), Albert Helbing (1837–1914) und Friedrich Oehler (1844–1910) der elfte badische Prälat. Sein Nachfolger Julius Kühlewein (1873–1948) wurde am 24. Juni 1933 – also am

5. Prälat in der „Ära Helbing“ 1909–1914

5.1. Das Amt des Prälaten bis zur Revolution von 1918

Am 9. Februar 1909 teilte Schmitthenner dem großherzoglichen Geheimen Kabinett offiziell mit, dass er das Amt annehme.[493] Der Prälat der badischen Landeskirche galt seit jeher als der „erste Geistliche des Landes“,[494] dessen Aufgabe weniger die organisatorische als vielmehr die geistliche Leitung der Landeskirche war. Diese bestand vor allem darin, das religiöse und sittliche Leben der Gemeinden zu fördern und die Geistlichen in ihrer Amts- und Lebensführung zu beraten und zu begleiten. Gemäß § 26 der Badischen Verfassung von 1818 hatte das Amt zudem eine politische Dimension inne, die ursprünglich sogar im Vordergrund gestanden hatte.

Als Mitglied der Ersten Kammer der Landstände und „vom Großherzog lebenslänglich ernannter Geistlicher mit dem Range eines Prälaten“[495] war Johann Peter Hebel der erste badische Prälat gewesen. Die zunehmende kirchliche Bedeutung, die dem Prälatenamt bis zu seiner Ablösung durch das Amt des Landesbischofs am 24. Juni 1933 zukam, lag daher traditionell vor allem in der Persönlichkeit seiner Träger begründet. Neben Hebel ist hier vor allem an Carl Ullmann (1796–1865) zu denken, der 1856–1861 in Personalunion als Präsident des EOK und Prälat amtierte. Ein weiterer bedeutender Vorgänger Schmitthenners war mit Oberkirchenratspräsident Helbing sein Gegenüber in der Kirchenleitung. Helbing, der im Frühjahr 1900 zunächst zum Prälaten, am 23. November 1903 dann – entgegen der bisherigen badischen Gepflogenheit, dieses Amt einem Juristen zu übertragen – als erster Theologe seit Ullmann zum Oberkirchenratspräsidenten ernannt worden war, prägte bis zu seinem Tod am 30. Dezember 1914 die „Ära Helbing“ in der badischen Landeskirche.[496] Seine Nachfolger Eduard Uibel (1915–1920) und Ludwig Muchow (1920–1924) waren wiederum Juristen.

---

gleichen Tag, an dem Friedrich Bodelschwingh (1877–1946) auf Druck der DC von seiner Kandidatur für das Amt des Reichsbischofs zurücktreten musste – mit den Stimmen der deutschchristlichen Vertreter von der Landessynode zum ersten badischen Landesbischof gewählt. Vgl. HÄFFNER: *Beginn*, 147.

493 Vgl. Schmitthenner an Geheimes Kabinett, Freiburg, 9. Februar 1909, in: GLA Karlsruhe Abt. 60/708.

494 VGS 1909, 4.

495 BRBl 1818, 101.

496 Vgl. SCHWINGE: *Geschichte*, 272–283.

Erst nach Schmitthenners Eintritt in den Ruhestand wurde am 4. Oktober 1924 mit Klaus Wurth[497] erneut ein Theologe zum Kirchenpräsidenten gewählt.

Im Jahr 1861 wurde der Prälat erstmals auch in der kirchlichen Gesetzgebung genannt. § 61 Abs. 1 KV 1861 nennt ihn als einziges Mitglied der Kirchenleitung als geborenes Mitglied der Generalsynode.[498] So konnte er auch als Bindeglied zwischen Synode und Kirchenleitung fungieren.[499] Näher bestimmt wurden die Aufgaben des Prälaten aber erst mit der neuen Kirchenverfassung von 1919. Der Entwurf der neuen Verfassung, die der EOK am 25. September 1919 der Generalsynode vorlegte, wurde zwar von manchem Geistlichen als zu „polizeilich“[500] empfunden und letztlich entschärft, der Text erlaubt aber trotzdem einen Einblick in Schmitthenners Selbstverständnis und die Art, wie er sein Amt bis zum Zusammenbruch von 1918 ausübte.[501]

Mit dem Wechsel in die Prälatur übernahm Schmitthenner neben seiner kirchenleitenden Funktion außerdem die seelsorgerliche Betreuung der großherzoglichen Familie. Auch die regelmäßigen Privatandachten in der großherzoglichen Grabkapelle gehörten zu seinen Aufgaben.[502] Dass die Seelsorge am großherzoglichen Hof Aufgabe des Prälaten und nicht des Hofpredigers Ernst Fischer[503] war, erschien bereits den Zeitgenossen als eine „eigen-

497 Nikolaus Wurth (1861–1948), geb. am 1. Dezember 1861 in Dundenheim, Studium der Mathematik und Physik in Heidelberg und Berlin 1883–1886, Theologie in Heidelberg und Marburg 1886–1891, Vikariat in Epfenbach und Weingarten 1891–1894, Pastorationsgeistlicher in Triberg 1894, Pfarrverwalter in Liedolsheim 1894, Pfarrer 1895, Bretten 1906–1924, Schriftleiter des Korrespondenzblattes der Evangelischen Konferenz 1904, Kirchenrat 1911, Vorsitzender der Evangelischen Konferenz in Baden 1911–1920, Vorsitzender der KPV 1920–1924, Mitglied der Generalsynode 1914–1920, Mitglied der Landessynode 1921–1924, Dr. theol. h.c. 1921, Kirchenpräsident 1924–1933. Vgl. NEU II, 681.

498 Vgl. LIERMANN: *Kirche*, 537, Anm. 61.

499 Vgl. KUHLEMANN: *Bürgerlichkeit*, 79.

500 VGS 1919, 52.

501 In § 112 des Entwurfs wurden die Aufgaben des Prälaten folgendermaßen bestimmt: „Der Prälat ist der erste Geistliche der Landeskirche und als solcher zu allen geistlichen Verrichtungen im ganzen Land berechtigt. […] Seine Aufgabe ist insbesondere die Überwachung des religiösen und sittlichen Zustandes der Landeskirche und ihrer Gemeinden und die Beobachtung der Amtsführung, des Wandels und der Fortbildung der Geistlichen. Über den Stand der Verhältnisse hat er sich durch regelmäßige Bereisungen zu unterrichten. An die Gemeinden kann er geistliche Ansprachen (Hirtenbriefe) richten. […] Ihm obliegen die Dekanatsvisitationen sowie die Ordination und Verpflichtung der Pfarrkandidaten und die Einweihung neuer Kirchen […].“ VGS 1919, 26.

502 Vgl. WENNEMUTH: *Hofprediger*, 122.

503 Ernst Jakob Ludwig Baptist Fischer (1862–1940), Rez. 1884, Vikariat in Konstanz 1884, Trinitatiskirche Mannheim 1886, Friedrichsfeld 1887, Hofvikar in Karlsruhe 1890, Hofdiakon und Inhaber der Pfarrei an der Schlosskirche 1893, Hofprediger 1900, Oberhofprediger 1917, Ruhestand 1933, Versehung der Pfarrei Karlsruhe–Rintheim 1934, Vorsitzender der Wissenschaftlichen Predigervereins 1908, Vorsitzender

tümliche Ordnung, die in Baden seit alters herrschte, und deren Sinn nicht recht zu erkennen“[504] sei. Eine daraus resultierende Rivalität zwischen Schmitthenner und Fischer, wie sie wenige Jahre zuvor zwischen Helbing als Hofprediger von 1879 bis 1900 und den Prälaten Doll (1877–1895) und Schmidt (1895–1900) geherrscht hatte, lässt sich aus den Quellen aber nicht feststellen. Letztlich entschied der Großherzog wohl selbst, welchem der Geistlichen aus seiner Umgebung er das Vertrauen schenkte.[505] In der Amtszeit Oehlers hatte Helbing, der gleichzeitig als Hofdekan fungierte, die eigentlich dem Prälaten vorbehaltene Seelsorge am großherzoglichen Hof ausgeübt.

Der Wechsel in die Residenzstadt Karlsruhe fiel dem neuen Prälaten trotz der aufreibenden letzten Amtsjahre in Freiburg schwer.[506] Schmitthenner zögerte lange, bis er „aus dem Rufe des Großherzogs den Ruf Gottes heraushörte.“[507] Am Ostermontag, dem 12. April 1909, hielt er seine Abschiedspredigt in der Freiburger Christuskirche und gab offen Rechenschaft über das, was ihn angesichts des bevorstehenden Umzugs bewegte. Die Predigt ist auch ein theologisches Vermächtnis eines positiven Bibelglaubens als Grundlage der persönlichen Glaubensgewissheit:

> „Wir sind keine Glaubenshelden. Auch unser Leben ist voll von Angst und Zagen und Zweifelsnot. Wir rufen´s auch nicht stolz und selbstbewußt hinein in die Welt, sondern aus einem zitternden und zagenden Herzen ringt es sich heraus: ‚Ich weiß, daß mein Erlöser lebt, ich weiß es!‘ Wir wissen es auf Grund der Schriftzeugnisse. Was kann und darf auch anderes die Grundlage aller evangelischen Predigt sein als Gottes heiliges Wort? Aber nicht nur das gibt uns ein Recht zu solchen Bezeugungen. Wir bekennen unseren Glauben nicht als ein Stück Überlieferung, auch wenn sie von der höchsten Autorität herrührte, sondern als eine Erfahrung, als ein persönliches Erleben.“[508]

Das Ende der Dienstzeit in Freiburg bedeutete auch nicht das Abreißen der innerlichen Verbindungsfäden, die Stadt an der Dreisam blieb auch dem Prälaten in der Residenzstadt eine innere Heimat.

Gerade weil Schmitthenner der Amtsantritt eher schwer fiel, wurde er von der großherzoglichen Familie umso mehr geschätzt. Die alte Großherzogin Luise schrieb an den neuen Prälaten, es sei ihr

---

der Badischen Landesbibelgesellschaft 1908–1910 und ab 1932, Mitglied der Landessynode 1921–1932. Vgl. NEU II, 164.

504 FROMMEL: *Helbing*, 13.

505 Karl Wilhelm Doll übte das Amt des großherzoglichen Seelsorgers bis zu seinem Tod am 25. Februar 1905 aus. Vgl. ERBACHER: *Doll*, 60.

506 Bedingungen oder Auflagen für die Übernahme der Prälatur, wie sie etwa Carl Ullmann 1853 dem bis 1861 für die kirchlichen Belange zuständigen badischen Innenministerium in Form eines Reformprogramms für die Stärkung der Union und den Abbau der Bürokratie im Oberkirchenrat gemacht hatte, stellte Schmitthenner aber nicht. Vgl. PFISTERER: *Ullmann*, 87.

507 HINDENLANG: *Schmitthenner*, 36.

508 SCHMITTHENNER: *Abschiedspredigt*, 5.

> „eine besonders große Freude gewesen, daß der erste Beginn unserer Beziehungen in Ihrer neuen Stellung durch einen Brief[509] bezeichnet wurde [...]. Nicht umhin aber kann ich, diesen Zeilen jene Segenswünsche voranzustellen, mit denen ich Ihnen in den letzten Wochen und Monaten in der Stille gefolgt bin und die ich Ihnen bald mündlich nachzuholen hoffe. Es war ein segensreicher Entschluß, den Sie zu fassen hatten und den Sie Gottlob gefaßt haben! – indem Sie auf Ihre große Tätigkeit und auf die Seelsorge, jenen köstlichsten Platz im Leben des evang[elischen] Pfarrers, in jener Stadt verzichteten, der Sie so sehr zum Segen geworden sind. Ich habe es Ihnen tief nachempfunden. Und sie haben verzichtet zum Wohle unserer ganzen evang[elischen] Kirche, um in ein Amt zu treten, dessen hohe und ernste Aufgaben reich an Schwierigkeiten sind, an Hemmnissen, an Selbstlosigkeit. Sie haben Gottes Willen in dieser Berufung erkannt und sind Seiner Stimme gefolgt. Und in dieser Kraft der Erkenntnis des göttlichen Willens, wo er so sich offenbart und der Nachfolge des Erlöser liegt die Bürgschaft für Ihre künftige Tätigkeit im Segen zum Segen. Das walte Gott!“[510]

Auch für die Freiburger Gemeinde war der Abschied von ihrem langjährigen Seelsorger schmerzlich. Seit dem Amtsantritt als Divisionspfarrer 1889 war Schmitthenner immerhin 20 Jahre lang Pfarrer in Freiburg gewesen.[511] Das Protokoll der Diözesansynode von 1909 vermerkte:

> „In Freiburg wurde der Pfarrer der Christuskirche, Herr *Schmitthenner*, seiner langjährigen und gesegneten Wirksamkeit durch die ehrenvolle Ernennung zum Prälaten der Landeskirche entzogen. Bei aller berechtigten Freude über diese Beförderung sah doch die Gemeinde den verdienten Seelsorger nur sehr ungern scheiden und wird ihm mit der gesamten evangelischen Bevölkerung unserer Stadt ein treues Andenken bewahren.“[512]

Schmitthenners erste Amtshandlung war die Teilnahme an der Ersten Theologischen Prüfung, die am 20. April 1909 begann. Schon im Vorfeld war er von Helbing darum gebeten worden, das Thema der schriftlichen Arbeit im Fach „Biblische Theologie“ zu stellen. Im Herbst 1909 war seine Aufgabe bei den am 14. Oktober 1909 beginnenden Examina die mündliche Prüfung im Fach Ethik. Beide Fächer wurden auch in den Folgejahren häufig durch den Prälaten geprüft.[513] Am 25. April 1911 wurde auch Friedrich Gogarten (1887–1967), der zuvor in Heidelberg sein Theologiestudium abgeschlossen hatte, trotz des fehlenden Nachweises der badischen Staatsangehörigkeit von Schmitthenner geprüft.

---

509 Der Brief ist im Nachlass Luises nicht enthalten. Erst am 15. März dankte Schmitthenner der Großherzogin für „die gnädige Teilnahme an der bedeutsamen Wendung in meinem Leben“, die ihm „eine wertvolle Stärkung auf meinem ernsten Weg“ gewesen sei. GLA Karlsruhe FA Zugang 2012– 4, Nr. 2498.

510 Luise von Baden an Schmitthenner, Karlsruhe, 10. März 1909, in: LKA Karlsruhe FA Schmitthenner, Nr. 35/1.

511 Vgl. HINDENLANG: *Schmitthenner*, 36.

512 LKA Karlsruhe Christusgemeinde Freiburg. Allgemeine Amtsführung und Verwaltung 1891-1994, 12/4 I Nr. 25.

513 LKA Karlsruhe GA 9012.

Als dritter von acht Kandidaten mit der Gesamtnote „z[iemlich] gut-gut“ erhielt er in der Klausur zum Thema „Das Selbstzeugnis Jesu im Johannesevangelium“ die Note 2.[514]

Auffällig ist, dass die Themen im Fach „Biblische Theologie“ in Schmitthenners ersten Amtsjahren durchweg aus dem Bereich des Neuen Testaments stammten.[515] Alttestamentliche Motive – allerdings eher als Negativfolie – waren nur im Frühjahr 1917 unter dem Titel „Das Charakteristische der paulinischen Rechtfertigungslehre im Unterschied von der jüdischen Lehre“ Thema. Erst im Frühjahr 1919 war eine Biblische Theologie des Alten Testaments („Der Ebedjahve in Deuterojesaja“) eigenständiges Prüfungsfach.[516]

Eine wesentliche Aufgabe des Prälaten war außerdem die Repräsentation der Landeskirche in der Öffentlichkeit. Im Juli 1909 nahm Schmitthenner etwa an den Feierlichkeiten zum 400jährigen Calvin-Jubiläum in Genf teil.[517] Am 11. Mai 1910 war er der offizielle Kirchenvertreter bei der Feierstunde zum 150. Geburtstag seines Vorgängers Hebel an dessen Grab in Schwetzingen.[518] Als Schmitthenners Konfirmandin Feodora von Sachsen-Meiningen am 4. Januar 1910 Großherzog Wilhelm-Ernst von Sachsen-Weimar-Eisenach heiratete, hielt der Prälat die Traurede und wurde dafür mit dem „Komturkreuz II. Klasse mit Stern des Großherzoglich Sächsischen Hausordens der Wachsamkeit oder vom weißen Falken“ und dem „Komturkreuz II. Klasse des Herzoglich Sachsen-Ernestinischen Hausordens“ ausgezeichnet.[519] Am 11. Februar 1910 erhielt er von Großherzog Friedrich II. die Erlaubnis, die Orden in der Öffentlichkeit zu tragen.[520] Am 3. Oktober 1910 erhielt Schmitthenner das badische Kommandeurskreuz II. Klasse des Ordens vom Zähringer Löwen.[521] Ab dem 8. März 1911 führte er die Amtsbezeichnung eines „Vortragenden Rates“. Am 14. September 1912 verlieh ihm Kaiser Wilhelm II. anlässlich eines Besuches in Baden den Roten Adler Orden II. Klasse, eine der höchsten Auszeichnungen , die das Haus Hohenzollern zu vergeben hatte.[522]

An der Hundertjahrfeier der Befreiungskriege nahm der Prälat ebenso teil wie am Gedächtnistag der Leipziger Völkerschlacht am 18./19. Oktober 1913.[523]

514 LKA Karlsruhe GA 9012.

515 Themen waren etwa „Was sagt uns die Schrift über das Beten Jesu?“ im Spätjahr 1912, „Die Überwindung des Leides nach den paulinischen Briefen“ im Spätjahr 1914 oder „Die sittlichen Forderungen der Bergpredigt in ihrem Verhältnis zum staatlichen Recht“ im Spätjahr 1915. Vgl. ebd.

516 Vgl. ebd.

517 VGS 1914, Anlage I, 4.

518 VGS 1914, Anlage I, 5.

519 Vgl. Schmitthenner an Luise von Baden, Karlsruhe, 13. Januar 1910, in: GLA Karlsruhe FA Zugang 2012–4, Nr. 2498.

520 Vgl. GuVBl. 1910, 9.

521 Vgl. GuVBl. 1910, 139.

522 Vgl. GuVBl. 1912, 179.

523 VGS 1914, Anlage I, 2.

Am 20. Juni 1915 verlieh die Ruprecht-Karls-Universität Heidelberg Schmitthenner die Ehrendoktorwürde.[524] Und wie zuvor Helbing wurde er am 28. Dezember 1917 vom Großherzog zum Hofdekan berufen. Hofprediger Ernst Fischer wurde gleichzeitig zum Oberhofprediger ernannt.[525]

Neben den staatlichen Auszeichnungen übte Schmitthenner außerdem diverse kirchliche Ehrenämter aus. Am 15. Dezember 1909 übernahm er den Sitz seines Vorgängers Friedrich Oehler im Vorstand des 1849 gegründeten Vereins für Innere Mission.[526] Im März 1911 wurde er Nachfolger des bisherigen Vorsitzenden Ernst August Freiherr von Göler,[527] der das Amt seit der Neugründung des Vereins als Badischer Landesverein für Innere Mission 1888 innegehabt hatte.[528] Als Prälat sah Schmitthenner seine Aufgabe vor allem darin, den Landesverein enger an die Landeskirche zu binden.[529] Bei seinem Amtsantritt stellte er die Bedingung, dass der Verein auf dem bekenntnismäßigen Boden der Landeskirche stehe und dass die Mitarbeit allen landeskirchlichen Pfarrern offenstehe.[530] 1912 berief er Theodor Steinmann[531] zum Leiter der Gesamtanstaltsarbeit des wachsenden Landesvereins.[532] Die Ämterdoppelung führte zu der grotesken Situation, dass Schmitthenner als Prälat und Vereinsvorsitzender teilweise gleichzeitig als Absender und Empfänger im Briefwechsel zwischen der Geschäftsstelle des Landesvereins für Innere Mission und dem Oberkirchenrat fungierte. Am 30. April 1912 vertrat er etwa die Kirchenbehörde beim Jahresfest des von ihm selbst geleiteten Landesvereins.[533] In einem Schreiben vom 7. April 1913 bedankte er sich wiederum in seiner Eigenschaft als Vorsitzender des Landesvereins für eine am 16. Februar 1913 erhobene Kollekte zur Erweiterung des Mädchen- und Frauenheims in Bretten in Höhe von 8 390 Mark. Am 20. April zeichnete der Prälat die Kenntnisnahme des eigenen Schreibens gegen.[534] Ähnlich geschah es am 4. Juli 1914, als Schmitthenner sich selbst als Vereinsvorsitzendem die Mitteilung machte, „auf Antrag des Prälaten Schmitthenner als derzeitigem

---

524 Vgl. LKA Karlsruhe PA 3243.

525 GuVBl. 1918, 2.

526 LKA Karlsruhe GA 4613.

527 Vgl. VIERLING-IHRIG: *Göler*.

528 Vgl. die Nachricht an Luise vom 10. März 1911 in: GLA Karlsruhe FA Zugang 2012–4, Nr. 2498.

529 Vgl. ERBACHER: *Mission*, 60.

530 Vgl. ebd.

531 Georg Theodor Steinmann, geb. 1874 in Reilingen, Rez. 1897, Vikar in Obrigheim und Rheinbischofsheim 1897, Steinen und Altstadtpfarrei Karlsruhe 1898, Inspektor am Mädchen- und Frauenheim in Bretten 1904, Pfarrverwalter in Stein, Pfarrer in Eisingen 1907, Leiter der Gesamtanstaltsarbeit des Landesvereins für Innere Mission 1912–1922, zugleich Vereinsgeistlicher 1916–1919, Vorsitzender des Landesverbands für Innere Mission 1921–1930, Vorsitzender des Gesamtverbandes 1930, Pfarrer in Karlsruhe-Rüppurr 1922, Krankenhausseelsorger in Karlsruhe 1937. Vgl. NEU II, 590

532 Vgl. ERBACHER: *Mission*, 61.

533 Vgl. LKA Karlsruhe GA 4613.

534 Vgl. LKA Karlsruhe GA 4283.

Vorsitzenden des badischen Landesvereins für Innere Mission"[535] werde die Landeskirche künftig statt wie bisher alle zwei Jahre nun jährlich eine Kollekte zugunsten des Landesvereins erheben. Am 28. August 1919 genehmigte er den eigenen Antrag als Vereinsvorsitzender, anlässlich des 70jährigen Vereinsjubiläums am 12. Oktober 1919 eine einmalige Kollekte zugunsten der Diakonenausbildung des Landesvereins für Innere Mission zu erheben.[536]

Neben dem Ehrenamt als Vereinsvorsitzender des Landesvereins für Innere Mission übernahm Schmitthenner mit dem Eintritt in die Prälatur auch den Vorsitz der badischen Landesbibelgesellschaft,[537] der badischen Landesgruppe des Bundes alkoholabstinenter Pfarrer und des Vorstandes des Karlsruher Diakonissenhauses.[538] Seit dem 11. November 1916 fungierte er als Beirat des Karlsruher Gymnasiums.[539] Auch für den evangelischen Kindergottesdienst in Baden begann mit dem Jahr 1909 die „Ära Schmitthenner".[540] Bereits im September 1909 verschickte der Prälat ein Rundschreiben mit Fragen zur „[r]eligiösen Beeinflussung der heranwachsenden Jugend",[541] die zum ersten Mal eine zuverlässige Statistik über die kirchliche Arbeit mit Kindern ermöglichte. Demnach existierten im Jahr 1909 in Baden 111 kirchliche Kindergottesdienste unter der Leitung des Ortspfarrers und 250 von Laien geleitete Sonntagsschulen, davon 133 unter der Mitwirkung oder Aufsicht des Pfarrers.[542] Mehr als die Hälfte der badischen Gemeinden verfügte also über eine organisierte Kindergottesdienstarbeit.[543] 1911 wurde in Baden erstmals ein Landesverband für die Kindergottesdienstarbeit mit Schmitthenner als erstem Vorsitzenden gegründet.[544] 1909 in Karlsruhe, 1911 in Lahr und 1913 in Heidelberg fanden landeskirchliche Kindergottesdienstkonferenzen statt.[545]

Im Sommer 1913 reiste Schmitthenner wie mehrere weitere badische Geistliche und die Kandidaten des Heidelberger Predigerseminars zum Weltkongress der 1907 gegründeten „World Sunday School Association" nach Zürich.[546] In Bremen fand unter der Leitung Paul Zaulecks vom 25. September bis 1. Oktober 1913 ein theologischer Kurs für die ehrenamtlichen Mitarbeiterinnen und Mitarbeiter statt.[547]

---

535 Vgl. LKA Karlsruhe GA 4283.
536 Vgl. ebd.
537 Vgl. ERBACHER: *Landesbibelgesellschaft*, 503.
538 Vgl. LKA Karlsruhe PA 3243.
539 Vgl. ebd.
540 ULRICHS: *Laienbewegung*, 18.
541 LKA Karlsruhe GA 3877. Zitiert nach: ULRICHS: *Laienbewegung*, 18f.
542 Vgl. .a.O., 19.
543 Vgl. ebd.
544 Vgl. ebd.
545 Vgl. ebd.
546 VGS 1914, Anlage I, 13. Vgl. VOIGT: *Ökumene*, 76.
547 Vgl. ULRICHS: *Laienbewegung*, 19.

Der Ausbruch des Ersten Weltkriegs verhinderte nicht nur die Durchführung einer für Oktober 1914 in Halle geplanten Fortsetzung, sondern setzte auch der ersten Blütezeit der organisiserten Kindergottesdienstarbeit in Baden ein vorläufiges Ende.[548]

548 Vgl. ULRICHS: *Laienbewegung*, 20.

5.2. Seelsorger der badischen Pfarrer

5.2.1. Unständige Pfarrstellen, Pfarrverwaltung, Vikariat

Eine der wichtigsten Aufgaben des Prälaten war die Seelsorge und Betreuung der badischen Vikare und Pfarrkandidaten.[549] Zum 1. März 1909 hatte die badische Landeskirche 389 Pfarrer in 382 Gemeinden angestellt. Drei waren bei der Armee, vier in anderen staatlichen Anstalten beschäftigt. Dazu kamen neun für den Dienst in der äußeren und inneren Mission beurlaubte Pfarrer. Der Prälat war primär für die 126 unständigen Geistlichen zuständig.[550] Bereits seit der ersten Hälfte des 19. Jahrhunderts hatte es in Baden eine wachsende Zahl bezahlter Vikariats- und anderer unständiger Pfarrstellen gegeben. Die Kandidatenzeit, welche die Zeit zwischen Examen und erster ständiger Pfarrstelle überbrücken sollte, war so schon früh zu einem „integralen Bestandteil der kirchlichen Laufbahn geworden."[551] Nachdem in Baden – wie auch in Preußen – die meisten Pfarrkandidaten zunächst einige Jahre im Bildungsbereich tätig gewesen waren, kam es nach der Verabschiedung des Schulaufsichtsgesetzes 1864 zu einer weitgehenden Verdrängung der Theologen aus dem Schuldienst durch ausgebildete Lehrkräfte.[552] Im Gegensatz zu anderen Landeskirchen bemühte man sich in Baden, die zukünftigen Pfarrer so weit wie möglich im kirchlichen Dienst unterzubringen. Ein probates Mittel war hier für einen Großteil der angehenden Geistlichen eine Tätigkeit als Pfarrverwalter.[553] Das bedeutete, eine vakante Stelle so lange zu versorgen, bis sie durch Wahl oder oberkirchenrätlichen Entscheid neu besetzt wurde.
Auf diese Weise war es für die Kandidaten einerseits möglich, bereits unmittelbar nach dem Ende ihres Studiums eine berufsadäquate Stelle zu erhalten. Nicht selten wurden junge Theologen im Anschluss an ihre vorübergehende Tätigkeit als Pfarrverwalter vom Oberkirchenrat auf die Wahlvorschlagsliste gesetzt und von der Gemeinde gewählt.

Eine Garantie dafür gab es allerdings nicht, was die Pfarrverwalter in eine rechtlich und sozial ungesicherte Lage gegenüber der Behörde und ihrer Gemeinde brachte.[554] Häufig mussten die Pfarrverwalter ihre Stelle wechseln, vor allem dann, wenn sie bei der anstehenden Wahl entweder nicht berücksichtigt oder nicht gewählt wurden.[555]

---

549 Vgl. LANGE: *Mondon*. Vgl. zum Folgenden auch KUHLEMANN: *Bürgerlichkeit*, 143–152.

550 Vgl. VGS 1909, Anlage I, 18.

551 KUHLEMANN: *Bürgerlichkeit*, 143.

552 Vgl. a.a.O., 144.

553 Vgl. ebd.

554 Vgl. KUHLEMANN: *Bürgerlichkeit*, 144f.

555 Vgl. exemplarisch etwa den Fall Theophil Burgstahler, der 1919 in den Kirchendienst übernommen wurde und 1927 – nach Vikariaten in Waldkatzenbach 1919, Ruit 1921 und Durlach-Aue 1925 – nicht als Pfarrer in Durlach vorgeschlagen, sondern erneut

Viele wurden daraufhin auf die nächste Pfarrverwalterstelle versetzt. Selbst darauf gab es jedoch keinen rechtlichen Anspruch. In einem Bescheid des Oberkirchenrats auf die Berichte der Diözesansynoden hieß es bereits 1863, man wolle zwar „alle recipierten Candidaten [...] nach einer gewissen Reihenfolge zu Kirchendiensten vorschlagen. Wenn aber einer das Unglück haben sollte, von gar keiner Gemeinde gewählt zu werden, so könne die Kirchenbehörde keine Verpflichtung anerkennen, ihn dennoch zu versorgen.“[556] „Der Pfarrverwalter muss wandern von einem Ort zum andern“,[557] hieß es 1867 in einer kritischen Schrift über die Pfarrstellenbesetzung, und so bestätigte es sich in den Lebensläufen vieler angehender Geistlicher der badischen Landeskirche.[558] Noch 1922 wurde in der Pfarrkandidatenordnung geregelt, den jungen Pfarrern während ihrer zweijährigen Probezeit grundsätzlich keine Heiratserlaubnis zu erteilen, um die absehbaren häufigen Stellenwechsel zu erleichtern.[559] Verstärkt wurde die rechtlich und sozial unsichere Position der Vikare und Pfarrverwalter vor 1919 auch durch ihre fehlende Repräsentanz durch den Pfarrverein.[560] Obwohl sie sich wie die Pfarrer zur „Aristokratie der studierten Männer“[561] zählten, wurden sie bei gleicher Tätigkeit schlechter bezahlt als ihre Kollegen auf einer festen Stelle. Viele Pfarrverwalter hatten bereits eine Familie zu ernähren und standen dennoch jahrelang in der ständigen Gefahr, am Ende ihres Aushilfsdienstes keine feste Stelle zu erhalten.

Nach dem Kriegsende 1918 kam die schwierige Situation der im unständigen Dienst Tätigen jedoch auch für den Pfarrverein stärker in den Blick. Auf der Hauptversammlung am 20. Mai 1919 in Karlsruhe wurde ihre Situation ausführlich thematisiert. Seitens der Landeskirche versicherte Kirchenpräsident Eduard Uibel, man bemühe sich, jedem badischen Pfarrkandidaten auch eine Stelle zu verschaffen. Älteren Pfarrern sollte durch Ruhestandserleichterungen der Abschied aus dem aktiven Dienst erleichtert werden. So genannte „Zwergpfarrstellen“[562] sollten die Unterbringung aller Kandidaten eines Jahrgangs ermöglichen. Erschwert wurde die Situation nach Kriegsende aber auch durch die nationale Verpflichtung der deutschen Landeskirchen, geflohenen deutschstämmigen Pfarrern aus dem Elsass und Lothringen eine Stelle zu verschaffen. Der Oberkirchenratspräsident betonte, auch in Baden müsse man „unseren Anteil an den tapferen Reichsländern“[563] übernehmen.

---

als Pfarrverwalter nach Leibenstadt versetzt wurde. LKA Karlsruhe PA 1004.

[556] GuVBl 1863, 64. Zitiert nach KUHLEMANN: *Bürgerlichkeit*, 145.

[557] Ebd.

[558] Vgl. LKA Karlsruhe PA 1004.

[559] Vgl. LKA Karlsruhe GA 3976.

[560] Vgl. KUHLEMANN: *Bürgerlichkeit*, 250f.

[561] BPfVBl 1902, 11.

[562] BPfBl 1919, 46.

[563] Ebd.

Am 30. April 1919 fand in Karlsruhe unter Federführung des Mannheimer Stadtvikars Reinhard Groß[564] eine Versammlung der unständigen Geistlichen statt, in der diese forderten, alle ständigen Stellen nur noch mit ständigen Geistlichen mit der Amtsbezeichnung „Pfarrer" zu besetzen.[565] Nach dem Abschluss der Ausbildung müsse jeder angehende Geistliche entweder nach 3 bis 5 Jahren Dienstzeit oder im Alter von 27 bis 28 Jahren eine Pfarrstelle erhalten. Gleichzeitig konstituierte sich die Versammlung als Arbeitsgemeinschaft innerhalb des Pfarrvereins.[566]

Neben den unständigen Pfarrern bildeten die Vikare eine weitere Gruppe von Geistlichen in einem vorläufigen Beschäftigungsverhältnis.[567] In der Regel stand das Vikariat dabei nach der Pfarrkandidatenordnung von 1865 zwischen der vorschriftsmäßig bestandenen Prüfung und der selbständigen Verwaltung eines Kirchendienstes.[568] Während das zunächst vor allem bedeutete, dass der Vikar den ihm zugewiesenen Pfarrer „in allen pfarramtlichen Tätigkeiten zu unterstützen"[569] habe, trat im Laufe der Zeit der Ausbildungscharakter stärker in den Vordergrund. Neben der „Erleichterung des Pfarrers" in allen dienstlichen Angelegenheiten sollte das Vikariat ausdrücklich auch die „allseitige Uebung und practische Ausbildung des Vicars"[570] beinhalten. Geschehen sollte das vor allem durch eigene Studien, die durch die Abfassung einer Semesterarbeit zu einem selbstgewählten Thema beim jeweiligen Dekan nachgewiesen werden mussten. Dazu kam ein jährlicher Probegottesdienst mit einer kirchlichen Katechese in Anwesenheit des Dekans. In größeren Städten wie Mannheim wurden die Stadtvikare im Rahmen der praktischen Ausbildung auch an der Geschäftsführung und am Rechnungswesen des Gemeindebüros beteiligt, damit sie sich mit dem Verwaltungsdienst bekannt machen konnten.[571] In Freiburg geschah das durch ein wöchentliches Gespräch mit dem Vorstand der Evangelischen Gemeindeverwaltung.[572] Diese vom Oberkirchenrat befürworteten Maßnahmen weisen bereits den Weg zur Einführung des Lehrvikariats in Baden, die am 24. Juni 1921 schließlich von der Generalsynode beschlossen wurde.[573] Als Verantwortlicher seitens der Kirchenleitung wies Schmitthenner darauf hin, dass „die Wünsche und Winke, die ausgesprochen worden sind hinsichtlich der Verwendung der Vikare sich vollständig mit der Anschauung der Oberkirchenbehörde" deckten.

---

564 Vgl. NEU II, 215.
565 Vgl. BPfBl 1919, 50.
566 Vgl. ebd.
567 Vgl. zum Folgenden KUHLEMANN: *Bürgerlichkeit*, 146–149.
568 Vgl. GuVBl 1865, 53–56.
569 A.a.O., 54.
570 Ebd.
571 Vgl. LKA Karlsruhe GA 3976.
572 Vgl. ebd.
573 Vgl. VLS 1921, 56.

Wenn man in den vergangenen Jahren bei der Verwendung der Vikare den Ausbildungsaspekt zu sehr vernachlässigt habe, sei das „immer unter dem Drang der Not“[574] geschehen. Die vom zuständigen Ausschuss für den Hauptbericht vorgeschlagene Entschließung lautete: „Die Einführung des Lehrvikariats wird freudig begrüßt und seine Ausgestaltung als dauernde Einrichtung gefordert. Soweit die Anforderungen an neu einzustellende geprüfte Kandidaten es nicht hindern, sollen alle Vikare durch ein Lehrvikariat gehen.“[575] Die Entschließung wurde einstimmig angenommen. Als einer der ersten Pfarrer hatte Ludwig Vath in Mannheim-Rheinau bereits am 6. Mai 1921 auf die Anfrage des Prälaten, einen Lehrvikar mit freier Logis und einem kleinen Taschengeld zu übernehmen, geantwortet:

> „Ich freue mich, daß dieser Weg beschritten wird[,] und erkläre mich gerne bereit, auch hier der Landeskirche zu dienen. Ich nehme an, daß es die Pflicht des Pfarrers, dem ein solcher Vikar überwiesen wird, sein wird, diesen in alle Zweige des Pfarrberufs wirklich einzuführen. Ich muß sagen, eine solche Arbeit würde mir Freude machen. Ich bin mir natürlich dabei bewusst, daß, wenn diese Einrichtung Segen haben soll, sie für mich keine Arbeitserleichterung bedeuten darf.“[576]

Das Grundgehalt eines Lehrvikars betrug zwei Drittel des vollen Pfarrergehalts. So waren in jedem einzelnen Fall durch den Prälaten auch die praktischen Fragen eines Einsatzes zu klären, etwa nach einer angemessenen und bezahlbaren Wohnung.[577]

5.2.2. Disziplinarfälle

Schmitthenners sorgfältiger Umgang mit den ihm anvertrauten Vikaren und unständigen Geistlichen war allgemein anerkannt. Der Vorsitzende des Pfarrvereins Heinrich Neu bescheinigte ihm, sowohl in der Seelsorge als auch in den praktischen Fragen des Dienstes „immer dem Besten des Einzelnen gerecht“[578] geworden zu sein. In den Nachkriegsjahren klagte Schmitthenner gegenüber der Großherzogin aber zunehmend über die „schweren und ernsten Fälle, da Einzelpersönlichkeiten mich vor schier unlösbare Fragen stellen [...].“[579] Zwei solcher Fälle werden im Folgenden exemplarisch dargestellt:

---

574 VLS 1921, 55f.

575 A.a.O., 56. (Im Original fett gedruckt.)

576 Vath an Schmitthenner, Mannheim, 6. Mai 1921, in: LKA Karlsruhe GA 3976.

577 Vgl. die Mitteilung Pfarrer Wilhelm Günthers vom 13. August 1923 an Schmitthenner, er habe nach längerer Suche eine angemessene Dienstwohnung mit voller Verpflegung in St. Ilgen gefunden, die auch mit dem reduzierten Gehalt bezahlbar sei. LKA Karlsruhe PA 5402.

578 LKA Karlsruhe PA 3243.

579 Schmitthenner an Luise von Baden, Karlsruhe, 7. November 1921, in: GLA Karlsruhe FA Zugang 2012–4, Nr. 2444.

5.2.2.1. Theophil Burgstahler

Die Kirchenverfassung vom Dezember 1919 hatte die Formulierungen von 1861 über die Amtspflichten der Geistlichen beinahe wörtlich übernommen. Die Pfarrer sollten „mit einem musterhaften christlichen Lebenswandel den Gemeinden, die ihnen anvertraut sind, vorleuchten, und überall den Ernst und die Würde ihres Amtes behaupten."[580] Im August 1920 eskalierte im Kirchspiel Strümpfelbrunn bei Eberbach in der Diözese Mosbach aber ein Streit, in dem beide Kontrahenten diesem Anspruch kaum gerecht wurden. Der Waldkatzenbacher Vikar Theophil Burgstahler[581] beklagte sich am 17. August 1920 schriftlich gegenüber der Kirchenbehörde über seinen Vorgesetzten, den Strümpfelbrunner Pfarrer Wilhelm Heinsius.[582] Dieser habe als Vorgänger Burgstahlers in Waldkatzenbach auch nach seinem Wechsel nach Strümpfelbrunn weiter an den Ortsschulratssitzungen im benachbarten Oberdielbach teilgenommen.[583] Weil Oberdielbach aber vom Waldkatzenbacher Vikar versorgt wurde, fühlte Burgstahler sich nun in seinen Kompetenzen angegriffen.[584]

Während einer Schulratssitzung war es bereits zu einem öffentlichen Eklat gekommen, als Burgstahler Heinsius in einer Besetzungsfrage mit den Worten widersprochen hatte, er dürfe „hier wohl mit mehr Recht meine Meinung äußern als Du!"[585] Heinsius hatte daraufhin gedroht, den Vikar in Karlsruhe zu verklagen. Dem wollte Burgstahler mit einer eigenen Beschwerde zuvorkommen.[586] Der Brief enthielt – und das war das besonders Anstößige – eine Fülle von weiteren Vorwürfen gegen Heinsius: Dieser bringe durch seine regelmäßigen Besuche bei der ledigen Näherin Luise Körber in Waldkatzenbach Aufruhr in die Gemeinde.[587]

---

580 § 50 KV 1919, in: Beilage zu GuVBl 1919, 9

581 Theophil August Wilhelm Burgstahler, geb. 1896 in Durlach, Studium in Tübingen und Heidelberg, Heeresdienst 1914, 1916–1919, Rez. 1919, Vikar in Waldkatzenbach 1919, Ruit 1921, Durlach-Aue 1925, Pfarrverweser in Leibenstadt 1927–1929, Pfarrer in Remda (Thüringen) 1929, Judenmissionar in Berlin 1934. Vgl. NEU II, 89.

582 Friedrich Wilhelm Karl Paul Heinsius (1890–1967), geb. 1890 in Suhl (Thüringen), Studium in Freiburg, Straßburg und Heidelberg, Heeresdienst 1914–1917, Vikariat in Boxberg, Mannheim-Sandhofen, Mannheim-Waldhof 1917, Waldkatzenbach 1918, Pfarrer in Strümpfelbrunn 1919, Lic. theol. 1920, D. phil. 1921, Pfarrer in Bretten (Ostpfarrei) 1925, Religionslehrer und Professor in Freiburg 1933. Vgl. NEU II, 247.

583 Vgl. Burgstahler an EOK, Waldkatzenbach, 17. August 1920, in: LKA Karlsruhe GA 2730.

584 Burgstahler musste allerdings einräumen, dass Heinsius als ehemaliger Waldkatzenbacher Vikar vom frisch gewählten und daher mit den Formalitäten nicht vertrauten Bürgermeister wohl aus Versehen eingeladen worden sei. Vgl. ebd.

585 LKA Karlsruhe GA 2730.

586 Vgl. ebd.

587 Burgstahler gab an, Körber prahle in Waldkatzenbach damit, den Pfarrer in der Hand zu haben und so das Gemeindeleben steuern zu können. Die Näherin habe öffentlich behauptet: „Wenn ich auch nicht gewählt bin, ich bin trotzdem Kirchengemeinderat, es wird doch alles gemacht, wie ich es will." Ebd.

Heinsius nutze außerdem seine Stellung als Pfarrer in Strümpfelbrunn aus, um sich „standesunwürdig und schamlos, fast möchte man sagen presserisch“[588] zu bereichern, indem er von den ansässigen Bauern zentnerweise Lebensmittel billig aufkaufe, um sie dann mit Gewinn weiterzuverkaufen. Burgstahler versicherte, für Heinsius‘ „Rücksichtslosigkeit und Lügenhaftigkeit“[589] jederzeit Beweise liefern zu können.

Am 26. August 1920 sprach daraufhin Heinsius selbst in Karlsruhe vor.[590] Die Unterredung hatte allerdings nicht den gewünschten Erfolg, weil der Strümpfelbrunner Pfarrer vom genauen Inhalt der Vorwürfe zuvor keine Kenntnis gehabt hatte.[591] Als ihm Burgstahlers Beschwerde vorgelegt wurde, erlitt er einen Nervenzusammenbruch und wurde seinem Gesprächspartner Oberkirchenrat Sprenger gegenüber ausfällig, worauf das Gespräch ergebnislos abgebrochen werden musste.[592] Schmitthenner drückte in einer offiziellen Stellungnahme des EOK vom 4. September 1920 beiden Seiten daraufhin sein „ernstes Mißfallen“[593] aus. Es habe unter keinen Umständen „zu dem erregten und peinlichen Auftritt zwischen den beiden Geistlichen kommen“ dürfen, die aus einer „auf keiner Seite schon ganz ausgereiften und abgeklärten Gemütsart [und] schlechthin fleischlicher Leidenschaft“[594] gehandelt hätten. Beide Parteien erhielten darüber hinaus ein persönliche Ermahnung des Prälaten.

An Burgstahler schrieb Schmitthenner, er könne zwar verstehen, dass dieser sich durch die häufigen Besuche und das Auftreten Heinsius‘ in Waldkatzenbach gestört gefühlt habe.[595] Mit seiner „übrigens in unnötig und unzweckmäßig schroffem Ton gehaltenen“ Beschwerde habe er es aber „zweifellos an der nötigen Besonnenheit fehlen lassen.“[596] Die Anklage könne von Heinsius zu Recht als Verleumdung und Beleidigung aufgefasst werden. Heinsius wurde zwar dafür gelobt, „dass Sie bei der mit Ihnen gepflogenen Rücksprache bemüht gewesen sind, die angemessene Ruhe zu bewahren[,] und den guten Willen bekundet haben, Zurückhaltung zu üben“,[597] allerdings werde das Auftreten des Pfarrers „vielfach und in weiten Kreisen mit Recht als schwer erträglich empfunden“.[598]

---

588 LKA Karlsruhe GA 2730.

589 Ebd.

590 Vgl. die Nachricht des zuständigen Dekans Hermann Vischer in Mosbach an den EOK vom 25. August 1920, nach der das Gespräch auf Heinsius‘ Initiative hin zustande gekommen war, in: LKA Karlsruhe GA 2730.

591 Vgl. die Gesprächsnotiz Sprengers vom 26. August 1920, in: LKA Karlsruhe GA 2730.

592 Vgl. ebd.

593 Schmitthenner an Heinsius, Burgstahler und Dekanat Mosbach, Karlsruhe, 4. September 1920, in: LKA Karlsruhe PA 6021.

594 Ebd.

595 Vgl. LKA Karlsruhe PA 6021.

596 Ebd.

597 Ebd.

598 Ebd.

Beide Parteien ermahnte Schmitthenner, brüderliche Liebe walten zu lassen und damit „den hässlichen Eindruck, den das vorgefallene Zerwürfnis in dem Kirchspiel Strümpfelbrunn hinterlassen hat, zu verwischen“.[599] Das Dekanat in Mosbach wurde beauftragt, beide Geistliche zu überwachen und auch den Bezirkskirchenrat bei seiner nächsten Sitzung vom Wortlaut der Erlasse in Kenntnis zu setzen.[600]

Es war Heinsius, der die Angelegenheit daraufhin nicht auf sich beruhen ließ und sich seinerseits über Burgstahler beschwerte.[601] Er beklagte sich auch über die Umstände des Gespräches in Karlsruhe, bei dem er „in einem anschnauzenden Tone angefahren und [...] in so unfreundlicher Weise behandelt worden“[602] sei, dass die Angelegenheit auch sein Verhältnis zur Kirchenbehörde in Frage stelle. Heinsius bat um eine „seelsorgerliche Beantwortung“[603] seiner Beschwerde, da er sich gegenüber dem EOK „nicht ohne Weiteres dem Misstrauen hingeben [wolle], das bei so vielen Amtsbrüdern zu beobachten“[604] sei. Seinen Nervenzusammenbruch erklärte er mit der Tatsache, dass „infolge meiner schweren Kriegsdienstbeschädigung bei mir eine ganz besondere nicht mehr durch Willenskraft bezähmbare Erregung eintreten musste“,[605] die er nicht mehr habe beherrschen können. Im Fall Burgstahler fühle er sich von der Kirchenbehörde zu wenig unterstützt. Sollte dieser nicht versetzt werden, nehme er sein Recht in Anspruch, „mich, falls der Notfall eintreten sollte, auch auf andere Art verteidigen zu dürfen, ohne die Hohe Behörde vorher besonders in Anspruch zu nehmen“.[606]

Als Heinsius schließlich drohte, Burgstahlers Lage in Waldkatzenbach könne „bald unerträglich werden“,[607] schaltete sich Kirchenpräsident Ludwig Muchow persönlich in den Fall ein. Am 27. Dezember 1920 mahnte er Heinsius, „künftig im gegenseitigen Verkehr die brüderliche Liebe walten zu lassen“.[608] Am 19. Januar 1921 erschien Heinsius dann zu einer persönlichen Stellungnahme beim Kirchenpräsidenten. Muchow erläuterte während des Gesprächs einige Lösungsvorschläge des Oberkirchenrats für die schwierige Lage im Kirchspiel Strümpfelbrunn, die im Kern statt einer Versetzung eine möglichst weitgehende Trennung der beiden Kontrahenten vorsahen. Heinsius lehnte entrüstet ab, weil er eine Beschneidung seiner Kompetenzen als ordentlich bestellter Pfarrer befürchtete.

599 LKA Karlsruhe PA 6021.
600 Vgl. ebd.
601 Vgl. Heinsius an EOK, Strümpfelbrunn, 16. Dezember 1920, in: LKA Karlsruhe GA 2730.
602 Ebd.
603 Ebd.
604 Ebd.
605 Ebd.
606 Ebd.
607 LKA Karlsruhe GA 2730.
608 Muchow an Heinsius, Karlsruhe, 27. Dezember 1920, in: ebd..

Am 28. Januar 1921 klagte er abermals über den fortdauernden „wohlvorbereiteten, wohlüberlegten und systematischen Verläumdungsfeldzug [sic!]“ Burgstahlers, dem „alle Mitte recht“[609] seien, um ihn aus seinem Amt zu entfernen. Daraufhin wurde Oberkirchenrat Richard Nutzinger (1867–1950) beauftragt, persönlich nach Strümpfelbrunn zu reisen und in der Gemeinde für Ordnung zu sorgen. Wie schon zuvor ruderte Heinsius nun plötzlich zurück. Zerknirscht bat er am 7. Februar 1921 darum, seine von Schmitthenner scharf kritisierten Äußerungen vom Dezember als „Ausdruck meiner Erregung [und] als nicht geschrieben betrachten zu wollen.“[610] Burgstahler machte er indirekt den Vorwurf einer psychischen Störung, die als Ursache der ganzen Angelegenheit zu betrachten sei.[611] Am 16. Februar 1921 fand zunächst in Waldkatzenbach ein vertrauliches Gespräch Nutzingers mit Burgstahler statt. In Strümpfelbrunn folgte eine Aussprache mit beiden Geistlichen, bei der auch die Näherin Luise Körber anwesend war. In seinem Bericht vom 23. Februar 1921 meldete Nutzinger an den EOK, die Angelegenheit gütlich beigelegt zu haben, nachdem Burgstahler sich bereiterklärt habe, seine Anschuldigungen gegen Heinsius zurückzunehmen.[612]

Die erhoffte Befriedung des Falles Burgstahler blieb aus. Vom gleichen Tag wie Nutzingers Erfolgsmeldung datiert ein Brief von Heinsius an den Oberkirchenrat, dem ein an ihn gerichtetes Schreiben Burgstahlers beilag. Durch einen von diesem erwirkten Beschluss des politischen Gemeinderats in Oberdielbach vom 18. Februar 1921 wurde Heinsius aufgefordert, „im Interesse des kirchlichen Friedens […] seine Besuche in Waldkatzenbach auf ein Mindestmaß“[613] zu beschränken. Erst wenn dies geschehen sei, werde Burgstahler die zugesagte Ehrenerklärung abgeben. Heinsius nahm nun selbst zu den beanstandeten Besuchen bei Luise Körber Stellung, die er „wie viele Tausende anderer Menschen schon seit vielen Jahren [und] seit meiner Verlobung stets mit meiner Frau gemeinsam“[614] aufsuche. Abermals bat er den Oberkirchenrat um eine Versetzung Burgstahlers. Dieser behauptete nun, er sei während der Besprechung von Nutzinger zu besagter Ehrenerklärung genötigt worden und sehe sich deshalb außerstande, sie abzugeben.[615] Am 1. März 1921 erklärte Bürgermeister Haas aus Waldkatzenbach vor dem Eberbacher Amtmann Schmitt, wenn „die Hetze des Herrn Pfarrers [Heinsius] sowie des Fräulein Körbers gegen den derzeitigen Vikar nicht aufhört, oder letzterer versetzt werden sollte, [werde] die ganze Gemeinde ihren einstimmig gefassten Beschluss, aus der evangelischen Landeskirche auszutreten, zur Ausführung bringen“.[616]

609 Heinsius an EOK, Strümpfelbrunn, 28. Januar 1920, in: ebd.
610 Heinsius an EOK, Strümpfelbrunn, 7. Februar 1921, in: ebd.
611 Vgl. ebd.
612 Vgl. ebd.
613 Burgstahler an Heinsius, Waldkatzenbach, 18. Februar 1921, in: ebd.
614 Heinsius an EOK, Strümpfelbrunn, 23. Februar 1921, in: ebd.
615 Vgl. Burgstahler an EOK, Waldkatzenbach, 24. Februar 1921, in: ebd.
616 Schmitt an EOK (Abschrift), Eberbach, 1. März 1921, in: ebd.

Ein zweiter Besuch Nutzingers in Strümpfelbrunn am 8. März 1921, bei dem auch der Kirchengemeindeausschuss gehört wurde, blieb angesichts der verfahrenen Situation ohne Resultat. Wegen seiner unverhohlenen Drohungen und der Instrumentalisierung des kommunalen Gemeinderates war es nun schließlich Burgstahler, der seine Stelle räumen musste. Wilhelm Heinsius blieb noch bis 1925 Pfarrer in Strümpfelbrunn und folgte dann dem zum Kirchenpräsidenten gewählten Klaus Wurth als Gemeindepfarrer auf die Brettener Ostpfarrei nach. Als Heinsius zu Ostern 1925 eine aus seiner Dissertation erwachsene Henhöfer-Biographie herausgab, waren es seitens des Oberkirchenrats namentlich Oberkirchenrat Nutzinger und Prälat Schmitthenner, denen er für die Bereitstellung der Quellen seinen ergebensten Dank aussprach.[617]

Schmitthenners Nachsicht mit den beiden Kontrahenten wurde von seinem Nachfolger Julius Kühlewein zumindest im Fall Theophil Burgstahler nicht fortgesetzt. 1921 wurde Burgstahler nach Ruit versetzt. 1925 schickte ihn Kühlewein gegen seinen Willen als Pfarrverwalter nach Durlach-Aue.[618] Eine Aussage des Prälaten, er solle den Wechsel als einen Ruf Gottes verstehen, deutete Burgstahler in dem Sinne, der Oberkirchenrat werde seine Bewerbung nach der anstehenden Erhebung zur selbständigen Pfarrei unterstützen. Als diese im Mai 1927 schließlich erfolgte, Burgstahler aber keinen Platz auf der Bewerberliste erhielt, bezichtigte er den Prälaten öffentlich des Wortbruchs und handelte sich damit die „ernsteste Missbilligung“[619] der Kirchenregierung ein. Am 13. Mai 1927 wurde er wegen seines „zuchtlosen ungestümen Temperament[s]“[620] heftigst gemaßregelt. Man werde ihm „die unwahrhaftige, freche, anmaßende und drohende Tonart, mit der er auftrete und dem Prälaten geradezu eine Moralpauke halte, nicht ungestraft durchgehen lassen“.[621] Burgstahler bat den Prälaten daraufhin zwar indirekt um Entschuldigung – es sei „leider meine Gewohnheit, zu schreiben, wie ich denke“[622] –, wurde jedoch abermals als Pfarrverwalter nach Leibenstadt versetzt. Im Juli 1928 wurde im Oberkirchenrat erstmals offen darüber gesprochen, Burgstahler aus dem badischen Pfarrdienst zu entfernen. Aufgrund von Unregelmäßigkeiten bei der Weitergabe von Spendengeldern während seiner Zeit in Durlach-Aue wurde ein offizielles Ermittlungsverfahren gegen ihn eröffnet. Monatelang bemühte sich außerdem der Brettener Spediteur, der Burgstahlers Umzug nach Leibenstadt besorgt hatte, beim Kirchenpräsidenten und ehemaligen Brettener Pfarrer Klaus Wurth um eine Erstattung seiner Kosten, weil Burgstahler die Kostenerstattung des Oberkirchenrats eigenmächtig zur

[617] Vgl. HEINSIUS: *Henhöfer*, 9.
[618] Vgl. LKA Karlsruhe PA 1004.
[619] Wurth an Burgstahler, Karlsruhe, 21. Mai 1927, in: LKA Karlsruhe PA 1004.
[620] Ebd.
[621] Ebd.
[622] Burgstahler an Kühlewein, Linthal, 30. Juni 1921, in: LKA Karlsruhe PA 1004.

Renovierung seiner Leibenstadter Wohnung verwendet hatte.[623] Nachdem Burgstahler sich im Herbst 1928 bereits aus eigener Initiative in Thüringen um eine Pfarrstelle beworben hatte, wurde er am 27. April 1929 wegen amtlich festgestellter diverser Unterschlagungen offiziell aus dem badischen Kirchendienst entlassen. Im August 1929 wurde Burgstahler im thüringischen Remda zum Pfarrer gewählt, sorgte aber durch die Mobilisierung seiner Anhänger aufgrund der – seiner Meinung nach ungerechtfertigten – Entlassung weiterhin für Unruhe in Durlach-Aue.[624] Die Abgabe seiner Personalakten wurde – trotz einer gegenteiligen Aktennotiz vom 29. August 1929 – bis zum März 1930 verzögert. Anscheinend war man in Karlsruhe froh, Burgstahler ohne weitere Kosten loswerden zu können.[625]

1934 gab Burgstahler seine Pfarrstelle in Remda wegen der Anfeindungen durch die DC auf und wurde Judenmissionar in Berlin. Am 10. Dezember 1934 schrieb er an den inzwischen zum Landesbischof gewählten Julius Kühlewein und bat um eine Rückkehr in den badischen Kirchendienst.[626] Diese wurde ihm auch nach einer zweiten Anfrage vom 28. Juni 1944, zumindest für die Dauer des Krieges als Pfarrverwalter nach Baden zurückkehren zu dürfen,[627] kategorisch verweigert. Nach Kriegsende wurde Theo Burgstahler – so die selbstgewählte Verkürzung seines Vornamens – freiberuflicher Redner der Basler Volksmission für die Judenmission im süddeutschen Raum. Von seinem neuen Wohnort Ulm aus schaltete er sogar die württembergischen Kirchenbehörden ein, um für ihn in Karlsruhe zu intervenieren.

Auf eine entsprechende Anfrage teilte Oberkirchenrat Karl Dürr am 28. Februar 1948 mit, er könne sich kaum vorstellen, dass Burgstahler jemals wieder eine Stelle in Baden erhalten werde.[628] Sogar in seiner Eigenschaft als Vortragsredner war Burgstahler nicht erwünscht. Man empfahl ihm, er möge seine geplanten Vorträge auf dem Gebiet der badischen Landeskirche durch einen Vertreter halten lassen.[629] Am 4. März 1952 – mehr als 30 Jahre nach dem Beginn seiner Auseinandersetzung mit Heinsius in Strümpfelbrunn – war es schließlich Burgstahler, der seiner Mutterkirche gegenüber plötzlich versöhnliche Töne anstimmte. Auch deren Ablehnung werde ihn „nicht hindern, meine Badische Heimatkirche auch weiterhin zu lieben und, wie ich es seit Jahr und Tag tue, täglich für Sie zu beten.“[630]

---

[623] Vgl. das Protokoll der Sitzung der Kirchenregierung vom 27. Juli 1928 und die Aussage OKR Benders, man „solle Burgstahler eröffnen, dass er keine Hoffnung hegen dürfe, auf eine Vorschlagsliste für eine badische Pfarrei zu kommen[,] und ihm nahelegen, außer Landes sein Heil zu versuchen.“, in: ebd.

[624] Vgl. den Bericht vom 27. August 1929 über einen öffentlichen Vortrag Burgstahlers in Durlach-Aue am 4. August 1929, in: ebd.

[625] Vgl. die Anfrage zur Übersendung der Personalakten vom 8. März 1930, in: ebd.

[626] Burgstahler an Kühlewein, Berlin, 10. Dezember 1934, in: ebd.

[627] Burgstahler an Kühlewein, Ulm, 28. Juni 1944, in: ebd.

[628] Dürr an Seiz, Karlsruhe, 28. Februar 1948, in: LKA Karlsruhe PA 1004.

[629] EOK an Burgstahler, Karlsruhe, 27. März 1951, in: ebd.

[630] Burgstahler an EOK, Ulm, 4. März 1952, in: LKA Karlsruhe PA 1004.

5.2.2.2. *Jonathan Stern*

Ein weiterer badischer Pfarrer, der Schmitthenner über Jahre schwer zu schaffen machte, war Jonathan Theodor Stern (1872–1961). Stern war ein Enkel von Wilhelm Stern,[631] der als Direktor des Karlsruher Lehrerseminars als „Kristallisationsfigur"[632] der positiven Kirchenpartei in Baden bekannt gewesen war. Sein Enkel hatte nach seinem Studium am lutherisch-freikirchlichen Missionsseminar Hermannsburg in Erlangen und Basel ebenfalls Theologie studiert und eine Anstellung in einer freien lutherischen Gemeinde in Hamburg erhalten. Nach Rücksprache mit dem damaligen Prälaten Helbing bewarb er sich im September 1901 in den badischen Kirchendienst. Die Gründe für seinen Entschluss schilderte er in seinem Lebenslauf an den Oberkirchenrat:

> „Ich lernte mit der Zeit einzusehen, dass mit dem engen Luthertum der Bekenntnisschriften in unserer modernen Zeit, und dazu in einer Weltstadt wie Hamburg, nicht mehr erfolgreich zu arbeiten sei. Ich fing an, ‚weitherzig' zu werden und mich zu freuen über alle kirchliche u[nd] christliche Arbeit, die in einer solchen Stadt geschehe. [...] Noch schlimmer wurde für mich die innere Pflichtenkollision, als ich durch exegetische Studien auf Widersprüche zwischen Lehren der luth[erischen] Bekenntnisse, bez[iehungs]w[eise] der dogmatischen Tradition, u[nd] der Auffassung der Schriften des Neuen Testamentes stieß."[633]

In seiner unierten Heimatkirche hoffte Stern, der ursprünglich Kirchenmusiker hatte werden wollen, sein Amt mit mehr innerer Freiheit ausüben zu können.[634] Nach einem erfolgreichen Zweiten Theologischen Examen wurde er als Vikar in Bruchsal, Pforzheim und ab 1903 schließlich in Konstanz eingesetzt. Im April 1909 lernte er auf der Mainau Großherzogin Luise kennen, die ihn nach dem von ihm gehaltenen Gottesdienst zur Audienz bat.[635]

Die Berichte an den EOK und die Stellungnahmen der jeweiligen Pfarrer und Dekane lassen nichts Nachteiliges über seine Amtsführung erkennen.[636] Trotzdem dauerte es bis 1909, bis er schließlich Pfarrverwalter und kurz darauf Pfarrer in Tennenbronn werden sollte. Das raue Schwarzwaldklima setzte seiner Gesundheit aber so sehr zu, dass er 1913 darum bat, gemäß des 1881 modifizierten § 97a KV 1861[637] für sechs Jahre nach Waldangelloch versetzt

---

[631] Wilhelm Stern (1792–1873), Rez. 1814, Lehrer an der Pestalozzischule in Averdon (Schweiz), Lehrer am Lyzeum in Karlsruhe 1817, Berufung an das neugegründete Karlsruher Lehrerseminar durch Johann Peter Hebel 1823, Direktor des Seminars 1837–1866. Jonathan Sterns Bruder Wilhelm war 1902 aus dem badischen Kirchendienst ausgetreten und wirkte bis zu seinem Wiedereintritt in den Kirchendienst in der Schweiz als sozialistischer und atheistischer Agitator und Redner. Vgl. NEU II, 592f.; Ehmann: *Stern*.

[632] VOM ORDE: *Mez*, 201.

[633] Stern an EOK, [ohne Ort], 12. September 1901, in: LKA Karlsruhe PA 4080.

[634] Vgl. LKA Karlsruhe PA 4080.

[635] Vgl. GLA Karlsruhe 47 Baden, Nr. 2117.

[636] Vgl. LKA Karlsruhe PA 4080.

[637] Zur Diskussion um § 97a KV 1861 vgl. KUHLEMANN: *Bürgerlichkeit*, 255–261.

zu werden. Nur ein Jahr später stellte er erneut ein entsprechendes Gesuch, weil die Feuchtigkeit im neu gebauten Pfarrhaus ihm eine chronische Bronchitis verursacht habe, so dass er in der klimatisch günstiger gelegenen Pfarrei Niedereggenen im Markgräflerland einen „letzten Versuch zur Wiederherstellung meiner Gesundheit“[638] unternehmen wolle.

Sterns Vorgänger in Niedereggenen war mit Rudolf August Wielandt (1875–1948)[639] ein profilierter Vertreter der Friedensbewegung gewesen, der im April 1913 als erster badischer Pfarrer den Friedensaufruf an die deutschen Theologen unterzeichnet hatte.[640] Dagegen sah Stern seine Hauptaufgabe in der Gemeinde im Kampf gegen „die allgemeine Zeitverderbnis, die landauf und landab ihre entsetzlichen Verwüstungen auf moralischem Gebiete“[641] anrichte. Gemeint waren seiner Meinung nach unsittliche Tanzveranstaltungen, die „unserem Volk nach innen wie nach außen hin (im Urteile des ganzen Auslandes) so unendlichen Schaden“[642] zufügten. Außerdem witterte Stern in der landwirtschaftlich geprägten Gemeinde die Gefahr einer persönlichen Bereicherung der Bauern aufgrund der allgemeinen Kriegsnot. Als Kirchenmusiker versorgte der Pfarrer den Niedereggener Kirchenchor mit eigenen Vertonungen vaterländischer Gedichte, was bald zu einem erbitterten Streit mit dem Chorleiter Reinhard Zöllin führte.[643] Dieser beklagte sich beim EOK, Stern lege „uns nur aus persönlichem Ehrgeiz alle erdenklichen Schwierigkeiten in den Weg“ und wirke in seiner Gemeinde „nicht […] um den Frieden zu bringen, sondern den Streit“[644]. Ganz ähnlich klingt die Beschwerde des Kirchendieners Friedrich Reichert, von dem Stern seine Butter bezog und mit dem er bald in Streit über die Höhe des Preises geriet. Reichert schrieb, er habe als langjähriger Kirchendiener die Angelegenheit auf sich beruhen lassen wollen, aber

> „als mich aber Herr Pfarrer Stern bei der nächsten Begegnung als Lügner und Betrüger, sogar als Vaterlandsbetrüger bezeichnete, ist mir die Sache besser zu Herzen gegangen, zumal ich in meinem 65. Lebensjahre noch vier Söhne im Felde habe. Dem zu Folge ist es dann auch zu Reklamationen gekommen in meinem Dienst, welche mir in meinem vorausgegangenen Dienst […] nicht vorgekommen sind.“[645]

---

638 Stern an Helbing, Waldangelloch, 2. Juni 1914, in: LKA Karlsruhe PA 4080.

639 Vgl. NEU II, 664.

640 Vgl. SCHWINGE: *Geschichte*, 284.

641 Bericht der „Markgräfler Nachrichten“ vom 22. Oktober 1919 zum Abschied Sterns aus Niedereggenen, in: LKA Karlsruhe PA 4080.

642 Stern an EOK, 24. Juli 1919, in: ebd.

643 Vgl. Sterns Vertonungen von Emanuel Geibels „Nun, o Deutschland, sei getrost“ und Ernst Moritz Arndts „Der Deutschen Trutzlied“, die zugunsten des Badischen Roten Kreuzes gedruckt wurden, in: LKA Karlsruhe GA 3292.

644 Zöllin an EOK, Badenweiler, 16. November 1918, in: LKA Karlsruhe GA 2730.

645 Reichert an EOK, Niedereggenen, 10. Juli 1916, in: LKA Karlsruhe GA 2730.

Reicherts zehnjährige Tochter habe sich ebenfalls über Stern beklagt, der in der Schule „während der ganzen Stunde über mich geschimpft habe, anstatt Religionsstunde gehalten."[646] Es sei jedenfalls sehr zu „bedauern, dass Herr Pfarrer Stern schon mehr Unfrieden angerichtet hat in der Gemeinde als Segen gespendet, besonders in dieser schweren Zeit."[647] Schmitthenner war mit den Klagen gegen Stern nicht nur im dienstlichen, sondern auch im privaten Bereich konfrontiert. Sein Neffe Richard Gräbener, Inhaber einer Karlsruher Nahrungsmittelfabrik, war vom Niedereggener Metzgermeister Graf um Vermittlung in einem Streit mit Pfarrer Stern gebeten worden.[648] Gräbener wandte sich direkt an den Prälaten, weil Stern jegliche Kooperation verweigert habe, solange es nicht gelinge, „den Metzgermeister Graf zur Vernunft und zu einem anständigen Verhalten dem Pfarrer und seiner Frau gegenüber auf der Straße zu bringen."[649]

Gesundheitlich stark zerrüttet bat Jonathan Stern am 24. Juli 1919 schließlich um eine vorläufige Versetzung in den Ruhestand. Schon im Juli 1916 hatte er während eines Erholungsurlaubs die dritte Blinddarmentzündung in vier Jahren erlitten und erst drei Monate später seinen Dienst wiederaufnehmen können. Infolge einer chronischen Bronchitis war bei ihm nun eine Herzschwäche diagnostiziert worden, die eine Weiterverwendung im Dienst unmöglich machte. Im Pfarrhaus Karl Deßeckers[650] im benachbarten Sulzburg fand er mit seiner Frau und seiner Tochter eine vorläufige Unterkunft.

Aber auch in Sulzburg fand der Fall Stern kein Ende. Am 29. November 1919 schrieb Stern verbittert an den EOK und klagte über die mangelnde Unterstützung für seinen Dienst in Niedereggenen.[651] Stern gab zwar zu, er habe in seinem Kampf um die sittliche Moral der Gemeinde „zu Zeiten fest zugreifen"[652] müssen, die Anklagen gegen ihn entsprächen aber „in keinem Punkte den Tatsachen".[653] Der EOK habe auf die gegen ihn gerichteten Verleumdungen „infolge nicht genügender Kenntnis der Verhältnisse mehr Wert gelegt [...], als ihnen zukommen sollte."[654]

---

646 Ebd.

647 Ebd.

648 Gräbener war der Enkel von Schmitthenners Taufpaten August Gräbener. Sein Vater Karl Gräbener (1840–1895) war 1869–1882 Pfarrer in Obereggenen gewesen. Vgl. NEU II, 206f.

649 Gräbener an Schmitthenner, Karlsruhe, 18. Januar 1918, in: LKA Karlsruhe PA 4080. Vgl. die gleichlautende Mitteilung des Dekanats Müllheim an den EOK, Müllheim, 11. Februar 1918, in: LKA Karlsruhe PA 4080.

650 Vgl. NEU II, 110.

651 Vgl. Stern an EOK, Sulzburg, 29. November 1919, in: LKA Karlsruhe PA 4080.

652 Ebd.

653 Tatsächlich lobte ein dem Schreiben beigelegter Artikel der „Markgräfler Nachrichten" vom 22. Oktober 1919 Stern für dessen bleibendes Verdienst, „dass die Gemeinde ihr Gewissen in dieser gewissenlosen Zeit behalten habe." Ebd.

654 Stern an EOK, Sulzburg, 29. November 1919, in: LKA Karlsruhe PA 4080.

Aufgrund der räumlichen Enge im Pfarrhaus kam es bald zu erneuten Auseinandersetzungen. Als Stern am 18. Februar 1921 Schmitthenner schließlich entnervt um eine Wiederaufnahme in den aktiven Dienst bat, hielt dieser ihn zunächst hin: Man werde eine Wiederverwendung „ins Auge fassen, sobald sich eine Möglichkeit ergibt.“[655] Für die Wartezeit empfahl Schmitthenner Stern, „herzlich danach zu trachten u[nd] das Ihrige dazu zu tun, dass zwischen den Pfarrhausbewohnern Friede werde, [...] der die erfundenen [...] Gegensätze nicht an die Öffentlichkeit treten lässt.“[656] Über beide Pfarrer waren in Karlsruhe bittere Klagen aus der Gemeinde eingegangen. Stern erregte allgemeinen Unwillen, weil er mit seiner Frau den Gottesdienst in Sulzburg demonstrativ nicht mehr besuchte. Am 29. Oktober 1922 klagte er gegenüber dem Prälaten, er sei

> „seinerzeit völlig freiwillig u[nd] mit Ihrer Zustimmung ‚bis zur Wiederherstellung der Gesundheit‘ vom Amte zurückgetreten, u[nd] nicht ein einziger amtlicher Bescheid in sämtlichen Dienstjahren würde einen dauernden Ausschluss vom Dienste rechtfertigen. Und in einem amtlichen Schreiben vom 28. Februar 1921 hatten Sie mir auf ein ärztliches Zeugnis hin freundlich zugesichert, dass der Ev[angelische] Oberkirchenrat mich wieder im Dienst verwenden werde, ‚sobald sich die Möglichkeit dazu gibt‘.“[657]

Schmitthenner bemühte sich daraufhin, den Fall Stern zur beiderseitigen Zufriedenheit zu regeln. Eine vollständige Übernahme Sterns in den aktiven Dienst sollte aber vermieden werden. Am 6. November 1922 bot der Prälat Stern die Versehung der vakanten Pfarrei Bobstadt an. Stern könne mit seiner Familie auch im dortigen Pfarrhaus unterkommen. So könne „nicht nur die leidige Sulzburger Streitsache ihr erwünschtes Ende [...], sondern Sie [...] auch wieder eine wertvolle Aufgabe in kirchlicher Gemeinde u[nd] ein sehr schönes Heim“[658] finden.

Wider Erwarten lehnte Stern das Angebot des Prälaten am 21. November 1922 ab. Er hatte persönlich in Bobstadt Erkundigungen eingezogen und befürchtete nun, sich das Pfarrhaus mit der Familie des dortigen Unterlehrers teilen zu müssen, der ebenfalls eine Unterkunft benötigte. Noch vor der gewünschten Aufnahme in den aktiven Dienst führte er außerdem an, er könne als gesundheitlich angeschlagener Pensionär die geforderten Amtspflichten und Aufgaben nicht in vollem Umfang übernehmen.[659] Am 24. November 1922 erklärte er sich aber bereit, die Stelle anzutreten, wenn der Unterlehrer nicht ins Pfarrhaus einziehe und eine Verpflichtung zum vollen Dienst nicht aufrecht erhalten werde.[660]

---

655 Schmitthenner an Stern, Karlsruhe, 28. Februar 1919, in: ebd.

656 Ebd.

657 Stern an Schmitthenner, Sulzburg, 29. Oktober 1922, in: ebd.

658 Schmitthenner an Stern, Karlsruhe, 6. November 1922, in: ebd.

659 Stern an Schmitthenner, Sulzburg, 21. November 1922, in: ebd.

660 Vgl. Stern an Schmitthenner, Sulzburg, 24. November 1922, in: LKA Karlsruhe PA 4080.

Wenige Tage später lehnte Stern Schmitthenners Angebot dann endgültig ab.[661] Schmitthenner nahm die Weigerung Sterns, den „wohl gemeinten“[662] Vorschlag einer Versetzung anzunehmen, dem Anschein nach persönlich. Nachdem er nun ohne Erfolg alles unternommen habe, um „Ihnen aus den unerquicklichen und für den Pfarrerstand und die Landeskirche immer unerfreulicher werdenden Verhältnissen im Sulzburger Pfarrhaus herauszuhelfen“, werde er nun „auch Klagen […] über Ihre dortige Lage keine Beachtung“[663] mehr schenken.

1922 gelang es Jonathan Stern, in Sulzburg ein eigenes Einfamilienhaus zu erwerben. Erst nach Schmitthenners Pensionierung stellte er 1925 ein erneutes Gesuch nach einer Wiederaufnahme in den Pfarrdienst. Der neue Prälat Julius Kühlewein beauftragte ihn ab dem 15. Oktober 1925 mit der Versehung der Pfarrei Dossenbach. Aber auch dieses Mal kam eine vollständige Wiederaufnahme für den EOK aufgrund von Sterns Gesundheitszustand nicht in Frage.[664] Im November 1929 wurde Stern als Pfarrverwalter nach Leiselheim versetzt. Am 22. November 1929 bat er den EOK, ihm die Jahre als Pfarrverwalter auf seine Pension anrechnen zu lassen. Dies wäre allerdings rechtlich nur möglich gewesen, wenn er wieder in den aktiven Dienst versetzt worden wäre. Am 30. Januar 1931 gelang es Stern, ein ärztliches Attest über seine volle Dienstfähigkeit vorzulegen. Gegen das Votum Karl Benders, Stern „endgültig loszuwerden“,[665] beschloss die Kirchenregierung am 27. Februar 1931 die vollständige Wiederaufnahme in den Pfarrdienst. Im Juni 1934 trat Stern, der sich seit der nationalsozialistischen Machtergreifung aus Gründen der politischen Opportunität Erich nannte, aus gesundheitlichen Gründen endgültig in den Ruhestand.[666] Nach Kriegsende veröffentlichte er unter dem Namen Jon Erich Stern Eigenkompositionen von geistlichen Liedern. Am 10. Juli 1961 starb Stern in Rexingen bei Horb (Neckar).

---

661 Stern an Schmitthenner, Sulzburg, 28. November 1922, in: ebd.

662 Schmitthenner an Stern, Karlsruhe, 12. Dezember 1922, in: ebd.

663 Ebd.

664 Als das Amtsgericht Staufen wegen eines laufenden Rechtsstreits um die Zwangsvermietung Sterns Haus in Sulzburg Auskunft über dessen berufliche Zukunft verlangte, teilte der EOK mit, eine Indienstsetzung Sterns sei „nur dann beabsichtigt, wenn durch ärztliches Zeugnis zweifelsfrei nachgewiesen ist, dass er wieder dauernd dienstfähig ist“ Auch Stern selbst erhielt am 25. Januar 1927 eine gleichlautende Auskunft, als er um die Wiedereinsetzung in den aktiven Dienst bat. EOK an Amtsgericht Staufen, Karlsruhe, 8. Mai 1926, in: ebd.

665 Protokoll der Sitzung der Kirchenregierung vom 27. Februar 1931, in: ebd.

666 Die Namensänderung hatte er beantragt, weil „der an sich schöne hebräische Name ‚Jonathan‘ […] – zum Namen ‚Stern‘ als Vorname gestellt – in gegenwärtiger Zeit der Judengegnerschaft als misslich empfunden“ werde. Stern an EOK, Leiselheim, 17. April 1934, in: ebd.

5.2.3. Zulassung von Frauen zum kirchlichen Examen

Ein eigenes – heute fast vergessenes – Kapitel der seelsorgerlichen Tätigkeit Schmitthenners ist in seinem Verdienst um die Zulassung von Frauen zu den kirchlichen Dienstprüfungen zu sehen. Diese kann – wenn auch von den Zeitgenossen und nicht zuletzt Schmitthenner selbst weitgehend abgelehnt – als ein erster Schritt auf dem 1962 abgeschlossenen Weg zur Ordination von Frauen in der badischen Landeskirche angesehen werden.

Schon früh hatte das Großherzogtum Baden eine „Vorreiterrolle […] auf dem Gebiet der höheren Mädchen- und Frauenbildung“[667] inne. 1893 war in Karlsruhe das erste Mädchengymnasium gegründet worden. Seit 1880 existierte das von Großherzogin Luise gegründete Viktoriapensionat am Durlacher Tor als höhere Töchterschule. Auch die badischen Universitäten waren führend im Bereich der Frauenbildung. Seit 1890 waren Frauen prinzipiell zum Hochschulstudium zugelassen. In Freiburg konnten sie sich ab 1899/1900, in Heidelberg ab 1900 immatrikulieren.[668] Weil ihnen die kirchlichen Dienstprüfungen zunächst verschlossen waren, beendeten viele Frauen das Studium mit der Promotion – so 1917 Maria Heinsius.[669] 1903 verlieh die Theologische Fakultät in Heidelberg an die ersten beiden Frauen den Doktortitel.[670] In Heidelberg war es vor allem Marianne Weber (1870–1954), Ehefrau von Max Weber (1864–1920), die sich als Vorsitzende des Vereins „Frauenrecht-Frauenstudium“ für die Gleichberechtigung der Frauen im Bildungsbereich einsetzte. 1906 wurden auf Vermittlung Adolf Schmitthenners (1854–1907), damals Pfarrer an der Heidelberger Heiliggeistkirche, mehrere Heidelberger Vertreterinnen des Vereins unter Führung Marianne Webers mit dem Ziel beim EOK vorstellig, die Frage des Frauenstimmrechts auch in der Kirche zum Thema zu machen.[671] 1909 und 1914 befasste sich die Generalsynode mit entsprechenden Eingaben des konfessionsübergreifenden „Badischen Vereins für Frauenstimmrecht“, die von Schmitthenner als Prälat befürwortet wurden.[672] Wie in Baden gab es reichsweit allerdings auch erhebliche Widerstände gegen die Frauenemanzipation. Im Rahmen einer Kampagne gegen das Frauenstudium hatte unter anderem der Gynäkologe und Rektor der Berliner Friedrich-Wilhelms-Universität Ernst Bumm (1858–1925) die Verschärfung der Zulassungsbedingungen für Frauen verlangt.[673] Auch während des Krieges wurde alles unternommen, um die Berufstätigkeit von Frauen als ausnahmebedingte Besonderheit darzustellen, die nach Kriegsen-

667 KUHLEMANN: *Bürgerlichkeit,* 402.
668 Vgl. zum Frauenstudium BANHARDT: *Mitschwester*, 298–302.
669 Vgl. ZEILFELDER-LÖFFLER: *Heinsius*, 387.
670 Vgl. KUHLEMANN: *Bürgerlichkeit,* 402.
671 Vgl. a.a.O., 403.
672 Vgl. VGS 1909, 42.
673 Vgl. PLANERT: *Antifeminismus*, 196.

de und der Rückkehr der Männer von der Front beendet werden müsse.[674] So beschwerte sich der Heidelberger Privatdozent Arnold Runge am 19. Oktober 1918 beim Kriegsministerium über „Judenweiber“,[675] die sich an den Universitäten mästeten, während die Männer an der Front kämpften.

Schmitthenner befürwortete während der Beratungen der Generalsynode 1909 das Frauenwahlrecht, mahnte aber gleichzeitig berufstätige Frauen, „jetzt noch in der Stille ihre liebevolle helfende Arbeit [zu] tun [...], zu der sie, wie ich meine, in allererster Reihe berufen sind.“[676] Als am 13. Januar 1916 in der Ersten Kammer der Badischen Landstände über eine Petition des von Minna Cauer (1841–1922) 1888 in Berlin gegründeten Vereins „Frauenwohl“ gegen die Zölibatsbestimmungen für Lehrerinnen im Staatsdienst beraten wurde, amtierte Schmitthenner als Berichterstatter der zuständigen Kommission.[677] Die Petition forderte die Möglichkeit einer festen Anstellung für Frauen im Staatsdienst, die Bezahlung nach Dienstjahren auch bei stundenweiser Tätigkeit, die Gleichstellung verheirateter und unverheirateten Lehrerinnen auch im Fall von Krankheit und Arbeitsunfähigkeit, die Schaffung von halben Stellen zur fakultativen Besetzung mit verheirateten Lehrerinnen, sowie die Anpassung des Gehalts von verwitweten Lehrerinnen an das ihrer männlichen Kollegen. Durch die vielen Kriegstoten stieg die Zahl der verwitweten Lehrerinnen, die eine Rückkehr in den Schuldienst anstrebten. Viele junge verheiratete Lehrerinnen sahen sich durch die Abwesenheit ihrer Männer gezwungen, einer Erwerbstätigkeit nachzugehen. Das badische Schulgesetz vom 7. Juli 1910 entsprach in seinen Paragraphen 48 und 129 allerdings dem Paragraphen 121 des Beamtengesetzes über weibliche Beamte, wonach Lehrerinnen im Fall einer Eheschließung aus dem Schuldienst entfernt werden müssten, da sich die Amtspflichten einer Beamtin nicht mit ihren ehelichen Pflichten vereinbaren ließen.[678] Diese Position war noch am 5. Mai 1914 vom damaligen Unterrichtsminister Franz Böhm (1861–1915) vor der Zweiten Kammer der Landstände vertreten worden.[679] Im Namen der Petitionskommission gab Schmitthenner daher die Empfehlung, ältere Lehrerinnen sollten nach einer Heirat nach Rücksprache mit der Schulbehörde im Schuldienst belassen werden. Jüngeren Beamtinnen, deren Männer an der Front seien, könne eine Weiterbeschäftigung bis zum Kriegsende zugesichert werden. Allenfalls im Einzelfall sei man bereit, Lehrerinnen, die sich verheiraten wollten, ausnahmsweise eingeschränkt weiter im Schuldienst zu belassen. Dies könne vor allem bei einem positiven Urteil der örtlichen Schulaufsichtsbehörden der Fall sein. Eine Schaffung von halben Stellen komme aus technischen Gründen nicht in Betracht.

---

674 Vgl. PLANERT: *Antifeminismus*, 179–183; DANIEL: *Frauen*.
675 LKA Karlsruhe GA 3024.
676 VGS 1909, 42.
677 Vgl. VBL 1916, 68f.
678 Vgl. ebd.
679 Vgl. ebd.

Auch wenn damit nicht alle Forderungen der Petition erfüllt seien, sehe die großherzogliche Regierung aufgrund des geltenden Rechts keine Möglichkeit und keine Notwendigkeit, den Forderungen über diese genannten Fürsorgeregelungen hinaus nachzukommen. Die Kommission beantragte daher, die Petition in ihren wesentlichen Punkten für erledigt zu erklären. Der Antrag wurde einstimmig angenommen.[680]

Auch für die Kirche war ab 1914 die Frage nach einem adäquaten Ersatz für die im Feld stehenden oder gefallenen Pfarrer virulent. 609 badische Theologen und Theologensöhne nahmen an den Kampfhandlungen teil, 168 von ihnen ließen dabei ihr Leben.[681] In einer Artikelserie, die am 6. und am 20. Mai 1916 im „Evangelischen Gemeindeboten“ für die Stadt Karlsruhe erschien, stellte Stadtpfarrer Friedrich Hindenlang – wohl stellvertretend für viele Gemeindeglieder – die Frage, wer in der Heimat an die Stelle der Gefallenen treten könne. Für viele schien die Zulassung von Frauen der geeignete Weg zu sein. Hindenlang selbst vertrat zwar die Auffassung, Frauen seien für das Pfarramt aufgrund ihrer Veranlagung ungeeignet, druckte aber anonym die Zuschrift einer jungen Theologin ab, in der für die Zulassung von Theologinnen zu kirchlichen Examina geworben wurde: „Ich gehöre nicht zu jenen Fanatikerinnen, die Frauenstimmrecht usw. erstreben. Aber ich glaube sicher: Wenn die Frau zum Pfarrberuf zugelassen wird, dann kann manche Lücke ausgeglichen werden.“[682] Auch in der Kirchenleitung war man sich über die Bedeutung der Zulassung von weiblichen Studierenden zu den kirchlichen Examina bewusst. Hindenlang hatte in seinem Artikel bereits die Frage aufgeworfen, ob nicht die aus praktischen Gründen gebotene prinzipielle Zulassung von Frauen eine spätere Ablehnung der Übernahme ins Pfarramt deutlich erschwere – zumal, wenn sich die Frauen im kirchlichen Dienst bewährten.[683]

5.2.3.1. Elsbeth Oberbeck

Im Kollegium des Oberkirchenrats war es maßgeblich Schmitthenner, der für die Zulassung von weiblichen Bewerbern zu den Examina eintrat, wenn man im jeweiligen Einzelfall von deren Qualitäten überzeugt sei. Als erste Frau in Baden – und in Deutschland überhaupt – wurde im Frühjahr 1916 die bereits 44 Jahre alte Elsbeth Oberbeck (1871–1944), die zur ersten theologischen Dienstprüfung zugelassen.[684] In Breslau am 9. August 1871 als Tochter des Eisenbahnbauinspektors Julius Albert Oberbeck und seiner Frau Maria, geborene Schwedler, geboren, hatte Oberbeck seit dem Tod des Vaters – der

[680] VBL 1916, 69.
[681] Vgl. Evangelischer Pfarrverein in Baden: *Opfer*, 1.
[682] „Evangelischer Gemeindebote Karlsruhe“ vom 20. Mai 1916, 82. Zitiert nach: LKA Karlsruhe PA 485.
[683] Vgl. ebd.
[684] Vgl. BITZ: *Oberbeck*.

1872 nach Berlin versetzt worden war und 1894 starb – ihre Mutter bis zu deren Tod 1904 gepflegt.[685] Danach siedelte sie nach Baden über, wo sie zunächst bei Pfarrer Albert Ahles in Malterdingen, später bei Professor Steurer in Lahr lebte. Ab 1909 besuchte Oberbeck das humanistische Gymnasium in Lahr, doch der badische Oberschulrat verweigerte ihr die Zulassung zum Abitur wegen ihres fortgeschrittenen Alters. 1912 durfte sie im preußischen Weilburg (Lahn) das Abitur ablegen. In Heidelberg und Jena studierte sie 1912–1916 evangelische Theologie, unter anderem bei Hans von Schubert (1859–1931), einem der „bedeutendste[n] Heidelberger Theologe[n] der Zeit"[686] und ein erklärter Gegner des Frauenstudiums, dem in Heidelberger Studentenkreisen der Satz zugeschrieben wurde: „Heiraten Sie die Damen doch, dann sind sie weg!"[687]

Ursprünglich hatte sich Oberbeck in Jena zum Examen für das Großherzogtum Weimar-Eisenach anmelden wollen. Nach der dortigen Ablehnung wäre ihr noch der Weg geblieben, ein Fakultätsexamen in der Schweiz in Zürich oder Basel abzulegen, was aber durch den Krieg zunächst unmöglich geworden war. Am 21. August 1915 stellte sie daher in einem persönlichen Schreiben an Prälat Schmitthenner den Antrag, in Baden zum theologischen Examen zugelassen zu werden. Beigelegt war ein Empfehlungsschreiben von Pfarrer Ahles als Dekan der Diözese Emmendingen. Auch Hans von Schubert hatte sich überraschenderweise für Oberbeck eingesetzt. Nachdem sie auf der Durchreise in Karlsruhe Schmitthenner nicht persönlich angetroffen hatte, bat Oberbeck um ein persönliches Gespräch im Oberkirchenrat. An den Prälaten schrieb sie:

> „Nun hat mich die Nachricht des Herrn Geheimrat v[on] Schubert sehr beglückt, daß Sie, hochverehrter Herr Prälat, dem Wunsche der deutschen Frau, an religiös-sozialer Arbeit nach theologischer Vorbereitung berufsmäßig teilzunehmen, freundlich gegenüberstehen. Gestatten Sie mir herzlichen Dank dafür zu sagen! Ich bin mir dabei völlig bewusst, dass solch eine gütige Gesinnung [...] nicht allein alle praktischen Schwierigkeiten zu überwinden vermag; aber es gibt keine wohltuendere Ermutigung, als wenn unser Streben die Billigung erfahren darf von sachverständigen hochangesehenen Persönlichkeiten. So wird meine Dankbarkeit für Ihre wohlwollende Stellungnahme zu meiner Anfrage die selbe bleiben, welche Entscheidung auch zuletzt erfolgen möge."[688]

Am 27. August 1915 fand das Gespräch, für das sich Schmitthenner zuvor in der Sitzung des Oberkirchenrats grünes Licht hatte geben lassen, in der Privatwohnung des Prälaten im Dienstgebäude in der Karlsruher Blumenstraße statt.[689]

---

685 Vgl. zur Biographie Oberbecks bis 1915 BANHARDT: *Mitschwester*, 305–307.

686 EHMANN: *Fakultät*, 226.

687 FAULHABER: *Pfarrerin*, 71.

688 Oberbeck an Schmitthenner, Malterdingen, 21. August 1915, in: LKA Karlsruhe PA 485.

689 Vgl. die Grüße Oberbecks an Schmitthenners Familie im Schreiben vom 6. September 1915, in: LKA Karlsruhe PA 485.

Beiden Seiten war die exemplarische Rolle Oberbecks bewusst, auch wenn später von Seiten des EOK immer wieder betont werden sollte, dass es sich bei der Zulassung um einen Einzelfall gehandelt habe. Auf die Mitteilung des Prälaten hin, dass sie zu beiden Dienstprüfungen zugelassen sei, machte Overbeck in ihrem Dankesschreiben aus ihrer Vorreiterrolle jedenfalls keinen Hehl:

> „Was für ein herrlicher Sonntagsgruß! Von Gottes Gnade sprach er zu mir, von hilfsbereiten, weitherzigen Menschen, und von Ihrer persönlichen Herzensfreundlichkeit, die umso mehr wohltat, je unmittelbarer sie zum Ausdruck kam! Eine tiefe Dankbarkeit hat Ihr lieber Brief in mir erneuert und den lebhaften Wunsch, dass der Badische Oberkirchenrat seinen Entschluss nie zu bereuen haben möge, sondern ihn je länger je mehr als – menschlich gesprochen – ‚richtig', d. h. in der Sprache des Herzens als ‚gottgewollt' erkennen könne! Ich fühle, dass eine große Verantwortung auf mir ruht, sowohl denen gegenüber, denen ich voranzugehen habe auf einem neuen Wege, als auch allen denen gegenüber, die mir mit beglückendem Vertrauen den Weg zu bahnen sich bemühen."[690]

Offiziell wurde Oberbeck ihre Prüfungszulassung am 8. September 1915 mitgeteilt, verbunden nun allerdings mit der klaren Auflage, „dass Sie irgendwelche Ansprüche auf spätere Anstellung im pfarramtlichen Dienst unserer Landeskirche nach bestandener Prüfung nicht erheben werden."[691] An die daraufhin abgegebene Verzichtserklärung sollte sich Oberbeck bis zu ihrer Pensionierung 1936 halten – auch als mit Grete Gillet 1923 die erste Theologin in den landeskirchlichen Dienst übernommen wurde. Im Frühjahr 1916 legte Oberbeck das Erste Theologische Examen als Jahrgangsbeste mit der Gesamtnote „ziemlich gut–gut" ab.[692] Nach einem Jahr im Heidelberger Praktisch–Theologischen Seminar unter Seminardirektor Johannes Bauer folgte im Frühjahr 1917 das Zweite Examen. Ihre eingereichte Examenspredigt über 2. Tim 2,11–13 für die Zweite Theologische Prüfung durfte Oberbeck zu ihrem großen Bedauern aber nicht wie die anderen Kandidaten in der Kirche halten, sondern sie lediglich vor der Prüfungskommission im Sitzungssaal des EOK verlesen.

Trotz der Weigerung des Oberkirchenrats, Oberbeck nach Abschluss der Prüfungen in den Dienst der Landeskirche zu übernehmen, ergab sich für die erste examinierte Theologin in Baden ein weites Arbeitsfeld. In der Presse wurde ihr Tätigkeitsgebiet – und das zukünftiger Theologinnen – so umschrieben: „Auch ganz abgesehen vom Pfarramt liegt auf dem weiten Gebiet der [Inneren] Mission, vor allem aber auch auf dem des Religionsunterrichts unserer weiblichen Jugend an den Mittelschulen ein weites Feld der Betätigung für weibliche Kräfte […]."[693]

690 LKA Karlsruhe PA 485.
691 EOK an Oberbeck, Karlsruhe, 8. September 1915, in: ebd.
692 Vgl. ebd.
693 Ebd.

Tatsächlich bemühte sich der Badische Landesverein für Innere Mission, dessen Vorsitzender Schmitthenner war, um eine Anstellung Oberbecks. Daneben hatten ihr die Kirchengemeinden in Konstanz und Heidelberg Stellenangebote gemacht.[694] Der Oberkirchenrat stand der Anstellung Oberbecks zwiespältig gegenüber. Innerhalb des Kollegiums gab es Widerspruch, und auch das badische Kultusministerium sowie der Großherzog lehnten die Zulassung von Frauen zu den kirchlichen Examensprüfungen insgesamt ab. An den Tübinger Professor Paul von Wurster schrieb Schmitthenner, der Großherzog sei deshalb gar nicht erst vorab vom Oberkirchenrat informiert worden.[695] Der Prälat selbst schätzte Oberbeck aufgrund ihrer persönlichen Qualitäten und befürwortete daher gegenüber dem Heidelberger Dekan Otto Schlier[696] ihre Weiterbeschäftigung. Sich an Oberbecks Gehalt in Heidelberg entsprechend zu beteiligen, wurde seitens der Landeskirche abgelehnt:

> „[W]ir stehen aber nicht an, zu betonen, dass wir es sehr begrüßen würden, wenn Frl. Oberbeck auch in irgend einem anderen Dienste in engerem oder weiterem Zusammenhang mit unserem kirchlichen Leben Verwendung finden und somit uns erhalten bleiben könnte. Jedoch können in keinem dieser Fälle kirchliche Mittel zu ihrer Anstellung aufgewendet werden."[697]

Gegenüber dem Kultusministerium betonte die Kirchenleitung, lediglich „einer von uns als besonders tüchtig erkannten Persönlichkeit den Abschluss ihrer Studien in der Heimat […] gewähren und ihre Kraft der Heimatkirche […] erhalten"[698] zu wollen. Oberbeck entschied sich schließlich für Heidelberg, wo sie bis zu ihrem Ruhestand 1936 wirken sollte. Am 1. September 1917 trat sie ihren Dienst als Gemeindehelferin an. Ihren entschiedensten Fürsprecher fand sie in Dekan Schlier, der sich in den folgenden Jahren immer wieder für Oberbeck einsetzen sollte.

Auch Schmitthenner machte im Schreiben an Wurster deutlich, wie er persönlich zur Anstellung Oberbecks und weiterer Frauen stand:

> „Anfangs wollte ich sie in den Dienst unseres Landesvereins für Innere Mission nehmen, sie zog dann aber mit meinem vollen Einverständnis vor, eins der verschiedenen Angebote aus Kirchengemeinden anzunehmen. […] Unser Landesherr und Landesbischof stand anfangs der Sache nicht wohlwollend gegenüber.
> Es wäre vielleicht nicht zur Examenszulassung gekommen, wenn wir vorher darüber Vortrag gehalten hätte[n], auch das Ministerium stand fast misstrauisch und ablehnend der Sache gegenüber, es hat aber dann beim Religionsunterricht

694 LKA Karlsruhe PA 485.

695 Vgl. Schmitthenner an Wurster, Karlsruhe, 6. Januar 1918, in: LKA Karlsruhe GA 5609.

696 Otto Ludwig Schlier (1864–1945), geb. am. 20. März 1864 in Gastenfelden (Mittelfranken), Rez. 1889, Pfarrer in Schney 1893, Rez. in Baden 1902, Pfarrer an der Freiburger Ludwigskirche 1902, Steinen 1904, Erster Pfarrer an Heiliggeist Heidelberg 1909, Providenzkirche und Dekan des KB Heidelberg 1915–1932. Vgl. NEU II, 532.

697 Schmitthenner an Schlier, Karlsruhe, 17. Juni 1917, in: LKA Karlsruhe PA 485.

698 EOK an Kultusministerium, Karlsruhe, 25. August 1916, in: ebd.

> keine Schwierigkeiten gemacht. Wir stehen auf dem Standpunkt, dass wir nach genauer Prüfung der Persönlichkeit und nur bei gutem und aussichtsvollem Befund die Zulassung wieder aussprechen werden, aber wir sind zurückhaltend, weil wir auch [des] Großherzogs Bedenken überwinden müssen. Soweit wir unterrichtet sind, arbeitet Frl. Oberbeck in H[eidelberg] trefflich. Man wollte dort eine großartige Einführung in das Gemeindeamt mit einer Art Ordination vornehmen, wir haben zur Zurückhaltung und Einfachheit gemahnt. Ich glaube bestimmt, wir werden, nachdem uns so viele aus unserem Nachwuchs gefallen oder zu Krüppeln geschossen sind, die weiblichen Hilfskräfte noch sehr brauchen in Kirche und Gemeinde[,] und werden daher trotz der vielen uns entgegenkommenden Bedenken und Anfechtungen die Sache zu fördern suchen. In unserem Kollegium ist aber auch der andere Standpunkt vertreten. [...]"[699]

Wie groß die Widerstände innerhalb des Oberkirchenrats gegen die Anstellung Oberbecks waren, zeigt das Protokoll der Sitzung der Kirchenregierung vom 3. Juni 1924, in der sich Schmitthenners Nachfolger Julius Kühlewein dagegen aussprach, Oberbeck in ihrem Dienst in der Heidelberger Frauenklinik die Sakramente spenden zu lassen. Er forderte, eine generelle Anordnung zu erlassen, Frauen nur noch zum Ersten Theologischen Examens zuzulassen. Offenbar sollten alle Tendenzen, Theologinnen auch nur in die Nähe des Pfarrberufes zu rücken, peinlichst vermieden werden.[700] Schon bald sollten diese Bedenken allerdings von der Realität überholt werden. Von der Heidelberger Kirchengemeinde wurde Oberbeck trotz des Widerspruchs des Oberkirchenrats konsequent mit der von ihr selbst gewählten Berufsbezeichnung „Pfarrgehilfin" tituliert.[701] In der „Badischen Landeszeitung" war zu ihrer Anstellung zu lesen, die Stadt werde „den *ersten weiblichen Geistlichen* in Baden besitzen."[702]

Bei ihrer Arbeit als Religionslehrerin, im Konfirmandinnenunterricht und als Seelsorgerin an der Heidelberger Frauen- und Hautklinik wurde Oberbeck selbstverständlich als „Fräulein Pfarrerin" angesprochen. Als die „Christliche Welt" sich im Juni 1918 mit der Frauenfrage in der Kirche befasste, verteidigte Oberbeck das Pfarramt für Frauen mit theologischen Argumenten: „Wir haben ja kein Priestertum, das *herrscht* über die Menschen und darum nur ein Männeramt sein könnte, sondern wir haben ein Pfarramt, das *dient*, und das Recht zu *dienen* hat noch keine Zeit den Frauen versagt."[703] 1936 trat Oberbeck in den Ruhestand. Am 24. Oktober 1944 starb sie in Heidelberg.

---

699 Vgl. Schmitthenner an Wurster, Karlsruhe, 6. Januar 1918, in: LKA Karlsruhe GA 5609.

700 Vgl. LKA Karlsruhe GA 5609.

701 Vgl. Schlier an EOK, Heidelberg, 4. Juli 1917, in: LKA Karlsruhe PA 485.

702 „Badische Landeszeitung" vom 1. August 1917, in: ebd.

703 CW 32 (1918), 229.

5.2.3.2. Margarete Gillet

Ebenfalls in die Amtszeit Schmitthenners fällt das Examen von Margarete Gillet (1895–1970), der ersten Frau, die 1923 als Religionslehrerin in Mannheim in den Dienst der Landeskirche übernommen und am 1. Juni 1962 – kurz vor Eintritt in den Ruhestand – zur Pfarrerin ordiniert werden sollte.[704] Gillet wurde am 23. Juni 1895 in Nienburg (Weser) geboren, legte 1915 ihr Abitur in Hannover ab und studierte 1915–1919 Philosophie und Evangelische Theologie in Marburg, Berlin und Heidelberg.[705] Am 10. April 1919 wurde sie in Heidelberg mit einer Arbeit im Fach Neues Testament bei Martin Dibelius (1883–1947) promoviert. Im April 1919 meldete sie sich zur Ersten Theologischen Prüfung und wurde wie Elsbeth Overbeck vier Jahre zuvor im Rahmen einer Einzelfallentscheidung zugelassen. Nach dem Besuch des Praktisch-Theologischen Seminars folgte im Frühjahr 1920 auch das Zweite Theologische Examen.[706]

In Waldkirch wurde Gillet nach dem Vorbild Oberbecks als Gemeindehelferin angestellt. Ihre Befugnisse wurden dabei klar geregelt, wie ein Brief des EOK an das zuständige Dekanat Emmendingen zur Aushändigung an den Kirchengemeinderat in Waldkirch zeigt:

> „Wir begrüßen die Anstellung einer Hilfskraft für den Dienst an der dortigen evang[elischen] Gemeinde, können uns jedoch nicht damit einverstanden erklären, dass derselben die Amtsbezeichnung ‚Pfarrgehilfin' beigelegt wird, da dieser Name leicht zu Missdeutungen führt. Wir empfehlen deshalb für Fräulein Lic. Gillet die Amtsbezeichnung ‚Gemeindehelferin' zu gebrauchen, die auch Fräulein Overbeck in Heidelberg zuerkannt worden ist. Es geht nicht an, dass die Gemeindehelferin in Zeiten der Beurlaubung oder Erkrankung des Ortspfarrers dessen gesamte Vertretung übernimmt, also etwa Predigt im Gemeindegottesdienst oder Abhaltung einer Gemeindeabendmahlsfeier. Hingegen sind wir bereit, ihr auch ohne Ordination das Recht der Sakramentspendung zu erteilen, wenn sich diese auf Einzelfälle beschränkt und nicht in der Kirche vorgenommen wird und wenn die betreffenden Gemeindeglieder sich selbst damit einverstanden erklären. Wir geben ihr dieses Recht aber nicht als Theologin, sondern in der Anerkennung des nach dem reformatorischen Grundsatz des allgemeinen Priestertums auch dem Laien zuzubilligenden Rechtes. Als selbstverständlich betrachten wir es auch, dass Fräulein Lic. Gillet *nicht* im Talar Taufe und Abendmahl vollzieht; es soll gerade dadurch der Charakter der Laienhandlung gewahrt bleiben."[707]

Wie im Fall Elsbeth Oberbecks setzte sich auch in Waldkirch die örtliche Gemeinde entschieden für ihre Gemeindehelferin ein. Im Juni 1921 stellte sie eine Anfrage an die Generalsynode, in der das Vorgehen des Oberkirchenrats kritisiert wurde.

---

[704] Vgl. BITZ: *Gillet*; KLAPPENECKER: *Gillet;* PFISTERER: *Gillet*; HENZE: *Anfänge.*
[705] Vgl. BITZ: *Gillet*, 406–408.
[706] Vgl. a.a.O., 408.
[707] EOK an Dekanat Emmendingen, Karlsruhe, 20. Juli 1920, in: LKA Karlsruhe PA 4514.

Die Synode billigte allerdings – diesmal nach einem entsprechend befürwortenden Votum Schmitthenners – die vorgenommenen Maßnahmen und stellte fest, die Leitung von Gemeindegottesdiensten und die Verwaltung der Sakramente stehe nur ordinierten Pfarrern zu. Zwar könnten „bei besonderen Gelegenheiten mit Zustimmung des Kirchengemeinderats zu Rede und Vortrag in Kirchen auch geeignete Laien zugelassen werden“.

Falls der ordinierte Geistliche zudem verhindert sei, könne in Notfällen auch ein Lesegottesdienst stattfinden. Ausdrücklich wurde aber betont, dass „[m]it der Abhaltung von Gemeindegottesdiensten [...] *Frauen* nicht zu betrauen“[708] seien. Die liberale Haltung des Karlsruher Synodalen Ernst Frey, der im Namen seiner Fraktion beantragt hatte, den letzten Satz der Vorlage zu streichen, konnte sich nicht durchsetzen. Nicht zuletzt Schmitthenner, der sich im Fall Oberbecks entschieden gegenüber den Bedenken des Großherzogs und der eigenen Kollegen in der Kirchenleitung positioniert hatte, solidarisierte sich im Fall Grete Gillets gegenüber der Synode klar mit der konservativen Haltung der Kirchenleitung:

> „Als die Kirchenregierung vor wenigen Jahren Theologinnen zur Prüfung zuließ, hat sie das nur nach reiflicher Erwägung der möglichen Folgen getan. Sie war sich von vornherein klar darüber und hat auch die beiden Kandidatinnen ausdrücklich darauf hingewiesen, dass für sie lediglich eine Verwendung als Gemeindehelferinnen in Betracht komme und dass sie nur von den Gemeinden, niemals von der Kirche als solcher angestellt werden können. Auch darüber wurden die beiden Damen keinen Augenblick im Ungewissen gelassen, dass es sich um die Wortverkündigung in der Kirche, im Gottesdienst nicht handeln könne, dass sie also keineswegs etwa in die Stelle eines Vikars eintreten würden. [...].“[709]

Auch als Grete Gillet am 16. April 1923 als erste Frau überhaupt in den Dienst einer deutschen evangelischen Landeskirche übernommen wurde, enthielt ihr Dienstvertrag besondere geschlechtsspezifische Einschränkungen:

> „Der Oberkirchenrat überträgt Fräulein Gillet das Amt eines evang[elischen] Religionslehrers an der Fortbildungsschule in Mannheim vom 16. April 1923 an unter folgenden Bedingungen: [...] Fräulein Gillet hat nicht die Eigenschaft eines Geistlichen der Landeskirche, auch nicht die Beamtenschaft im Sinne des Beamtengesetzes. Jedoch finden die Bestimmungen [...] dieses Gesetzes auch auf sie Anwendung. Als Vergütung für ihren Dienst erhält Frau Gillet die jeweiligen gesamten Dienstbezüge eines Beamten der Besoldungsgruppe IX. [...] Anspruch auf Ruhegehalt und Hinterbliebenenversorgung steht Fräulein Gillet nicht zu [...].“[710]

1925 nahm Gillet in Marburg an der ersten Theologinnentagung statt und gehörte zu den Mitbegründerinnen des „Verbandes evangelischer Theologinnen in Deutschland“.[711] 1928 wechselte sie als Religionslehrerin an die Mannheimer Handelsschule.

---

708 VLS 1921, 58. (Im Original fett gedruckt, Hervorhebungen M.W.)
709 A.a.O., 61.
710 LKA Karlsruhe PA 4514.
711 Vgl. BITZ: *Gillet*, 418.

1930 wurde sie habilitiert, am 1. Mai 1935 wurde ihr der Titel allerdings aus politischen Gründen wieder aberkannt. 1936 wurde Grete Gillet unter die Pfarrkandidaten der Badischen Landeskirche aufgenommen und trat in die Bekennende Kirche ein. Seit 1940 leitete sie die Frauenarbeit der Badischen Landeskirche. Ab 1944 verwaltete sie als Vikarin die Pfarrei Heidelberg–Pfaffengrund. Am 1. Juni 1962 wurde Grete Gillet als erste Frau in Deutschland ordiniert. Kurz danach, am 1. Januar 1963, trat sie in den Ruhestand. Sie starb am 2. Juni 1970 in Heidelberg.

Die Zulassung Margarete Gillets und Elsbeth Oberbecks zu den kirchlichen Dienstprüfungen durch den Evangelischen Oberkirchenrat in Karlsruhe kann aus heutiger Sicht mit Bestimmtheit als ein wichtiger – wenn wegen der Singularität der Ereignisse nicht sogar erster – Schritt auf dem Weg von Frauen ins Pfarramt angesehen werden. Und vor allem im Fall Oberbeck wurde deutlich, dass diese Zulassung ohne das fürsprechende Votum Schmitthenners nicht zu diesem frühen Zeitpunkt erfolgt wäre. Dass der ansonsten bedingungslos loyale Schmitthenner die Zulassung gegen die Zustimmung des Großherzogs vollzog und diesen deshalb gar nicht erst über die Vorgänge informierte, ist ein völlig singulärer Vorgang, der im dienstlichem Verkehr des Prälaten an keiner anderen Stelle nachweisbar ist.[712] Trotzdem war die Zulassung Oberbecks aus Schmitthenners Sicht kein revolutionärer Schritt, weil er bewusst nicht als solcher vollzogen wurde. Vermutlich ging Schmitthenner im Fall Oberbecks tatsächlich davon aus, dass es bei der Zulassung von Frauen zu den kirchlichen Dienstprüfungen bei Einzelfallentscheidungen bleiben würde und dass es deshalb auch zu einer Öffnung des Pfarramtes für Frauen nicht kommen würde. Das zeigt Schmitthenners ebenso entschiedenes Eintreten gegen die Abhaltung von Gottesdiensten durch Frauen vor der Landessynode im Juni 1921.[713] Sie steht stellvertretend für eine Haltung, die den Weg für Frauen ins Pfarramt noch für weitere 40 Jahre versperren sollte.

5.2.4. Religiöse Sozialisten

Eine weitere Gruppe von Pfarrern, die an dieser Stelle gesondert in den Blick genommen werden soll, ist die der politisch engagierten Sozialisten. Denn entgegen der älteren These vom unpolitischen Protestantismus der Kaiserzeit[714] lässt sich in Baden durchaus „ein sowohl gesellschaftlich als auch politisch höchst engagierter Protestantismus nachweisen, zu deren sozialen Trägern vor allem eine politische Pastorenschaft zählte“.[715]

---

712 Vgl. Kap. 5.2.3.1., Anm. 691.
713 Vgl. Kap. 5.2.3.2., Anm.699.
714 Vgl. KUHLEMANN: *Bürgerlichkeit*, 370–385.
715 KUHLEMANN: *Kultur*, 101.

Mit Frank-Michael Kuhlemann kann man von Baden sogar als dem Land der „politischen Pastoren“[716] sprechen. Besonders auffällig ist die hohe Zahl der politisch engagierten Pfarrer in Mannheim: Mit Ernst Josef Lehmann,[717] seit 1911 Pfarrer der Lutherkirche in der Neckarstadt, Theodor Steltz,[718] seit 1921 Gefängnispfarrer in Mannheim, Heinz Kappes,[719] 1920–1922 Vikar bei Ernst Lehmann an der Lutherkirche, und schließlich Erwin Eckert,[720] seit 1927 Pfarrer der Trinitatisgemeinde, wirkten gleich vier bekennende sozialistische Pfarrer beinahe zeitgleich in der badischen Industriemetropole.[721] Seit 1906 war zudem der promovierte Volkswirt August Fineisen[722] dort Stadtvikar und engagierte sich im evangelischen Arbeiterverein der Stadt. Fineisens Nichtberücksichtigung bei der Besetzung der vakanten zweiten Pfarrstelle an der Mannheimer Trinitatiskirche führte 1909 zur Gründung der Mannheimer „Volkskirchlichen Vereinigung“.[723] Im Mai 1910 wurde Fineisen im Interesse des kirchlichen Friedens auf Betreiben des Kirchenpräsidenten Albert Helbing schließlich zwangsversetzt.[724]

5.2.4.1. Ernst Josef Lehmann

Ernst Josef Lehmann – ein Vetter des späteren Außenministers Walther Rathenau – wurde 1861 als Sohn eines jüdischen Fabrikanten in Berlin geboren. Vor seinem Studium der Philosophie und Geschichte in Berlin, Genf, Heidelberg und Straßburg hatte er eine kaufmännische Ausbildung erhalten.[725] 1888 war er in Straßburg zum Dr. phil. promoviert worden. Nach seiner Konversion in Heidelberg wurde er 1889 in den badischen Kirchendienst übernommen und arbeitete seit Juni 1892 als Stadtvikar im Bezirk der Schwetzinger Vorstadt in Mannheim. Obwohl er auf Betreiben des Mannheimer Kirchengemeinderats und trotz der Fürsprache seiner Gemeinde 1895 von Mannheim nach Hornberg strafversetzt worden war,[726] wurde Lehmann im November 1911 erneut in Mannheim – diesmal als Pfarrer des Arbeiterbezirks Neckarstadt – gewählt.[727] Sein Einsatz für die sozialen Nöte der Arbeiterschaft wurde von der Kirchenleitung nicht gefördert, allerdings auch nicht aktiv bekämpft: Als Lehmann im Juni 1912 während eines Streiks in der Friedrichs-

---

716 Kuhlemann: *Kultur*, 101.
717 Vgl. Kap. 1.1., Anm. 39.
718 Vgl. Kap. 1.1., Anm. 40.
719 Vgl. Kap. 1.1., Anm. 41.
720 Vgl. Kap. 1.1., Anm. 42.
721 Vgl. Lorenz: *Arbeiterbewegung*, 124–171; Wennemuth: *Geschichte*, 217–307.
722 Vgl. Lorenz: *Arbeiterbewegung*, 73–75.
723 Vgl. Lorenz: *Lehmann,* 304.
724 Vgl. LKA Karlsruhe PA 506; Lorenz: *Arbeiterbewegung*, 84.
725 Vgl. Lorenz: *Arbeiterbewegung*, 266.
726 Vgl. a.a.O., 43–47.
727 Vgl. a.a.O., 87.

felder Steinzeugwarenfabrik öffentlich für die Arbeiter Partei ergriff und der Verband Südwestdeutscher Industrieller – dessen Vorsitzender der Leiter der Friedrichsfelder Fabrik war – sich daraufhin beim Oberkirchenrat über ihn beschwerte,[728] nahm die Kirchenleitung eine vermittelnde Position ein. Disziplinarische Maßnahmen gegen Lehmann wurden mit dem Verweis auf dessen staatsbürgerliche Rechte abgelehnt.[729] Gleichzeitig wurde Lehmann aber ermahnt, seine private Meinung künftig nicht mehr „mit der Beifügung evangelischer Pfarrer“ zu unterzeichnen, da auf diese „Weise die amtliche Stellung auch mit in den Streit hineingezogen“[730] werde.

Die „weitgehende und schwer begreifliche Zurückhaltung“[731] der Kirchenleitung hatte vor allem das Ziel der Konfliktentschärfung.[732] Im Gegensatz zu späteren Jahren wurde das Recht eines Geistlichen zur politischen Tä-

---

[728] Im Juni 1912 waren die Friedrichsfelder Arbeiter in Streik getreten, nachdem die Fabrikleitung Lohnforderungen der Gewerkschaften mit der Begründung abgelehnt hatte, man verhandle nur innerhalb des Betriebes mit den eigenen Arbeitern. Lehmann hatte am 2. Juni 1912 im „Badischen Landesboten“ die Schuld für den Streik daraufhin bei der Fabrikleitung gesucht, die sich mit ihrer Weigerung „mit einer fast naiven Selbstverständlichkeit“ als „Herr im Hause“ generiere. Der Verband Südwestdeutscher Industrieller klagte daraufhin, es dürfe nicht sein, dass „in letzter Zeit gerade evangelische Pastoren es als ihre Aufgabe zu betrachten scheinen, in schwebende Arbeitskämpfe einzugreifen, und dazu oft nicht einmal in streng objektiver Weise, sondern häufig einseitig zur Unterstützung der ‚wirtschaftlich Schwächeren‘, nämlich der Arbeitnehmer.“ Lehmann habe als Geistlicher die Pflicht, „über den Parteien zu stehen und einigend, nicht trennend zu wirken“. Seine Äußerungen zeugten „von einer bedauerlichen Unkenntnis unserer wirtschaftlichen und industriellen Verhältnisse“ und ließen „ein Verständnis für die Möglichkeiten und Notwendigkeiten unserer industriellen Weiterentwicklung vermissen“. LKA Karlsruhe PA 1527. Zitiert nach LORENZ: *Arbeiterbewegung*, 264.266f.

[729] Vgl. Helbing an den Verband Südwestdeutscher Industrieller, Karlsruhe, 8. September 1912, in: LKA Karlsruhe, PA 1527. Dagegen klagte Schmitthenner in einem privaten Schreiben vom 22. November 1912 gegenüber Großherzogin Luise über Lehmanns in Druck gegebene Predigten zugunsten des Streiks der Arbeiter in der Friedrichsfelder Fabrik, weil sie die Situation erheblich verschärft hätten. Vgl. Schmitthenner an Luise von Baden, Karlsruhe, 12. November 1912, in: GLA Karlsruhe FA Zugang 2012–4, Nr. 2498.

[730] EOK an Lehmann, Karlsruhe, 18. September 1912, in: LKA Karlsruhe PA 1527. Der „Volksfreund“ als Parteiorgan der SPD kommentierte am 12. Oktober 1912 bissig: „Das heißt mit anderen Worten, die Geistlichen sollen sich in ihrer Eigenschaft als Pfarrer bei Lohnstreitigkeiten ja nicht auf die Seite der Arbeiter stellen, damit dem hohen Kirchenrat keine Unannehmlichkeiten erwachsen […]. Wir glauben, wenn der Stifter der evangelischen Religion heute noch leben würde, würde er eine andere Antwort gegeben haben wie der Oberkirchenrat.“ Zitiert nach LORENZ: *Arbeiterbewegung*, 90.

[731] „Badischer Landesbote“ vom 15. Oktober 1912. Zitiert nach: ebd.

[732] Lorenz sieht den Grund für diese Strategie in dem Umstand, dass dieses Ziel vor 1914, als es in Baden nur wenige industrielle Zentren und damit kaum Konfliktpotential gegeben habe, im Einzelfall noch möglich gewesen sei. Vgl. a.a.O., 92.

tigkeit weitgehend respektiert, solange dessen Amtspflichten nicht beeinträchtigt schienen.[733]
Im September 1912 führte Schmitthenner als zuständiger Beauftragter des Oberkirchenrats eine Kirchenvisitation an der Lutherkirche durch.[734] Im Visitationsbericht hieß es über Lehmann durchaus wohlwollend:

> „Sein Auftreten am Altar ist würdig und ernst. Auf der Kanzel würde eine etwas ruhigere Körperhaltung auch dem Eindruck der Predigt zu gute kommen. Die Predigt [...] brachte in klarer, verständlicher u[nd] umfassender, aber in einem Teil der Ausführungen offenkundige Spitzen herauskehrend, die Auffassungen des Verfassers über die Bedeutung und den Wert einer rechten Kirchenvisitation, wobei die Gedanken des Predigers über die zukünftige Gestaltung der Kirche und ihrer Gemeinden deutlich spüren ließen, wie mangelhaft ihm die derzeitigen Entwicklungen erscheinen. Der tiefe Ernst, der über der Predigt lag, ist jedenfalls anzuerkennen.“[735]

In der Mannheimer Presse wurde der Prälat für seinen „eingehenden, durch Wärme des Tones und freundliche Besorgtheit für die Interessen der Gemeinde zu Herzen gehenden Bericht“[736] vor der Gemeindeversammlung gelobt. Schmitthenner wurde mit den Worten zitiert, er „fühle sich reichlich belohnt durch die freundlichen Eindrücke, die er [...] empfangen habe. Der innerliche Ernst und die Treue, mit der man hier zu der ganzen Sache stehe, hätten ihn froh gemacht.“[737]

Auch zehn Jahre später – im September 1922 – führte Schmitthenner die Kirchenvisitation an der Lutherkirche ohne Beanstandungen gegen die Person Ernst Josef Lehmanns durch.[738] 1914 beantragte Lehmann dann allerdings selbst vor der Generalsynode die Einleitung eines Disziplinarverfahrens gegen seine Person, um gegen die „Willkür einer nur behördlichen Maßregelung“[739] besser geschützt zu sein. Lehmann kritisierte die Einrichtung der Mannheimer Stadtvikariate und vertrat die Auffassung, man könne nicht behaupten, dass „die Oberkirchenbehörde sich große Mühe gäbe, ihre Vikarsbe-

---

733 Vgl. Helbings Stellungnahme zur Beschwerde des Verbandes Südwestdeutscher Industrieller über Lehmann vom 8. September 1912, in: LKA Karlsruhe, PA 1527.

734 Am Freitag, 20. September 1912, begann die Visitation mit einem Durchgang durch die pfarramtlichen Berichte. Am Sonntag, 22. September, folgte ein Gottesdienstbesuch in der Lutherkirche mit einer Predigt Lehmanns, anschließend ein Besuch des Kindergottesdienstes, um 18 Uhr dann der Besuch des Abendgottesdienstes in der Konkordienkirche, gehalten jeweils von einem der beiden Stadtvikare Seufert und Fehrle. Um auch die Christenlehre besuchen zu können, wurde diese auf 9 Uhr vorverlegt. Am Nachmittag stand noch die Prüfung der Pfarramtsregistratur auf dem Programm. Am Montag, 23. September 1912, tagte abends um 19 Uhr schließlich noch die Kirchengemeindeversammlung. Vgl. LKA Karlsruhe SpA 6743.

735 Vgl. ebd.

736 So das „Mannheimer Tagblatt“ vom 24. September 1912, in: LKA Karlsruhe SpA 6743.

737 Ebd.

738 Vgl. LKA Karlsruhe SpA 6743.

739 VGS 1914, 125.

rufungen mit den jeweils vorhandenen Gemeindebedürfnissen in Einklang zu bringen […].“[740] Die Kritik sorgte in der Kirchenleitung deshalb für Unmut, weil Lehmanns Wünsche hinsichtlich der Besetzung seiner eigenen Vikarsstelle in den Vorjahren jeweils erfüllt worden waren.[741] Darüber hinaus seien die öffentlichen Ausführungen Lehmanns dazu geeignet, das Ansehen der Mannheimer Vikare insgesamt in den Augen der Gemeinde nachhaltig herabzusetzen.[742] Schmitthenner selbst war als ehemaliger Vikar in den Neckargärten mit der Mannheimer Situation vertraut, so dass ihm die geschilderten Probleme „nicht neu, aber immerhin erwägenswert“[743] erschienen. Lehmanns Antrag auf Einleitung eines Verfahrens wurde von der Generalsynode abgelehnt, weil der Oberkirchenrat kraft seiner Dienstaufsichtsbefugnis zu einer dienstlichen Rüge auch ohne Einleitung eines förmlichen Disziplinarverfahrens befugt sei.[744] Bereits im November 1910 hatte Schmitthenner mit den Mannheimer Pfarrern und Vikaren Gespräche über die schwierigen Verhältnisse geführt und die Pfarrer eigens dazu aufgefordert, „ihren Vikaren stets in persönlicher Anteilnahme an ihrem Wirken und Ergehen und mit freundlicher Beratung und Anleitung zur Seite [zu] stehen.“[745] Umgekehrt waren die Stadtvikare ermahnt worden, sich an den gemeindlichen Veranstaltungen stärker zu beteiligen und ohne die Zustimmung ihrer Vorgesetzten keine neuen Einrichtungen zu treffen: „Keinesfalls dürfen durch nebenamtliche Unternehmungen kirchliche Pflichten beeinträchtigt werden. Jedes selbständige Auftreten eines Stadtvikars in politischen und kirchenpolitischen Fragen muss im Hinblick auf seine nur vorübergehende Stellung in der Gemeinde als bedenklich und unzulässig erscheinen.“[746]

5.2.4.2. Erwin Eckert

Noch auffälliger ist Schmitthenners wohlwollende Haltung – trotz inhaltlicher Kontroversen – im Fall von Erwin Eckert. Der 1893 geborene Eckert hatte seine Jugend in der Mannheimer Neckarstadt verbracht, war seit 1911 SPD-Mitglied und kam als radikaler Pazifist aus dem Weltkrieg zurück. In seiner Meersburger Zeit 1922–1927 gründete er auf zwei Tagungen 1924 zunächst die „Arbeitsgemeinschaft“, 1926 schließlich den „Bund der Religiösen Sozialisten“.[747] 1931 wurde er aufgrund seiner politischen Agitation so-

[740] So Lehmann in einem Artikel „Über die Mannheimer Stadtvikariate“ in den „Volkskirchlichen Blättern“ vom 6. Februar 1914, 2f. Zitiert nach: VGS 1914, 126.
[741] Vgl. zur Besetzung des – gleichzeitig mit Lehmanns Dienstantritt 1911 eingerichteten – Stadtvikariats an der Lutherkirche NEU I, 188.
[742] VGS 1914, 132.
[743] A.a.O.,125.
[744] VGS 1914, 131.
[745] LKA Karlsruhe SpA 6743.
[746] Ebd.
[747] Vgl. zur Terminologie SCHWINGE: *Geschichte*, 333.

wohl aus der SPD ausgeschlossen als auch aus dem badischen Kirchendienst entlassen.[748] Bereits im Dezember 1919 hatte er in seinem Lebenslauf an den EOK seine Motivation für das Theologiestudium skizziert:

> „Wenn ich sah, daß die aufgeklärte, gebildete Jugend über Gott spottete oder gleichgültig erhaben witzelte, tat mir das Herz weh. [W]enn ich sah, wie die Reichen und Einflussreichen sich auf ihre Ersatzkulte, ihre Ästhetik und Lebenskunst so viel zu Gute hielten, sagte ich ihnen im Stillen den Kampf an. [U]nd wenn ich sah, wie die arbeitslose nachahmende Masse immer weiter weg von ihrer Menschenursprünglichkeit und ihrem Recht auf Gottes Kindschaft gerissen wurde durch die materialistische Wirtschafts–, Staats– und Weltauffassung, dann wollte ich ihnen helfen, den Elenden, Armen, die Gott brauchen und ihn nicht ahnen können, Gott predigen, den Kranken, Verkommenen und unter der Ungerechtigkeit des gegenwärtigen Lebens Seufzenden den Heiland Jesus Christus."[749]

Die Anfänge des in Baden berüchtigten „Falles Erwin Eckert" liegen mit dem 17. Mai 1925 – als dem Meersburger Diasporapfarrer wegen seiner Agitation gegen die Wahl Paul Hindenburgs zum Reichspräsidenten vom badischen Kirchenpräsidenten Klaus Wurth ein erster Verweis erteilt wurde[750] – nach Schmitthenners Emeritierung.[751] Bis dahin, „in der ersten Periode der Weimarer Republik, der revolutionären und gegenrevolutionären Nachkriegskrise von 1918 bis 1923, [kam es] zu keinen Zusammenstößen zwischen Eckert und seiner Kirchenleitung,"[752] obwohl dieser mit seinen politischen Überzeugungen nie hinter dem Berg gehalten hatte. Auch 1925 reagierte er auf die Haltung des Kirchenpräsidenten mit einer scharfen Polemik gegen jene, „die sich Präsidenten und Prälaten nennen, in Wahrheit aber die Zerstörer der Kirchen sind."[753]

Als Eckert sich nicht an den Erlass des EOK vom 1. Juni 1926 hielt, sich jeder öffentlichen Stellungnahme für die Fürstenenteignung zu enthalten, wurde ihm mit Bescheid vom 7. August 1926 eröffnet, sein Verhalten stehe im Widerspruch zu seinem Ordinationsgelübde, das ausdrücklich besage, „dass der Ordinand die Anordnungen seiner vorgesetzten Behörde befolgen wolle. Glaubt er, solches mit seinem Gewissen nicht vereinbaren zu können, so bleibt ihm nur übrig, seine vorgesetzte Behörde darum zu bitten, dass sie ihn von dieser Verpflichtung befreie und, wenn diese seinem Antrag nicht entspreche, sein Amt aufzugeben."[754]

---

748 Vgl. LORENZ: *Arbeiterbewegung*, 150–156.

749 LKA Karlsruhe PA 1052. Zitiert nach: BALZER: *Protestantismus*, 23.

750 Vgl. RITTER: *Eckert*, 512.

751 In allen Prozessen der kirchlichen Disziplinargerichtsbarkeit gegen Eckert war dessen Verteidiger wiederum Eduard Dietz. Als Theologe vertrat ihn Heinz Kappes. Vgl. BALZER: *Protestantismus*, 39; HUNKEL: *Dietz*, 73f.

752 BALZER: *Protestantismus*, 33.

753 „Die Reichspräsidentenwahl", in: „Sonntagsblatt des arbeitenden Volkes" Nr. 18 vom 3. Mai 1925, 27. Zitiert nach: BALZER: *Protestantismus*, 35.

754 Zitiert nach der Anklageschrift Oberkirchenrat Otto Friedrichs im „Fall Eckert" vom 7. Mai 1931, in: BALZER: *Protestantismus*, 35.

Der im Umgang mit Ernst Lehmann noch geübte Grundsatz, dass die staatsbürgerlichen Rechte eines Geistlichen von seinem Amt nicht berührt seien, galt nun nicht mehr.[755] Aber während gegen Pfarrer, die sich wie Eckert für die Fürstenenteignung aussprachen, seitens der Kirchenleitung der „reine, unverhüllte Terror"[756] tobte, schlug Schmitthenner deutlich mildere Töne an. Im Frühjahr 1926 kritisierte er Eckert zwar wegen dessen Vorträgen zugunsten der Fürstenenteignung und warf ihm vor, er habe es an Gerechtigkeitsgefühl gegenüber der großherzoglichen Familie mangeln lassen.[757] Trotzdem hielt er dem Jüngeren aber dessen Idealismus ausdrücklich zugute. Es sei „mir ja klargeworden, dass Sie gar nicht anders konnten, als ihrem inneren Drange zu folgen und Ihre sozialistischen Ideen zu propagieren […]."[758] Weiter heißt es in dem Brief:

> „Ich *musste* Ihnen dies sagen, aus der schmerzlichen Enttäuschung heraus, die mir Ihr Auftreten bereitete – auch auf die Gefahr hin, daß Sie nun die freundlichen Beziehungen, die ich zu Ihrem Haus bekam, als zerbrochen ansehen. Vor den Gedanken, die sie mir damals entwickelten, konnte ich Achtung haben, wenn ich auch persönlich ganz anders denke; jetzt haben Sie der Ungerechtigkeit das Wort geredet und Pflichten der Dankbarkeit mit Füßen getreten und dabei die Ihnen von Gott gegebene Gabe glänzender Rede und gewaltigen Einflusses auf die Menge nach meinem Empfinden missbraucht."[759]

Eckerts Antwort, die er sofort nach Erhalt von Schmitthenners Brief verfasste, hielt neben dem Gegensatz in der Sache ebenfalls deutlich den persönlichen Respekt zum emeritierten Prälaten fest. Der überzeugte religiöse Sozialist Eckert schrieb an den ebenso überzeugten Monarchisten Schmitthenner:

---

[755] Vgl. Kap. 5.2.4.1. Eckert wies aber bereits am 10. August 1926 darauf hin, er könne in seinem Ordinationsgelübde keine Verpflichtung erkennen, „dem Oberkirchenrat auch dann gehorsam zu sein, wenn seine Erlasse und Verordnungen sich nicht mit meinen amtlichen Aufgaben, sondern mit meiner politischen Überzeugung […] beschäftigen. Ich werde keinem Erlass gehorsam sein, der […] meine persönliche Freiheit als Staatsbürger in Frage stellt und mich zu einer Ansicht zwingen will, […] die nach meiner Überzeugung sich nicht aus dem Evangelium begründen lässt." BALZER: *Protestantismus*, 35.

[756] So Martin Rade in einem Artikel über „Volksentscheid und Kirche", in: CW 40 (1926), 547.

[757] Vgl. Schmitthenner an Eckert, Karlsruhe, 10. Februar 1926 (Abschrift), in: GLA Karlsruhe FA N Max von Baden, Nr. 1872. Dieser und die folgenden Briefe wurden von Schmitthenner zur Kenntnisnahme an Max von Baden geschickt, wozu Eckert seine Zustimmung gegeben hatte. Auf Fürsprache Schmitthenners hin hatte Eckert in einem Nebengebäude des Schlosses Kirchberg eine Ferienunterkunft für die Jugendarbeit einrichten dürfen, was für jenen die Ursache für den Vorwurf der Undankbarkeit und Illoyalität dem Prinzen gegenüber gewesen war. Vgl. Eckert an Schmitthenner, Meersburg, 6. März 1926, in: GLA Karlsruhe FA N Max von Baden, Nr. 1872.

[758] Schmitthenner an Eckert, Karlsruhe, 10. Februar 1926 (Abschrift), in: ebd.

[759] GLA Karlsruhe FA N Max von Baden, Nr. 1872.

> „Ich habe Sie, Herr Prälat, bisher immer wie einen väterlichen Freund in Erinnerung getragen und mir durch keine Kritik anderer an Ihnen dieses innere Zutrauen verschütten lassen; ich möchte auch fernerhin nicht ohne persönlichen Kontakt mit Ihnen sein. Das setzt aber voraus, dass ich Sie zu verstehen suche […]; setzt aber auch voraus, dass Sie von mir nicht annehmen, daß ich Unrecht tue, wo ich dankbar sein sollte."[760]

Eckert sparte nicht mit deutlichen Worten, wenn es um die Darlegung seiner Überzeugung ging,

> „daß die Fürsten ihren Grundbesitz, ihre Schlösser und Barmittel zu Unrecht besitzen und zu vermehren suchen […]. Weder die Mainau, noch Salem, noch Birnau, noch Kirchberg noch die Forsten und Felder sind zu *Recht* von den bad[ischen] Fürsten als Besitz in Anspruch genommen worden; ganz zu schweigen von dem Besitz der anderen Fürstenhäuser in Deutschland, die sich zu Unrecht auf ihr Recht berufen. […] Ich wundere mich, wie Sie sich zu einem Schützer des ‚Privateigentums' der Fürsten aufwerfen können, da Sie genau wissen müssen, wie dieser Privatbesitz zu Stande gekommen ist. Es wäre Pflicht der Fürsten gewesen[,] 1918 auf die Länder und Schlösser zu verzichten, die sie sich aufgrund ihrer politischen Machtstellung als ‚Privatbesitz' aneignen konnten."[761]

Er, so Eckert, werde „die freie Zeit, die mir bei meinem Amte bleibt[,] dazu benützen, überall da zu reden für die Enteignung der Fürsten, wohin man mich ruft."[762] Durch die Art, wie er diesen Kampf führe, hoffe er, „die Verbitterung gegen die Personen der Fürstenhäuser, die riesengroß ist, zu besänftigen und den Kampf sachlich zu neutralisieren."[763] Wiederum machte Schmitthenner in seiner Antwort, mit der er beinahe eine Woche lang gezögert hatte, keinen Hehl aus „der sachlichen Unmöglichkeit, mich mit Ihnen in der schwebenden Frage zu verständigen, […] wenn ich Ihnen auch gern […] zubillige, dass Sie ein ehrlicher Kämpfer für Ihre Überzeugung sind."[764] Abermals schließt der Brief, trotz der Erinnerung an Eckerts „mir s[einer] Z[eit] gegebenes Versprechen", keine „Propaganda in die Gemeinde hineinzutragen",[765] mit dem

> „herzliche[n] Verlangen, die Fühlung mit Ihnen aufrecht zu erhalten, ein[em] Wunsch, der ja auch durch Ihren Brief hindurch klingt. Ich glaube auch wirklich, den Ton des väterlichen Freundes nicht verleugnet zu haben […]. Lassen Sie mich […] schließen mit einem freundlichen Gruß an Sie und die Ihrigen, um das wieder zum Ausdruck zu bringen, daß unser Gegensatz ein rein sachlicher ist."[766]

---

760 Eckert an Schmitthenner, Meersburg, 12. Februar 1926 (Abschrift), in: GLA Karlsruhe FA N Max von Baden, Nr. 1872.
761 Ebd.
762 Ebd.
763 Ebd.
764 Schmitthenner an Eckert, Karlsruhe, 19. Februar 1926 (Abschrift), in: ebd.
765 Ebd.
766 Ebd.

Max von Baden klagte gegenüber Schmitthenner über Eckert:

> „Pfarrer Eckert ist so lange inkonsequent, als er sich nicht zum Kommunismus öffentlich bekennt. Zu verschiedenen Zeiten hat es kommunistische Bewegungen gegeben, die sich vom Christentum herleiteten. [...] Aber die Lehre Christi enthält auch genug Elemente, die den Staat gegen den Umsturz in Schutz nehmen [...]. Die Weimarer Verfassung hat den Fürsten ausdrücklich ihr Staatsbürgerrecht nicht beschränkt [...]. Es geht daher nicht an, heute ein Sonderrecht für sie zu schaffen. Der Volkswille darf nicht dem Recht in den Arm fallen, auch nicht in den Staatsrechtsfragen, sonst übt er Tyrannei."[767]
>
> „Ich kann mir vorstellen, dass ein tiefreligiöser Mensch, von der Botschaft Jesu an die Armen überwältigt, Kommunist wird, und aus aufrichtiger Überzeugung den Umsturz der gegenwärtigen Besitzverhältnisse predigt, d[as] h[eißt] entschädigungslose Enteignung all derer, die mehr als das Notwendige besitzen. [...] Herr Pfarrer Eckert aber beteiligt sich heute an einer Agitation, die ein Ausnahmegesetz herbeiführen will, um eine bestimmte Gruppe von Besitzenden zu enteignen und zu entrechten. Ich habe mich vergeblich bemüht, irgendeine ethische, religiöse, ja überhaupt nur grundsätzliche Rechtfertigung dieser Beschränkung zu finden [...]. Wer an die Würde der Demokratie glaubt, sollte seine Mitbürger vielmehr auffordern, bei einem Volksbegehren nur das zu unterschreiben, was jeder einzelne für recht hält und von dem er wünscht, das es geschieht."[768]

Der Briefwechsel zwischen Eckert und Schmitthenner ist möglicherweise ein Hinweis darauf, warum Eckert bis 1923 – dem Jahr des Eintritts Schmitthenners in den Ruhestand – nicht mit dienstlichen Konsequenzen für seine politische Haltung rechnen musste. Schmitthenner gewichtete seine persönliche Sympathie für die Person höher als die politischen Differenzen. Unbestritten war für den Seelsorger des großherzoglichen Hauses aber auch, dass der politisch unbequeme Eckert nicht in seiner Diasporagemeinde Meersburg bleiben könne.[769] Die Mitglieder des badischen Fürstenhauses sollten von ihnen genehmen Geistlichen pastoriert werden.[770]

---

767 Max von Baden an Schmitthenner, Salem, 20. März 1926 (nicht abgeschickt), in: GLA Karlsruhe FA N Max von Baden, Nr. 1872.

768 Max von Baden an Schmitthenner, Salem, 26. März 1926, in: ebd.

769 Vgl. Schmitthenner an Max von Baden, Karlsruhe, 2. April 1926, in: ebd.

770 Für das badische Fürstenhaus war das Ergebnis des Volksentscheids vom 20. Juni 1926 – der trotz 14,5 Millionen Ja-Stimmen nur deshalb scheiterte, weil die Reichsregierung das entsprechende Gesetz auf Verlangen des Reichspräsidenten für verfassungsändernd erklärt hatte, so dass eine absolute Mehrheit für einen Erfolg notwendig gewesen wäre – ein Schock. Im Amtsbezirk Überlingen, in dem sowohl Schloss Salem als auch Meersburg lagen, stimmte fast die Hälfte der Stimmberechtigten für die Enteignung. Max von Baden klagte bitter über die demagogische Kurzsichtigkeit, mit der die Fürstenenteignung vorangetrieben worden war. Das Ergebnis zerstörte nachhaltig das bis dahin gepflegte Ideal der Anhänglichkeit des badischen Volkes an die Dynastie der Zähringer. Vgl. BÜTTNER: *Weimar*, 376; MACHTAN: *Prinz*, 509.

5.2.4.3. Heinz Kappes und Theodor Steltz

Der wie Eckert 1893 geborene Heinz Kappes war 1914 freiwillig Kriegsteilnehmer geworden.[771] Als hochdekorierter Frontoffizier kehrte er in die Heimat zurück. Wie Eckert machte ihn das Kriegserlebnis zum überzeugten Pazifisten. Als Vikar wurde Kappes 1919 zunächst in Pforzheim-Brötzingen, 1920 dann in Mannheim an der Lutherkirche eingesetzt. Im März 1922 wandte er sich mit der Bitte an Schmitthenner, von dort auf eine weniger arbeitsintensive Stelle versetzt zu werden, da er aufgrund eines in der Somme-Schlacht 1916 erlittenen Nackenschusses gesundheitlich stark angeschlagen sei. Am 28. März 1922 führte er in Karlsruhe ein persönliches Gespräch mit dem Prälaten. Dessen Versuche, Kappes zunächst nach Wertheim, dann auf den Heuberg bei Stetten zu versetzen, scheiterten aber.[772] Kappes wurde schließlich Vikar bei Ernst Fischer an der Karlsruher Schlosspfarrei und übernahm anschließend die neu geschaffene Stelle als Jugendpfarrer. Bereits 1922 war er den Religiösen Sozialisten, 1924 auch der SPD beigetreten.

Der Kaufmannssohn Steltz, seit 1913 Pfarrer in der Bauerngemeinde Neunstetten, erlebte den Weltkrieg und die Novemberrevolution 1918 als „Bekehrung“[773] zum Sozialismus. 1919 trat er auf Anregung von Eduard Dietz in die SPD ein und wirkte als beliebter Redner auf politischen Versammlungen.[774] Seine Bewerbungen auf eine Pfarrstelle in einer der nordbadischen Großstädte wurden von Präsident Uibel immer wieder abgelehnt.[775] Im „Christlichen Volksblatt“ veröffentlichte Steltz am 30. Januar 1921 einen „[o]ffenen Brief an die evangelische Kirchenregierung Badens“, in dem er nach der sittlichen Berechtigung des Zinses als Kapitalrente fragte: „Hier muss jetzt die Kirche einsetzen. Keinerlei Rücksichten auf bestimmte treue Kreise oder eigene Vorteile dürfen sie abhalten, ein offenes Bekenntnis abzulegen, wie an diesem Punkt das christliche Gewissen […] urteilt.“[776] Eine offizielle Stellungnahme der Kirchenleitung erging nicht. Am 20. Februar 1921 hieß es aber im „Christlichen Volksblatt“ als Antwort auf Steltz Brief:

> „Die Kirche hat zweifellos nur die Aufgabe, die religiös-sittlichen Maßstäbe für die Beurteilung des ganzen Volkslebens in Handel und Verkehr und im sozialen Leben zu verkündigen: Sie ist gar nicht dazu berufen, eine rein private oder rein kommunistische Wirtschaft aufzuheben oder einzuführen. Die eine wie die andere kann mammonistisch sein.“[777]

---

771 Vgl. BALZER: *Kappes*, 10–14.

772 Vgl. Schmitthenner an Kappes, Karlsruhe, 31. März 1922, in: LKA Karlsruhe PA 6223.

773 Steltz an Uibel, Neunstetten, 24. September 1919, in: LKA Karlsruhe PA 4082.

774 Vgl. LORENZ: *Arbeiterbewegung*, 126.

775 Vgl. Uibel an Steltz, Karlsruhe, 19. September 1919, in: LKA Karlsruhe PA 4082.

776 Zitiert nach: LORENZ: *Arbeiterbewegung*, 130.

777 Zitiert nach: a.a.O., 130f.

In seinem Brief an den Präsidenten bemühte sich Steltz entschieden um eine theologische Rechtfertigung seiner Kritik, in dem er einen ursächlichen Zusammenhang zwischen der Erbsündenlehre und dem Kapitalismus herstellte. Der „moderne Kapitalismus“ sei eine „Sündenmacht“ und damit „derselbe Feind [...], den Jesus mit dem Namen Mammon bezeichnete [..].“[778] Diese müsse „schleunigst auf dem von Marx gewiesenen Wege abgebaut werden“, sonst gehe „die Menschheit und die Christenheit daran zu Grund.“[779] Als Berichterstatter einer Tagung der Religiös-Sozialen 1920 in Marburg schrieb er von der „tiefste[n] Nötigung für uns als Christen, uns am Klassenkampf zu beteiligen“,[780] um einen wahren Völkerfrieden zu erreichen. In einem offenen Brief an Oberkirchenrat Theodor Friedrich Mayer – der zugleich mit seinem Kirchenamt Abgeordneter der badischen DNVP war – warf er dessen Partei vor, das Christentum als „Etikette oder sogar als Köder beim Stimmenfang“[781] zu missbrauchen. Steltz warb entschieden für eine umfangreiche Demokratisierung der Landeskirche und kritisierte den Pfarrerstand, der von Amts wegen auf die Seite der Monarchie gehört habe.[782] Auch er wurde aus der SPD ausgeschlossen, nachdem er sich aus Protest gegen deren gescheiterte Sozialpolitik 1925 öffentlich der Stimme für die Reichspräsidentenwahlen enthielt. Seine Bekehrung seit 1918 zu einem radikalen Antiliberalismus ließen ihn nach der Abwendung von der Sozialdemokratie ab etwa 1930 mit der NSAP sympathisieren, ohne dass er jedoch in die Partei eintrat.[783]

1920 wurde mit Ruben Fink ein Arbeiterpfarrer nach Mannheim berufen, der durch die Wiederbelebung der evangelischen Arbeitervereine den sozialdemokratischen Einfluss begrenzen sollte.[784] Die unterbadischen evangelischen Arbeitervereine sollten der Kontrolle von Pfarrern wie Rohde oder Lehmann entzogen werden.[785] Gegenüber dem Führer der KPV und späteren Kirchenpräsidenten Klaus Wurth hatte Uibel schon im Vorfeld verfassunggebenden Synode 1919 darauf hingewiesen, die „revolutionäre Flut“[786] der Sozialdemokratie in die Kirche müsse eingedämmt werden.

---

778 So in einem Artikel über „Mammonismus und Kapitalismus“ im „Christlichen Volksblatt“ vom 24. April 1921, 2. Zitiert nach LORENZ: *Arbeiterbewegung*, 131f.

779 Steltz an Uibel, 24. September 1919, in: LKA Karlsruhe PA 4082.

780 „Bekehrung zum Sozialismus“ im „Christlichen Volksblatt“ vom 15. Mai 1921, 3. Zitiert nach LORENZ: *Arbeiterbewegung*, 134f.

781 „Christliches Volksblatt“ vom 24. Juli 1921. Zitiert nach LORENZ: *Arbeiterbewegung*, 138.

782 Vgl. „Der innere Aufbau der Volkskirche“, erschienen im „Christlichen Volksblatt“ am 1. September und am 15. Oktober 1919. Vgl. LORENZ: *Arbeiterbewegung*, 142.

783 Vgl. die Überlegungen zu Steltz′ politischer Diskontinuität aufgrund der persönlichen Kontinuität seiner antibürgerlichen Überzeugungen nach dem Zusammenbrechen der heilen bürgerlichen Welt im Weltkrieg bei LORENZ: *Arbeiterbewegung*, 148–150.

784 Vgl. LORENZ: *Arbeiterbewegung*, 203–205.

785 Vgl. a.a.O., 202.

786 Uibel an Wurth, Karlsruhe, 10. April 1919, in: LKA Karlsruhe GA 4656. Vgl. LORENZ: *Arbeiterbewegung*, 201.

Auch Wurth war 1922 – trotz der „paar sozialistischen Pfarrer“ – überzeugt: „Der Sozialismus der Gegenwart hat kaum eine christliche Ader, geschweige denn christliches Herzblut.“[787]

5.2.5. Gezielte Förderung

5.2.5.1. Hermann Maas

Wie Erwin Eckert bekam nach Schmitthenners Eintritt in den Ruhestand mit Hermann Maas ein weiterer badischer Pfarrer den Druck der badischen Kirchenregierung unter ihrem positiven Präsidenten Klaus Wurth zu spüren. Als Pfarrer an der Heidelberger Heiliggeistkirche stand Maas der untergegangenen Monarchie durchaus positiv gegenüber.[788] Trotzdem nahm er als evangelischer Pfarrer am 5. März 1925 an der Bestattung des verstorbenen Reichspräsidenten Friedrich Ebert (1871–1925) teil und hielt auf Wunsch der Witwe eine kurze Ansprache – in Amtstracht, aber ohne kirchliche Bestattungsagende – am Grab auf dem Heidelberger Bergfriedhof. Er würdigte Ebert als einen Mann, der „der sein Leben lang sein Kreuz“ getragen habe und dabei seinen „Weg der Pflicht durch Enttäuschungen und Einsamkeiten“[789] hindurch gegangen sei. In der konservativen Presse wurde Maas daraufhin massiv attackiert.[790] Und auch der Kirchenpräsident erteilte ihm eine scharfe Rüge. Maas Argument, er habe die Tragweite des Falles nicht erkannt und vor allem als Pfarrer der Witwe seelsorgerischen Trost spenden wollen, ließ man nicht gelten.[791] Wurth hielt es für mit der „kirchl[ichen] Reinlichkeit“ unvereinbar, „einen aus seiner christl[ichen] [katholischen] Kirche Ausgeschiedenen zu beerdigen, wenn auch die Ehefrau der evang[elischen] Kirche nicht angehört, sondern ihr den Abschied gegeben“[792] habe. Maas habe mit seinem Vorgehen dem Vorwurf Vorschub geleistet, „die ev[angelische] Kirche sei sich als Totengräberin gut genug und wahre nicht ihre Ehre.“[793]
Dieser kommentierte daraufhin, es sei

---

787 KPBl 1922, 125. Im gleichen Beitrag heißt es: „Wenn in Rußland heute die Kindertaufe verboten wird – wahrscheinlich nicht die Beschneidung – und die Kleinodien der Kirche beschlagnahmt werden, so liegt das im Wesen des Sozialismus.“ A.a.O., 124. Vgl. als Fundort der Zitate MARGGRAF: *Finck*, 235f.

788 Vgl. ILGENSTEIN/KATTERFELD: *Friedrich*, 35.

789 Der von Maas an den EOK übersandte Text der Ansprache befindet sich in LKA Karlsruhe GA 3997.

790 Vgl. KELLER: *Versöhnung*, 35.

791 Vgl. Maas an Wurth, Heidelberg, 6. März 1925, in: LKA Karlsruhe GA 3997.

792 Wurth an Maas, Karlsruhe, 17. April 1925. Zitiert nach: KELLER: *Versöhnung*, 41.

793 A.a.O., 42.

„doch eigentlich zu betrübend und peinvoll, daß auf diese Weise eine von tiefem Leid getroffene Familie in den ersten Tagen der Trauer aus der Stille, die sie braucht, in die Öffentlichkeit gezerrt und – geschmäht wird. Denn im Grunde ist ja bei allen gegen mich gerichteten Artikeln der Reichspräsident gemeint. Es sollte aus dem Kreise der evangelischen Kirche kein gutes Wort über diesen Mann gesagt werden. Auch nicht nach seinem Tode. Nicht einmal ein schlichtes Wort des Trostes für die Angehörigen sollte sie übrig haben. Darum muß nun der Pfarrer angepackt werden, der ohne jede ostentative Absicht, einfach weil es unter den obwaltenden Umständen seine Pflicht war, dieses Trösteramt übernahm.“[794]

Gemeinsam mit dem Fall Eckert gehört die Kritik der Kirchenleitung an Maas zu den eher unrühmlichen Kapiteln der Geschichte der badischen Landeskirche.[795] Festgestellt werden muss wie im Fall Eckert aber auch für Hermann Maas, dass dieser bis zur Pensionierung Schmitthenners durchaus die Anerkennung und Protektion der badischen Kirchenleitung erhielt.

Die persönliche Beziehung zum Prälaten reichte bis zum 31. Oktober 1900 zurück, als Maas von Schmitthenner in der Freiburger Christuskirche ordiniert wurde.[796] 1903 nahm Maas als Pfarrverweser in Lörrach am 6. Zionistischen Weltkongress in Basel teil, begegnete dort Männern wie Theodor Herzl (1860–1904), Chaim Weizmann (1874–1952) und Martin Buber (1878–1965) und wurde zum überzeugten Zionisten.[797] Als Pfarrer im südbadischen Lauffen erhielt er im Sommer 1911 einen außerordentlich wohlwollenden Visitationsbericht, in dem der Prälat schrieb, er habe „Kenntnis genommen von der vorbildlichen Art, wie Sie in der Ihnen anvertrauten Gemeinde Ihres Amtes walten.“[798] Maas′ Predigten seien „fein durchgearbeitete Textauslegungen von anfassender großer Kraft“, denen man mit jedem Wort anmerke, „wie es ein Anliegen ist, zu den Herzen zu dringen und sie für den Herrn und seine Sache warm zu machen.“[799] Maas habe „ohne Zweifel damit der Gemeinde wirklich gedient.“[800] Ab 1913 fungierte Maas als Herausgeber der liberalen „Süddeutschen Blätter“, wurde 1914 erstmals für die Kirchlich-Liberale Vereinigung Mitglied der Generalsynode und nahm im August 1914 an der Gründungsversammlung des „Weltbundes für internationale

794 CW 1925, 324. Zitiert nach: KELLER: *Versöhnung*, 35f.

795 Eckert wurde 1999 von der badischen Landessynode rehabilitiert. Für den damaligen Landesbischof Ulrich Fischer gehörte zu den „wenigen badischen Pfarrer[n], die die Gefahr des immer weiter um sich greifenden Nationalsozialismus erkannten und sich vehement gegen diese politische und ›völkische‹ Kraft stellten.“ Fischer stellte fest: „In der Tat muss man konstatieren, dass auch die badische Kirchenleitung auf dem rechten Auge blind war, wenn sie die Agitation evangelischer Nationalsozialisten gewähren ließ, während sie andererseits mit aller Strenge und Wucht gegen Eckert vorging […].“ BALZER: *Protestantismus*, 13.

796 Vgl. KELLER: *Versöhnung*, 142.

797 Vgl. a.a.O., 26.

798 Amtlicher Bericht zur Pfarrvisitation in Lauffen vom 27. Juli 1911 in: LKA Karlsruhe PA 4350.

799 Ebd.

800 Ebd.

Freundschaftsarbeit der Kirchen“ in Konstanz teil, die aufgrund des Kriegsausbruchs abgebrochen werden musste.[801] 1915 wurde er auf die renommierte Erste Pfarrstelle an der Heidelberger Heiliggeistkirche gewählt. Am 20. Juli 1917 wurde er auf Antrag des Oberkirchenrats durch eine Verfügung des Stellvertretenden Generalkommandos des 14. Armeekorps vom Militärdienst zurückgestellt.[802] 1918 trat er in die DDP ein und war für zwei Wahlperioden Abgeordneter im Heidelberger Stadtrat. Für sein politisches Engagement wurde er in der konservativen Presse – wie auch Dekan Otto Schlier – als „glühender Verehrer der jüdischen Demokratie [und] Prediger der nationalen Selbstentmannung“[803] attackiert. In seiner Gemeinde war Maas sehr beliebt. 1922 kommentierte er im Visitationsbericht zu den kirchenpolitischen Spannungen in Heidelberg: „Die Leute haben keine Zeit und Lust, sich gegenseitig zu verketzern, weil sie wissen, daß es tausendmal nötiger ist, miteinander zu arbeiten. Nur wo die Gemeinden so stehen, kann der Friede in der Landeskirche geschaffen werden.“[804]

Im Frühjahr 1921 erhielt Maas eine Anfrage, an die Bonner Kreuzkirche zu wechseln. Die Heidelberger Kirchengemeinde versuchte daraufhin, ihn unter allen Umständen zu halten. Maas wandte sich zunächst mit der Bitte um einen seelsorgerlichen Rat an den Prälaten.[805] Dieser antwortete, er persönlich würde zwar Maas „Weggehen als einen schweren und schmerzlichen Verlust für unsere Landeskirche und Ihre derzeitige Gemeinde ansehen,“[806] trotzdem möge Maas seine eigene Entscheidung treffen und sich dabei „durch Winke und Weisungen leiten lassen, die Gott dem ernstlich Bittenden nicht versagt.“[807] Der Brief endete mit einer bedingungslosen Zusage:

„Können Sie bleiben, so wird unsere Freude und unser Dank groß sein. Müssen Sie gehen, so werden wir's stille hinnehmen[,] ohne Sie zu drängen zu anderem Entschluß u[nd] ohne es Ihnen nachzutragen.“[808]

[801] Vgl. dagegen Kap. 6.1., Anm. 1419.

[802] LKA Karlsruhe PA 4350.

[803] „Kirchenrevolution in Heidelberg“, Sonderdruck der „Süddeutschen Zeitung“ vom 7. März 1919, in: LKA Karlsruhe SpA 3777. Vgl. KELLER/THIERFELDER/MARGGRAF: *Leben*, 59.

[804] LKA Karlsruhe SpA 3777. Ein Bescheid zur Visitation von 1922 erging aufgrund der großen Arbeitsbelastung Schmitthenners bis zum Frühjahr 1923 nicht. Am 31. Dezember 1924 wurde in Absprache mit Dekan Schlier schließlich vollständig auf ihn verzichtet.

[805] Vgl. Maas an Schmitthenner, Heidelberg, 20. Februar 1921, in: LKA Karlsruhe PA 4350.

[806] Schmitthenner an Maas, Karlsruhe, 26. Februar 1921, in: LKA Karlsruhe NL Maas, Nr. 63/2.

[807] Ebd.

[808] Ebd.

Und auch auf offiziellem Weg ließ der Oberkirchenrat die Bonner Gemeinde wissen, dass man seitens der badischen Landeskirche den Weggang einer „hervorragende[n] Kraft“[809] wie Maas sehr bedauern würde. Dass Maas sich schließlich „nach schwerem inneren Kampfe zum Bleiben“[810] entschied, kann so nicht zuletzt als Resultat der Bemühungen Schmitthenners gesehen werden.

5.2.5.2. Wilhelm Ziegler

Als weiteres Beispiel eines badischen Pfarrers, der von Schmitthenner entschieden gefördert wurde, soll Wilhelm Ziegler[811] angeführt werden. Sein gleichnamiger Vater,[812] ein persönlicher Freund des Prälaten, war als Pfarrer in Lahr bei den Wahlen 1912 durch die Unterstützung des Zentrumskandidaten gegen den Kandidaten der Sozialdemokraten aufgefallen, weil er der Meinung gewesen war, „daß im *augenblicklichen* Kampf bei dem allgemeinen Zug nach links das Zentrum das kleinere Uebel“[813] bilde. 1915–1918 diente der ältere Ziegler als Feldpfarrer bei der 75. Reservedivision und wurde im April 1915 mit dem Eisernen Kreuz 2. Klasse ausgezeichnet. Am 8. Dezember 1918 setzte sich Schmitthenner persönlich beim evangelischen Feldpropst um Zieglers baldige Entlassung aus dem Militärdienst ein, besuchte wenige Tage später den Heimgekehrten in Lahr und begrüßte ihn auch seitens der Kirchenleitung „herzlich bei Ihrer Rückkehr aus dem Feld, aufrichtig dankbar für die unserem Vaterland während vier Jahren geleisteten ersprießlichen Dienste [...].“[814]

Der jüngere Ziegler wurde als eines von 14 Geschwistern aufgrund seiner besonderen Bedürftigkeit bereits im Studium durch ein Stipendium in Höhe von 100 Mark aus allgemeinen Kirchenmitteln gefördert. Im Gegenzug musste er sich verpflichten, nach dem Abschluss des Studiums für mindestens fünf Jahre in den Dienst der Landeskirche zu treten.

---

809 Schenck an Kirchengemeinde Bonn, Karlsruhe, 21. Februar 1921, in: LKA Karlsruhe PA 4350.

810 Maas an Schmitthenner, 28. Februar 1921, in: ebd.

811 Vgl. Kap. 3.2., Anm. 218.

812 Friedrich Wilhelm Ziegler (1870–1952), geb. am 28. Oktober 1870 in Niederweiler, Rez. 1894, Vikar in Dossenheim 1895, Heeresdienst 1895–1896, Heidelsheim, Bruchsal, Karlsruhe 1897, Trinitatisgemeinde Mannheim und Vereinsgeistlicher des Landesvereins für Innere Mission 1899, Pauluspfarrei Karlsruhe 1902, Pfarrer und Inspektor des Mutterhauses in Nonnenweier 1906, Erster Pfarrer an der Stiftskirche Lahr 1910, Militärdienst als Felddivisionspfarrer 1915–1918, Pfarrer in Hugsweier 1922, Direktor der Heil- und Pflegeanstalten Kork 1926–1931, Hausgeistlicher im Diakonissenhaus Karlsruhe 1938, gest. am 16. März 1952 in Baden-Baden. Vgl. NEU II, 689.

813 LKA Karlsruhe PA 1736.

814 Schmitthenner an Ziegler, Karlsruhe, 17. Dezember 1918, in: ebd.

Andernfalls sei der Betrag zurückzuerstatten.[815] Auch Heinrich Schmitthenner als zuständiger Dekan des Kirchenbezirks Lahr setzte sich für den jungen Theologen ein und erreichte für ihn eine Erleichterung der Studienbedingungen.[816] Am 2. November 1923 wurde Ziegler unter die Pfarrkandidaten der Landeskirche aufgenommen und am 11. November 1923 durch seinen Vater in Hugsweier ordiniert.[817] Um allerdings überhaupt eine Stelle zu erhalten, musste er zunächst ohne Gehalt als Vikar seines Vaters, der unter den Nachwirkungen des Krieges litt und mit der Arbeit in der Inneren Mission überlastet war, Dienst tun.[818] Im April 1924 war es eine der letzten Amtshandlungen des scheidenden Prälaten, ihn als Jugendpfarrer in das Kindererholungsheim Heuberg und zur Seelsorge in der Diasporagemeinde Stetten zu berufen.[819]

5.2.6. Umgang mit Gegnern

5.2.6.1. Otto Raupp

Die wohlwollende und beinahe väterliche Haltung auch gegenüber politisch unbequemen Pfarrern wie Lehmann, Eckert oder Maas scheint das Bild zu stützen, das in späteren Jahren von Schmitthenner gezeichnet wurde.[820] Allerdings gibt es Konflikte mit badischen Pfarrern, auf die dieser Befund kaum zutrifft. Zu nennen ist hier zum Beispiel Schmitthenners ehemaliger Freiburger Vikar Otto Raupp. Seit dem Eklat um dessen Bestreitung der Göttlichkeit Jesu im April 1893 war das Verhältnis der beiden Männer nachhaltig gespannt. Der „liberal–idealistische Zug“,[821] der ihm als Vikar in Freiburg bereits so große Schwierigkeiten gemacht hatte, sollte sich weiter durch Raupps Leben ziehen. Noch als 63jähriger kritisierte er im Jubiläumsjahr des Augsburger Bekenntnisses 1930 dessen „Bluttheologie“.[822] Und schon als junger Student hatte Raupp 1885 in seinem Lebenslauf für das Heidelberger Gymnasium angegeben, er habe sich für den Pfarrberuf entschieden, weil dieser

815 LKA Karlsruhe PA 1736.

816 Heinrich Schmitthenner an Ludwig Schmitthenner, Hugsweier, 9. Oktober 1920, in: ebd.

817 Vgl. die Mitteilung über Zieglers Teilnahme an der Ersten Theologischen Prüfung von Schmitthenner an Luise von Baden, Karlsruhe, 1. Oktober 1922, in: GLA Karlsruhe FA Zugang 2012–4, Nr. 2444.

818 Eine ähnliche Regelung gab es 1919 im Fall des Mannheimer Pfarrers Theodor Achtnich (1857–1928), dem Schmitthenner seinen Sohn Max Theodor Achtnich als Vikar an der Trinitatiskirche zuwies. Vgl. NEU II, 12.

819 LKA Karlsruhe PA 7295.

820 Vgl. LKA Karlsruhe PA 3243.

821 SCHNAITER: *Nachlass*, 318.

822 Ebd.

ihm „etwas Poetisches an sich zu haben“[823] schien. Als Sohn eines Pfarrers habe es ihn schon früher beeindruckt, „wenn ich sah, wie sich die Leute, um sich Rat zu holen, vertrauensvoll an den Pfarrer wandten und in erster Linie auch seinem Rat folgten.“[824] Auch die Aussicht, einen gut bezahlten akademischen Beruf auch auf dem Land ausüben zu können, habe ihn zu einem Theologiestudium bewogen.[825] Nachdem sein Verbleib in Freiburg 1895 schließlich unmöglich geworden war, wurde Raupp als Stadtvikar zunächst in Mannheim eingesetzt. 1898 konnte er als Pfarrverweser in Auggen ins Markgräflerland zurückkehren. 1899 erhielt er – als 32jähriger und nach immerhin zehn Jahren im Amt – seine erste Pfarrstelle in Mundingen im Kaiserstuhl. 1907 wurde er sogar zum Dekan des Kirchenbezirks Emmendingen gewählt und sollte dieses Amt bis 1933 ausüben. 1909 nahm Raupp an der Generalsynode teil.

Auffällig ist in Raupps Lebenslauf, dass er seitens des Oberkirchenrats trotz mehrmaliger Versuche, sich auf andere Pfarrstellen zu bewerben, immer wieder übergangen wurde.[826] Im Juli 1904 bewarb er sich an die Heidelberger Heiliggeistkiche, im Januar 1905 gleichzeitig an den Stadtkirchen in Offenburg und Ladenburg. Im Oktober 1909 zog es ihn auf die ehemalige Pfarrei seines Vaters nach Handschuhsheim. Im August 1911 bewarb er sich schließlich nach Brötzingen, zog die Bewerbung aber wieder zurück. Im Juli 1914 folgte eine ebenfalls ergebnislose Bewerbung nach Rohrbach. Scheinbar sah Raupp in der kleinen Landgemeinde Mundingen keine Möglichkeit, seiner Leidenschaft für die Kirchenmusik in angemessener Weise nachzugehen.[827] Im August 1914 wurde schließlich auch der Bitte um eine Freistellung vom Militärdienst aufgrund der Größe seiner Gemeinde nicht entsprochen. Präsident Helbing teilte dem damals 47jährigen Raupp mit, sollte die Wehrpflicht auch auf seinen Jahrgang ausgedehnt werden, bliebe „nur übrig, dass sie sich stellen“.[828] Zum 1. November 1919 wurde Raupp schließlich – zunächst nach § 97a KV 1861 vorläufig, ab dem 11. Februar 1921 nach § 65 KV 1919 dann endgültig – zum Pfarrer in Denzlingen ernannt. 1919 wurde er auch als Dekan des Kirchenbezirks wiedergewählt und nahm an der verfassunggebenden Generalsynode teil.

---

[823] Lebenslauf vom 20. September 1885 im Archiv des Heimatvereins Denzlingen (ohne Signatur).

[824] Ebd.

[825] Vgl. ebd.

[826] Vgl. LKA Karlsruhe PA 1574.

[827] Am 22. April 1912 berichtete die „Heidelberger Zeitung“ über die Aufführung eines von Raupp komponierten Ostergesangs durch den Handschuhsheimer Kirchenchor unter der Leitung seines Bruders Hauptlehrer Alfred Raupp. Der Komponist kam in dem Artikel auch selbst zu Wort und berichtete, er könne als Pfarrer einer kleinen Landgemeinde dem Wunsch, die von ihm geschaffenen „Perlen graziöser Melodik“ mögen „recht oft in evangelischen Landen aufgeführt [...] werden“, kaum entsprechen. Vgl. LKA Karlsruhe PA 1574.

[828] Helbing an Raupp, Karlsruhe, 3. August 1914, in: Vgl. LKA Karlsruhe PA 1574.

Kann man im Fall Raupp also von einer absichtlichen oder systematischen Behinderung eines tendenziell unbequemen Pfarrers durch die Kirchenleitung und namentlich durch Schmitthenner sprechen? Sollte Raupp, der seit 1919 gemeinsam mit Ernst Lehmann und Franz Rohde als einer von insgesamt fünf Geistlichen zum 14köpfigen Leitenden Ausschuss des Evangelisch-Sozialen Vereins gehörte und sich als Wortführer des gemäßigten badischen liberalen Protestantismus etablierte,[829] auf seiner kleinen Mundinger Pfarrei kaltgestellt werden? Lässt sich eine solche Benachteiligung an der Person des Prälaten festmachen, der 1895 immerhin Raupps grundsätzliche Eignung zum Pfarrer in Frage gezogen hatte?[830]

Fest steht, dass etliche von Raupps vergeblichen Bewerbungen um größere Pfarrstellen in die Zeit vor Schmitthenners Dienstantritt fallen. Im dienstlichen Verkehr zwischen Schmitthenner und Raupp seit 1909 gibt es jedenfalls keine größeren Auffälligkeiten. Wegen seiner umfangreichen Vortragstätigkeit musste der Mundinger Pfarrer häufiger um Sonderurlaub bitten. Dieser wurde vom Prälaten ohne Einwände genehmigt – auch, als Raupp im Februar 1911 darum bat, sich anlässlich der dienstlichen Teilnahme an einem Jugendkongress in Heidelberg im Rahmen seiner dienstlichen Beurlaubung noch einige Tage bei seinem erkrankten Vater in Handschuhsheim aufhalten zu dürfen.[831] Als Raupp aber im Sommer 1915 sein Interesse an der Emmendinger Westpfarrei bekundete, schob die Kirchenleitung seinen Bemühungen erneut einen Riegel vor. Unterzeichnet ist der dienstliche Schriftwechsel zwar nicht von Schmitthenner, sondern – wie in anderen Fällen auch üblich – von Präsident Uibel als Vertreter der Kirchenleitung. Die inneren Abläufe und Entscheidungsprozesse im Oberkirchenrat bleiben somit im Dunkeln. Es wird aber noch zu zeigen sein, wie eng der Prälat und Uibel, der als ehemaliger Freiburger Landgerichtsdirektor seit 1899 in einem engen Freundschaftsverhältnis zu Schmitthenner stand, in der Leitung der Landeskirche zusammenarbeiteten.[832] Und es erscheint vor diesem Hintergrund mehr als unwahrscheinlich, dass der Umgang mit Raupp ohne Schmitthenners Beteiligung vonstatten ging. In seiner Bewerbung vom 14. Mai 1915 hatte Raupp erklärt, er wolle sich einer Wahl nur stellen, wenn der in Emmendingen bereits ansässige und von der Kirchengemeindeversammlung öffentlich favorisierte Pfarrer Rudolf Braun[833] nicht auf die Vorschlagsliste aufgenommen werde.

Raupp, der sich als amtierender Dekan der Diözese anfangs auf eine Besetzung gemäß § 97a KV 1861 durch den Oberkirchenrat Hoffnung gemacht hatte, musste seine Bewerbung schließlich wieder zurückziehen, da diese seiner Ansicht nach aufgrund der Emmendinger Verhältnisse und der Zulassung

---

[829] Vgl. HÜBINGER: *Kulturprotestantismus*, 103.
[830] Vgl. Kap. 4.3., Anm. 353.
[831] Vgl. LKA Karlsruhe PA 1574.
[832] Vgl. WINKLER: *Uibel*, 21. Vgl. Kap. 6.2. und 7.3.
[833] Vgl. NEU II, 75.

Brauns zur Wahl wenig Aussicht auf Erfolg gehabt hätte.[834] An Uibel schrieb er, er wolle nicht als ein „Quärulant oder so etwas Aehnliches“[835] angesehen werden, aber eine „klägliche Statistenrolle“ zu spielen und „[g]latt und rettungslos durchzufallen in einer Stadt, in der ich seit über 20 Jahren bekannt bin und oft genug öffentlich gewirkt habe, das geht über meine Kraft.“[836] Nach seinen Erfahrungen bei der Wahl in anderen Gemeinden habe er inzwischen die Überzeugung gewonnen, dass er sich wohl keine Hoffnungen mehr machen brauche, jemals aus dem kleinen Mundingen fortzukommen. Sichtlich frustriert bat Raupp den Präsidenten um eine mündliche Aussprache, bei der ihm gestattet sei, „tapfer und ohne Umschweife vom Leder zu ziehen“.[837] Die geforderte Unterredung fand tatsächlich statt, wurde im Oberkirchenrat allerdings nicht positiv aufgenommen. Raupp musste sich gegen den Vorwurf der „Bitterkeit“[838] wehren. Erneut machte er seine theologische Position für das Scheitern in Emmendingen verantwortlich. Nur der Einflussnahme einzelner konservativer Agitatoren sei es zu verdanken, dass er in der „liberale[n] Hauptstadt eines so liberalen Bezirks“[839] nicht gewählt worden sei. Raupp meinte auch, vom Prälaten getäuscht worden zu sein, der ihm im Vorfeld des Emmendinger Bewerbungsverfahrens eine Besetzung nach § 97a KV 1861 fest in Aussicht gestellt habe.[840]

5.2.6.2. Franz Rohde

Noch deutlicher ausgeprägt ist die bis ins Persönliche reichende Gegenerschaft Schmitthenners im Fall des Pfarrers der Karlsruher Christuskirche Franz Rohde.[841] Wie Raupp gehörte Rohde zu den dezidierten Vertretern des liberalen Protestantismus und gründete 1919 gemeinsam mit Rechtsanwalt Eberhard Dietz in Karlsruhe die „Volkskirchliche Vereinigung“.[842]

Bereits 1912 hatte Rohde sich öffentlich für einen Wegfall der Staatsdotationen und einen konfessionslosen Religionsunterricht ausgesprochen und war deshalb auch aus den Reihen der Kirchlich-Liberalen Vereinigung heftig kritisiert worden.[843]

---

834 Vgl. Raupp an Uibel, Denzlingen, 25. März 1915, in: LKA Karlsruhe PA 1574.
835 Ebd.
836 Raupp an Uibel, Denzlingen, 2. Juni 1915, in: ebd.
837 Ebd.
838 Raupp an Uibel, Mundingen, 26. Juni 1915, in: ebd.
839 Ebd.
840 Das von Raupp erwähnte Schreiben Schmitthenners vom 22. Februar 1915 ist in PA 1574 nicht enthalten.
841 Franz Rohde (1863–1937), Rez. 1886, Pastorationsgeistlicher 1891, Pfarrer 1895 in Waldkirch, Pfarrer an der Christuskirche Karlsruhe 1897–1932, Redakteur der „Protestantischen Flugblätter“ 1897, Mitglied der Generalsynode 1909, der Landessynode 1921–1926, 1926 kurzzeitig Mitglied der Kirchenregierung. Vgl. NEU II, 496.
842 Vgl. HÜBINGER: *Kulturprotestantismus*, 103; LORENZ: *Arbeiterbewegung*, 114.
843 LKA Karlsruhe GA 4118.

Auch mit Kritik am damaligen Präsidenten Albert Helbing sparte er nicht und warf diesem immer wieder ein autoritäres Kirchenregiment vor.[844] 1909 hatte Rohde vor der Generalsynode öffentlich zugegeben, das Apostolikum im Gottesdienst wegen des in ihm ausgedrückten überkommenen dreistöckigen Weltbildes nicht mehr zu gebrauchen. Der EOK war damals nicht gegen Rohde vorgegangen, um in Baden keinen „Fall Schrempf" zu schaffen.[845] Klaus Wurth schrieb im April 1919 gar an Uibel, Rohde spiele seinen kirchenpolitischen Gegnern in die Karten, weil er „als Parteiführer [...] viel zu impulsiv, erregt u[nd] [un]überleg[t]"[846] handle.

Das persönliche Zerwürfnis zwischen Rohde und Schmitthenner fällt in den Kriegswinter 1915. Der Prälat und seine Frau waren ehrenamtlich im Vorstand des Reservelazaretts Abt. IV in der Karlsruher Kunstgewerbeschule tätig. Gleichzeitig lag das Lazarett im Seelsorgebereich der Christuskirche. Am 20. Dezember 1915 beschwerte sich der Vorstand des Lazaretts gegenüber dem Generalkommando, als zuständiger Seelsorger nehme Rohde seine Pflichten nicht gewissenhaft genug wahr. Darüber von der Frau des kommandierenden Generals des XIV. Armeekorps in Karlsruhe Ernst von Huene (1849–1924) zur Rede gestellt, sei Rohde ausfällig geworden. Er müsse daher aus dem Lazarettdienst entfernt werden.[847] Bereits am 12. Oktober 1915 hatte Schmitthenner ein – laut Rohde in der Handschrift von Oberkirchenrat Schenck verfasstes – Schreiben unterzeichnet, das diesem wegen seiner häufigen Abwesenheit vom Lazarett eine „Verletzung der Ehre der evangelischen Kirche"[848] vorwarf. Tatsächlich sprach auch das Generalkommando des XIV. Armeekorps Rohde nach seinem Streit mit der Freifrau von Huene die „Unmöglichkeit des gedeihlichen Zusammenwirkens" aus, weshalb künftig „auf seine Mitarbeit in der Seelsorge im genannten Lazarett verzichtet"[849] werden müsse. Die Angelegenheit werde deshalb zur künftigen Behandlung an den EOK verwiesen, das Generalkommando fühle sich nicht mehr zuständig.

Rohde ließ dieses Vorgehen nicht auf sich beruhen: In einer umfangreichen Denkschrift nahm er zu den erhobenen Vorwürfen Stellung und kritisierte dabei namentlich Schmitthenner scharf.[850] Als Vertreter der „streng altgläubigen Richtung"[851] habe dieser sich schon mehrfach in seine Belange als

---

844 Vgl. FRIEDRICH: *Einführung*, 209.

845 Vgl. VGS 1909, 214f.

846 Wurth an Uibel, Karlsruhe, 16. April 1919, in: LKA Karlsruhe GA 4656.

847 Vorstand des Reservelazaretts IV an Generalkommando, Karlsruhe, 20. Dezember 1915 (Abschrift). Vgl. zu diesem Dokument und den folgenden Rohdes Denkschrift an den EOK, die den gesamten Schriftwechsel in Anschrift wiedergibt, in: LKA Karlsruhe PA 1015(a).

848 EOK an Rohde, Karlsruhe, 12. Oktober 1915 (Abschrift), in: ebd.

849 General von Manteuffel an EOK, Karlsruhe, 28. Dezember 1915 (Abschrift), in: ebd.

850 Vgl. Rohde an EOK, Karlsruhe, 16. März 1916, in: ebd.

851 Rohde zitiert die Kritik der – angeblich von Schmitthenner beeinflussten – Oberschwester an seinen Predigten bzw. denen seines Vikars: „Wenn die Herren nichts bes-

Lazarettseelsorger eingemischt.[852] Schmitthenner übernehme ungefragt die Rohdes Vikar Walter Lutz[853] zustehenden Gottesdienste. Eine Beschwerde Rohdes sei von Schmitthenner mit der Begründung abgelehnt worden, dass dieser im Lazarett nicht in seiner Eigenschaft als Prälat, sondern als Lazarettvorstand auftrete.[854] In der Beschwerde anlässlich des Streits mit der Generalsgattin sah Rohde daher einen „Versuch, mich endgültig zu beseitigen“.[855]

Auch bei Großherzogin Luise fühlte sich Rohde durch das Ehepaar Schmitthenner zu Unrecht verleumdet.[856] Wenn das Generalkommando ihn außerdem an den EOK verweise, zwinge es ihn, „den Herrn Prälaten beim Herrn Prälat [zu] verklagen“.[857] Deshalb setzte Rohde nun seine Hoffnungen in den Kirchenpräsidenten. Auf eine entsprechende Nachfrage Uibels hin versicherte Schmitthenner, er glaube zwar nicht, dass sich die Missverständnisse um Rohde aufklären ließen, er habe diesen mit seiner Äußerungen aber nicht beleidigen wollen.[858] Es wirft ein bezeichnendes Licht auf Rohde, dass dieser Uibel als dem „leitenden Haupte der evangelischen Landeskirche“[859] zwar für seine Vermittlung dankte, gleichzeitig aber unverhohlen mit der Veröffentlichung des von ihm gesammelten Aktenmaterials und einer Eingabe an die Generalsynode drohte.[860]

Die Auseinandersetzung Rohdes mit Schmitthenner hatte seit Februar 1919 ein lautstarkes Nachspiel, als der Prälat ihm mit Hans Hemmer[861] einen Vertreter der äußersten kirchlichen Rechten als Vikar zuwies. Der Prälat begründete diesen Personaleinsatz mit der Notwendigkeit, den von liberalen Geistlichen geprägten Karlsruher Westen nun auch mit einen positiven Vertreter zu besetzen.[862] Von Rohde selbst wurde die Berufung als persönlicher Affront verstanden. Entsprechend fiel die Reaktion aus: Am 25. und 26. Mai 1921 musste das kirchliche Dienstgericht auf eigenen Wunsch gegen Rohde

---

seres zu sagen wissen, täten sie besser, sich darauf zu beschränken, das Wort Gottes einfach vorzulesen.“ LKA Karlsruhe PA 1015(a).

852 Vgl. ebd.

853 Vgl. NEU II, 384.

854 Vgl. Rohde an EOK, Karlsruhe, 16. März 1916, in: LKA Karlsruhe PA 1015(a).

855 Ebd.

856 Vgl. ebd.

857 Ebd.

858 Die Äußerungen Schmitthenners sind nicht dokumentiert, sondern folgen der Darstellung Rohdes im Schreiben an Uibel vom 16. März 1916, in: ebd.

859 Ebd.

860 Ebd.

861 Johannes Hemmer (1887–1949), geb. am 30. September 1887 in Mannheim, Rez. 1911, Vikar in Eberbach 1911, Mannheim-Sandhofen 1913, Pfarrverwalter in Triberg, Kirnbach und Kirchen 1914, Hilfsgeistlicher der deutschen Auslandsgemeinde in Stockholm 1914, Militärdienst 1915–1918, Christuskirche Karlsruhe 1919, Pfarrverwalter 1920, Pfarrer an der Matthäuskirche Karlsruhe 1921, gest. am 5. Februar 1949. Vgl. NEU II, 251.

862 Vgl. die Aktennotiz Hemmers über den Antrittsbesuch an den Prälaten vom 8. Februar 1919 in den Prozessakten, in: LKA Karlsruhe PA 1015(c).

ermitteln, weil dieser Hemmer systematisch von allen Amtsgeschäften ausgeschlossen hatte.[863] Mehrere Monate lang waren für den Prozess Aussagen von Gemeindegliedern und Kollegen gesammelt worden, die schließlich ein unentwirrbares Gemenge von befürwortenden und ablehnenden Stellungnahmen ergaben.[864] In jedem Fall war die Christusgemeinde in der Auseinandersetzung zwischen Rohde und seinem Vikar tief gespalten. Friedrich Hindenlang sagte aus, Rohde sei von den Anhängern Hemmers sogar als Teufelsanbeter denunziert worden.[865] Es war aber schließlich das ebenfalls verhandelte unentschuldigte Fernbleiben von Kirchengemeinde- und Bezirksvertretungssitzungen, das Rohde einen Verweis einbrachte. Von der weiteren Anklage wurde er freigesprochen.[866]

Die weitere Entwicklung des Falles Hemmer, der als Prediger auch von Großherzogin Luise außerordentlich geschätzt wurde,[867] wirft die Frage auf, inwieweit Schmitthenner diesen falsch einschätzte und gegenüber Rohde zu einseitig protegierte. Als Sohn eines Mannheimer Schuhmachermeisters war Hemmer für seinen Einsatz als Vikar in der kurz zuvor nach Mannheim eingemeindeten Filiale Sandhofen bereits 1913 anlässlich der dortigen Kirchenvisitation vom Prälaten gelobt worden.[868] Im Juli 1914 wurde Hemmer überraschend als Hilfsgeistlicher an die deutsche evangelische Gemeinde in Stockholm gewählt und auf eigenen Wunsch hin aus dem badischen Kirchendienst entlassen.[869] Beim Ausbruch des Kriegs meldete er sich freiwillig, wurde aber aus gesundheitlichen Gründen vom Fronteinsatz freigestellt. Auch die Bitte an Schmitthenner, ihn als Feldgeistlichen zu verwenden, scheiterte.[870] Am 8. August 1914 bat Hemmer schließlich um die Wiederaufnahme in den badischen Pfarrdienst, weil er es „für ein Unrecht halten“ würde, „die Heimat während des Krieges zu verlassen.“[871]

---

863 Schmitthenner und Oberkirchenrat Schenck waren von Rohde wegen Befangenheit als Mitglieder des Gerichts abgelehnt worden. Dessen Vorsitz hatte schließlich Landgerichtspräsident Dölter inne. Geistliche Mitglieder waren die Oberkirchenräte Mayer und Buch, die Pfarrer Frommel und Hofheinz sowie die Dekane Jacob und von Schoeppfer. Als Ankläger fungierte Oberkirchenrat Kiefer, als Verteidiger Rohdes Rechtsanwalt Eduard Dietz sowie der Karlsruher Bürgermeister a.D. Karl Siegrist. LKA Karlsruhe PA 1015(c).

864 Vgl. ebd.

865 Vgl. die Aussage vom 19. Juni 1920 in: ebd.

866 Vgl. ebd.

867 Nach einer Predigt Hemmers auf Schloss Baden schrieb Luise an den Prälaten: „Er hat in seiner Predigt meine Erwartungen weit übertroffen. Der Reichtum seiner Rede, die Tiefe seiner Auffassung und seine glaubensstarke Überzeugungskunst waren wirklich tief bewegend.“ Luise von Baden an Schmitthenner, Schloss Baden, 25. April 1920, in: LKA Karlsruhe FA Schmitthenner, Nr. 36/73.

868 Vgl. Schmitthenner an Hemmer, Karlsruhe, 26. Juli 1913, in: LKA Karlsruhe PA 5758.

869 Vgl. den Schriftwechsel ebd.

870 Vgl. Hemmer an Schmitthenner, Stralsund, 3. August 1914, in: ebd.

871 Hemmer an EOK, Mannheim, 8. August 1914, in: LKA Karlsruhe PA 5758.

Diese Zusage hinderte ihn aber nicht, im Oktober 1914 plötzlich doch nach Stockholm abzureisen, was in Karlsruhe als „Fahnenflucht“[872] interpretiert wurde. Hemmers Aufenthalt in der schwedischen Hauptstadt war aber nur von kurzer Dauer.[873] Im März 1915 bat er erneut um die Aufnahme in den badischen Kirchendienst.[874] Schmitthenner empfahl Hemmer, sich erneut freiwillig zu melden und erst nach Kriegsende wieder vorstellig zu werden.[875]

Es stellt sich die Frage, warum Hemmer im Februar 1919 trotz seiner charakterlichen Unzuverlässigkeit von Schmitthenner so bereitwillig wieder in den badischen Kirchendienst aufgenommen und im November 1919 bereits für seine außergewöhnliche Predigtbegabung gelobt wurde, weshalb er der Karlsruher Kirchengemeinde unbedingt erhalten bleiben müsse.[876] Ab dem 12. Juli 1920 wurde Hemmer schließlich als Verwalter der neugegründeten Südwestpfarrei in Karlsruhe eingesetzt. Bereits zwei Tage später sorgte er mit einem polemischen Vortrag über die glaubenszerstörerische Wirkung des Religionsunterrichts für Unruhe in seiner neuen Gemeinde.[877] Am 10. Juni 1921 richtete die liberale Fraktion des Karlsruher Gemeinderates eine Klage an die Landessynode, in der der Kirchenregierung und namentlich dem Prälaten der Vorwurf gemacht wurde, sich mit der Ernennung Hemmers über den Geist der Kirchenverfassung hinweggesetzt zu haben.[878] Erst als Hemmer sich im September 1933 ausgerechnet als Rohdes Nachfolger an die Christuskirche bewarb, schritt die Kirchenregierung schließlich ein.[879]

Als Mitglied der NSDAP und Unterstützer der DC gehörte Hemmer später zu den wenigen nationalsozialistischen Pfarrern, die nach 1945 aus dem badischen Kirchendienst entlassen wurden.[880] Auch hier mischen sich allerdings persönliche und politische Gründe: Als Vorsitzender des Karlsruher Kirchengemeinderates hatte Hemmer am 28. Oktober 1934 zwar versucht, einen Bekenntnisgottesdienst in der Stadtkirche unter Leitung Karl Mondons zu verhindern, indem er das Gebäude abschließen ließ und die Polizei informierte,[881] der Hauptgrund für seine spätere Entlassung unmittelbar nach

---

872 Schmitthenner an Hemmer, Karlsruhe, 20. März 1915, in: LKA Karlsruhe PA 5758.

873 Über die Gründe für das rasche Ende des Aufenthalts in Stockholm gibt eine Stellungnahme des Pfarrers der Auslandsgemeinde gegenüber dem kirchlichen Dienstgericht Aufschluss: Hemmer sei „durchaus nicht unbegabt und verfügte vor allem über eine gewisse natürliche Redegabe […]. Doch war, was er bot, außerordentlich flach. An seiner Vertiefung zu arbeiten, war er nicht zu bewegen. […] Er wußte alles besser und war überhaupt ein schwer zu behandelnder Charakter, eine Art Querkopf.“ Sterzel an Siegrist, Stockholm, 19. Januar 1921 (Abschrift), in: ebd.

874 Vgl. Hemmer an EOK, Stockholm, 6. März 1915, in: ebd.

875 Vgl. Schmitthenner an Hemmer, Karlsruhe, 20. März 1915, in: ebd.

876 Vgl. Schmitthenner an Eisenlohr, Karlsruhe, 3. November 1919, in: ebd.

877 Vgl. das – allerdings nachträglich angefertigte – Manuskript in: ebd.

878 Vgl. ebd.

879 Vgl. das Protokoll der Sitzung des Erweiterten Oberkirchenrats vom 12. September 1933, in: LKA Karlsruhe PA 5759.

880 Vgl. Kühlewein an Hemmer, Karlsruhe, 2. Mai 1945, in: ebd.

881 Vgl. ebd.

Kriegsende, die von Landesbischof Julius Kühlewein damit begründet wurde, „die Kirche vor Schaden zu bewahren“,[882] ist aber eher in seiner Alkoholsucht zu sehen, die zwar nie medizinisch nachgewiesen werden konnte, aber immer wieder mit entsprechenden Vorfällen aktenkundig wurde.[883]

Entgegen des in späteren Jahren oft gepflegten Bildes des irenischen und stets um Ausgleich bemühten Prälaten, der sich in den Jahren seiner Amtstätigkeit „viele Freunde und Verehrer, aber kaum einen eigentlichen Feind und Gegner“[884] erworben habe, zeigt der Umgang Schmitthenners mit unliebsamen Pfarrern wie Raupp und Rohde eine über die theologische Differenz weit hinaus gehende persönliche Antipathie. Umgekehrt konnte die Sympathie auch gegenüber politisch unbequemen Pfarrern wie Ernst Josef Lehmann, Hermann Maas oder Erwin Eckert Schmitthenner zu einer überraschend weit gehenden Toleranz und Duldsamkeit ungeachtet der vorhandenen Kontroversen bewegen. Heraus sticht hier, gerade vor dem Hintergrund der folgenden Geschehnisse um seine Person, der Umgang mit Erwin Eckert. Allerdings muss auch hinzugefügt werden, dass es trotz der „Fälle“ Raupp und Rohde in der Amtszeit Schmitthenners nicht zu Entlassungen von Pfarrern aus dem Kirchendienst aus theologischen Gründen kam. Für die badische Landeskirche war dies etwa 1894 im Fall des Binauer Pfarrers Gottfried Schwarz noch geschehen.[885] Und auch während Schmitthenners Amtszeit sorgten die „Fälle“ der beiden rheinischen Pfarrer Carl Jatho (1851–1913) und Gottfried Traub (1869–1956), die 1911 und 1912 jeweils mit der Dienstentlassung und dem Verlust der Rechte des geistlichen Standes geendet hatten, für reichsweites Aufsehen.[886]

---

882 Kühlewein an Hemmer, Karlsruhe, 2. Mai 1945, in: LKA Karlsruhe PA 5759.
883 Vgl. ebd.
884 So Prälat Julius Kühlewein bei Schmitthenners Beerdigung am 16. Juni 1932 in Freiburg. LKA Karlsruhe PA 3243. Vgl. Kap. 8.6., Anm. 1767 und die folgenden Belege.
885 Vgl. KUHLEMANN: *Bürgerlichkeit*, 344–345.
886 Vgl. KUPISCH: *Kirche*, 88–89.

5.3. *Kirchenvertreter in der Ersten Kammer 1909–1918*

5.3.1. Zur Geschichte des Parlamentarismus in Baden

Durch sein Amt war Schmitthenner Mitglied in der Ersten Kammer der Badischen Landstände. Deren erste Tagung am 22. April 1819 hatte noch im Karlsruher Schloss stattgefunden.[887] Ab 1820 tagte der Landtag dann im Haus des Sattlermeisters Schmid am Rondellplatz.[888] Am 16. Oktober 1820 wurde auf dem Gartengelände des Posthalters Kreglinger der Grundstein für das Karlsruher Ständehaus als erstem Neubau eines Parlamentsgebäudes in Deutschland gelegt.[889] Am 4. November 1822 wurde das Gebäude eingeweiht. Prälat Johann Peter Hebel, der diesen Titel seit der Einführung der Verfassung am 22. August 1818 führte, hielt die Festrede.[890] Die Verfassung von 1818 galt als „eine der liberalsten in ihrer Epoche".[891] Sie beschränkte die absolute Fürstengewalt zugunsten einer demokratischen Repräsentation des Volkes und machte das Großherzogtum Baden so zu einer konstitutionellen Monarchie. Genau hundert Jahre lang – bis zum Ende der Monarchie im November 1918 – war sie „Fundament des jungen Staates, [...], Lebensgrundlage parlamentarischer Praxis in zunehmend liberalem, ja demokratischem Geist."[892] Zwar blieb der Großherzog formal der absolute Souverän, dem Militär, Verwaltung und Regierung unterstellt waren. Tatsächlich wurde es aber für den Monarchen bei der zunehmenden Komplexität des politischen Systems immer schwieriger, die tatsächliche Regierungsgewalt auch auszuüben:[893] Es bestand eine „generelle Unvereinbarkeit zwischen den unglaublichen Anforderungen des monarchischen Amtes in einem hochentwickelten Staatswesen und den bescheidenen Fähigkeiten derjenigen [....], die durch dynastische Vorsehung auf den Thron gelangt waren."[894] So lag die eigentliche Macht im Staat bei der Regierungsbürokratie, die wiederum der Kontrolle durch die Landstände unterlag. Zwar konnten diese keine eigenen Gesetzesvorlagen einbringen und die politische Initiative nur über sogenannte Motionen – also Eingaben an die großherzogliche Regierung – ergreifen, ihre eigentliche Macht lag aber im Recht zur Bewilligung von Steuern und Gesetzesbeschlüssen der Regierung.[895]

---

887 Vgl. HAUSS/SCHMID: *Kalendarium*, 131.
888 Ebd.
889 Vgl. ebd.
890 Vgl. LUDWIG: *Geschichte*, 94.
891 HUG: *Geschichte*, 210.
892 A.a.O., 211.
893 Vgl. BERGHAHN: *Kaiserreich*, 293.
894 CLARK: *Wilhelm*, 126.
895 Vgl. HUG: *Geschichte*, 210f.

Das Staatswesen war also darauf angelegt, unter der Regierung eines Souveräns von Repräsentanten des Volkes verantwortlich mitgetragen zu werden.[896] Auch für Anhänger des monarchischen Systems wie Schmitthenner war es insofern kein Widerspruch, dass die Verhältnisse in Staat und Kirche wesentlich auch von demokratischen Institutionen mitbestimmt wurden. Allerdings vertrat der Prälat 1914 vor der Generalsynode die Meinung, es geschehe im parlamentarischen Streit um die Sache doch „viel Unrecht [...] durch die scharfen und lieblosen Urteile“[897] über die beteiligten Personen.

Nichtsdestotrotz war die Teilnahme an eben diesem demokratischen Diskurs durch die Vertretung der Kirche in der Ersten Kammer der Badischen Landstände eine wesentliche Aufgabe des Prälaten. Ein Teil seines Gehalts wurde daher vom Staat übernommen.[898] In der Zweiten Kammer wurde diese Regelung zwar von mehreren Abgeordneten in Frage gestellt, weil sie nicht im Einklang mit der Verfassung stünde.[899] Der zuständige Staatsminister Franz Wilhelm Nokk (1832–1903)[900] erklärte aber, es handle sich bei dem „kleine[n] Beitrag“[901] des Staates nicht um eine Diät, sondern eine „Übertragung[...] von [a]lters her“,[902] die nicht verfassungswidrig sei.[903] Auch als 1910 für die in Karlsruhe wohnhaften Landtagsabgeordneten eine Aufwandsentschädigung von pauschal 1 000 Mark pro Landtagssession vereinbart wurde, änderte sich an der Sonderzulage für den Prälaten nichts.[904]

Noch in der Wahlrechtsreform vom 1. Juli 1905 waren die Rechte der Ersten Kammer zwar modifiziert, letztlich jedoch beibehalten worden.[905] Seitdem bestand die Erste Kammer aus dem jeweiligen Thronfolger, den Vertretern der standesherrlichen Familien und des grundherrlichen Adels, drei Vertretern der Hochschulen Heidelberg, Karlsruhe und Freiburg, drei Vertretern der Handelskammer, zwei der Landwirtschaftskammer und einem der Handwerkskammer, zwei Oberbürgermeistern, einem Bürgermeister einer Stadt mit mehr als 3 000 Einwohnern, einem Mitglied der Kreisausschüsse, den bis zu acht vom Großherzog ernannten Mitgliedern, unter denen sich

---

896 Vgl. HUG: *Geschichte*, 211.

897 VGS 1914, Anlage X, 3.

898 Seit dem 1. November 1901 floss der jährliche Betrag von 1 714 Mark direkt an die Kirche unter der Voraussetzung, dass „die Kirchenbehörde den bezeichneten Betrag dem Prälaten auszahlen“ lasse. LKA Karlsruhe GA 3678.

899 Vgl. ebd.

900 Vgl. MERZ: *Nokk*.

901 Ebd.

902 LKA Karlsruhe GA 3678.

903 Gemessen am kirchlichen Grundgehalt von jährlich 6 800 Mark und einer Wohnungszulage von 1 200 Mark, welche Prälat Helbing 1901 bezog, war der Betrag aber doch ein beträchtlicher Teil des Auskommens des jeweiligen Prälaten. Schmitthenner erhielt bei seinem Amtsantritt 1909 ein Grundgehalt von 7 700 Mark, die Wohnungszulage von 1 200 Mark und den gleichgebliebenen Staatsbeitrag in Höhe von 1 714 Mark. Vgl. LKA Karlsruhe GA 3678.

904 Vgl. BAUER: *Mitglieder*, 3

905 Vgl. SCHWARZMAIER: *Baden*, 245.

zwei Juristen befinden mussten, sowie als Vertreter der Kirchen dem Erzbischof und dem Prälaten.[906] Trotzdem konnten sich die Mitglieder der Ersten Kammer und auch der Kammerpräsident der allgemeinen politischen Stimmung im Großherzogtum nicht verschließen. Was bei den Landtagswahlen 1905 im sogenannten „badischen Großblock“ als rein taktisches Wahlabkommen begonnen hatte, um eine Regierungsbeteiligung des Zentrums zu verhindern,[907] wurde ab 1909 auch zu einer inhaltlichen Zusammenarbeit von Nationalliberalen und Sozialdemokraten.

Die badische Großblockpolitik bedeutete de facto die erstmalige politische Anerkennung der Sozialdemokratie im Deutschen Reich.[908] Heinrich von Bodman, 1907–1918 letzter badischer Innen- und seit 1917 auch Staatsminister, hatte schon am 13. Juli 1910 vor der Ersten Kammer der Landstände eine positive Würdigung der Sozialdemokratie gegeben.[909] Seit 1908 war Prinz Max von Baden (1867–1929) Präsident der Ersten Kammer.[910] Das Amt, das traditionell vom jeweiligen Thronfolger ausgeübt wurde, bot die perfekte Bühne, um sich in der Öffentlichkeit „unpolitisch-politisch“[911] zu betätigen und sich als künftiger Regent zu präsentieren. Schmitthenner war dem Prinzen bei mehreren Empfängen im Haus von dessen Mutter Maria von Leuchtenberg (1841–1914), einer Enkelin von Zar Nikolaus I. (1796–1855), bereits begegnet.[912] Nach ihrem Tod am 3. Februar 1914 in St. Petersburg begannen die beiden Männer einen lockeren Briefkontakt.[913]

5.3.2. Schmitthenner als Mitglied der Ersten Kammer

Die Vertretung kirchlicher Interessen war nicht die einzige Aufgabe des Prälaten. Als ordentliches Mitglied der Petitionskommission referierte Schmitt-

906 Vgl. SCHWARZMAIER: *Baden*, 245.

907 Vgl. HUG: *Geschichte*, 289; OSTER: *Großherzöge*, 205.

908 Vgl. SCHWARZMAIER: *Baden*, 246.

909 Johann Heinrich von und zu Bodman (1851–1929), geb. 21. Januar 1851 in Freiburg, 1869–1870 Medizin–, 1871–1873 Jurastudium in Freiburg, 1876 Eintritt in den badischen Staatsdienst, 1904–1906 Ministerialdirekor und stellvertretender badischer Bevollmächtigter beim Bundesrat, 1907–1918 badischer Innenminister, seit 1917 auch Staatsminister, nach 1918 Mitglied der DDP ohne politische Wirksamkeit, gest. 26. April 1929 in Karlsruhe. Vgl. FURTWÄNGLER: *Protokolle*, X; STRACK: *Bodman*; BB NF 1, 68–70. Bodman sprach vor den Angeordneten der Ersten Kammer von der SPD als „großartige Arbeiterbewegung zur Befreiung des vierten Standes, zur Emporhebung der großen Massen der Arbeiter, die mitarbeiten wollen im Staatsleben, die sich betätigen wollen, und in dieser Beziehung muß man ihnen entgegenkommen“. Zitiert nach: SCHMIDGALL: *Revolution*, 50.

910 Vgl. MACHTAN: *Prinz*, 203.

911 A.a.O., 208.

912 Vgl. die Einladungskarte in LKA Karlsruhe FA Schmitthenner, Nr. 218/58.

913 Vgl. Max von Baden an Schmitthenner, Karlsruhe, 10. Februar 1914, in: LKA Karlsruhe FA Schmitthenner, Nr. 218/49.

henner vor der Kammer auch über diverse Eingaben, etwa die des Freiburger Schutzmannes Albert Glatt um Wiedereinstellung in den Staatsdienst,[914] des zur Schulgemeinde Lottstetten gehörigen Nebenorts Nack im Klettgau um die Bewilligung eines Staatsbeitrags zur Errichtung einer neuen Schule[915] oder den Antrag der Gemeinde Wieblingen zur Genehmigung eines Staatszuschusses für die Wasserversorgung.[916] In mehreren Fällen – etwa dem des arbeitslosen Hochbautechnikers Joseph Droxler, der um eine Verlängerung seiner zeitlich befristeten Stelle gebeten hatte – traten Schmitthenner und Ernst Troeltsch (1865–1923) als Vertreter der Heidelberger Universität gemeinsam für eine wohlwollende Behandlung von sozialen Härtefällen ein.[917]

5.3.2.1. Der Streit um die Besetzung der Heidelberger Lehrstühle 1909–1910

Am 23. November 1909 wurde die erste Landtagssession des neuen Prälaten durch den Großherzog eröffnet. Zuvor hatten alle Abgeordneten die Gottesdienste in der jeweiligen Stadtkirche besucht. Schmitthenner wurde gemeinsam mit dem ebenfalls neu in die Erste Kammer berufenen Troeltsch durch Staatsminister Alexander von Dusch (1851–1923)[918] vereidigt.[919] Beide Männer wurden auch als ordentliche Mitglieder der Petitions- und der Schulkommission bestimmt.[920]

Die Auseinandersetzungen in der Kirchenpolitik, welche die Generalsynoden der Vorkriegssynoden bestimmten, wurden so auch in den Sitzungen der Ersten Kammer der Landstände ausgetragen: Am 26. Februar 1910 kam es zwischen Schmitthenner und Troeltsch zu einem Konflikt über die Neubesetzung der beiden freigewordenen theologischen Lehrstühle an der Heidelberger Universität.[921] Innerhalb weniger Wochen waren im Sommer 1909 die Theologieprofessoren Adalbert Merx und Heinrich Bassermann verstorben. Beide Lehrstühle wurden im gleichen Jahr neu besetzt. Vor allem an der Nachfolge des – eigentlich mit der Schaffung der neuen Agende betrauten – Bassermann hatte der Oberkirchenrat großes Interesse. Nicht zuletzt durch Helbings Einflussnahme war Johannes Bauer statt des von der Theologischen Fakultät favorisierten Otto Baumgarten (1858–1934) nach Heidelberg berufen worden.[922] Auf Merx folgte der Straßburger Professor Georg Beer.

---

914 Vgl. VBL 1909/1910, 652.
915 Vgl. VBL 1911/1912, 397.
916 Vgl. a.a.O., 456.
917 Vgl. VBL 1911/1912, 461.
918 Vgl. RABERG: *Dusch*.
919 Vgl. WEISS: *Lebenserinnerungen*, 117.
920 Vgl. VBL 1909/1910, IVf.
921 Vgl. KUHLEMANN: *Bürgerlichkeit*, 419–431.
922 Vgl. FROMMEL: *Helbing*, 70

In der „Frankfurter Zeitung“ veröffentlichte Franz Rohde daraufhin eine Reihe von anonymen Artikeln, in denen die Berufungen Bauers und Beers auf die Heidelberger Lehrstühle, aber auch die Berufung konservativer Vertreter wie Schmitthenner in den Oberkirchenrat als Bevorzugung der positiven Partei kritisiert wurden.[923]

1919 kritisierte auch Ernst Josef Lehmann den „aufgeklärten Despotismus“[924] der „Ära Helbing“ und machte diesem posthum den Vorwurf, seine Mitarbeiter im Oberkirchenrat weniger nach deren persönlicher Befähigung als nach ihrer Brauchbarkeit für seine Kirchenpolitik ausgewählt zu haben.[925] Im Bericht an die Generalsynode von 1914 betonte Schmitthenner dagegen, der Oberkirchenrat habe zwar kein Recht auf die Mitwirkung bei der Neubesetzung der Lehrstühle, es sei allerdings üblich, dass sich der Unterrichtsminister dabei zumindest mit dem Oberkirchenratspräsidenten berate.[926]

Troeltsch wiederum konnte in der Ersten Kammer „den Ausdruck einer gewissen herben Schmerzempfindung nicht unterdrücken“,[927] weil die Besetzung der beiden Lehrstühle nicht im Interesse des Senats der Fakultät erfolgt sei. Nicht nur Schmitthenner, der Helbings Vorgehen als unparteiischen Ausgleich der berechtigten Interessen der Positiven verteidigte,[928] sondern auch Freiherr Udo von La Roche-Starkenfels als Mitglied der Generalsynoden 1904 und 1909 nahmen zu Troeltschs Votum „so ziemlich den entgegengesetzten Standpunkt“[929] ein. An der einzigen Theologischen Fakultät im Land müsse auf die paritätische Aufteilung der Lehrstühle zwischen den kirchenpolitischen Richtungen besondere Rücksicht genommen werden.

Von La Roche-Starkenfels charakterisierte das Problem folgendermaßen: „Wir haben nun einmal in der evangelischen Kirche die beiden Richtungen, die – das muss ausgesprochen werden – gerade in den letzten Jahren in schärfstem Gegensatz zueinander stehen, die positive und die liberale Richtung. Über diesen Gegensatz helfen auch die schönsten Worte nicht hinweg.“[930] Schmitthenner führte die Debatte ebenfalls auf den theologischen Richtungsstreit zurück.[931] Troeltsch wiederum befürchtete die „Umkrempelung der Fakultät“[932] und verteidigte die Freiheit der Wissenschaft. Eine kirchenpolitisch motivierte Besetzung von universitären Lehrstühlen dürfe es nicht geben, wenn die Theologische Fakultät Teil der staatlichen Universität bleiben wolle.[933]

---

923 Vgl. FROMMEL: *Helbing*, 64–66.
924 LEHMANN: *Aufbau*, 69. Vgl. zur Kritik an Lehmanns Buch FROMMEL: *Helbing*, 49.
925 Vgl. LEHMANN: *Aufbau*, 71.
926 VGS 1914, Anlage I, 4.
927 VBL 1909/1910, 150.
928 Vgl. a.a.O., 194f.
929 A.a.O., 162.
930 A.a.O., 163.
931 Vgl. a.a.O., 182.
932 A.a.O., 180.
933 Vgl. a.a.O., 178.

Es brauche in Heidelberg daher Theologieprofessoren, die „wissenschaftlich möglichst hervorragend, im übrigen aber so wenig radikal wie möglich, ruhig und besonnen vermittelnd“[934] seien.

In ihrer Schärfe erinnerte die Auseinandersetzung manchen der folgenden Redner an den Schenkelstreit 45 Jahre zuvor, seit dessen Ende in Heidelberg nach Meinung der Konservativen keiner ihrer Vertreter mehr berufen worden war.[935] Weil in Baden erst 1911 ein eigenständiges Kultusministerium geschaffen wurde, war es der zuständige Staatsminister von Dusch, der die Haltung des Staates darzulegen hatte.

Eine paritätische Besetzung der Lehrstühle sei in Heidelberg durch die traditionelle Aufteilung in einen lutherischen und einen reformierten Lehrstuhl nur in der Dogmatik möglich. Alle anderen Lehrstühle seien dagegen nur einfach besetzt, weshalb eine Besetzung gegen den Willen der Fakultät „etwas außerordentlich Übles“[936] sei. Zwar trete auch die Staatsregierung insgesamt für eine Homogenität der Besetzung ein, die heftige Kritik und die persönlichen Beleidigungen der positiven Presse seien aber fehl am Platz. Der Minister bat die Beteiligten um „den Frieden, der gerade denen gut ansteht, die sich für das Christentum erwärmen.“[937]

Auch Arthur Drews′ (1865–1935)[938] Bestreitung der Geschichtlichkeit Jesu erhitzte die Gemüter auch der theologischen Laien in der Ersten Kammer. Der Eberbacher Bürgermeister John Gustav Weiß (1857–1943)[939] erklärte, ungeachtet seiner Historizität sei Jesus für ihn eine „hochsymphatische Figur“[940] und Bestandteil des deutschen Kulturlebens wie Homer oder Shakespeare. Schmitthenner betonte dagegen, nur die Historizität Jesu mache diesen – jenseits aller dogmatischen Fragen – erst zu einem moralischen Vorbild.[941] Es dürfe angesichts der hohen Bedeutung der Frage bei den einfachen Kirchenmitgliedern nicht sein, „dass Christus mit Homer oder Shakespeare gleichgestellt werde.“[942]

Während der Kontroversen um den am 1. September 1910 von Papst Pius X. eingeführten Antimodernisteneid brandete der Streit um die Besetzung der theologischen Lehrstühle in der Landtagssession von 1911/1912 erneut auf. Troeltsch verteidigte die Zugehörigkeit der theologischen Fakultät zur Universität als dem „großen Erzeugnis- und Austauschplatze der wissenschaftlich-geistigen Kultur“,[943] ohne die der Protestantismus seine große

934 VBL 1909/1910, 179.
935 Vgl. a.a.O., 176.
936 A.a.O., 170.
937 A.a.O., 173.
938 Drews hatte 1909 den ersten Band seiner „Christusmythe“ veröffentlicht. Vgl. LÜBBE: *Drews*; SCHWEITZER: *Geschichte*, 451.
939 Vgl. CSER: *Weiß*.
940 VBL 1909/1910, 188.
941 Vgl. a.a.O., 182.
942 Ebd.
943 VBL 1911/1912, 97.

Stärke der „freien Beweglichkeit und Anpassung der Religion an das allgemeine Kulturleben“[944] verlieren müsse. Die Aufgabe der theologischen Fakultäten, „die von den Kirchen gepflegte Kraft und Wärme des religiösen Lebens mit den ungeheuren wissenschaftlichen Wandlungen des modernen Denkens auszugleichen“,[945] werde

> „auf das Empfindlichste gestört und dem Misstrauen ausgeliefert, wenn eine doch nun einmal wissenschaftliche und nicht kirchliche Anstalt fortwährend unter den Druck der politischen und kirchlichen Parteien genommen wird. Es muss doch den Protestanten möglich sein, die wissenschaftliche Arbeit völlig freizugeben und darauf zu vertrauen, dass etwaige intellektualistische Einseitigkeiten der Schule bei den Geistlichen durch die praktischen Erfahrungen ihres Berufs wieder korrigiert werden. Hier muss doch das Vertrauen zur Wahrheit möglich sein, dass sie auch in verschiedenen Formen sich finden und verstehen können.“[946]

Wieder stellte sich Udo von La Roche-Starkenfels gegen Troeltsch. Es sei unerträglich, wenn auf Dauer

> „die eine Hälfte unserer Kirchenangehörigen, die Vertreter der positiven Richtung, in der Fakultät des Landes, von der die Geistlichen vorgebildet werden sollen, keine Vertretung ha[ben], obwohl auf allen Universitäten hervorragende positive Dozenten vorhanden sind, die gewiss auch gerne ins Badener Land kämen, wenn sie gerufen würden. Es handelt sich nicht um Wissenschaftlichkeit, sondern einfach um Bevorzugung der liberalen Richtung, welche es bisher verhindert hat, dass jemals seitens der Fakultät Heidelberg ein positiver Dozent auf die Vorschlagslisten gebracht wurde. Es ist keine Gnade, um die seitens der positiven Kreise des Landes gebeten wird, sondern ein Recht, das in Anspruch genommen wird und auch späterhin immer wieder in Anspruch genommen werden muss, bis wir das, was uns gebührt, auch erhalten haben.“[947]

Den Minister des inzwischen neu geschaffenen Kultusministeriums Franz Böhm (1861–1915) kritisierte von La Roche-Starkenfels ebenfalls scharf. Die Regierung setze „sämtlichen positiven Theologiestudierenden einfach den Stuhl vor die Türe“.[948] Böhm verwahrte sich gegen die Vorwürfe, er habe positiven Studenten einen Wechsel der Universität empfohlen. Er sei der Meinung, dass „jeder positive evangelische Student ohne Beeinträchtigung seiner religiösen Gefühle an der Universität Heidelberg seine Ausbildung finden könne, wenn er ohne Voreingenommenheit und einseitigen Parteienstandpunkt auf die Universität kommen und lernen wolle.“[949] Selbstverständlich stelle er jedem Unzufriedenen aber frei, sich an einer anderen Fakultät „den Mann [zu] suchen, der ihn lehre, was er von vornherein wünsche.“[950]

---

944 VBL 1911/1912, 97.
945 Ebd.
946 A.a.O., 98.
947 A.a.O., 104.
948 A.a.O., 105.
949 Ebd.
950 Ebd.

Schmitthenner entschärfte aber abschließend die Diskussion, indem er darum bat, sie erst dann wieder zu führen, „[w]enn einmal eine Stelle frei wird, wenn vielleicht einmal Herr Geh[eimer] Kirchenrat Tröltsch nach Berlin berufen wird […] oder sonst eine Lücke entsteht […].“[951]

5.3.2.2. Der Kampf gegen die Legalisierung von Pornographie und Prostitution

Kirchliche Positionen vertrat Schmitthenner bei der Behandlung von ethischen Fragen. Mehrfach beschäftigte sich die Erste Kammer mit der auch von anderen Theologen kritisierten Legalisierung der Prostitution.[952] Schmitthenner war der Auffassung, diese richte „einen unsagbar großen Schaden in unserem Volksleben“[953] an. Auch die Prostituierten selbst schütze eine Legalisierung keinesfalls vor Ausbeutung.[954] Statt Bordelle in den großen Städten zu legalisieren, müsse man vielmehr „an der […] sittlichen Hebung unserer Jugend arbeiten“,[955] etwa durch die Verteilung von Schriften an Abiturienten, in denen diese vor den „sittlichen Gefahren, denen sie im Studentenleben entgegengehen“,[956] gewarnt würden. Im Juni 1910 legte der durch Otto von Leixner gegründete „Volksbund zur Bekämpfung des Schmutzes in Wort und Bild“ dem Reichstag eine Eingabe mit 30 000 Unterschriften vor, die auch in den Länderparlamenten verhandelt wurde. Gemeinsam mit Schmitthenner warb Ernst Troeltsch vor der Ersten Kammer daraufhin für den so dringend gebotenen „Kampf gegen die allen hoch entwickelten Kulturen eigentümliche und zugleich so gefährliche künstliche Reizung des Geschlechtslebens“.[957] Als am 23. Januar 1914 in der Ersten Kammer über das Budget für die staatlichen Irrenanstalten gesprochen wurde, wies der Prälat ebenfalls auf die Gefahren der Prostitution und den „unheilvollen [und] furchtbaren Zusammenhang derselben mit den Geisteskrankheiten“[958] hin. Während der Berichterstatter Freiherr Peter von und zu Menzingen gerade diesen Zusammenhang als Argument für die geordnete Legalisierung der Prostitution sah,[959] argumentierte Schmitthenner erneut scharf gegen die Prostitution als einer „widerlichen Ausbeutung der Menschheit, wo man dieses System duldet“.[960]

---

951 Das Protokoll vermerkt zu dieser Aussage „Heiterkeit“. VBL 1911/1912, 106.
952 Vgl. JASPER: *Althaus*, 64–66.
953 Vgl. VBL 1909/1910, 422.
954 Vgl. a.a.O., 434f.
955 A.a.O., 435.
956 Ebd.
957 A.a.O., 727.
958 VBL 1913/1914, 47.
959 Vgl. a.a.O., 136.
960 A.a.O., 139.

Als am 23. Februar 1912 der Aufgriff zweier minderjähriger Prostituierter in einem Bordell in Heidelberg die Kammer beschäftigte, bestand Schmitthenner darauf, „auch bei diesem Anlass ein von mir schon oft ausgesprochenes *ceterum censeo* zu wiederholen“[961] und das Verbot der Prostitution zu fordern.

5.3.2.3. Das Verhältnis von Staat und Kirche und die Verlängerung der Staatsdotationen

Ein Beispiel der weitgehenden Loyalität der Amtskirche zum monarchischen Staat in der wilhelminischen Zeit lieferte der sogenannte „Kleinsteinbacher Fall“, der die Gemüter in der Ersten Kammer am 4. Juni 1912 erhitzte. In dem kleinen Ort Kleinsteinbach im Pfinztal hatte die sozialdemokratische Mehrheit des Gemeinderates die Bürgerausschusswahl auf den 17. März 1912 gelegt, den Sonntag Lätare, an dem in der Pfarrei Singen, zu der Kleinsteinbach gehörte, traditionell die Konfirmandenprüfung stattfand.[962] Trotz des Einspruchs des zuständigen Durlacher Bezirksamts hatte die Wahl an dem betreffenden Tag stattgefunden. Kirchgänger, die nicht zur Wahl gingen, waren teilweise übel beschimpft worden.[963] Schmitthenner mahnte die großherzogliche Regierung, „dass sie, die so entschieden auf die Sonntagsruhe hingewirkt, doch auch sich vor dem Schein hüte, als sei sie nicht auch bereit, zur Sonntagsheiligung mit die Hand zu bieten. [...] Es tut Not auch für den Staat in unserer Zeit, die Liebe zum Gotteshaus und die Liebe zum Sonntag hochzuhalten und sie zu schützen wo sie noch vorhanden ist [...].“[964] Auch andere Redner bezeichneten den Vorfall als „Machtprobe der Sozialdemokratie“.[965] Ein Vortrag Karl Liebknechts am 29. Juli 1911 in Karlsruhe zum Thema „Welche Kräfte hemmen den sozialen und politischen Fortschritt?“ diente als weiteres Beispiel der revolutionären Agitation der Sozialdemokratie, die im Namen der „Würde und [des] Charakter[s] des monarchischen Staates“[966] bekämpft werden müsse.

---

961 VBL 1911/1912, 66.

962 Vgl. VBL 1911/1912, 379.

963 Vgl. ebd.

964 Ebd.

965 Ebd.

966 Liebknecht hatte unter anderem geäußert, dass der Tag kommen werde, „wo das unter die Waffen gerufene Proletariat mit den ihm gegebenen Bajonetten an den Funktionären der besitzenden Klassen an einem gewissen Körperteile durch Aufspießen unangenehm werden könne“. Dies sei Aufruf zum Mord an Offizieren, eine Verunglimpfung der Außenpolitik des Deutschen Reiches – etwa in der Marokko-Krise – und ein Aufruf an die Arbeiterschaft, die Machterweiterung Deutschlands auch mit Hilfe des Auslandes zu verhindern. Vgl. a.a.O., 381.

Am 12. Mai 1914 beriet die Erste Kammer über die fällige Verlängerung der Staatsdotationen für die evangelische und katholische Kirche und eine Petition der freireligiösen Gemeinden, die deren Abschaffung forderte. Die 4 166 Mitglieder der freireligiösen Gemeinden in Freiburg, Heidelberg, Mannheim, Karlsruhe und Pforzheim hatten es abgelehnt, als Steuerzahler zwangsweise weiterhin Abgaben an die Kirchen zu zahlen. Dennoch wurde das Dotationsgesetz vom 18. Mai 1899, das eine Aufbesserung des Gehalts gering besoldeter Pfarrer durch den Staat vorsah, um weitere zehn Jahre verlängert und für die Jahre 1914/1915 insgesamt 473 518 Mark an Staatsleistungen an die evangelische Kirche bewilligt.[967] John Gustav Weiß und der Heidelberger Kommerzienrat Dr. Friedrich Schott traten für die Ablösung der Staatsleistungen zugunsten einer einmalige Abfindung ein. Weiß sagte: „Ich glaube, wenn Staat und Kirche frei nebeneinander her gegangen wären in der Vergangenheit, statt miteinander verquickt und verstrickt zu sein, so hätten beide sich glücklicher entwickelt und hätten beide einander mehr nutzen können. Es wären wahrscheinlich auch Ströme von Blut, die in den vergangenen Jahrhunderten vergossen worden sind, nicht vergossen worden.“[968] Weiß erinnerte sich später auch an die im persönlichen Gespräch geäußerte Opposition des Kammerpräsidenten Max von Baden gegen die Trennung von Staat und Kirche.[969] Seine Eingabe habe er trotz ihrer Aussichtslosigkeit aus taktischen Gründen eingebracht, um sie öffentlich begründen zu können.[970] Im Namen der evangelischen Kirche sprach sich Schmitthenner ebenfalls klar gegen jede Änderung der bestehenden Gesetzeslage aus.[971] Auch Kultusminister Böhm wies auf die gemeinsamen sittlichen und kulturellen Interessen von Staat und Kirche hin, die eine Verlängerung der Dotationen sinnvoll erscheinen ließen. Längerfristig müssten sich die Kirchen auf ein Ende der Dotationen einstellen.[972]

Auch in den Auseinandersetzungen um den Antimodernisteneid und die Besetzung der theologischen Fakultäten sprach sich der Minister klar gegen die Trennung von Staat und Kirche aus. Deren Verhältnis sei in Baden durch das Kirchengesetz von 1860 für alle Seiten zufriedenstellend geregelt.[973] Die großherzogliche Regierung habe kein Interesse an einer Auflösung der theologischen Fakultäten, „mögen [in der Zweiten Kammer] auch noch so viele Anträge gestellt werden. Wir werden daran festhalten, solange wir können, weil wir den Weg der Trennung von Staat und Kirche nicht beschreiten wollen.“[974]

---

967 VBL 1913/1914, 433.
968 A.a.O., 443.
969 Vgl. WEISS: *Erinnerungen*, 113.
970 Vgl. a.a.O., 129.
971 Vgl. VBL 1913/1914, 445.
972 Vgl. a.a.O., 457.
973 Vgl. VBL 1911/1912, 103.
974 A.a.O., 104.

Auch zu der in Baden seit dem Ende der Kulturkampfzeit virulenten Frage der Wiederzulassung von katholischen Orden äußerte sich Böhm. Mit dem Jesuitengesetz von 1872 habe das Reich die Frage nach einer Zulassung der Jesuiten in seine Kompetenz gezogen, weshalb die badische Staatsregierung es ablehne, hier die Initiative zu ergreifen.[975] Zu Änderungen des Kirchengesetzes vom 9. Oktober 1860 sei man aber bereit, um die Bildung von Männerklöstern zu erleichtern. Eine Einigung sei um des konfessionellen Friedens willen aber nur dann möglich, wenn die katholische Kirche nach der grundsätzlichen Erlaubnis von Ordensgründungen auf die Beantragung weiterer Zulassungen verzichte:

> „Das katholische Volk ist über die Nichtzulassung der Männerklöster unzufrieden, das protestantische ist darüber zufrieden. Würden wir nun zwei oder drei Klöster zulassen, und die Kurie würde in zwei oder drei Jahren erklären, damit ist dem Bedürfnis nicht gedient, wir wollen weitere zwei, dann hätten wir das ganze Volk gegen uns, das evangelische, weil wir Klöster zugelassen haben, die Katholiken, weil wir nicht genug Klöster zugelassen haben.“[976]

Böhm stellte trotz der in Aussicht genommenen Änderungen des Kirchengesetzes die Staatsraison klar über religiöse Interessen. So sehr er gewillt sei, „den Kirchen als Freund beizustehen und die kirchlichen Interessen zu fördern, so viel höher steht mir doch die Wahrung des Staatsinteresses und der Staatshoheit […].“[977]

5.3.2.4. Die Auseinandersetzungen in der Ökumene und der Burgfriede von 1918

Erst im Juni 1918, als bei der Revision des Kirchengesetzes von 1860 einzelne gegen die Unabhängigkeit der katholischen Kirche gerichtete Bestimmungen zurückgenommen wurden, sollte der Burgfriede zwischen den Konfessionen und das loyale Bekenntnis zum monarchischen Staat beide Interessen vereinen. Ein solcher patriotischer ökumenischer Schulterschluss angesichts der drohenden Kriegsniederlage war aber keinesfalls typisch für die eher gespannte Lage zwischen den beiden großen Kirchen in den Vorkriegsjahren.[978] Nicht nur der Antimodernisteneid, auch die Veröffentlichung der umstrittenen Borromäus-Enzyklika sorgte für Spannungen.[979]

---

975 Vgl. VBL 1913/1914, 457.

976 A.a.O., 459.

977 Ebd.

978 Vgl. aber den Hinweis Kuhlemanns, wonach es „politische[…] Kooperationen zwischen konservativen Protestanten und Katholiken […] als *taktische* Bündnisse zur Erreichung ähnlicher politischer Ziele“ auch in den Jahren vor dem Krieg gegeben habe. KUHLEMANN: *Bürgerlichkeit*, 307–319. Vgl. auch Kap. 4.5.

979 Die Enzyklika „Editae saepe“ von Papst Pius X. vom 26. Mai 1910 war dem Kardinal, Erzbischof und bedeutenden Vertreter der Gegenreformation Karl Borromäus (1538–1584) anlässlich des 300. Jahrestages seiner Heiligsprechung gewidmet und enthielt

Obwohl sich sein katholischen Vorredner Albrecht von Stotzingen (1864–1938) bereits von den ungewollten Wirkungen der Enzyklika distanziert hatte, verwahrte sich Schmitthenner während einer Debatte über eine Novellierung des Schulgesetzes am 18. Juni 1910 in einem „mannhaften evangelischen Bekenntnis"[980] gegen die antiprotestantische Polemik des Papstes:

> „Wenn uns heute das Bedauern ausgesprochen wurde über die Wirkung [...], so ist damit dem kränkenden Urteile, das über die Reformationskirche gefällt wurde, der Stachel nicht genommen, der Kern der Sache ist dadurch für uns gar nicht berührt. [...] [S]chärfer und in verletzenderer Form als dieses Mal ist doch wohl nie ein Urteil über das, was uns Evangelischen lieb und teuer ist, in die Welt hinausgeschleudert worden. [...] [I]ch muss es bezeichnen als eine schwere Ungerechtigkeit und als einen weder durch die Geschichte gerechtfertigten noch durch unser Verhalten veranlassten Angriff auf unser nationales und religiöses Empfinden."[981]

Auch die Ordensfrage sorgte zwischen von Stotzingen und Schmitthenner für Diskussionen. Am 29. Mai 1914 hatte der Freiherr ein leidenschaftliches Plädoyer für die Wiederzulassung der Orden gehalten. Aufgrund der ihr im Kirchengesetz von 1860 zugestandenen Selbständigkeit hätten die Katholiken Badens „ein Recht auf die Orden als Einrichtung ihrer Kirche [...] und das Recht, auch als Ordensleute in Baden zu weilen."[982] Es sei für den katholischen Adel und das Kirchenvolk nicht länger hinnehmbar, fähige Söhne der Kirche ins Ausland zu schicken, weil diese den Ordensberuf gewählt hatten.[983] Trotz der Eingaben von 92 evangelischen Gemeinden, Vereinen und Einzelpersonen gegen eine Ordenszulassung habe er „eine viel zu hohe Ansicht von dem Gerechtigkeitsgefühl und der Toleranz unserer evangelischen Bevölkerung, als dass ich annehmen könnte, ein großer Teil derselben stehe hinter diesen Protesten."[984]

Schmitthenner stellte sich dem Werben von Stotzingens um konfessionelle Toleranz entschieden entgegen. Die Eingaben der evangelischen Christen seien dem Oberkirchenrat bekannt und „nicht aus einer Lust am Streit, sondern aus einer großen Besorgnis"[985] hervorgegangen. Als Seelsorger in Freiburg habe er es zwar stets als seine Pflicht erachtet, „mich [...] mit den katholischen Geistlichen [...] immer auf einen freundlichen Fuß zu stellen, weil wir so viel Anlass hatten, gegen den Unglauben und gegen die Nöte des sittli-

eine stellenweise scharfe Polemik gegen die Reformation. Zwar ordnete der Papst an, dass der Text in Deutschland nicht veröffentlicht werden sollte, und auch innerhalb des deutschen Katholizismus war er stark umstritten. Trotzdem fühlten sich viele Protestanten durch die Kritik aus Rom provoziert und antworteten mit teilweise ebenso scharfen antiklerikalen Stellungnahmen. Vgl. BACHEM: *Vorgeschichte*, 329–377.

980 HINDENLANG: *Schmitthenner*, 37.

981 VBL 1910, 617.

982 VBL 1913/1914, 448.

983 Vgl. ebd.

984 A.a.O., 449.

985 A.a.O., 451.

chen Lebens im Volke zusammen zu stehen“,[986] aufgrund seiner Erfahrungen mit den seelsorglichen Nöten in konfessionell gemischten Ehen durch die Missionstätigkeit von Orden in Freiburg müsse er deren Wiederzulassung aber ebenfalls ablehnen.

Vor allem der Jesuitenorden, der gegründet worden sei, „um die Reformation zu bekämpfen“,[987] dürfe keinesfalls wieder zugelassen werden. Dabei zweifelte der Prälat implizit auch die Staatstreue der Katholiken an, indem er die Gegenreformation in eine Reihe mit dem Niedergang des alten deutschen Reiches, der Lockerung des Treueverhältnisses zwischen Fürst und Volk und der Zerstörung des konfessionellen Friedens stellte.[988] Auch aus dem Beitrag Ernst Troeltschs sprach deutlich die protestantische Furcht vor einem wiedererstarkten konservativen Katholizismus infolge des Ersten Vatikanums und der antimodernistischen Politik Roms, indem er vor dem vermeintlichen Kampfprinzip der Katholiken gegen den liberalen Staat warnte: „Im Kampfe verlangen wir nach euren Prinzipien die Gewissensfreiheit und Toleranz zur selbständigen Ordnung unserer inneren Angelegenheiten; im Siege verlangen wir nach unseren Prinzipien die Herrschaft in allen Religion und Moral betreffenden Dingen, wozu schließlich alles gegebenen Falles gehören kann.“[989]

Der Kriegsausbruch sorgte dann aber für ein engeres Zusammenrücken der zerstrittenen Konfessionen. Im Juli 1915 besuchte der Freiburger Erzbischof Thomas Nörber (1846–1920) Schmitthenner in Karlsruhe, was den in seinem Urlaub im Schwarzwald weilenden Präsidenten Uibel zu der Hoffnung veranlasste, der Besuch werde – bei allen grundsätzlichen Unterschieden – doch ein „gleichmäßiges Vorgehen in manchen wichtigen Dingen“ und „ein freundliches Verhältnis mit Ihnen in der Ersten Kammer in Aussicht“[990] stellen. Im Juni 1918 – nur wenige Monate vor dem endgültigen Zusammenbruch der Monarchie – wurden einzelne gegen die Unabhängigkeit der katholische Kirche gerichtete Bestimmungen des Kirchengesetzes von 1860 als „kirchenpolitisches Grundgesetz“[991] in Baden dann tatsächlich zurückgenommen. Auch jetzt war der wesentliche Grund dafür das Interesse des Staates, sich in der Zeit des Krieges der Loyalität der beiden Kirchen zu versichern. Die Regierung wollte nach den Worten Wilhelm Hübschs – seit 1915 Nachfolger des verstorbenen Kultusministers Franz Böhm – ein „Friedensdenkmal“[992] schaffen, das dem Vaterland zum Segen gereichen sollte.

---

986 VBL 1913/1914, 451.
987 A.a.O., 452.
988 Vgl. ebd.
989 A.a.O., 454.
990 Uibel an Schmitthenner, Schluchsee, 19. Juli 1915, in: WINKLER: *Uibel*, 67.
991 VBL 1917/1918, 396.
992 A.a.O., 398.

In der Sitzung vom 7. Juni 1918 äußerte sich auch Erzbischof Nörber und beschwor ebenfalls den Burgfrieden zwischen Kirche und Staat.[993] Der Katholizismus in Baden stehe loyal auf dem Boden des Gesetzes von 1860.[994] Ausführlich stellte Nörber die Bemühungen der Kirche dar, die Kriegsmoral im Volk zu stärken, und bat die Abgeordneten eindringlich darum, daran zu denken, was von Seiten der Kirche im Interesse des Vaterlandes geschehen sei.[995]

Der Erzbischof erklärte:

> „Vertrauen erweckt wieder Vertrauen. Ich meinerseits, der ich in meiner Person die Kirche repräsentieren und die Verantwortlichkeit tragen muss, kann die Versicherung aussprechen, daß ich der [...] Regierung durchaus vertraue und entschlossen bin, in jeder Beziehung nicht bloß die Interessen der Kirche, sondern auch des Staates zu wahren. [...] Ich glaube in sichere Aussicht stellen zu können, daß das Vertrauen, das die [...] Regierung uns entgegenbringt, nicht verschwendet sein wird, sondern ein gutes Echo auch kirchlicherseits finden wird.“[996]

Auch Schmitthenner versicherte der Regierung die bedingungslose Loyalität der evangelischen Kirche. In einem „Augenblick, wo im Westen unsere Heere in schwersten entscheidungsvollsten Kämpfen stehen“,[997] sollte in der Heimat die Zeit der konfessionellen Auseinandersetzungen als „letzte[s] Stück einer Kampfzeit, in der viel Erbitterung groß geworden und wenig Segen geschaffen worden ist, einer Zeit, an der eigentlich niemand Freude hatte, [...] begraben werden.“[998] An die Adresse der katholischen Kirche sagte Schmitthenner:

> „Unser Vaterland [bedarf] zum Wiederaufbau seines Volkslebens und zur Bekämpfung der Schäden [...] der vollsten Hingabe aller, des Einsetzens sämtlicher Kräfte unter Beseitigung aller selbstsüchtigen Gedanken. Dabei kann der Staat, wie er schon oft betont hat, der Kirche nicht entbehren, und die Kirche ist gern bereit, ihm zu dienen und zu helfen, wo er ihre Kräfte haben will. Die Kirchen werden aber dieser Aufgabe nur gerecht werden können mit den ihnen innewohnenden Kräften. Es wird jede ihr Bekenntnis stärken müssen und ihre Glaubensüberzeugungen festhalten. Wenn dabei auch wieder Gegensätze hervortreten werden – es wird das ja nicht ganz zu vermeiden seien –, so ist der Schaden nicht so groß, wenn es mit der inneren Vertiefung in jeder Kirche vorwärts geht, und wenn alle auf das Gemeinsame sehen, mehr als auf das Trennende in ihrem Bekenntnis und Leben[,] und wenn sie ihre Kraft zielbewusst einsetzen auch im Blick auf die Größe des Vaterlandes, dann muß doch ein Segen herauswachsen. [...] Möchten die beiden Kirchen, wenn auch getrennt marschierend, vereint den Feind schlagen und so des Landes Bestes schaffen.“[999]

---

[993] Vgl. VBL 1917/1918, 399f.
[994] Vgl. ebd.
[995] Vgl. a.a.O., 400.
[996] A.a.O., 399.
[997] A.a.O., 400.
[998] Ebd.
[999] A.a.O., 401.

Das geänderte Kirchengesetz wurde von den Vertretern der Ersten Kammer einstimmig angenommen. Unter Beifall wünschte Präsident Max von Baden, das Gesetz möge zum „Friedens- und [...] Vertrauensgesetz"[1000] werden und als Appell zur Einigkeit in ein vom Krieg zerrissenes Land hinausgehen.

5.3.3. Schmitthenners Eintreten für die Belange der Inneren Mission

Die Beratungen in der Ersten Kammer über das Budget des Ministeriums für Kultus und Unterricht betrafen auch die Anstalten der Inneren Mission. Am 6. März 1914 sprach Schmitthenner als Redner der großherzoglichen Regierung Dank für die Erhöhung der jährlichen Staatszuwendungen für die Jugendfürsorgeanstalt Schwarzacher Hof von 4 000 Mark im Jahr 1909/1910 auf zunächst 5 000 Mark 1911/1912 und schließlich 8 000 Mark 1913/1914:[1001]

> „Die toten Zahlen, die wir hier sehen in dem Budget, wie sie vorgelesen und von Ihnen freundlich genehmigt worden sind, die bergen in sich eine Welt voll Not, voll leiblicher, geistiger, seelischer Not und eine Welt voll Sündennot, aber neben dieser Welt voller Not steht eine Welt voll Liebe. Seitdem die Liebe in unserem Herrn und Meister heruntergekommen ist auf die Erde, seitdem erst weiß die Welt etwas von dieser Liebe, während man vorher immer nur von einer Welt ohne Liebe reden konnte. Seitdem ist die christliche Nächstenliebe am Werk."[1002]

Am 12. Juli 1912 warb Schmitthenner um weitere Mittel für die kirchliche Jugendfürsorge, die durch ihre nationale Ausrichtung im Geist der Zeit durchaus im Interesse des Staates liege:

> „Wir wissen alle, was es für ein Land, was es für unser Vaterland bedeutet, wenn darin eine körperlich gesunde und national denkende Jugend heranwächst. Es sind heute so viele Mächte tätig, um die äußere und innere Gesundheit besonders unserer Jugend zu untergraben, dass es wahrlich Not tut, dass auch von unserer Seite etwas geschieht. Wenn der Staat eine derartige Arbeit nun fördern will, so ist es etwas ganz Selbstverständliches, dass er neben der Betonung der körperlichen Pflege, die auf die Gesundheit der Jugend abzielt, den nationalen Gedanken in den Mittelpunkt stellt, und dass er all die Kreise, die nationale Gedanken nicht pflegen, ausschließen muss."[1003]

Vereinigungen wie der „Oberrheinische Jünglingsbund", der als Zweig des „Deutschnationalen Jünglingsbundes" der Kirche nahestand, ohne ihr organisatorisch unterstellt zu sein, führten im Rahmen ihrer Pfadfinderarbeit in der Vorkriegszeit Kriegsübungen durch, so etwa im Sommer 1912 in Wilferdin-

---

1000 VBL 1917/1918, 401.
1001 VBL 1913/1914, 156.
1002 Ebd.
1003 VBL 1911/1912, 568.

gen mit 350 Teilnehmern.[1004] Auch zum nationalistischen „Jungdeutschlandbund“[1005] suchte die Innere Mission unter ihrem Vorsitzenden den Anschluss.[1006] Am 26. Juni 1914 richtete der Prälat ein „freundliches Mahnwort“[1007] an die kirchlichen Jugendvereinigungen. Die sonntäglichen Aktivitäten der „modernen Jugendbewegung“[1008] des „Jungdeutschlandbundes“ dürften nicht kritisch gesehen werden. Statt sich abzugrenzen, müssten sich die kirchlichen Vereinigungen an den „Jungdeutschlandbund“ anschließen, „damit sie eine christliche Macht innerhalb dieser Bewegung bilden und ihr etwas von diesem Gepräge aufdrücken.“[1009] Es sei in der gegenwärtigen Zeit notwendig, „dass alles, was vaterländische Gesinnung pflegen will, sich zusammen tut […].“[1010]

[1004] Vgl. VBL 1911/1912, 568.

[1005] Der 1911 gegründete „Bund Jungdeutschland“ (BJD) war die Dachorganisation aller Jugendverbände zur Wehrerziehung und Vorbereitung der deutschen Jugend auf den kommenden Krieg. 1914 gehörten ihm 745 000 Jugendliche an. Colmar Freiherr von der Goltz (1843–1916), Vorsitzender des BJD 1911–1916 forderte dazu auf, die deutschen Jugendlichen „im kriegerischen Geist“ zu erziehen und ihnen „vom frühesten Alter an Liebe zum Vaterland“ zu vermitteln, „für das sie sich vielleicht einmal opfern müssen.“ Zitiert nach: BETHGE: Bund, 167. Das zentrale Presseorgan des BJD, die „Jungdeutschland-Post“, schrieb im Januar 1913: „Auch uns wird einmal die frohe, große Stunde eines Kampfes schlagen. In Tagen zweifelnder, vorläufig nur heimlich frohlockender Erwartung geht dann von Herz zu Herz und Mund zu Mund der alte königliche Ruf zur Schlacht: ‚Mit Gott für König und Vaterland!‘ […] Still und tief im deutschen Herzen muss die Freude am Krieg und ein Sehnen nach ihm leben, weil wir der Feinde genug haben und der Sieg nur einem Volke wird, das mit Sang und Klang zum Krieg wie zu einem Feste geht.“ Zitiert nach: KOCH: *Weltkrieg*, 91. Vgl. zum BJD auch NOACK: *Jungdeutschlandbund*.

[1006] Vgl. etwa die Aussage während der Kirchenvisitation in Mannheim 1912, die Kirche müsse „mitmachen und Einfluss zu gewinnen suchen und den Anschluss unserer Jugendvereine an die Bewegung [des „Jungdeutschlandbundes“] begünstigen.“ LKA Karlsruhe SpA 6743.

[1007] VBL 1913/1914, 773.

[1008] Ebd.

[1009] Ebd.

[1010] Ebd.

5.4. Seelsorger der großherzoglichen Familie 1909–1914

5.4.1. Die Mitglieder der großherzoglichen Familie von Baden

Am 24. April 1909 vermeldeten die Karlsruher Hoftagebücher den Antrittsbesuch des neuen Prälaten bei Großherzogin Luise. Am 8. Mai 1909 folgte die Einladung zu einem Besuch gemeinsam mit seiner Frau.[1011] Aus dem Sommerurlaub im Schwarzwald reiste Schmitthenner am 13. August 1909 nach Badenweiler zum Besuch bei Großherzog Friedrich II. und seiner Frau Hilda.[1012] Am 5. März 1910 kam der Prälat gemeinsam mit dem Vater seines Schwiegersohnes, Missionar Samuel Keller[1013] aus Freiburg, der zu einer Vortragsreihe in der Stadtkirche in Karlsruhe anwesend war, zur Audienz.[1014] Diese Besuche bildeten den Auftakt einer in den nächsten Jahren immer enger werdenden persönlichen Beziehung zwischen dem Prälaten und den Mitgliedern des großherzoglichen Hauses. Hervor sticht dabei die Seelsorgebeziehung zu der Frau, die seit 1856 als Frau von Großherzog Friedrich I. die politischen und sozialen Verhältnisse im Großherzogtum stark beeinflusste: die geborene preußische Prinzessin und Tochter Wilhelms I., Luise Marie Elisabeth von Baden (1838–1923).[1015]

1011 Vgl. GLA Karlsruhe 47 Baden, Nr. 2117.

1012 Vgl. ebd.

1013 Samuel Keller (1856–1924), geb. am 15. März 1856 in St. Petersburg, Studium der Theologie in Dorpat 1876, Pfarrer in Grunau 1880, Neusatz 1884, Generalsekretär des „Deutschen Sittlichkeitsbundes“1891, Pfarrer in Düsseldorf 1892, Evangelist in Freiburg 1898, Mitgründer des „Eisenacher Bundes“ 1902, Herausgeber der Monatszeitschrift „Auf dein Wort“ 1902–1916, gest. am 14. November 1924 in Freiburg. Vgl. BRANDENBURG: *Keller*. Vgl. Kap. 4.7.

1014 Vgl. GLA Karlsruhe 47 Baden, Nr. 2118.

1015 Bisher existiert über die vorletzte badische Großherzogin abgesehen von einigen kürzeren Beiträgen in diversen Publikationen keine Biographie, die wissenschaftlichen Standards genügen würde. Neben den 2011 von Kurt Bickel und zuvor 1963 von Kurt Gihring verfassten Darstellungen, die sich dem Beitrag Luises an der Entstehung des Roten Kreuzes widmen, hat lediglich Ilona Scheidle in einer – bisher unveröffentlichten – Dissertation und in einem kurzen Lebensbild im Jahrbuch für badische Kirchen- und Religionsgeschichte die politische und diakonische Dimension von Luises Leben und Wirken untersucht. Über die weitgehend idealisierten zeitgenössischen Berichte hinaus ist noch der 2001 von Annette Borchardt-Wenzel verfasste Beitrag in ihrem Band über das Leben der Frauen am badischen Hof zu nennen, der – obwohl im Erzählstil und unter Verzicht auf wissenschaftliche Belege gehalten – als bisher ausführlichstes und fundiertestes Lebensbild Luises gelten kann. Vgl. BICKEL: *Luise*; GIHRING: *Licht*; SCHEIDLE: *Großherzogin*; FEHRLE: *Großherzöge*, 47–66; BORCHARDT-WENZEL: *Frauen*, 235–339.

Luise wurde am 3. Dezember 1838 als einzige Tochter des Prinzen Wilhelm von Preußen (1797–1888) und seiner Frau Augusta von Sachsen-Weimar-Eisenach (1811–1890) in Berlin geboren.[1016] Gemeinsam mit ihrem Bruder Prinz Friedrich Wilhelm (1831–1888), dem späteren Kaiser Friedrich III., wuchs sie in Berlin auf. Nach dem Tod König Friedrich Wilhelms III. (1770–1840) am 7. Juni 1840 wurde ihr Vater zum Nachfolger des kinderlosen Friedrich Wilhelm IV. (1795–1861) ernannt.[1017]

Während der Revolution von 1848 ging Wilhelm als „Kartätschenprinz“ in die Geschichte ein, als er während der Unruhen vom 18.–19. März 1848 dafür eintrat, die Stadt Berlin mit Artillerie sturmreif zu schießen.[1018] Während des darauf angeordneten Exils ihres Vaters in London blieben die elfjährige Luise und ihre Familie in Berlin. Als Wilhelm zurückkehrte und sich formell zur konstitutionellen Monarchie bekannte, wurde er am 8. Juni 1849 zum Oberkommandierenden der preußischen Operationsarmee in Baden und der Pfalz ernannt. Nach der Niederschlagung der Revolution und dem Fall Rastatts am 23. Juli 1849 zog Wilhelm am 19. August 1849 gemeinsam mit dem vertriebenen Großherzog Leopold (1790–1852) in Karlsruhe ein. 1850 folgte seine Ernennung zum Generalgouverneur der Rheinprovinz und Westfalens und damit der Umzug der Familie ins Kurfürstliche Schloss in Koblenz.[1019] Friedrich studierte im nahen Bonn Rechtswissenschaften und erhielt damit als erster Hohenzollernprinz eine akademische Ausbildung. Luise wurde auf Veranlassung ihrer Mutter in fürstlichen Tugenden unterrichtet. Dazu gehörte auch das karitative Engagement, das für Augusta „nicht nur Pflicht, sondern Herzenssache“[1020] war. Schon früh kam Luise so mit den bedeutendsten Vertretern der organisierten Liebestätigkeit und der Krankenpflege wie dem Kaiserswerther Pfarrer und Gründer der dortigen Diakonissenanstalten Theodor Fliedner (1800–1864) in Kontakt.[1021] Wie ihre Mutter begeisterte sie sich für den Gedanken einer institutionalisierten und professionalisierten Krankenpflege im neutestamentlichen Geist. Die Kaiserwerther Diakonissen und Frauen wie die englische Krankenschwester Florence Nightingale waren für die junge preußische Prinzessin das Ideal einer Kranken- und Armenfürsorge nach christlichem Vorbild.[1022]

Am 19. Mai 1855 wurde Luise in der Charlottenburger Schlosskapelle konfirmiert. Im September des selben Jahres verlobte sie sich offiziell mit Friedrich I. von Baden (1826–1907),[1023] der seit 1852 als Regent an Stelle seines unheilbar kranken Bruders Ludwig (1824–1858) als Prinzregent re-

---

[1016] Vgl. GIHRING: *Licht*, 9.
[1017] Vgl. MARCKS: *Wilhelm*, 539.
[1018] Vgl. a.a.O., 547. Vgl. Kap. 2.1.
[1019] Vgl. Vgl. GIHRING: *Licht*, 11.
[1020] BORCHARDT-WENZEL: *Frauen*, 237.
[1021] Vgl. GIHRING: *Licht*, 26–30.
[1022] BORCHARDT-WENZEL: *Frauen*, 238.
[1023] Vgl. OSTER: *Großherzöge*, 155–208.

gierte.[1024] Kennengelernt hatte sich das junge Paar anlässlich eines Besuches der Eltern Luises auf Schloss Baden. Mit Luises Bruder Friedrich war der badische Regent bereits seit der gemeinsamen Studienzeit eng befreundet.[1025] Am 20. September 1856 fand die Hochzeit in Berlin statt. Friedrich, der inzwischen auch offiziell als Großherzog regierte, suchte den Schulterschluss mit Preußen auch aus politischem Interesse, die Heirat mit Luise sollte diese Verbindung auch im Privatleben des jungen Fürsten sichtbar machen.[1026]

Trotzdem kann die Verbindung Luises mit Friedrich neben der politischen Intention durchaus als Liebesheirat gelten. Schon anlässlich der Verlobung hatte sich Friedrich bei den Abgeordneten der Zweiten Kammer der badischen Landstände für die Glückwünsche bedankt und seine Hoffnung zum Ausdruck gebracht, dass „diese Verbindung, die mir persönlich so viel Glück verheißt, […] auch […] meinem Volk zum Segen gereichen“[1027] werde.

Während Friedrich in der Außenpolitik seine Hoffnungen auf Preußens Führung bei der Gründung eines deutschen Kaiserreiches setzte, gestaltete er Baden innenpolitisch zum „liberalen Musterländle“ um. Als erste Amtshandlung nach seinem Regierungsantritt hatte er das von den Preußen 1849 verhängte Kriegsrecht in Baden aufgehoben.[1028] Auch nach der Revolution hielt der Großherzog am kooperativen Prinzip der Herrschaft von Fürst und Volk fest: „Deutschland will und kann nichts anderes wollen, als was einstimmig die Organe des Volkes in allen Ständekammern zum leitenden Grundsatz erheben, es will die konstitutionelle Monarchie, welche unstreitig unter allen Staatsformen die beste, die glücklichste ist.“[1029] Die politischen und wirtschaftlichen Reformen Friedrichs machten Baden zu „einem der modernsten Staaten des Deutschen Bundes und später des deutschen Reiches“[1030]. Bereits 1856 wurde durch die Einführung der Amtsgerichte die Justiz von der Verwaltung getrennt. Der Ausbau von Wasserstraßen und Eisenbahnlinien förderte die wirtschaftliche Entwicklung des Landes. Mannheim wurde zu seinem industriellen Zentrum ausgebaut.[1031] Seit dem Frieden von Preßburg 1805, der dem Großherzogtum den vorderösterreichischen Breisgau mit der Haupt- und Universitätsstadt Freiburg eingebracht hatte, verfügte Baden als relativ kleines Land neben Heidelberg über eine weitere bedeutende und traditionsreiche Universität. Beide wurden von Friedrich gefördert, zuletzt Freiburg mit dem Neubau des Universitätsgebäudes 1906.[1032]

1024 Vgl. OSTER: *Großherzöge*, 161.
1025 Vgl. HUG: *Geschichte*, 263, 286.
1026 Vgl. OSTER: *Großherzöge*, 171–172, SCHWARZMAIER: *Baden*, 227. Vgl. zur Heirat Großherzog Karls mit Napoleons Adoptivtochter Stéphanie de Beauharnais (1789–1860) 1796 aus Gründen der Staatsraison Kap. 2.1.
1027 Zitiert nach OSTER: *Großherzöge*, 172.
1028 Vgl. HUG: *Geschichte*, 258.
1029 OSTER: *Großherzöge*, 155.
1030 A.a.O., 156.
1031 Vgl. a.a.O., 171.
1032 Vgl. ebd.

Bereits 1854 wurde die Kunstschule in Karlsruhe gegründet, aus der 1892 die Akademie der Bildenden Künste hervorging. Seit dem 12. April 1902 trug die von Friedrich gefôrderte Technische Hochschule in Karlsruhe den Namen „Friedericiana“.[1033]

1864 eskalierte erneut der schwelende Konflikt mit der katholischen Kirche, als im badischen Landtag über das sogenannte „Schulaufsichtsgesetz“ beraten wurde.[1034] Die Schulaufsicht, die bisher in den Händen der Kirchen lag, sollte unter staatliche Obhut fallen. Dem jeweiligen Ortspfarrer sollte nur ein Sitz in den neu zu bildenden Ortsschulräten verbleiben. Gegen den Widerstand der Katholiken setzte sich die Regierung hier schließlich durch. Verhältnismäßig spät, aber umso konsequenter erfolgte auch die Gleichstellung des Judentums, für Friedrich die Entfernung der „letzte[n] Ausnahme, welche der vollen Durchführung des Grundsatzes der Gewissensfreiheit entgegenstand.“[1035] Im April 1896 empfing Friedrich den Begründer des politischen Zionismus Theodor Herzl (1860–1904) in Karlsruhe. Im März 1898 warb Herzl beim Großherzog auf der Mainau um dessen Unterstützung bei der Gründung eines jüdischen Staates in Palästina.[1036]

In der Außenpolitik sah Friedrich sein Land langfristig als Teil eines föderal organisierten deutschen Nationalstaates. Badens Interessen meinte er 1860 vor den Landständen „nicht besser vertreten zu können, als durch die Verfolgung aller Wege, welche Deutschlands Kraft und Einigung befördern und die Rechte der Nation mit den Rechten der einzelnen Stämme zur Geltung zu bringen.“[1037] 1866 im Preußisch-Österreichischen Krieg war Baden zwar noch gezwungen, auf Seiten des Deutschen Bundes unter Führung Österreichs gegen Preußen in den Krieg zu ziehen, aber nach der österreichischen Niederlage bei Königgrätz am 3. Juli 1866 war für Friedrich und die meisten seiner Untertanen klar, dass es einen deutschen Nationalstaat nur unter preußischer Führung geben konnte. Am 31. Juli 1866 trat Baden aus dem Deutschen Bund aus, am 17. August 1866 folgte der Friedensschluss mit Preußen. Am 18. Januar 1871 brachte der badische Großherzog den ersten Toast auf seinen Schwiegervater Wilhelm aus.[1038] Die mehr als 50jährige Regierungszeit Friedrichs I. war ein „Glücksfall für Baden, seine Bewohner und die deutsche Politik.“[1039] Als die „überragende Persönlichkeit unter den badischen Großherzögen“[1040] führte er sein Land in die Moderne und wurde zur verehrten „Vaterfigur des Badener Landes.“[1041]

[1033] Vgl. HOEPKE: *Geschichte* , 64.84.
[1034] Vgl. OSTER: *Großherzöge*, 177–179.
[1035] Zitiert nach: a.a.O., 162.
[1036] Vgl. a.a.O., 163.
[1037] A.a.O., 164.
[1038] Vgl. a.a.O., 199.
[1039] SCHWARZMAIER (u.a.): *Geschichte*, 220.
[1040] Ebd.
[1041] Ebd.

Als am 24. April 1902 das 50jährige Thronjubiläum des Großherzogs gefeiert wurde, ließ es sich Oberkirchenratspräsident Wielandt nicht nehmen, auf die Tatsache hinzuweisen, wie sehr man besonders in Baden den Segen der „Übertragung der oberstbischöflichen Gewalt an die Staatsgewalt“[1042] erfahren habe.

Die Popularität Luises beruhte neben der Anerkennung der Verdienste ihres Mannes auf ihrem eigenen karitativen Engagement.[1043] Der italienische Befreiungskrieg gegen Österreich und vor allem die Schlachten von Magenta und Solferino am 4. und 24. Juni 1859 hatten wegen der hohen Zahl an Toten und Verwundeten in ganz Europa allgemeines Entsetzen hervorgerufen.[1044] Weil zudem eine Ausweitung des Krieges nicht auszuschließen war, gründete sich auch in Karlsruhe eine Gruppe von 14 Damen der höheren Gesellschaft, die zu Spenden für die bevorstehende Betreuung von Verwundeten aufrief. Den Vorsitz übernahm die junge Großherzogin, die bis zu ihrem Tod 1923 Protektorin des Badischen Frauenvereins blieb. 1919 ging er im Badischen Landesverein vom Roten Kreuz auf. 1912 hatte der Verein mehr als 83 000 Mitglieder in 500 badischen Ortsgruppen, die ihre Keimzelle oftmals in den evangelischen Pfarrhäusern hatten.[1045] Seine Ziele waren nach den Statuten von 1873 die Förderung der Bildung und Erwerbstätigkeit des weiblichen Geschlechts durch Haus- und Handarbeitskurse, die Ausbildung von Krankenschwestern und die Pflege von Verwundeten im Kriegsfall, Armenunterstützung und Wohltätigkeit, sowie die Fürsorge für die Gesundheit und die Erziehung von Kindern.[1046]

Zum „Schicksalsjahr“ Luises wurde das Jahr 1888. Am 23. Februar verstarb ihr erst 23 Jahre alter zweitgeborener Sohn Prinz Ludwig Wilhelm von Baden (1865–1888).[1047] Der Freiburger Student erlag laut der offiziellen Darstellung einer Lungenentzündung.[1048] Die Gerüchte, er sei im verbotenen Duell gefallen, verstummten aber nie.[1049] Der nächste Schicksalsschlag folgte nur zwei Wochen später. Luises Vater Wilhelm verstarb nach kurzer Krankheit am 9. März 1888 in Anwesenheit des badischen großherzoglichen Paares in Berlin. Am 15. Juni 1888 starb schließlich auch Luises an Kehlkopfkrebs erkrankter Bruder Friedrich, der als 99-Tage-Kaiser in die deutsche Geschichte eingehen sollte.[1050]

1042 VGS 1904, Beilage I, 2.
1043 Vgl. BORCHARDT-WENZEL: *Frauen*, 250–263.
1044 Vgl. GIHRING: Licht, 59–78.
1045 Vgl. SCHWINGE: *Geschichte*, 226.
1046 Vgl. a.a.O., 227.
1047 Vgl. OSTER: *Großherzöge*, 206.
1048 Vgl. ebd.
1049 Vgl. BAUDISSIN: *Dienstzeit*.
1050 Vgl. OSTER: *Großherzöge*, 206.

Auch nach dem Tod Großherzog Friedrichs I. am 28. September 1907 und der Thronbesteigung ihres Sohnes Friedrich II.[1051] residierte Luise – die im Volksmund respektvoll „d'alt Luis“ genannt wurde – weiterhin im Karlsruher Residenzschloss.[1052] Friedrich und seine Frau Hilda – die aufgrund ihrer zurückhaltenden und scheuen Art vielfach im Schatten ihrer Schwiegermutter stand – nahmen mit dem zwischen 1891 und 1897 errichteten Erbgroßherzoglichen Palais in der Karlsruher Kriegsstraße vorlieb.[1053] Friedrich II. war in seinem zurückhaltenden Charakter eher Epigone als Protagonist und vermochte es bis zum Herbst 1918 nicht, aus dem Schatten seines großen Vaters herauszutreten.[1054] Auch seine Frau Hilda von Nassau (1864–1952), die er am 20. September 1885 geheiratet hatte, blieb in der öffentlichen Wahrnehmung hinter ihrer übermächtigen Schwiegermutter zurück.[1055]

Bleibende politische Bedeutung sollte dagegen dem Thronfolger Max von Baden und seiner kurzen Reichskanzlerschaft vom 3. Oktober bis 9. November 1918 zukommen, dank der er in den Herbsttagen des Jahres 1918 einige wenige Tage im Mittelpunkt der deutschen Geschichte stand:[1056] Geboren am 10. Juli 1867 in Baden-Baden als Sohn des badischen Prinzen Wilhelm (1829–1897) und Maria Maximilianowa von Leuchtenberg (1841–1914), einer Nichte Zar Alexanders I. von Russland, war er nach dem Tod seines Onkels 1907 badischer Thronfolger und Präsident der Ersten Kammer gewor-

1051 Vgl. OSTER: *Großherzöge*, 209–220.

1052 Vgl. a.a.O., 213.

1053 Vgl. ebd.

1054 Es ist auffällig, dass diese Eigenschaft dem neuen Großherzog in den zeitgenössischen Veröffentlichungen durchweg als Vorteil angerechnet wurde. Bereits die ersten offiziellen Verlautbarungen in den Monaten nach dem Regierungswechsel am 28. September 1907 versäumten es nicht, als größtes Verdienst des neuen Großherzogs die Tatsache zu würdigen, dass „ein gleichgearteter Sohn als Nachfolger in seine Fußstapfen getreten“ sei. Die Versicherung des neuen Großherzogs, die Regierung „dem hehren Vorbild Unseres in Gott ruhenden Vaters folgend“ übernehmen zu wollen, wurde allgemein anerkennend angenommen. Ein 1953 herausgegebenes Erinnerungsbuch an die letzten regierenden Mitglieder des Hauses Baden würdigte Friedrich II. als eine der „edelsten und lautersten Persönlichkeiten, die je als Fürsten ihrem Volke gedient haben“. Neuere Veröffentlichungen sehen die Regierungszeit des letzten badischen Großherzogs dagegen überwiegend kritisch als „Abgesang […] im Schatten des Vaters“, ohne ihn deshalb aber für den Zusammenbruch des Herbstes 1918 verantwortlich zu machen. Vgl. VGS 1909, 4; a.a.O., Beilage I, 2.; ILGENSTEIN/KATTERFELD: *Hilda*, 4; SCHWARZMAIER: *Geschichte*, 227; OSTER: *Großherzöge*, 209.

1055 Die amtierende Großherzogin wurde in manchen offiziellen Verlautbarungen gar nicht erwähnt. So dankte die erste badische Generalsynode nach der Revolution im Herbst 1918 lediglich „Seiner Königlichen Hoheit dem Großherzog Friedrich II. [und] Ihrer Königlichen Hoheit der Großherzogin Luise“ für ihre Verdienste um Kirche und Staat. Bei vielen offiziellen Terminen – so etwa der Beisetzung des verstorbenen Kirchenpräsidenten Albert Helbing (1837–1914) am 2. Januar 1915 – wurde Hilda von ihrer Schwiegermutter vertreten, so dass von der „persönliche[n] Anwesenheit des Großherzogs und der Großherzogin Luise“ die Rede war. Vgl. GuVBl. 1918, 209; GuVBl 1915, 1.

1056 Vgl. MACHTAN: *Prinz*, 374–469.

den.[1057] Nach einem kurzen Zwischenspiel als Generalleutnant im Stab des XIV. Armee-Korps quittierte er im Oktober 1914 den aktiven Militärdienst und wurde 1914 Ehrenpräsident des badischen Roten Kreuzes, 1916 der deutsch-amerikanischen Kriegsgefangenenhilfe.[1058]

Wenige Tage nach dessen Amtsantritt am 3. Oktober 1918 hatte Schmitthenner dem neuen Reichskanzler – mit dem er durch das gemeinsame Wirken in der Ersten Kammer der Landstände seit 1909 in persönlicher Verbindung stand – in einem knappen Telegramm gratuliert: „Gott segne Eurer Großherzoglichen Hoheit den ernsten Weg und lasse ihn unserem Vaterland zum Heil gereichen."[1059]

5.4.2. Schmitthenners Korrespondenz mit Großherzogin Luise 1909–1914

Am 10. März 1909 erhielt der neue Prälat zum ersten Mal einen Brief der Großherzogin Luise, in dem diese neben ihrer Freude über den „Beginn unserer Beziehungen in Ihrer neuen Stellung"[1060] auch seine Fürsorge für die Freiburger Gemeinde lobte. Schmitthenner hatte bei der Großherzogin nach einer Lehrerinnenstelle an einer Privatschule für ein Gemeindeglied angefragt. Zwar musste Luise dieses Gesuch negativ beantworten,[1061] trotzdem dankte Schmitthenner am 15. März 1909 der „[d]urchlauchtigste[n] Großherzogin, gnädigste[n] Fürstin und Frau […] für die gnädige Teilnahme an der bedeutsamen Wendung in meinem Leben "[1062], die „verständnisvolle[n] gütige[n] Worte" und das „huldvolle Interesse, mit dem Eur[e] Königliche Hoheit [die] Angelegenheit [der Stellungsanfrage] verfolgt haben."[1063] Eine solche Mischung aus persönlicher Zuneigung und Interesse – trotz der beinahe formelhaften Wahrung der Etikette – und der pragmatischen Behandlung diverser praktischer Fragen, die in den beiden ersten Briefen vom März 1909 erscheint, ist typisch für den weiteren Briefwechsel zwischen Schmitthenner und der Großherzogin bis zum Kriegsausbruch 1914.[1064] Die Bewunderung, die der damals 50jährige Prälat der 22 Jahre älteren Großherzogin entgegenbrachte, ist in sämtlichen Dokumenten spürbar. Seit 1856 – zwei Jahre vor Schmitthenners Geburt – war Luise Großherzogin von Baden.

[1057] Vgl. SCHULZ: *Maximilian*, 475.

[1058] Vgl. ebd.

[1059] LKA Karlsruhe FA Schmitthenner, Nr. 218/40.

[1060] LKA Karlsruhe FA Schmitthenner, Nr. 35/1.

[1061] Vgl. ebd.

[1062] GLA Karlsruhe FA Zugang 2012–4, Nr. 2498.

[1063] Ebd.

[1064] Vgl. die knappe Zusammenfassung des Charakters des Briefwechsels bei SCHNAITER: *Nachlässe*, 346.

Die sakrale Aura, mit der die seit dem Tod ihres Mannes „berühmteste[...] und am meisten bewunderte[...] Witwe Badens“[1065] umgeben war, beeindruckte auch ihren neuen Seelsorger. Der Respekt vor Luise, die als Tochter Wilhelms I. und Frau Friedrichs I. für die meisten Badener die Verkörperung der Monarchie schlechthin bildete, war zeitlebens gewaltig. Schmitthenner stand jedenfalls zu keiner Zeit in der Gefahr, einer von ihm in den Erinnerungen an die großherzogliche Familie bei manchen Zeitgenossen beklagten „unziemliche[n] Vertraulichkeit[,] [...] einem Vergessen des Abstandes [zum] Fürsten oder einer [...] Unterlassung der gebührenden Formen“[1066] zu erliegen. Umgekehrt wahrte auch die alte Großherzogin eine vom Standesdenken geprägte freundliche Distanz zu dem aus bürgerlichem Hause stammenden Pfarrer. Die Achtung für das Fürstenhaus wurde stets durch Diskretion und Wahrung der Etikette sichergestellt.[1067] Intime private Details sollten auch in der Seelsorge nicht nach Außen dringen. Trotz der am 6. Januar 1909 von Wolf Graf von Baudissin in einer Artikelserie in den „Kieler Neuesten Nachrichten“ publizierten Gerüchte, Luises jüngster Sohn Ludwig Wilhelm von Baden sei 1888 als Freiburger Student im Duell gefallen, wurde die Todesursache offiziell weiter auf eine Lungenentzündung zurückgeführt.[1068] Und erst im Jahr zuvor war im badischen Herrscherhaus der wahrscheinliche Suizid von Luises Neffe Friedrich von Rhena (1877–1907) totgeschwiegen worden.[1069] Die offiziellen Stellungnahmen sprachen auch hier lediglich von einem „unglücklichen Sturz aus dem Fenster“.[1070]

[1065] BORCHHARD-WENZEL: *Frauen*, 318. Vgl. zur ungebrochenen Beliebtheit des großherzoglichen Paares HUG: *Geschichte*, 285.

[1066] SCHMITTHENNER: *Großherzog*, 70.

[1067] Vgl. MACHTAN: *Abdankung*, 76.

[1068] Vgl. Kap. 5.4.1., Anm. 1032.

[1069] Der am 29. Januar 1877 geborene Sohn von Friedrichs Bruder Karl und der Hofdame Rosalie von Beust, die nach der Verlobung 1871 zwar notgedrungen in den Grafenstand erhoben worden war und seitdem als Gräfin Rhena firmierte, hatte zeitlebens unter der stark empfundenen Stigmatisierung durch die großherzogliche Familie gelitten. Die Geburt Bertholds von Baden am 24. Februar 1906, mit der schließlich auch die letzte theoretische Möglichkeit verschwunden war, dass Friedrich von Rhena doch noch badischer Thronfolger werden konnte, hatte die Familie Rhena stark traumatisiert. Am 3. Dezember 1906 starb Friedrichs Vater Karl. Rosalie von Rhena starb ebenfalls völlig verbittert am 15. Oktober 1908 und wurde in aller Stille in der Karlsruher Grabkapelle beigesetzt. Am 20. November 1908 kam Friedrich Rhena, der sich als Legationssekretär der deutschen Botschaft in Bern noch kurz zuvor mit der Tochter des Botschafters verlobt hatte, unter ungeklärten Umständen zu Tode. Die Schuld am Unglück seiner Familie gab er der Verwandtschaft, die so fehlgeleitet sei, dass „sie alle ihre Verkehrtheiten mit dem Evangelium schminken und vielleicht noch einen verhältnismäßig großen Fonds ganz verdrehter Humanität dabei besitzen.“ Friedrich Rhena an seinen Seelsorger Johannes Müller, Karlsruhe, 20. November 1906. Zitiert nach: MACHTAN: *Prinz*, 184. Vgl. a.a.O., 40f.

[1070] VGS 1909, Anlage I, 4.

Am 17. Juli 1909 wurde Schmitthenner zum ersten Mal auf die Mainau, das Refugium der Großherzogin, eingeladen.[1071] Die ausgedehnten Besuche auf der Bodenseeinsel, mit denen auch andere badische Geistliche wie Hofprediger Ernst Fischer oder Karl Hesselbacher beehrt wurden und mit denen letzterer die „allerschönsten Erinnerungen meines Lebens“[1072] verknüpfte, wurden ebenfalls zu Konstanten in der Beziehung zwischen Schmitthenner und Luise. Der ursprünglich für Anfang August 1909 geplante Besuch musste wegen der unerwarteten Verlobung Martha Schmitthenners mit Hans Keller am 28. Juli 1909 zwar vorerst verschoben werden.[1073] Am 9. August 1909 begann Schmitthenners Familienurlaub im Schwarzwald, so dass der Besuch erst im Herbst stattfinden konnte. So erlebte Schmitthenner die ritualisierten Trauer- und Erinnerungstage im September – den Hochzeitstag am 20. September, den Geburtstag Friedrichs I. am 9. September und schließlich dessen Todestag am 28. September – mit.[1074] Luise schrieb am 4. Oktober 1909 daher auch den ersten persönlichen Brief an den Prälaten, in dem es hieß:

> „Ich danke Ihnen auf das Allerherzlichste für den Ausdruck Ihrer miterlebenden Teilnahme jener Trauertage, in denen wir stehen und deren Wiederkehr immer wieder aufs Neue und immer zunehmend für mich die Bekräftigung dessen sind, was der Schmerz für immer umgewandelt hat. Das feste Gottvertrauen, die demütige Ergebung in Gottes Willen, der Frieden im Herzen, sie helfen tragen, sie helfen weiterleben. Aber das immer wortloser werdende Leid, wenn es auch stiller wird, es geht stets nur mehr in die Tiefe. Der verklärte und verklärende Blick in die obere Heimath, er ist der rechte Wegweiser dorthin, wohin das Heimweh zieht. Auch jetzt wieder ist jenes Lieblingswort unseres theuren heimgegangenen Großherzogs für mich maßgebend: ‚wie Gott will‘. Ein Wort, ausgesprochen in der Hingebung an jenen Willen, der Liebe ist, ein Wort der Ermahnung, den eigenen Willen in fester Pflichterfüllung in die Nachfolge dessen zu stellen, der das Kreuz für uns getragen und das anvertraute Werk durchgeführt hat zu unserem Heil. Die treue Anhänglichkeit an unseren verklärten Großherzog, die aus ihren Worten spricht, ist mir eine stets erneute aufrichtende Erfahrung, daß er weiterlebt bei denen, die in weihevoller Verehrung den Sinn und Geist seines großen Lebens für immer festhalten. So danke ich Ihnen aufrichtig für Ihr Mitfühlen und Miterleben.“[1075]

[1071] Vgl. LKA Karlsruhe FA Schmitthenner, Nr. 35/2a.

[1072] HESSELBACHER: *Erinnerungen*, 62.

[1073] Vgl. Schmitthenner an Luise von Baden, Karlsruhe, 29. Juli 1909, in: GLA Karlsruhe FA Zugang 2012–4, Nr. 2498.

[1074] Vgl. LKA Karlsruhe FA Schmitthenner, Nr. 35/3. Die Kondolenzschreiben zu den genannten Tagen gehörten in den Folgejahren ebenfalls zum festen Ritual des Briefwechsels. Als Beispiel sei ein Brief vom 19. September 1910 genannt, in dem es heißt: „Der 20. September mit seiner tiefen dankbaren Freude für unser Volk gemahnt mich, Eurer Königlichen Hoheit ehrfurchtsvollst und fürbittend zu gedenken. Ist doch dieser Tag auch für Eure königliche Hoheit reich an beglückender Erinnerung, aber er trägt auch in sich den tiefen Ernst, dem ihn der 9. und der 28. September verleihen, die ihn beide umrahmen. Möge Gott Ihnen alles Zurückdenken und Hinausschauen durch die Gewissheit Seiner Gnade auch verklären.“ GLA Karlsruhe FA Zugang 2012–4, Nr. 2498.

[1075] GLA Karlsruhe FA Zugang 2012–4, Nr. 2498.

Im August 1910 besuchte Schmitthenner die Mainau gemeinsam mit seiner Frau auf dem Weg in den gemeinsamen Sommerurlaub in der Schweiz.[1076] Auf der Reise vom Bodensee nach Luzern traf er am 30. August 1910 in St. Gallen mit Präsident Helbing zu einer dienstlichen Besprechung zusammen. Im Brief aus Luzern vom selben Abend heißt es:

> „Bei der ersten Rast, die nur eine stille Stunde und die Möglichkeit zum Schreiben gewährt, soll es mein Erstes sein, Eurer Königlichen Hoheit meiner Frau und meinen untertänigsten und aus bewegtem Herzen kommenden nochmaligen Dank auszusprechen für die unvergesslichen Stunden, die wir auf der Mainau verbringen durften. Es wird mir eine Erinnerung fürs ganze Leben sein, daß wir unter Eurer Königlichen Hoheit huldvoller Führung all die geheiligten Erinnerungsstätten besuchen und all die Wunder schauen durften, die unter weitsichtiger Fürsorge und liebevoller Pflege unter Gottes Schöpfermacht dort geworden sind.“[1077]

Die Seelsorgebeziehung bot für beide Seiten auch einen persönlichen Gewinn: Für die Großherzogin, die „nie zu den Menschen gehört [hatte], die sich in Selbstzweifeln ergehen“,[1078] und die „[j]eden Anflug von Zweifel [...] durch Arbeit zu bekämpfen“[1079] pflegte, war es die kritiklose Bewunderung und Akzeptanz der eigenen Seelenzustände. In der immer gleichen Reflexion ihres Schmerzes fand sie einen bedingungslosen Unterstützer. Für Schmitthenner lag der Vorteil aus der Beziehung vor allem im plötzlich möglichen Zugang in die bisher verschlossene Welt des Adels, zu der er nun durch sein Amt gehörte: Am 4. Januar 1910 hielt der Prälat die Traurede zur Hochzeit seiner einstigen Freiburger Konfirmandin Feodora von Sachsen-Meiningen (1890–1972) mit Wilhelm Ernst von Sachsen-Weimar-Eisenach (1876–1923) und ließ umgehend ein Exemplar ins Karlsruher Schloss zustellen.[1080] Als Luise ihn am 29. Juli 1912 über die Geburt des Thronfolgers Karl-August (1912–1988) informierte,[1081] beeilte sich Schmitthenner, noch am gleichen Tag für die „Freudenbotschaft aus Wilhelmsthal“ zu danken, „die mein Herz mit Jubel und Dank erfüllt. Wahrlich ein neues Zeichen der Gottestreue über dem Leben der jungen Fürstin und ihrem Haus [...]. Eurer Königlichen Hoheit danke ich aber ganz besonders innig, dass ich so teilnehmen darf an dem, was Höchst Ihr Herz bewegt.“[1082] Am 7. September 1912 begegnete Schmitthenner dem deutschen Kaiser, der zu Besuch auf der Mainau weilte.

[1076] Vgl. die Ankündigung des Besuchs am 29. August 1910 , in: GLA Karlsruhe FA Zugang 2012–4, Nr. 2498.

[1077] Schmitthenner an Luise von Baden, Luzern, 30. August 1910, in: GLA Karlsruhe FA Zugang 2012–4, Nr. 2498.

[1078] BORCHARDT-WENZEL: *Frauen*, 328.

[1079] Ebd.

[1080] Vgl. Schmitthenner an Luise von Baden, Karlsruhe, 13. Januar 1910, in: GLA Karlsruhe FA Zugang 2012–4, Nr. 2498.

[1081] Vgl. LKA Karlsruhe FA Schmitthenner, Nr. 35/42.

[1082] GLA Karlsruhe FA Zugang 2012–4, Nr. 2498.

Am 9. September 1912 hielt Schmitthenner den Gottesdienst in Gegenwart Wilhelms II., der ihm anlässlich seines Besuches in Karlsruhe am 14. September 1912 persönlich den Roten Adler Orden II. Klasse verlieh.[1083]

Eine der Hauptaufgaben des Prälaten bei der seelsorglichen Betreuung des badischen Fürstenhauses war die Abhaltung diverser Privatgottesdienste. Schmitthenner ließ Luise im Vorfeld des Kaiserbesuchs in Baden aus dem Sommerurlaub am Starnberger See wissen, es bedürfe „wohl keiner Worte, wie gerne ich zu jedem [Predigt]dienst bereit bin, den mein gütiges Fürstenhaus von mir begehrt."[1084] Diverse Briefe sind den Absprachen im Vorfeld solcher Gottesdienste auf der Mainau, in Baden-Baden oder in der Residenz gewidmet. Am 26. Juli 1910 fragte die Großherzogin den Prälaten an, „am nächsten Sonntag[,] 11 Uhr[,] den Gottesdienst in unserer kleinen Schloßkapelle hier zu übernehmen, falls Ihre so sehr in Anspruch genommene Zeit und Ihre vielen Verpflichtungen es Ihnen ermöglichen und Sie nicht durch andere Pläne davon abgehalten werden".[1085]

Immer wieder reiste Schmitthenner in den Folgejahren für solche Predigtdienste von Karlsruhe nach Baden-Baden. Am 26. Februar 1910 hielt er in Vertretung Ernst Fischers zum ersten Mal einen Gottesdienst in der Karlsruher Schlosskirche. „Mit Bangen" sei er „vor die mir doch meist fremde große Schloßkirchengemeinde getreten in dem Bewußtsein der ungeheuren Verantwortung und mit dem Flehen zu meinem Gott, daß ich sein Zeuge sein dürfe."[1086] Luise hatte dem Prälaten bereits unmittelbar nach dem Gottesdienst ihren Dank ausgesprochen für die „ tief bewegende Erbauungsstunde, die uns Ihre heutige Predigt gewährt hat."[1087] Schmitthenner wiederum dankte devot für „Eurer Königlichen Hoheit herrliche Worte", die ihm „zu einer Glaubensstärkung geworden"[1088] seien. Auch am Ostersonntag, dem 16. April 1911, erlebte die Großherzogin dank Schmitthenner eine „erhebende Stunde, die auch ich mit so vielen Anderen Ihrer unvergleichlichen Predigt verdanke."[1089] Am 9. September 1911 reiste der Prälat für eine private Andacht anlässlich des Geburtstags Friedrichs I. nach Baden-Baden.[1090] Am 28. September 1911 hielt er erstmals den Gedenkgottesdienst anlässlich des Todestages Friedrichs I. auf der Mainau.[1091]

1083 Vgl. Kap. 5.1, Anm. 519.

1084 Schmitthenner an Luise von Baden, Feldafing, 20. August 1912, in: ebd.

1085 Vgl. LKA Karlsruhe FA Schmitthenner, Nr. 35/12.

1086 Schmitthenner an Luise von Baden, Karlsruhe, 27. Februar 1910, in: GLA Karlsruhe FA Zugang 2012–4, Nr. 2498.

1087 LKA Karlsruhe FA Schmitthenner, Nr. 35/21.

1088 GLA Karlsruhe FA Zugang 2012–4, Nr. 2498.

1089 LKA Karlsruhe FA Schmitthenner, Nr. 35/24.

1090 Vgl. GLA Karlsruhe FA Zugang 2012–4, Nr. 2498.

1091 Im Vorjahr waren die Gottesdienste zum Geburtstag am 9. September und zum Todestag noch von Präsident Helbing gehalten worden, obwohl Schmitthenner sein Amt bereits angetreten hatte. Vgl. GLA Karlsruhe 47 Baden 2117 und 2118.

Diese Erinnerungsfeiern waren größere gesellschaftliche Ereignisse, an denen die örtlichen Behördenvertreter und die Spitzen der Gesellschaft teilnahmen und im Anschluss zur Audienz geladen wurden.[1092] Auch die „schmerzlichen Februar- und März-Erinnerungen“,[1093] die sich mit dem Geburts- und dem Todestag Wilhelms I. am 22. März 1797 und am 9. März 1888 verbanden, wurden jährlich an ausführliche Kondolenzschreiben und Besuche geknüpft.

Fragwürdig ist aus heutiger Sicht sicherlich Schmitthenners wiederholte Besprechung vertraulicher dienstlicher Angelegenheiten mit der Großherzogin. Über die Unterredungen des Prälaten mit dem Baden-Badener Stadtvikar Emil Schwaab,[1094] dem man vorgeworfen hatte, sich nach dem Ende seiner Dienstzeit einer von der Landeskirche losgeslösten Stadtmissionsarbeit stellen zu wollen, wurde die besorgte Großherzogin ausführlich informiert. Schmitthenner konnte ausrichten, dass Schwaab „mir auch die Versicherung gab, daß er künftig in Fühlung mit mir bleiben und in entscheidenden Fragen meinen Rat einholen wolle, so […] daß eine Segensfrucht aus den verschiedenen kleinen Anfängen […] herauswachsen kann.“[1095] Auch über politisch engagierte Pfarrer wie Ernst Josef Lehmann gab Schmitthenner gegenüber der Großherzogin bereitwillig Auskünfte.[1096] Und auch in unverfänglicherem Rahmen kamen berufliche Angelegenheiten zur Sprache. Im März 1912 nahm der Prälat in den Mannheimer Volksschulen die Religionsprüfungen ab, eine „trotz aller Einförmigkeit doch wieder interessante Arbeit mit den mancherlei Einblicken in so viel Kinderherzen.“[1097] Im Mannheimer Parkhotel erfuhr Schmitthenner von einem schweren Unfall der Großherzogin und schrieb umgehend nach Karlsruhe:

> „Soeben entnehme ich einer Zeitung die Nachricht von dem Unfall, den Eure Königliche Hoheit gestern gehabt haben[,] und wie Gott seine Hand schützend über Ihnen gehalten hat. […] Wie überwältigend kommt es bei solchem Erleben einem zum Bewußtsein: Wir stehen in Gottes Hand!

[1092] Vgl. den Bericht der „Konstanzer Nachrichten“ vom 15. September 1915, in: LKA Karlsruhe FA Schmitthenner, Nr. 35/113.

[1093] Schmitthenner an Luise von Baden, Karlsruhe, 29. Februar 1912, GLA Karlsruhe FA Zugang 2012–4, Nr. 2498.

[1094] Schwaab wurde 1910 beurlaubt, promovierte in Tübingen zum Dr. phil. und wurde 1913 wieder in den badischen Kirchendienst übernommen. In seiner Personalakte finden sich zu der „Baden– Badener Angelegenheit“ keine Dokumente. Am 26. Dezember 1910 hielt Schwaab eine Rede in der Bötzinger freien Stundengemeinschaft, worüber sich das zuständige Pfarramt beim EOK beschwerte. Vgl. Pfarramt Bötzingen an EOK, Bötzingen, 29. Januar 1911, in: LKA Karlsruhe PA 2989.

[1095] Schmitthenner an Luise von Baden, Karlsruhe, 1. November 1910, in: GLA Karlsruhe FA Zugang 2012–4, Nr. 2498.

[1096] Vgl. Kap. 5.2.4.1., Anm. 716.

[1097] Schmitthenner an Luise von Baden, Karlsruhe, 29. Februar 1912, GLA Karlsruhe FA Zugang 2012–4, Nr. 2498.

Wie werden aber auch wieder viele Herzen und Lippen wieder willig zur Fürbitte! Ja wir wollen treuer, besser, ernster noch als bisher Fürbitte tun für Eurer Königlichen Hoheit Leben, daß der Herr es weiterhin schütze und es uns lange erhalte. [...]"[1098]

Luise dankte in einem Telegramm vom 6. März 1912 für die Anteilnahme an dem Unfall, verbunden mit besten Wünschen für die anstrengende Tätigkeit Schmitthenners in Mannheim.[1099] Am 7. Juni 1912 berichtete dieser von der Eisenacher Tagung der Deutschen Evangelischen Kirchenkonferenz, an der er gemeinsam mit Präsident Helbing teilnahm.[1100] Auch über die Bestattungsfeierlichkeiten für den seinerzeit als Prälat ausersehenen Oberkirchenrat Julius Zähringer, bei dessen Beisetzung am 2. Dezember 1911 in Sinsheim Schmitthenner die Predigt hielt,[1101] ließ sich Luise ausführlich unterrichten.[1102] Diverse private Ereignisse waren bereits in den Vorkriegsjahren wesentliches Element des Briefwechsels, so etwa der Wechsel der jüngsten Tochter Mathilde vom Karlsruher Viktoria-Pensionat an ein Stuttgarter Säuglingspflegeheim im November 1912.[1103] Auch die Hochzeit Martha Schmitthenners mit Hans Keller im April 1912 fand das Interesse der Großherzogin.[1104] Am 20. Mai 1912 dankte der Prälat für den Blumenstrauß zur Silberhochzeit, den er als „bedeutenden Gunstbeweis [...] mütterlicher gütiger Gesinnung und gnädiger herzenswarmer Teilnahme"[1105] wertete. Am 8. September 1912 versicherte er Luise seiner „herzlichsten Wünsche[...] für eine schnelle Genesung"[1106] für ihren erkrankten Sohn Friedrich. Auch Luises Sorge wegen des Aufenthaltes Viktorias von Schweden in Anacapri und ihr Ausdruck der persönlichen Anteilnahme am Familienleben des Prälaten können als Indizien einer zunehmenden wechselseitigen privaten Intensität der Beziehung gewertet werden.[1107]

Politische Fragen kommen in den Vorkriegsjahren nur am Rande vor: Im Oktober 1912 werden immerhin das deutsch-englische Flottenabkommen, der Erste Balkankrieg mit der Niederlage des Osmanischen Reiches und die bevorstehende Londoner Botschafterkonferenz am 16. Dezember 1912 er-

1098 Schmitthenner an Luise von Baden, Mannheim, 4. März 1912, in: ebd.
1099 Vgl. LKA Karlsruhe FA Schmitthenner, Nr. 35/36.
1100 Vgl. Schmitthenner an Luise von Baden, Eisenach, 7. Juni 1912, in: GLA Karlsruhe FA Zugang 2012–4, Nr. 2498.
1101 Vgl. BPfBl 1911, 281.
1102 Vgl. Schmitthenner an Luise von Baden, Karlsruhe, 28. November 1911, in: GLA Karlsruhe FA Zugang 2012–4, Nr. 2498.
1103 Ebd.
1104 Ebd.
1105 Ebd.
1106 Schmitthenner an Luise von Baden, Mainau, 8. September 1912, in: GLA Karlsruhe FA Zugang 2012–4, Nr. 2498.
1107 Vgl. Luise von Baden an Schmitthenner, Schloss Baden, 26. November 1912, in: LKA Karlsruhe FA Schmitthenner, Nr. 35/50.

wähnt.[1108] Erst am 29. Juli 1914 ist in einem – eigentlich der zurückliegenden Generalsynode gewidmeten – Schreiben von der zunehmenden Kriegssorge die Rede, für die allerdings „niemand einen unmittelbaren Grund [...] angeben"[1109] könne. Schmitthenner schrieb an die Großherzogin: „Wenn Gottes Wille die Kriegsnot über unser Volk kommen lassen will, so wird er ihm auch den Segen nicht vorenthalten, der immer in solchen Zeiten in einem Aufflammen starken Glaubenslebens sich kund gab."[1110]

Der Inhalt der in den Briefen erwähnten mündlichen Absprachen in „einer jener guten Abendunterhaltungen",[1111] die der Prälat und die Großherzogin pflegten, kann leider nicht rekonstruiert werden. Möglicherweise wurde zu solchen Gelegenheiten auch über Dinge gesprochen, die beide Seiten nicht schriftlich niederlegen wollten. Dennoch sind – mit allen genannten Einschränkungen – die immerhin 294 Briefe Luises und 180 Antwortschreiben Schmitthenners, die in der Zeit zwischen 1909 und 1923 entstanden sind, Dokumente einer intensiven Briefseelsorge zwischen der alternden Großherzogin und ihrem Seelsorger.[1112]

[1108] Vgl. Schmitthenner an Luise von Baden, Karlsruhe, 27. Oktober 1912, in: GLA Karlsruhe FA Zugang 2012–4, Nr. 2498.

[1109] Schmitthenner an Luise von Baden, Karlsruhe, 29. Juli 1914, in: GLA Karlsruhe FA Zugang 2012–4, Nr. 2499.

[1110] Ebd.

[1111] Luise an Schmitthenner, [Karlsruhe], 25. April 1915, in: LKA Karlsruhe FA Schmitthenner, Nr. 35/104.

[1112] Vgl. Kap. .1.1., Anm. 60.

5.5. Die Generalsynoden 1909 und 1914

5.5.1. Widerstand gegen die Freigabe des Apostolikums auf der Generalsynode von 1909

Bei seinem Amtsantritt war es Schmitthenners erklärtes Ziel gewesen, „alle lebendigen Kräfte in der Kirche zusammenzuhalten und jedem Teil in ihr Raum zu lassen.“[1113] Eine erste Gelegenheit dazu bot die 1909 tagende Generalsynode. Durch dic Predigt im Eröffnungsgottesdienst in der Karlsruher Schlosskirche in Anwesenheit der großherzoglichen Familie am 11. Juni 1909 konnte Schmitthenner erstmals als Prälat vor die breite Öffentlichkeit treten. Wie die vorangegangene Generalsynode von 1904 sollte auch die des Jahres 1909 und später die letzte Generalsynode vor Ausbruch des Ersten Weltkriegs im Sommer 1914 von der wachsenden Widerstandskraft der positiven Minderheit gegen die Dominanz des kirchlichen Liberalismus in Baden gekennzeichnet sein.[1114] Trotz der eindringlichen Mahnungen des Präsidenten im Bescheid auf die Diözesansynoden des Jahres 1909, „daß aufbauende Arbeit nur getan werden kann, wenn man sich gegenseitig zu verstehen und vorurteilslos zu würdigen sucht“,[1115] ließen sich die 1904 noch halbwegs umgangenen Konflikte nun nicht mehr vermeiden. Beim gemeinsamen Frühstück im Schloss forderte auch der Großherzog die Synodalen auf, „sich seines verewigten Vaters Sorge auf dem Totenbett nach Ausgleichung der Gegensätze angelegen sein [zu] lassen.“[1116] Und auch Schmitthenner rief die Synode in seiner Eröffnungspredigt zu einem gedeihlichen Zusammenwirken auf.[1117] Das irenische Wirken des zwei Jahre zuvor verstorbenen Friedrich I. sei auch eine „Mahnung an die Diener seiner Kirche“.[1118] Die Synode sei befasst mit „ernste[n] bedeutsame[n] Fragen des kirchlichen und religiösen Lebens […], Fragen von höchster Bedeutung für die religiöse Erziehung und Ausrüstung des jungen Geschlechts […], Fragen, die bis in die tiefsten Tiefen religiösen Denkens und Glaubens hineingreifen.“[1119]

1113 Zitiert nach: HINDENLANG: *Schmitthenner*, 36.
1114 Vgl. LUDWIG: *Geschichte*, 106.
1115 GuVBl 1910, 37.
1116 BPfVBl 1909, 133f.
1117 Der von ihm gewählte Predigttext aus 1. Kor 3,9a („Wir sind Gottes Mitarbeiter“) war auch der Text der Eröffnungspredigt der verfassunggebenden Generalsynode von 1861 gewesen. Wenige Wochen später machte Großherzog Friedrich I. ein Goldkreuz mit der Inschrift der Landeskirche zum Gebrauch durch den jeweiligen Prälaten zum Geschenk. Vgl. VGS 1909, Beilage XIII, 1–4, hier: 1.
1118 Ebd.
1119 A.a.O., 2.

Diese Fragen sollten die Synodalen in einem „*hochgemuten* und doch *demütigen* Sinn“[1120] verhandeln und sich in ihrer Verschiedenheit an Gaben, Anschauungen und Überzeugungen gemäß der Mahnung des Paulus an die korinthische Gemeinde als Mitarbeiter an Gottes Sache begreifen.[1121]

Formal ähnelten die Verhandlungen der Generalsynode von 1909 in vielem ihrer Vorgängerin von 1904.[1122] Der Hauptbericht des EOK – dessen Abfassung Aufgabe des Prälaten war[1123] – wurde eingehend beraten. Die Aufbesserung der Dienstbezüge war erneut Thema. Die ungelöste Agenden- und Katechismusfrage wurde behandelt. Neu waren ein Antrag des badischen „Vereins für Frauenstimmrecht“ zur Einführung des aktiven und passiven kirchlichen Wahlrechts für Frauen, ein Antrag des Pfarrvereins betreffend § 97 und § 97a KV 1861 und der Antrag der Kirchlich-Liberalen Vereinigung, die weltlichen Abgeordneten in der Synode zu vermehren. Für das Aufgabenfeld des Prälaten von Bedeutung war auch die Aufteilung der bisherigen Diözese Mannheim-Heidelberg, in der er mit der Visitation betraut war,[1124] in zwei selbständige Diözesen. Auf der Synode begegnete Schmitthenner auch seinem einstigen Vikar Otto Raupp wieder, der als Mundinger Pfarrer und Dekan der Diözese Emmendingen an den Verhandlungen teilnahm.[1125]

Der revolutionäre Antrag auf die Gewährung des kirchlichen Stimmrechts für Frauen wurde in der dritten öffentlichen Sitzung am 17. Juni 1909 verhandelt.[1126] In anderen deutschen Landeskirchen war über dieses Thema bisher nur in Elsass-Lothringen entschieden worden.[1127] Als Berichterstatter stand Schmitthenners ehemaliger Freiburger Kollege Adolf Hasenclever dem Antrag zwar grundsätzlich positiv gegenüber, organisatorische Erwägungen und vor allem die Befürchtung, dass „man das kirchliche Frauenstimmrecht eigentlich nur als Sprungbrett zu dem politischen Frauenstimmrecht benutzen möchte“,[1128] führten letztlich aber nur zu einer sehr allgemein gehaltenen Empfehlung an den Oberkirchenrat, man halte den Antrag für „erwägenswert“ und übergebe ihn der Behörde als „Material für eine zukünftige Erledigung dieser Angelegenheit.“[1129]

1120 VGS 1909, Beilage XIII, 3.

1121 Ebd.

1122 Vgl. FRIEDRICH: *Einführung*, 208f.

1123 Vgl. FINCK: *Wurth*, 124.

1124 Vgl. VGS 1909, 26.

1125 Vgl. Kap. 4.3. und 5.2.6.1.

1126 Weil nach § 14 KV 1861 ohnehin nur wirtschaftlich selbständige Personen in Baden zu Kirchenwahlen zugelassen waren, betraf der Antrag nur eine geringe Anzahl von Frauen. In Freiburg wären unter den 5735 Stimmberechtigten 747 – meist Ledige und Witwen – gewesen. Vgl. VGS 1909, 39.

1127 Die dortige evangelische Kirche Augsburgischer Konfession hatte am 6. Oktober 1908 das aktive, die reformierte Synode am 25. Mai 1909 auch das passive Stimmrecht für Frauen beschlossen. Vgl. VGS 1909, 38.

1128 A.a.O., 40.

1129 A.a.O., 41.

Die Debatte war eine von zwei Gelegenheiten während der öffentlichen Verhandlungen, bei denen Schmitthenner überhaupt das Wort ergriff. Der Antrag sei für kirchlich engagierte Frauen „ein Ehrenkranz, der ihnen heute geflochten“[1130] werde. Trotzdem sei es für diese Frauen besser, wenn „sie jetzt noch in der Stille ihre liebevolle helfende Arbeit tun können, zu der sie, wie ich meine, in allererster Reihe berufen“[1131] seien.

Die zweite Gelegenheit zum Eingriff in den Gang der Verhandlungen kam dann am 26. Juni 1909 bei der Behandlung der seit 1904 virulenten Agendenfrage. Deren Neubearbeitung war einziger Tagesordnungspunkt der sechsten öffentlichen Sitzung.[1132] Über die Notwendigkeit einer Überarbeitung war man sich dabei parteiübergreifend im Klaren. Der zuständige Kultusausschuss unter dem Vorsitz Heinrich Bassermanns hatte deshalb einen Antrag in die Synode eingebracht, dessen erster Punkt folgendermaßen lautete:

> „1. Die Generalsynode spricht dem Oberkirchenrat den Wunsch aus, es möge unsere Agende einer Revision in der Weise unterzogen werden, daß sie in ihrem Inhalt nach den jetzt vorhandenen kultischen Bedürfnissen erweitert und ergänzt und in ihrer Form dem liturgischen Geschmack und Takt unserer Zeit entsprechend überarbeitet wird. Sie überreicht zu diesem Zweck die Petition der Evangelischen Konferenz vom 15. April 1909 und die der Kirchlich-Liberalen Vereinigung vom Juni 1909 dem Oberkirchenrat zu geeigneter Verwendung.“[1133]

Während dieser erste Punkt einstimmig angenommen wurde, wurde ein zweiter erst nach einer erregten und intensiven Debatte in namentlicher Abstimmung mit 30 gegen 24 Stimmen beschlossen:[1134]

> „2. Die Synode spricht dabei […] insbesondere den Wunsch aus, es möge, unbeschadet des Bekenntnisstandes unserer Landeskirche, für Taufe und Konfirmation neben dem bekennenden und referierenden auch ein Parallelformular geschaffen werden, das das Apostolikum nicht enthält.“[1135]

Schon im Ausschuss waren die Verhandlungen über dieses höchst umstrittene Parallelformular dermaßen kontrovers verlaufen, dass jede Fraktion deren Ergebnisse durch einen eigenen Berichterstatter vortragen ließ. Den Anfang machte auf liberaler Seite Adolf Hasenclever, der betonte, es handle sich bei dem Antrag nicht – wie von den Positiven immer wieder warnend ins Feld geführt worden war – um eine Änderung des Bekenntnisstandes.[1136] Auch Hasenclever mahnte daher zur Einigkeit:

1130 Vgl. VGS 1909, 42. Vgl. Kap. 5.2.3.
1131 Vgl. ebd.
1132 Vgl. VGS 1909, 167–219.
1133 VGS 1909, 169.
1134 Vgl. VGS 1909, 219. Auch im Ausschuss war er nur mit einer Stimme Mehrheit angenommen worden. Vgl. a.a.O., 169.
1135 A.a.O., 219.
1136 Vgl. a.a.O., 169.

> „Wir stehen heute in der Kirche in einer Festung, die wir verteidigen müssen gegen schlimme Feinde. In einer belagerten Festung ist auch die kleinste Hilfe der Verteidigung willkommen und notwendig. Am schlimmsten aber ist es, wenn die Verteidiger der Festung unter sich uneins und gespalten sind. […] *In necessariis unitas, in dubiis libertas, in omnibus caritas.*"[1137]

Der positive Berichterstatter Dekan Meyer[1138] aus Durlach gab dagegen zu bedenken, seit dem Bestehen der Landeskirche sei „wohl noch nie ein Antrag von so weitgehender Bedeutung und so unberechenbarer Tragweite an die Generalsynode gelangt", weil er „in das Fundament unserer evangelischen Kirche"[1139] hineingreife. Für die Rechten bedeutete der Antrag eben doch eine Änderung bzw. Aushöhlung des Bekenntnisstandes. Was an diesem denkwürdigen 26. Juni 1909 im Sitzungssaal der Zweiten Kammer im Karlsruher Ständehaus stattfand, war also nichts anderes als eine Diskussion über das Wesen der Kirche.[1140] Auch Meyer knüpfte an die Beibehaltung des Apostolikums die Frage nach der grundsätzlichen Glaubwürdigkeit der Pfarrer.[1141] Heinrich Bassermann warb als erster liberaler Redner für die Gewissensfreiheit.[1142] Der Heidelberger Professor bestritt, dass das Apostolikum tatsächlich – wie von Meyer angeführt – die „Heilstatsachen"[1143] enthalte:

> „Man kann ja zwei Auffassungen vom Evangelium haben. Man kann sagen: es ist das Evangelium [vom Reiche Gottes], das Jesus Christus selbst verkündet hat. […] Oder man kann das Evangelium auffassen als das Evangelium von Jesus Christus, so wie es Paulus, wie es Luther aufgefaßt hat, welches ihn uns verkündet als den Erlöser […]. [Von beiden] finde ich wieder im Apostolikum nichts. Das ist darin gar nicht ausgesprochen."[1144]

Der positive Dekan Kappler[1145] betonte dagegen ebenfalls die Freiheit des im Wort Gottes gebundenen Gewissens[1146]nach dem Motto:„*Principiis obsta!*"[1147]

1137 VGS 1909, 174. Vgl. die Eröffnungsansprache Helbings am 11. Juni 1909, in der der Kirchenpräsident die Synode unter das gleiche (dem Kirchenvater Augustin zugeschriebene) Diktum gestellt hatte. A.a.O., 5.

1138 Johann Georg Meyer (1846–1935), Rez. 1870, Vikar in Laudenbach 1870, Hemsbach 1872, Pfarrer in Fahrenbach 1873, Rußheim 1876, Linkenheim 1884, Dekan des KB Karlsruhe-Land 1897, Pfarrer in Durlach 1898–1919, Dekan des KB Durlach 1901–1919. Vgl. NEU II, 412.

1139 VGS 1909, 175.

1140 Vgl. FRIEDRICH: *Einführung*, 209.

1141 Vgl. VGS 1909, 179.

1142 Vgl. a.a.O., 180.

1143 A.a.O., 178.

1144 A.a.O., 182.

1145 Karl Heinrich Kappler (1862–1931), Rez. 1888, Vikar in Villingen 1888, Vereinsgeistlicher des Landesvereins für Innere Mission und Inspektor der Stadtmission in Karlsruhe 1889, Pfarrer in Langensteinbach 1891, Steinen 1898, Pforzheim 1904, Dekan des KB Pforzheim 1907–1909, Pfarrer in Dossenheim 1913–1926. Vgl. NEU II, 309.

1146 Vgl. VGS 1909, 183.

1147 A.a.O., 183.

Auch der Vorschlag eines dritten Formulars mit einem verkürzten Apostolikum konnte sich nicht durchsetzen.[1148] Teilweise wurde die Diskussion auch persönlich diffamierend – etwa als sich der liberale Pfarrer an der Karlsruher Christuskirche und streitbare Wortführer seiner Fraktion Franz Rohde[1149] gegen den Vorwurf verteidigte, er gebrauche bereits das Apostolikum nicht mehr. Rohde gab die Tatsache – zu der er sich bereits im Vorfeld öffentlich bekannt hatte – unumwunden zu und berief sich dabei vor allem auf die naturwissenschaftliche Unmöglichkeit des im Apostolikum ausgedrückten dreistöckigen Weltbildes.[1150]

Unmittelbar vor der Abstimmung – deren Ergebnis durch die Geschlossenheit der Fraktionen bereits feststand – versuchte der Oberkirchenratspräsident noch einmal zu vermitteln. Helbing betonte, trotz des im Antrag ausgesprochenen Wunsches nach einem Parallelformular sei die Bitte zur Prüfung durch den Oberkirchenrat ergebnisoffen.[1151] In einem persönlichen Schlusswort betonte dann Schmitthenner seine unvermutet schwierige Rolle als Abgeordneter der Synode und Mitglied der Kirchenleitung. Werde der Antrag angenommen, so habe er als Prälat gegen seine eigenen Überzeugungen zu handeln, weil er „durch all das, was heute geredet worden ist, nicht irre gemacht worden [sei] in dem einen Punkt, dass ich mich persönlich ganz und voll auf den Antrag der Minderheit stelle. (Bravo! Rechts.).“[1152]

Die Stellungnahme – die auf das Abstimmungsergebnis erwartungsgemäß keinen Einfluss mehr hatte – erregte allgemeines Aufsehen. So würdigte etwa der Vorsitzende des Evangelischen Vereins Augsburgischen Bekenntnisses in Baden, der Langensteinbacher Pfarrer Theodor Böhmerle, auf dem 60. Jahresfest des Vereins in Bretten am 8. September 1909 die Tatsache, dass der Widerstand gegen die Freigabe des Apostolikums auch aus dem Oberkirchenrat selbst gekommen war.[1153]

1148 Vgl. VGS 1909, 185.

1149 Vgl. Kap. 5.2.6.2., Anm. 824.

1150 Vgl. VGS 1909, 210. Rohdes Weigerung hatte für ihn selbst keine disziplinarischen Folgen. Helbing äußerte vor der Generalsynode, man wolle einen Präzedenzfall wie den „Fall Schrempf“ in Württemberg, der wegen des Protests des Pfarrers Christoph Georg Schrempf (1860–1944) gegen das Apostolikum 1892 mit dessen fristloser Entlassung aus dem Kirchendienst geendet hatte, vermeiden. Vgl. VGS 1909, 214f.; FRIEDRICH: *Einführung*, 209–210; KUPISCH: *Kirche*, 88.

1151 Vgl. VGS 1909, 216.

1152 A.a.O., 217.

1153 Vgl. URBAN: *Böhmerle*, 103.

5.5.2. Kirchenpolitik am Vorabend der politischen Katastrophe: Die Generalsynode von 1914

Die Generalsynode von 1914 schien im Nachhinein nicht nur von den unvermindert anhaltenden innerkirchlichen Auseinandersetzungen, sondern bereits vom Schrecken des Ersten Weltkriegs überschattet zu sein, der wenige Tage nach ihrer Vertagung am 25. Juli 1914 ausbrechen sollte.[1154] Über dem Ausgang der Synode lag im Urteil der Zeitgenossen durch die parallele Zuspitzung der Julikrise des Jahres 1914 dann auch „eine trübe gewitterschwüle Stimmung, etwas von der Vorahnung kommender schwerer Ereignisse.“[1155] Am 3. Juli 1914 – fünf Tage nach der Ermordung des österreichischen Erzherzogs Franz Ferdinand in Sarajevo – war die Synode mit einer Predigt Schmitthenners über Daniel 6,10 eröffnet worden. Die Tagespolitik spielte in ihr keine Rolle.[1156] Die Synodalen wurden lediglich allgemein aufgefordert, ihre „Fenster offen [zu] halten nach der oberen Welt“,[1157] um ihrer verantwortungsvollen Aufgabe gerecht zu werden.

In seiner Eröffnungsansprache im Sitzungssaal der Zweiten Kammer im Karlsruher Ständehaus dankte Präsident Helbing dem Großherzog als Oberhaupt der Landeskirche, der „nicht bloß der geschichtlich vererbten Stellung nach ihr erstes vornehmstes Glied“ sei, sondern auch „durch lebendiges persönliches Interesse und vorbildliche Betätigung […] völlig in die Fußstapfen des unvergesslichen Vaters“[1158] getreten sei. In der zweiten öffentlichen Sitzung am 4. Juli 1914 wurde der Freiburger Landgerichtspräsident Eduard Uibel (1846–1925), der 1904 bereits weltliches Mitglied der Synode gewesen war, zum Synodalpräsidenten gewählt. Auch Ernst Troeltsch war als gewählter weltlicher Abgeordneter der Diözese Heidelberg ordentliches Mitglied der Generalsynode von 1914.[1159]

Am 21. Juli 1914 verhandelte die Synode in ihrer achten Sitzung über einen Antrag, den die Pfarrer Karl Hesselbacher[1160] und Hermann Maas[1161] gemeinsam mit immerhin 19 weiteren Unterstützern eingebracht hatten. Darin wurde der Oberkirchenrat gebeten, nach dem Vorbild des Elsass „den Gedan-

---

1154 Vgl. zur kirchenpolitischen Lage und den Verhandlungen der Synode Fix: *Wort*, 200–205.

1155 Frommel: *Helbing*, 73.

1156 Vgl. VGS 1914, Anlage X, 1–4.

1157 VGS 1914, Anlage X, 2.

1158 VGS 1914, Anlage X, 3.

1159 Vgl. die Sitzordnung auf der Rückseite eines Verfassungsentwurfs vom 25. Juni 1919. Schmitthenner saß als Prälat nicht auf der Oberkirchenrätlichen Bank, sondern in der Ersten Reihe der rechten Fraktion. Ähnlich prominent auf der linken Seite war der Platz von Ernst Troeltsch. Vgl. LKA Karlruhe: GA 1455.

1160 Karl Eduard Ludwig Hesselbacher (1871–1943), Rez. 1894, Pfarrer in Neckarzimmern 1898, Markuspfarrei Karlsruhe 1905, Johannispfarrei 1906, Baden-Baden 1919–1938, Mitglied der Generalsynode 1914, 1919, 1920, Mitglied der Landessynode 1932, 1934. Vgl. Neu II, 262.

1161 Vgl. Kap. 1.1., Anm. 35.

ken der Einführung eines Friedenssonntags in unserer Landeskirche zu prüfen."[1162] Es sollte sich um einen Sonntag handeln, an dem „der Gedanke des Weltfriedens im Sinne des Neuen Testaments [und] der prophetischen Weissagungen der Gemeinde nähergebracht werden"[1163] sollte. In der Debatte wurde – wenige Tage vor Kriegsausbruch – deutlich, wie wenig der Friedensgedanke als konkrete Forderung des Evangeliums im deutschen Protestantismus zu diesem Zeitpunkt ausgeprägt war.[1164] Die Eingabe bemühte sich einerseits um ein klares Bekenntnis zum Frieden,[1165] versäumte aber auch nicht, zu betonen, dass „kein Volk Europas weniger der Friedenspredigt und der Beschwichtigung nationaler Leidenschaften"[1166] bedürfe, als das deutsche. Trotzdem, so meinte der Berichterstatter Karl Eduard Schilling,[1167] dürfe gerade eine national eingestellte Kirche den Friedensgedanken nicht einfach der Sozialdemokratie überlassen oder die politische Wirkung einer Ablehnung im Ausland unterschätzen.[1168] Als einer der wenigen Vertreter der Rechten hatte Heinrich Schmitthenner, der Bruder des Prälaten, die Eingabe mitunterzeichnet. Als Kriegsteilnehmer von 1870/1871 meinte er, angesichts der „Wahrscheinlichkeit eines großen Krieges"[1169] könne das deutsche Volk nur dann guten Gewissens zu den Waffen greifen, wenn es vorher alles getan habe, um den Frieden zu erhalten. So könne er es nur „mit Freuden begrüßen, wenn wir einmal im Jahr ganz besonders Veranlassung nähmen, unser Volk aufzufordern, zu beten aus Herzensgrund: ‚Lieber Gott, bewahre uns vor Krieg und Blutvergießen!'"[1170] Warum Heinrich Schmitthenner seiner positiven Partei die Gefolgschaft verweigert hatte, muss offen bleiben. Gegenüber der Großherzogin Luise machte Ludwig Schmitthenner in seinem Bericht über die Synode nur vage Andeutungen:

1162 VGS 1914, 223. Vgl. zur reichsweiten Vorgeschichte des Friedenssonntags FIX: *Gott*, 202f.

1163 Ebd.

1164 Vgl. KUPISCH: *Kirche*, 93.

1165 So wollten Hesselbacher und Maas dem „Massenmord der Schlachten" wehren und dem „Massenhaß der Nationen" die Liebe entgegensetzen, die „nicht Halt macht an den Grenzen des Volkstums, sondern im Menschen nur den Menschen sieht." VGS 1914, 223.

1166 A.a.O., 224.

1167 Vgl. Neu II,

1168 VGS 1914, 225. Auch Hesselbacher wies als Befürworter der Eingabe darauf hin, dass in den Augen der Arbeiter die Kirche die Sozialdemokratie bei ihrem Kampf für den Weltfrieden allein lasse. Hesselbacher zeigte sich dagegen überzeugt, wenn eine deutsche Landeskirche einen Friedenssonntag einführe, werde es „unsere badische Kirche sein." A.a.O., 231.

1169 A.a.O., 231.

1170 Ebd. Schmitthenner war es auch, der eine Eingabe zum Tierschutz eingebracht hatte, über die im Anschluss verhandelt wurde. Sie forderte die Geistlichen dazu auf, „in Unterricht, Seelsorge und Predigt auf mehr Achtung vor allem Leben überhaupt und insbesondere auf mehr Barmherzigkeit gegen die Tiere hinzuwirken" und wurde einstimmig angenommen. Vgl. a.a.O., 234.

„Die Agendenfrage ist über der Kriegsbesorgnis in der Öffentlichkeit etwas in Hintergrund getreten. Dass Eure Königliche Hoheit meine Stellungnahme verstehen und billigen ist mir ein lieber Gedanke. Der von mir angedeutete Ausweg ist von meinem Bruder vertreten worden und wir haben viel darüber geredet, aber als er auftauchte und Gestalt gewann, war es zu spät, als daß er noch hätte sich durchsetzen können, ihm danke ich die Anregung über dem gemeinsamen Beraten, wie sich ein Weg zum Frieden finde. Exzellenz Helbing wollte in Badenweiler mit seiner Königlichen Hoheit dem Großherzog auch darüber reden. Wir kennen das Ergebnis der dortigen Beratungen noch nicht, sind aber voll Zuversicht, dass alles schließlich zum Segen ausschlage.“[1171]

Klaus Wurth lehnte seitens der Rechten den Antrag ab, berief sich auf Luthers Legitimierung des Krieges als Werk Gottes und verwies auf die Bibel, in der von der Utopie eines Völkerfriedens nichts zu lesen sei. Er jedenfalls glaube nicht, „daß auf Erden jemals wird Friede werden, bevor der Herr wiederkommen wird.“[1172] Auch der Oberkirchenrat stand der Eingabe skeptisch gegenüber. Präsident Helbing meinte, dass die Einführung eines Friedenssonntags die Lebendigkeit des Friedensgedanken gerade nicht fördere.[1173]

Schmitthenner bat darum, über den Antrag gar nicht erst abzustimmen, um „der Friedenssache und der Sache des Evangeliums und der evangelischen Kirche“ dadurch zu dienen, dass man „es doch nicht als einen Gesamteindruck dieser Verhandlungen hinausgehen“ lasse, „in zwei Lager gespalten“ zu sein.[1174] Daraufhin wurde der Antrag zurückgezogen.[1175] Hermann Maas berichtete später über die Debatte:

„Die Oberkirchenbehörde lehnte den Friedenssonntag mit der Erwägung ab, dass dadurch leicht eine Erstarrung der Idee eintrete. […] Die ganze Rechte mit Ausnahme eines einzigen, des Abgeordneten [Heinrich] Schmitthenner von Hugsweier – merkwürdigerweise des einzigen, der einst im Felde stand –, war geschlossen gegen den Antrag nach einer mit kriegerischen Tönen erfüllten Rede des Abgeordneten Wurth. Und so mußte, da der Ausgang der Abstimmung nicht mehr zweifelhaft war, der Antrag zurückgezogen werden, um den falschen Schein zu vermeiden, die Synode habe sich nicht bloß gegen die Einführung eines Friedenssonntags, sondern gegen den Friedensgedanken überhaupt ablehnend verhalten.“[1176]

Am 23. Juli 1914 verhandelte die Synode in ihrer zehnten Sitzung schließlich die strittige Agendenfrage.[1177] Dem 1909 einmütig verabschiedeten Wunsch nach einer neuen Agende war der Oberkirchenrat nur mit Schwierigkeiten nachgekommen. Die Diözesansynode in Boxberg hatte sogar einstimmig darum gebeten, „dem Beschlusse der Generalsynode betr[effend] das Apostoli-

---

[1171] Schmitthenner an Luise von Baden, Karlsruhe, 29. Juli 1914, in: GLA Karlsruhe FA Zugang 2012–4, Nr. 2499.

[1172] VGS 1914, 231.

[1173] A.a.O., 233.

[1174] Ebd.

[1175] Vgl. ebd.

[1176] „Süddeutsche Blätter“ 1914, 253. Zitiert nach: KELLER: *Versöhnung*, 48f.

[1177] Vgl. VGS 1914, 319.

kum nicht nachzugeben.“[1178] Der mit dem Entwurf einer neuen Agende betraute Heinrich Bassermann war am 29. August 1912 während einer Urlaubsreise ins Engadin überraschend gestorben. Der durch Helbings Einflussnahme nach Heidelberg berufene Johannes Bauer (1860–1933) hatte seine Arbeit übernommen.[1179] Am 20. Dezember 1912 war die Agende offiziell eingeführt und an die Pfarrämter ausgegeben worden.[1180]

Der umstrittenen Forderung nach einem Parallelformular neben der seit 1876 in Baden zugelassenen referierenden Form des Apostolikums ohne direktes Mitsprechen der Gemeinde für Taufe und Konfirmation,[1181] welches das Apostolikum nicht enthalten sollte, war der Oberkirchenrat 1912 mit einem Agendenentwurf nachgekommen, der für die Taufe ein Ersatzbekenntnis in Aussicht stellte und für die Konfirmation eine Zusammenstellung von Bibelworten mit den wesentlichen christlichen Glaubensinhalten formulierte. Beide Seiten hatten im Vorfeld versucht, die Diskussion auf der Generalsynode zu ihren Gunsten zu beeinflussen. Die liberale Fraktion hatte sogar die vermeintliche Zustimmung Friedrichs II. für ein Ersatzbekenntnis ins Feld geführt.[1182] Auch Helbing und Uibel hatten im Vorfeld auf das Wohlwollen des – eigentlich konservativ eingestellten – Großherzogs für ein an der Heiligen Schrift orientiertes Ersatzbekenntnis hingewiesen.[1183]

Wie 1909 fand die eigentliche Auseinandersetzung um die Agendenfrage im zuständigen Kulturausschuss statt, den ausgerechnet Johannes Bauer selbst leitete.[1184] Auch Ernst Troeltsch, Otto Frommel, Karl Hesselbacher, Hermann Maas, Karl Bender, Julius Kühlewein und Klaus Wurth gehörten dem Ausschuss an.[1185] Dieser hatte mit den acht Stimmen der Linken gegen sieben Stimmen der Rechten ein von Hermann Maas entworfenes „Biblikum“ mit folgendem Wortlaut angenommen:

> „Wir bekennen unsern christlichen Glauben mit den Worten der Heiligen Schrift: Gott ist Geist, und die ihn anbeten, die müssen ihn im Geist und in der Wahrheit anbeten. Von ihm und durch ihn und zu ihm sind alle Dinge. Er ist der rechte Vater über alles, was da seine Kinder heißt im Himmel und auf Erden.
>
> Also hat Gott die Welt geliebt, daß er seinen eingeborenen Sohn gab, auf daß alle, die an ihn glauben, nicht verloren werden, sondern das ewige Leben haben. In ihm wohnt die ganze Fülle der Gottheit leibhaftig. Gott hat alle Dinge unter seine Füße getan und hat ihn gesetzt zum Haupt der Gemeinde über alles.

1178 GuVBl 1910, 41.

1179 Vgl. Kap. 5.3.2.1, Anm. 923.

1180 Vgl. VGS 1914, Anlage I, 11.

1181 Vgl. a.a.O., 321.

1182 Dieser beteuerte noch Jahre später in einem Privatschreiben an den Prälaten, er habe nie daran gedacht, den Entwurf von Maas zu befürworten oder vom Apostolikum abzuweichen. Vgl. Friedrich II. an Schmitthenner, Freiburg, 24. Januar 1928. Zitiert nach ILGENSTEIN/KATTERFELD: *Friedrich*, 140.

1183 Vgl. WINKLER: *Uibel*, 65.

1184 Vgl. VGS 1914, 13.

1185 Vgl. ebd.

Niemand kann Jesum seinen Herrn heißen außer durch den heiligen Geist. Welche der Geist Gottes treibt, die sind Gottes Kinder. Sind wir aber Gottes Kinder, so sind wir auch Erben, nämlich Gottes Erben und Miterben Christi. Denn wir sind gewiß, daß weder Tod noch Leben, weder Gegenwärtiges noch Zukünftiges uns mag scheiden von der Liebe Gottes, die in Christo Jesu ist, unserm Herrn.“[1186]

Dagegen war der Vorschlag der Landeskirchlichen Vereinigung (LV), ein von anstößigen Stellen gereinigtes Apostolikums zuzulassen, ebenso abgelehnt worden wie eine erweiterte Form des „Biblikums“, welche auch die von den Rechten geforderten Glaubensinhalte enthalten sollte.[1187] Während der Oberkirchenrat 1909 noch eine vermittelnde Position eingenommen hatte, um Auseinandersetzungen möglichst zu vermeiden, suchte Helbing nun eine Entscheidung in der Agendenfrage. Auch ein Kompromiss, nach dem – wie in Württemberg – das Apostolikum grundsätzlich beibehalten, seine Auslassung in Einzelfällen aber erlaubt werden sollte, kam für ihn nicht in Frage. Als Berichterstatter der Linken musste auch Max Weiß[1188] vor der Synode einräumen, dass eine Frage „um Leben und Sterben der Kirche und zuletzt um die Zukunft der christlichen Religion“[1189] durch den entschiedenen Widerstand der Rechten auf dem Weg der Verständigung nicht zu lösen sei.

In der Tat gewinnt man den Eindruck eines Kampfes um jeden Meter, den die Positiven in den Ausschussverhandlungen führten. Karl Bender[1190] versuchte als Berichterstatter der Rechten, die inhaltliche Verarmung der neuen Agende anhand von detaillierten Beispielen nachzuweisen.[1191] In der Freigabe des Apostolikums sah er nichts anderes als eine „Durchbrechung des Bekenntnisstandes unserer Landeskirche“.[1192] Bender stellte die Frage, ob eine Taufe, die von einem Apostolikumsgegner gespendet werde, überhaupt gültig sei.[1193]

1186 VGS 1914, 238.

1187 Der Vorschlag der LV lautete: „Ich glaube an Gott, den Vater, allmächtigen Schöpfer Himmels und der Erden. Ich glaube an Jesus Christus, seinen eingeborenen Sohn, unsern Herrn und Heiland, für uns gestorben und auferstanden, den Richter der Lebendigen und der Toten. Ich glaube an den heiligen Geist, die Gemeinschaft der Heiligen, Vergebung der Sünden und ein ewiges Leben.“ A.a.O., 324.

1188 Vgl. NEU II, 653.

1189 VGS 1914, 325.

1190 Karl Ludwig Bender (1881–1961), Rez. 1904, Pfarrer in Schatthausen 1911, Donaueschingen 1919, Friedenskirche Mannheim 1924, Oberkirchenrat und ständiger Vertreter des Landesbischofs 1933–1945, Mitglied der Generalsynode 1914, 1919, 1920, Mitglied der Landessynode 1921–1932, Vorstandsmitglied der KPV 1912–1930, Vorsitzender 1930/1933, Dr. theol. h.c. 1934, Mitglied der DNVP 1929, NSDAP 1933–1936 (Parteiausschluss). Vgl. NEU II, 51; SCHWINGE: *Geschichte*, 559.

1191 Vgl. VGS 1914, 331.

1192 A.a.O., 336.

1193 Vgl. a.a.O., 335.

Während Hesselbacher in der Aussprache um das Verständnis der Rechten dafür warb, dass ein zwangsweiser Gebrauch des Apostolikums ohne innere Überzeugung den Pfarrer in den Augen vieler Gemeindeglieder zum Lügner mache,[1194] setzte Wurth die Auffassung entgegen, dass es einer Synode nicht anstehe, ein neues Bekenntnis zu formulieren und es mit wenigen Stimmen Mehrheit in Kraft zu setzen.[1195] Die Beteuerung Helbings, eine kultische Änderung der Agende verletze den Bekenntnisstand nicht,[1196] blieb letztlich wirkungslos.

Und wie schon 1909 war es erneut Schmitthenner, der die Aussprache durch ein persönliches Wort beendete. Wieder betonte er seinen inneren Zwiespalt. Einerseits fühle er sich den „Brüder[n] zur Rechten, mit denen mich doch in Grundfragen meine Glaubensüberzeugung verbindet“,[1197] verpflichtet. Es dürfe nicht sein, dass ein innerhalb weniger Tage entstandenes Ersatzbekenntnis durch die Aufnahme in die Agende mit dem Apostolikum gleichgestellt werde.[1198] Als Prälat und Mitglied des Oberkirchenrates fühle er sich jedoch auch der behördlichen Vorlage und der Freiheit des Gewissens verpflichtet. Ein „weites Herz, das sich in die Lage der Brüder versetzt und ihnen das Mögliche an gewünschter Freiheit gewährt“, sei unzweifelhaft „etwas Berechtigtes und Gott Wohlgefälliges.“[1199]

Schmitthenner versuchte zu vermeiden, dass erneut eine wesentliche Frage für das Leben der Kirche mit einer knappen Mehrheit entschieden werden sollte. Er werde sich daher der Stimme enthalten. Der Prälat machte aber auch einen Kompromissvorschlag: „Jetzt das biblische Bekenntnis noch nicht in die Agende hinein, sondern es soll sich erst Geltung verschaffen da, wo man es brauchen will. Aber auf dem Wege der Verordnung denen, die die Freiheit wollen, Freiheit geben und damit auch die Möglichkeit zur Ordnung, wo bisher Unordnung war.“[1200] Während der mit knapper Mehrheit im Ausschuss beschlossene Antrag zur Annahme der Agende unter Ausklammerung der Bekenntnisfrage und zur Einsetzung einer Agendenkommission, die die strittigen Teile nochmals überarbeiten sollte,[1201] einstimmig angenommen wurde, wurde der Antrag zur Freigabe des Apostolikums mit 29 gegen 26 Stimmen und Schmitthenners Enthaltung angenommen.[1202] Der Kampf der „ungleiche[n] Brüder“,[1203] den Präsident Helbing in seinem Schlusswort an die Synode beklagte, wurde durch die knappe Niederlage der geschlossen gegen die Freigabe stimmenden positiven Fraktion erneut verschärft.

1194 Vgl. VGS 1914, 344.
1195 Vgl. a.a.O., 355.
1196 Vgl. a.a.O., 360.
1197 Ebd.
1198 Vgl. a.a.O., 361.
1199 Vgl. VGS 1914, 360.
1200 A.a.O., 361.
1201 Vgl. a.a.O., 328.
1202 Vgl. a.a.O., 262.
1203 A.a.O., 454.

Diese richtete daraufhin aber eine Eingabe an den Großherzog, der erklärte, vor Kriegsende keine Entscheidung in der Agendenfrage mehr treffen zu wollen.[1204] Die Generalsynode von 1914 wurde am 25. Juli 1914 in ihrer 12. Sitzung schließlich vertagt, ohne erneut zusammenzutreten. Nur eine Woche später brach der Erste Weltkrieg aus.

1204 Vgl. FINCK: *Wurth*, 69.

6. Der Erste Weltkrieg 1914–1918

6.1. Der Ausbruch des Weltkriegs

Am 1. August 1914 trat in Konstanz die erste Versammlung des „Weltbundes für Internationale Freundschaftsarbeit der Kirchen“ zusammen.[1205] Die vom Berliner Pfarrer Friedrich Siegmund-Schultze (1885–1969) organisierte Zusammenkunft von 150 zumeist amerikanischen und europäischen Kirchenvertretern wurde durch die deutsche Kriegserklärung an Russland am gleichen Tag und die Mobilmachung überholt. Die eigentlich bis zum 4. August 1914 geplante Tagung wurde abgebrochen, da viele der internationalen Vertreter die letzte Möglichkeit nutzen mussten, das Deutsche Reich über die nahe Schweiz bzw. einen nach Köln gehenden Sonderzug zu verlassen.[1206] In einer der vier Entschließungen, die noch gefasst werden konnten, hieß es:

> „Zur Versöhnung der Völker soll die Freundschaft der Kirchen ein Mittel sein, um auf die Völker, Parlamente und Regierungen einen Einfluss im Sinne der Verständigung des guten Willens auszuüben. Da alle Teile der Kirche Christi ein Interesse an der Beibehaltung des Friedens zwischen allen Rassen haben, sollen sich die Christen in gemeinsamem Bestreben einigen.“[1207]

Ein offizieller Vertreter der badischen Landeskirche war nicht nach Konstanz abgeordnet worden, weil sich der Prälat nicht gegen die ablehnende Haltung des Präsidenten hatte durchsetzen können.[1208] Auf die entsprechende Nachfrage der Großherzogin Luise antwortete Schmitthenner:

> „An die Konstanzer Tage habe ich oft gedacht mit dem herzlichen Wunsch eines gesegneten Gelingens, gerade weil ihnen die Zeitlage so ungünstig ist. Auch ich bedaure, dass unsere Geistlichkeit so wenig vertreten ist. Vielleicht wird ja ein würdiger Vertreter sein, aber freilich ein offizielles Gepräge trägt diese Vertretung nicht. […] [E]in Mitglied der Behörde kann nur gehen, wenn es von dieser abgeordnet wird. Eure Königliche Hoheit kennen aber ja die Gedanken unseres Herrn Präsidenten in dieser Hinsicht.“[1209]

1205 Vgl. VOIGT: *Ökumene*, 100–103.

1206 Vgl. SCHWINGE: *Geschichte*, 286.

1207 „Die Eiche“ 1916, 75. Zitiert nach: KELLER: *Versöhnung*, 46f.

1208 Vgl. Schmitthenner an Luise von Baden, Karlsruhe, 29. Juli 1914, in: GLA Karlsruhe FA Zugang 2012–4, Nr. 2499.

1209 Möglicherweise ist damit Hermann Maas gemeint, der sich schon 1913 durch die Teilnahme am Weltkongress der Religionen für den Frieden in Paris in der Ökumenischen Bewegung engagiert hatte und wohl ebenfalls an dem Kongress teilnahm, obwohl sein Name auf der Liste der offiziell Eingeladenen nicht zu finden ist. Vgl. GEIGER: *Maas*, 101.

Die Großherzogin pflegte seit 1912 eine rege Korrespondenz mit Friedrich Siegmund-Schultze, der am 31. Juli 1914 auch Gast auf der Mainau gewesen war.[1210] Erschüttert über die „Ereignisse [...], die in so grausamer Weise das Werk der vergangenen Jahre zerstörten“,[1211] schickte Siegmund-Schultze im Winter 1914 den versprochenen Bericht über die Konstanzer Zusammenkunft an die badische Großherzogin. Schon im August 1913 hatte diese in Baden-Baden eine Delegation britischer Kirchenführer unter der Führung des Erzbischofs von Canterbury empfangen, die dem deutschen Kaiser ihren Dank für seine 25jährige Friedensregierung aussprechen wollte. Zum Bedauern Siegmund-Schultzes war auch bei dieser Zusammenkunft kein offizieller Kirchenvertreter anwesend gewesen.[1212] Im März 1919 schrieb Luise an Siegmund-Schultze: „Was einmal gewesen ist an festen Überzeugungen und an ernsten Bestrebungen nach dem, was das Gewissen und die innere Stimme einer höheren Auffassung uns auferlegte, das bleibt. Und wenn es auch erfolglos blieb, wir bereuen nicht, es versucht zu haben, wie viel bittere Enttäuschungen dann auch kamen.“[1213]

Im April 1913 hatten immerhin 51 badische Pfarrer einen „Friedensaufruf an die deutschen Theologen“ unterzeichnet.[1214] Wie die Mehrheit der badischen Landeskirche zur Friedensfrage stand, hatten aber nur wenige Tage vor dem Ausbruch des Krieges am 21. Juli 1914 die Verhandlungen der Generalsynode über die Einführung eines Friedenssonntags gezeigt.[1215] Auch in den ersten Wochen nach Kriegsausbruch wurde offensichtlich, dass in Baden – wie in den übrigen deutschen Landeskirchen – der „Friedensgedanke als konkrete Forderung des Evangeliums [...] keine Tradition“ besaß:[1216] Pfarrer aller theologischen und politischen Prägungen ergriffen auf den Kanzeln das Wort und sahen im Kriegsausbruch Gottes Handeln.[1217]

[1210] Vgl. die Korrespondenz Siegmund-Schultzes mit Großherzogin Luise und Prinz Max von Baden, in: EZA Berlin 51/DId.

[1211] Siegmund-Schultze an Andlaw, Berlin, 23. Dezember 1914, in: ebd.

[1212] Siegmund-Schultze an Chelius, Berlin, 13. August 1913, in: ebd.

[1213] Luise an Siegmund-Schultze, Langenstein, 19. März 1919, in: ebd.

[1214] Auf Anregung des Berliner Pfarrers Walter Nithack-Stahn beim Vizepräsidenten der Deutschen Friedensgesellschaft Pfarrer Otto Umfried in Stuttgart war der Aufruf an alle deutschen evangelischen Geistlichen verschickt worden. Vgl. SCHWINGE: *Geschichte*, 284.

[1215] Vgl. Kap. 5.5.2.

[1216] Vgl. KUPISCH: *Kirche*, 93.

[1217] Dass solche Kriegspredigten nicht nur Kennzeichen des Protestantismus waren, zeigen die Ansprachen des Karlsruher Stadtrabbiners Meir Appel (1851–1919) am 21. und 30. September 1914 anlässlich des jüdischen Neujahrstages und des Versöhnungstages in der Karlsruher Synagoge, in denen der heilige Krieg gegen die Feinde des Gottesvolkes mit der jüdischen Tradition gerechtfertigt wurde. Vgl. APPEL: *Glaube*; ders.: *Werke;* zur protestantischen Kriegspredigt allgemein: KÖHLER: *Weltkrieg*, PRESSEL: *Kriegspredigt*; KUPISCH: *Kirche*, 93; KRUMEICH: *Gott*, 273-283.

Der Kriegsenthusiasmus war dabei auf keine theologische Partei beschränkt, zwar gab es „Nuancen des Temperaments, aber in der Grundstimmung kaum Differenzen."[1218] Liberale wie Konservative betonten in gleicher Weise ihre Ergebenheit zu Nation und Kaisertum angesichts der gewaltigen Ereignisse des August 1914. Als Wilhelm II. in Berlin am 31. Juli und am 1. August vor die Massen trat, das deutsche Volk zu „gerechter Verteidigung" aufrief und wünschte, „dass unser gutes deutsches Schwert siegreich aus dem Kampf hervorgehe",[1219] folgte ihm auch der spätere religiöse Sozialist Theodor Steltz, damals Pfarrer in der kleinen Landgemeinde Neunstetten:

> „Auf dem Thron unseres Reiches sitzt ein Mann, der sich seiner Verantwortung vor Gott wohl bewusst ist. Er hat bis jetzt gezögert und gewartet, bald länger als wir für gut fanden, alles nur aus Friedensliebe, und wenn er nun den Ruf zu den Waffen hat erklingen lassen, hat er es getan, gezwungen von seinem Gewissen, gerechtfertigt vor Gott. Es gibt eben Dinge, die sind noch höher und kostbarer als der Friede, und das sind die Ehre einer Nation, Recht und Gerechtigkeit im Völkerleben. Mit gutem Gewissen können wir sagen: Gott schickt uns diesen Krieg. […] Wie vor hundert Jahren in den Befreiungskriegen, so heißt es auch jetzt wieder: Es ist ein Kreuzzug, es ist ein heiliger Krieg."[1220]

Noch radikaler fragte in der Freiburger Christuskirche Pfarrer Hugo Schwarz:[1221]

> „Sollte etwa ein Mann hier unter uns sein, der nicht entschlossen wäre, auch den letzten Blutstropfen für sein Vaterland zu verspritzen – dem müßte ich sagen in Gottes Namen: Du bist kein Mann, du bist kein Deutscher, du bist kein Christ – hinaus mit dir aus dieser Kirche, über deren Portal den Eintretenden grüßt, der wohl die Mühseligen und Beladenen zu sich ruft, aber Feiglinge und Memmen kann er nicht brauchen in seinem Dienst."[1222]

Wie überall sonst war auch in den badischen Städten die Begeisterung des Bürgertums beim Kriegsausbruch echt. Das Bild in den Landgemeinden war dagegen eher bestimmt von „depressiven Stimmungen und tiefer Sorge vor dem, was kommen würde."[1223] Die Mobilmachung führte dazu , dass „mitten in der Ernte die arbeitsfähigen Männer eingezogen und die Pferde requiriert wurden", so dass „von einer Kriegsbegeisterung […] hier nichts zu spüren" war.[1224]

1218 KUPISCH: *Kirche*, 93.

1219 Vgl. die so genannten Balkonreden in: DRA 1914, Nr. 179 (1.8.1914), Nr. 180 (3.8.1914 abends), Nichtamtliches, 2.

1220 Zitiert nach HAAS: *Lesebuch*, 207.

1221 Schwarz, der 1898–1900 auch Vikar bei Schmitthenner an der Christuskirche gewesen war, trennte sich 1920 von seiner Frau Else Schwarz und trat aus dem badischen Kirchendienst aus. Schmitthenner setzte sich für seine in Freiburg verbliebene Familie ein. Vgl. LKA Karlsruhe PA 1395; NEU I, 83; SCHWARZ: *Weg*, 177.

1222 A.a.O., 208f.

1223 MOMMSEN: *Urkatastrophe*, 35f.

1224 Ebd.

Von Mundingen aus schrieb der 47 Jahre alte Pfarrer Otto Raupp, der als Seelsorger von lediglich 800 Gemeindegliedern bereits 1909 durch einen Erlass des Oberkirchenrats als prinzipiell für den Militärdienst abkömmlich eingestuft worden war, an Präsident Helbing. Es habe ihm bisher immer als richtig gegolten, Dienst an der Waffe zu tun,

> „[s]eitdem ich aber in unserer Gemeinde die Wirkung der gegenwärtigen Einberufungen gesehen habe, sind mir erhebliche Bedenken aufgestiegen. Es wird sich darum handeln, was man im Fall eines Krieges als ‚Dienst' des Pfarrers ansieht. Ich habe die Familien der Einberufenen sofort besucht und habe erst jetzt ein Bild davon bekommen, was in Zeiten allgemeiner Not oder Gefahr die Gegenwart des Pfarrers bedeutet. Wie mancher armer Vater geht von einer Kinderschar weg und mit ihm geht die Sorge über ihr Schicksal. Ich habe jedem versprochen, daß ich die Seinen nicht im Stich lassen werde. Ich habe es ihnen gestern in der Kirche versprochen, als sie, auch die sonst so selten gesehenen Gottesdienstbesucher, noch einmal beieinander waren. [...] Welche Wendung ein Krieg nimmt, kann man vorher nie wissen. Hier haben die Bewohner, die Frauen vor allem, große Angst vor Gesindel. [...] Wenn ich mir das alle[s] zusammen denke, kann ich mir offen gesagt nicht vorstellen, daß gerade der Pfarrer in solcher Zeit den Dienst verläßt. Es würde auch wenig günstig wirken auf das wieder erwachende[...] oder sich vertiefende religiöse Leben, wovon schon sehr deutliche Spuren zu erkennen sind. [...] Soll in derartigen Zeiten der Pfarrer nicht gerade darin seinen ‚Dienst' sehen, daß er da ist und das Erwachende pflegen hilft?"[1225]

Am 1. August 1914 verhängte der Oberkirchenrat eine Urlaubssperre.[1226] Am 5. August 1914 sah sich die Kirchenleitung bereits veranlasst, den im Dienst verbliebenen Geistlichen neben dem Verständnis für die Mehrbelastung auch die Aufgabe abzuverlangen, „jeder Unsicherheit, Aufregung und Verwirrung nach Möglichkeit entgegenzutreten".[1227] Visitationen und Religionsprüfungen wurden für die Dauer des Krieges ausgesetzt.[1228] Auch Diözesansynoden fanden im ersten Kriegsjahr nicht mehr statt, sondern begannen erst wieder im September 1915 mit den Diözesen Lahr und Rheinbischofsheim.[1229]

Auch in den kleineren Städten wie Eberbach schlug die anfängliche Kriegsbegeisterung bald in ihr Gegenteil um. John Gustav Weiß musste mit Schrecken zur Kenntnis nehmen, dass mit England das Land seines Vaters am 4. August 1914 aufgrund der deutschen Verletzung der Neutralität Belgiens in den Krieg eintrat.

1225 Raupp an Helbing, Mundingen, 3. August 1914, in: LKA Karlsruhe PA 1574.

1226 Vgl. LKA Karlsruhe GA 3013.

1227 LKA Karlsruhe GA 3023.

1228 Als die Visitationen im April 1915 wieder aufgenommen werden sollten, wurde der Oberkirchenrat wegen seiner mangelnden Sensibilität angesichts der Herausforderungen der Pfarrer durch den Krieg und die tägliche Furcht um die eigenen Söhne im Feld kritisiert. Das Einreichen der Visitationsberichte und der Predigten im Voraus sei ein Zeichen des „mangelnden Verständnisses für die Zeit und Arbeit der Pfarrer". Die Visitationen wurden schließlich nur in abgeschwächter Form mit verkürzten Berichten wieder eingeführt. Vgl. BPfBl 1915, 56.

1229 GuVBl 1916, 37.

Pfarrer Theodor Böhmerle in Langensteinbach schrieb an Präsident Uibel, er sehe im Deutschen Reich einen „Hauptträger des antichristlichen Geistes in der Welt",[1230] und verwies darauf, dass Jesus „seinen von großen vaterländischen Hoffnungen erfüllten Jüngern nach der Wahrheit des prophetischen Lichtes sagen musste unter Weinen: ‚Es wird hier kein Stein auf dem anderen bleiben!'"[1231] Die Ambivalenz der Stellungnahmen zum Krieg drückt auch ein Artikel von Hermann Maas aus, in dem die Verzweiflung über die gescheiterten Friedensbemühungen und der ethische Imperialismus des gerechten Krieges gegen die Feinde Deutschlands gleichermaßen zum Tragen kommen:

> „Es ist Krieg. Krieg mit allem Schrecken und allem Jammer. [...] Der Tod ist Regent. Und er reitet nicht nur über Menschenleiber, sondern über unsere beglückendsten Werke. Es ist zum Weinen. Wie liegt unsere Missionsarbeit zertreten am Boden! [...] Nur eine Antwort gibt's: das deutsche Selbst zu behaupten. Wir können noch mehr sagen: das deutsche Christentum zu retten. In ihm liegt die Fülle des deutschen Volkes verborgen. Wer wagt das zu sagen vom englischen Volk und seinem Christentum?"[1232]

Die Ängste, die der Kriegsausbruch weckte, konnten von manchem Pfarrer aufgrund des zunehmenden Kirchenbesuchs aber auch positiv gewertet werden. Im Vorjahr des Kriegsausbruchs hatte der Oberkirchenrat im Bescheid an die Diözesansynoden anlässlich des Jubiläums der Befreiungskriege 1813 noch den abnehmenden Kirchenbesuch beklagt und die Hoffnung geäußert, Gott möge „Zeiten schicken, in denen es besser wird, Zeiten der Heimsuchung, in denen wieder ein Hunger nach Gottes Wort sich regt wie vor 100 Jahren. Das liegt nicht bei uns."[1233] Als diese Heimsuchung und mit ihr ein „wunderbares Erwachen der schlummernden religiösen Kräfte"[1234] dann kam, griffen die Kirchen die seit 1871 im preußischen Kaisertum angelegte Symbiose von Nationalismus und Christentum dankbar auf.[1235] Auch am Ende seiner ersten Balkonrede am 31. August 1914 hatte Kaiser Wilhelm II., der Neffe der badischen Großherzogin, das Volk aufgefordert: „Jetzt geht in die Kirche, kniet nieder vor Gott und bittet ihn um Hilfe für unser braves Heer!"[1236] Bereits 1871 hatte der preußische Hof- und Domprediger Adolf Stoecker (1835–1909) in der Reichsgründung die „*Spur Gottes von* 1517–1871"[1237] erkennen wollen. Und auch 1914 meinten viele deutsche Intellektuelle und Theologen, die deutsche Kultur und das Kaisertum gegen die demokratischen Systeme der Kriegsgegner verteidigen zu müssen:

1230 Böhmerle an Uibel, Langensteinbach, 31. März 1917. Zitiert nach: URBAN: *Böhmerle*, 116.

1231 A.a.O., 117.

1232 „Süddeutsche Blätter" 1914, 266. Zitiert nach: KELLER: *Versöhnung*, 49f.

1233 Zitiert nach: LUDWIG: *Geschichte*, 110.

1234 Ebd.

1235 Vgl. WALKENHORST: *Nationalismus*, 518.

1236 DRA 1914, Nr. 180 (3.8.1914 abends), Nichtamtliches, 4.

1237 Zitiert nach: KURZ: *Denken*, 73.

Französische „raison“ und englische „civilisation“ sollten mit Waffengewalt zur überlegenen deutschen Kultur bekehrt werden.[1238] Dass der Krieg als „Krieg zwischen Christen“ durchaus als „Naturübel und Verhängnis“[1239] gesehen werden konnte, stand nicht im Widerspruch zu der Überzeugung, dass „Krämernationen“ wie England, das „gottlos frivole Frankreich“ oder das „von täppischer Roheit durchleuchtet[e]“ Russland niemals über „das auf der höchsten Kulturstufe stehende“[1240] Deutschland triumphieren dürften. Zwar bestand über die Konfessionsgrenzen hinweg Einigkeit darüber, dass dem deutschen Volk das Schwert in die Hand gedrückt und der Krieg von außen aufgezwungen sei,[1241] trotzdem wurde dieser durchweg als gewolltes Handeln Gottes interpretiert:

> „Aber schon hat Gott durch die Tatsache des Krieges selber deutlich genug gesprochen. Mit einem gewaltigen Hammerschlag hat er auf einmal alles Große bloßgelegt, vor dem wir schon jetzt staunend stehen: die eiserne Pflichttreue bis zum letzten Atemzug und den Ernst der Opferkraft. Gott selbst hat mit zündendem Strahl die Schätze gehoben, die reicher, als wir es ahnten, in den Tiefen der Seelen verborgen lagen. […] Im Donner der Schlachten erhebt er seine Stimme, die nun niemand mehr überhören kann. Seinem Volk drückt Gott das Schwert in die Hand – wir müssen es zücken, um unsere heiligsten Güter zu verteidigen.“[1242]

1238 Vgl. MOMMSEN: *Urkatastrophe*, 114–115.

1239 KÖHLER: *Weltkrieg*, 9.

1240 A.a.O., 12.

1241 KURZ: *Denken*, 106.

1242 KÖHLER: *Weltkrieg*, 4.

6.2. Die evangelische Landeskirche 1914–1918

Auch in Karlsruhe wurden von positiven und liberalen Kanzeln kriegerische Töne angeschlagen. Franz Rohde sagte in der Christuskirche: „Tod dem deutschen Wesen, das ist die Losung dieses Krieges. [...] Die ganze Welt steht gegen uns; ja, man will die Welt glauben machen, das deutsche Volk habe diesen Krieg gewollt. [...] Ist je ein Krieg gerecht gewesen, so ist es dieser Krieg!“[1243] In Mannheim beantwortete Pfarrer Paul Klein die Frage nach der Parteinahme Gottes in einem Krieg von Christen folgendermaßen: „Nun erhebt sich die Frage: Ja, ist denn Gott nur ein Gott der Deutschen, wenden sich nicht auch die anderen Völker, unsere Feinde an ihn, von ihm Segen und Sieg für ihre Waffen erflehend?“[1244] Weil der Krieg aber dem deutschen Volk als „dem an sich friedliebenden Volk aufgezwungen ist, und es ihn führt zur Verteidigung seiner Scholle, seiner Existenz, seiner Kultur, seiner von Gott, dem Lenker der Geschicke ihm angewiesenen Weltmachtstellung“, könne es „von einem heiligen Krieg sprechen und sich der Hilfe und des Beistandes Gottes getrösten [...].“[1245] Weil Deutschland von allen Völkern „doch noch das frömmste ist, noch am meisten Christentum hat, vor Russlands Aberglauben, vor Frankreichs Frivolität, vor Englands scheinheiligem Pharisäertum“,[1246] könne es in diesem Krieg nicht zugrunde gehen.[1247]

Von Ludwig Schmitthenner sind aus dem August 1914 keine solchen einschlägigen Äußerungen überliefert. Die offizielle Kanzelansprache des Oberkirchenrats vom 24. August 1914, die von ihm als Prälat verantwortet wurde, lag aber ganz auf der Linie der bereits zitierten Predigten und Stellungnahmen:

1243 ROHDE: *Kriegspredigten*, 1–6. Zitiert nach: SCHWINGE: *Geschichte*, 287.

1244 KLEIN: *Kriegsandachten*, 7–12. Zitiert nach: a.a.O., 288.

1245 SCHWINGE: *Geschichte*, 288.

1246 Ebd.

1247 Die religiöse Begeisterung über den Kriegsausbruch war dabei keineswegs nur ein Phänomen der Kriegsparteien. Auch in der neutralen Schweiz wurde der Erste Weltkrieg zum Vater der Theologie etwa Karl Barths. Auch der junge Safenwiler Pfarrer deutete den Kriegsausbruch in seinen Kriegspredigten positiv. In der Sonntagspredigt am 2. August 1914 über Mk 13,7 sagte er, der Krieg zwinge „zu neuen Gedanken“, er relativiere alle Werte wie Geld, Zukunft, Liebe und Hass, er mache Verborgenes offenbar und bringe den Mantel von Zivilisation, Kultur und Frömmigkeit zu Fall. Deswegen dürfe „es jetzt kein voreiliges Gebet um Frieden und Schonung geben, sondern nur das Gebet um Furchtlosigkeit und Annahme des Willens Gottes.“ Wenige Tage später wurden die Geschwindigkeit und die militärische Präzision des völkerrechtswidrigen deutschen Einmarsch in Belgien von Barth als „unwillkürlich zur Bewunderung zwingend“ anerkannt. Erst am 25. Oktober 1914 wurden die „Verachtung des Rechtes und der Menschen“ und das Unrecht des Krieges zum Anlass einer eigenen Predigt über Ps 119,142. Vgl. FÄHLER: *Ausbruch*, 68.77.80.

> „Zeiten schwerster Bedrängnis, wie sie jetzt auf unserem Vaterland lasten, sind nicht nur Zeiten äußerer und innerer Not, sondern auch Zeiten wunderbaren Segens. Seit Beginn des Krieges spüren wir in dieser Heimsuchung segnende Kraft in wachsendem Maß. Was in den ersten Tagen, da unser Kaiser sein Volk zu den Waffen rief, als heilige Begeisterung emporlohte, das hat sich in den Tagen banger gespannter Erwartung bewährt als die stille, starke Kraft eines felsenfesten Vertrauens, eines gläubigen Vertrauens auf den Herrn der Heerscharen und seine Hilfe, aber auch einer frohen Zuversicht im Blick auf die Einmütigkeit unseres Volkes und den Heldengeist, der unser Heer erfüllt. […]“[1248]

Als Vorsitzender des Landesvereins für Innere Mission richtete Schmitthenner am 17. August 1914 einen Aufruf an die Unterstützer des Vereins, in dem er sich mit einer realistischen Einschätzung zwar nicht als Gegner des Krieges, aber auch nicht als Kriegsenthusiast zeigte:

> „Eine ernste und schwere Zeit ist für unser Volk angebrochen, sie fordert große Opfer an Gut und Blut. Vielen Familien wird der Krieg den Vater und Ernährer rauben. Dadurch werden Wunden geschlagen, die lange nicht heilen, auch wenn der Kampf kurz und für uns siegreich sein sollte. […] Kriegszeiten sind harte Zeiten.“[1249]

Am 6. August 1914 wurde eine Fürbitte an den „Herr[n] der Heerschaaren“ für das bedrohte Vaterland und den Sieg „zu Deiner Ehre und zum Gedeihen unseres Deutschen Reiches“[1250] in die badische Gottesdienstliturgie eingefügt. Bemerkenswert ist allerdings auch die Bitte, die deutschen Soldaten sollten sich „auch gegen unsere Feinde stets als Christen erweisen.“[1251]

In den großherzoglichen Hoftagebüchern fand die Zuspitzung der „Julikrise“ des Jahres 1914 zunächst kaum Erwähnung. Am 29. Juni 1914 war zwar die offizielle zehntägige Staatstrauer für den in Sarajewo ermordeten Erzherzog Franz Ferdinand von Österreich (1863–1914) angeordnet worden. Trotz der fieberhaften diplomatischen Aktivitäten in den Hauptstädten Europas verabschiedeten sich Friedrich II. und Hilda von Baden am 6. Juli 1914 in die Sommerfrische nach Badenweiler. Auch die alte Großherzogin weilte auf der Mainau, als der Krieg schließlich ausbrach. Am 31. Juli 1914, dem Tag, an dem im Großherzogtum offiziell der Kriegszustand erklärt wurde,[1252] kehrte die großherzogliche Familie eiligst nach Karlsruhe zurück.

1248 GuVBl 1914, 109.

1249 A.a.O., 112.

1250 LKA Karlsruhe GA 3023.

1251 GuVBl 1914, 112. Eine ähnliche Vorstellung findet sich in der von Pfarrer Paul Klein in Mannheim entworfenen Fürbitte für die im Feld stehenden Soldaten, die von der Kirchenleitung am 9. August 1914 zur geeigneten Verwendung empfohlen wurde. Sie enthält die Bitte, „daß [der Soldat] sich auch gegen den Feind […] erweise als ein *Christ*, der nicht die Seele des Feindes erniedrigen und schänden darf, wenn er schon seinen Leib verwunden und schlagen muß, daß er ein *Deutscher* ist, ein Glied *des* Volkes, das sich rühmt, auf der Höhe der Kultur, der Gesinnung, edler Menschlichkeit und ernster Zucht zu stehen.“ Ebd.

1252 Vgl. GLA Karlsruhe 47 Baden 2122.

In den Tagen der Mobilmachung war der Großherzog dann vor allem mit der Verabschiedung der ausrückenden Truppenteile beschäftigt, die von Karlsruhe über die strategisch wichtige Bahnlinie ins elsässische Hagenau transportiert wurden.[1253] Am 2. August 1914 wurden 260 Karlsruherinnen, die einem Aufruf des Badischen Frauenvereins gefolgt waren und sich freiwillig zu Näharbeiten für Lazarettwäsche gemeldet hatten, von Großherzogin Luise im Schloss mit Tee bewirtet.[1254]

Der Schriftverkehr zwischen Großherzogin Luise und Schmitthenner im August 1914 ist eher von pragmatischem Realismus als euphorischem Kriegsenthusiasmus geprägt. Ein Brief vom 2. August 1914 ist vor allem der Organisation der Bereitstellung von 10 000 Bibelteilen für die badischen Truppen durch die Landesbibelgesellschaft gewidmet, für die Schmitthenner die Fürsprache des Großherzogs beim zuständigen Generalkommando erbat.[1255] Darüber hinaus tauschten sich die Großherzogin und der Prälat über die Organisation der evangelischen Seelsorge für die gefangenen Franzosen in Rastatt und Heidelberg und den Bezug französischer christlicher Literatur über die Schweiz aus.[1256] Besonderen Anteil nahm Luise an der Verabschiedung der jungen Examenskandidaten zum Fronteinsatz.[1257]

Einige Tage später berichtete Schmitthenner von einem Brief seines Schwiegersohnes Hans Keller, der als Rastatter Divisionspfarrer an der Front bei Mühlhausen eingesetzt wurde.[1258] Verwunderlich ist, dass das Schicksal seines jüngsten Sohnes Walter Schmitthenner (1892–1923), der erst wenige Monate zuvor als Farmer nach Chinook Cove bei Vancouver ausgewandert war und im August 1914 auf der Rückreise nach Deutschland interniert und zurück nach Kanada gebracht wurde, keiner schriftliche Erwähnung wert war.[1259]

1253 Vgl. GLA Karlsruhe 47 Baden 2122.

1254 Vgl. BORCHARDT-WENZEL: *Frauen*, 322.

1255 Vgl. Schmitthenner an Luise von Baden, Karlsruhe, 2. August 1914, in: GLA Karlsruhe FA Zugang 2012–4, Nr. 2499. Bis zum Ende des Krieges gab die Schriftenmission insgesamt 3 602 675 Bücher und Schriften – davon 100 000 Bibeln und Bibelteile, 261 180 Erbauungs- und Gebetbücher, 496 685 Sonntagsblätter, 25 225 Feld- und sonstige Gesangbücher, 815 376 Kleinschriften und 467 734 Kriegsflugblätter – heraus. Dem Unterhaltungsbedürfnis der Soldaten an der Front dienten 548 450 Zeitschriften, 70 000 Soldatenzeitungen, 23 628 Kalender und 5 282 Gedichte. Daneben wurden insgesamt 24 685 populärwissenschaftliche Bücher und 164 430 Kunstsammelbände, Postkarten und Kunstdrucke versandt. Die Kosten in Höhe von 89 329,21 Mark wurde durch großzügige Spenden von Verlagen und Institutionen wie dem EOK oder dem Roten Kreuz getragen. Vgl ERBACHER: *Mission*, 62.

1256 Vgl. Luise von Baden an Schmitthenner, [Karlsruhe], 5. November 1914, in: LKA Karlsruhe FA Schmitthenner, Nr. 35/91.

1257 Vgl. Luise von Baden an Schmitthenner, [Karlsruhe], 15. April 1915, in: LKA Karlsruhe FA Schmitthenner, Nr. 35/103.

1258 Vgl. Schmitthenner an Luise von Baden, Karlsruhe, 14. August 1914, in: GLA Karlsruhe FA Zugang 2012–4, Nr. 2499.

1259 In einem Beitrag für die deutsche Kriegsgefangenenfürsorge im Frühjahr 1917 richtete der Prälat Grüße an den „eigenen lieben Sohn im fernen Gefangenenlager“.

Auch über seinen ältesten Sohn Hermann, der 1914 eingezogen wurde und bis 1918 an der Westfront diente,[1260] berichtete der Prälat der Großherzogin nichts. Erst die „schmerzliche, so erschütternde Nachricht“[1261] vom Tod von Prinz Friedrich von Sachsen-Meiningen (1861–1914) bei Namur am 23. August 1914 und dessen Sohnes Ernst nur drei Tage später bei Maubeuge veranlasste Schmitthenner zu einer persönlichen Gefühlsäußerung angesichts der Schrecken des Krieges: „Was sind das für Opfer, die dieser Krieg fordert. Schon der zweite aus fürstlichem Hause, und doch, wie herrlich die Opferbereitschaft im ganzen Volk. Darin tut sich eines der Geheimnisse unserer Siegeskraft kund.“[1262] Am 11. September 1914 hieß es: „Welch ein Opfer für sein Haus. Und doch ist es etwas Gewaltiges, dass wie im Kämpfen so auch im Sterben fürs Vaterland die Fürsten neben den Söhnen des Volkes stehen.“[1263] Die weiteren Briefe des Sommers 1914 sind dann im wesentlichen der Einrichtung von Lazaretten im Karlsruher Stadtgebiet und der Einrichtung ihrer Kapellen mit den von der Großherzogin gestifteten Einrichtungsgegenständen gewidmet.[1264] Luise besuchte vor allem die Karlsruher Lazarette, während ihre Schwiegertochter die auswärtigen Besuche übernahm.[1265] Zum Osterfest 1917 veröffentlichte die Großherzogin „durch die Hand treuer Freunde“[1266] ihre privaten Aufzeichnungen aus der Zeit nach dem Tod ihres Mannes 1907, um durch „selbst erlebtes Leid kummervollen Witwenherzen ein wohltuendes Verständnis“[1267] entgegenbringen zu können. Gleichzeitig erschien eine von ihr in Auftrag gegebene Sammlung von vaterländischen Gedichten zur Verwendung in den Vorträgen und Veranstaltungen des Badischen Frauenvereins.[1268] Den Prälaten ließ Luise während eines Aufenthalts mit ihrer Tochter Viktoria von Schweden auf der Mainau Anteil nehmen am „Gegensatz zwischen der Stille hier und den erschütternden Kämpfen im Westen“.[1269] Ihre Gedanken weilten „unaufhörlich bei unseren tapferen Kriegern in dem gewaltigen Ringen der letzten Zeiten.“[1270] Als Vertreter der Kirche sprach sie ihren Dank für die „segensreiche[…] Seelsorge im Feld“[1271] aus.

SCHMITTHENNER: *Dinge*, 16.

1260 Vgl. SCHMITTHENNER: *Genealogie 1955/1956*, 232.

1261 Schmitthenner an Luise von Baden, Karlsruhe, 26. August 1914, in: GLA Karlsruhe FA Zugang 2012–4, Nr. 2499.

1262 Ebd.

1263 GLA Karlsruhe FA Zugang 2012–4, Nr. 2499.

1264 Vgl. Schmitthenner an Luise von Baden, Karlsruhe, 8. September 1914, in: GLA Karlsruhe FA Zugang 2012–4, Nr. 2499.

1265 Vgl. Vgl. BORCHARDT-WENZEL: *Frauen*, 322.

1266 Vgl. LKA Karlsruhe GA 13753.

1267 BADEN: *Leidtragenden*, 3.

1268 Vgl. BADEN: *Tagen*, 3.

1269 Luise von Baden an Schmitthenner, Mainau, 24. Juli 1916, in: LKA Karlsruhe FA Schmitthenner, Nr. 35/129.

1270 Ebd.

Großherzog Friedrich II., der durch die Bestimmungen der badischen Militärkonvention mit Preußen von 1870 formal kommandierender General der badischen Truppen war,[1272] unternahm während des Weltkrieges 21 meist mehrwöchige Frontreisen. Im September 1915 war er für zehn Tage in Allenstein bei seinem ehemaligen Generalstabschef Paul von Hindenburg im Hauptquartier Ost zu Gast.[1273] Auch Schmitthenner absolvierte „auf eine Anregung seiner Königlichen Majestät des Großherzogs hin“[1274] insgesamt vier Besuche an der Westfront, die der Stärkung der Moral innerhalb der kämpfenden Truppen dienen sollten.[1275] Die großherzogliche Familie wurde jeweils über den Verlauf informiert. So schrieb Schmitthenner am 28. Juni 1917 an die Großherzogin, dass

> „ich am 1. August meine Reise an die Westfront antreten werde. Es handelt sich um so ziemlich alle größeren badischen Truppenverbände, die wir im Westen haben, und um die Strecke von den Südvogesen bis nach Belgien. Ich darf mich wohl als beauftragt ansehen, auch dieses Mal wieder Eurer Königlichen Hoheit Grüße allenthalben zu bestellen.“[1276]

Am 3. Juni 1916 bat Militäroberpfarrer Arnold Schlömann (1858–1926) beim Generalkommando des XIV. Armeekorps erstmals um die entsprechenden Genehmigungen zu einem Frontbesuch durch den Prälaten. Nach der Genehmigung durch das Kriegsministerium teilte das Generalskommando mit, dass „gegen einen Besuch der badischen Truppen und badischen Feld- und Etappenpfarrer durch den Prälaten Herrn [...] Schmitthenner Bedenken nicht zu erheben“[1277] seien.[1278] Der Bericht des Oberkirchenrats über die Diözesansynoden des Jahres 1917 würdigte den Einsatz der Feldgeistlichen und Lazarettpfarrer, von dem sich der Prälat während seines vierwöchigen Frontbesuchs im Westen habe überzeugen können.[1279]

1271 Luise von Baden an Schmitthenner, Mainau, 12. August 1917, in: LKA Karlsruhe FA Schmitthenner, Nr. 36/11.

1272 Vgl. ROTBERG: *Großherzog*, 95.

1273 Vgl. a.a.O., 89.

1274 Schmitthenner an Schlömann, Karlsruhe, 3. Juni 1916, in: LKA Karlsruhe GA 3283.

1275 Vgl. SCHMITTHENNER: *Genealogie 1928*, 57f.

1276 Schmitthenner an Luise von Baden, Bad Herrenalb, 28. Juni 1917, in: GLA Karlsruhe FA Zugang 2012–4, Nr. 2499. Auch Prinz Max von Baden und seine Cousine Viktoria – immerhin amtierende Königin des neutralen Schweden – korrespondierten mit dem Prälaten über dessen Besuche „bei unseren [H]elden“ an der Front. Viktoria von Schweden an Schmitthenner (Telegramm), Borgholm, 13. August 1916, in: LKA Karlsruhe FA Schmitthenner, Nr. 37/5. Vgl. zur Korrespondenz mit Max von Baden LKA Karlsruhe FA Schmitthenner, Nr. 218/44.

1277 Manteuffel an EOK, Karlsruhe, 13. Juli 1916, in: LKA Karlsruhe GA 3283.

1278 Der spätere badische Oberkirchenrat Gustav Rost berichtete als Feldgeistlicher im Nordabschnitt der 8. Landwehrdivision in den Vogesen in seinem Tagebuch vom Besuch Schmitthenners in Marville, Villers und im Lager der 110. und 111. Reservedivision am 5. August 1917, sowie von einem Besuch im Feldlazarett in Dompierre am 7. August 1917. Vgl. LKA Karlsruhe GA 6854.

1279 GuVBl 1918, 104.

Für die badische Landeskirche bedeutete das Jahr 1914 auch in einer weiteren Hinsicht das Ende einer Ära: Am 30. Dezember 1914 starb Oberkirchenratspräsident Albert Helbing. Schmitthenner leitete die Bestattungsfeierlichkeiten am 2. Januar 1915 im Beisein des Großherzogs und der Großherzogin Luise.[1280]

Am 4. Februar 1915 würdigte Max von Baden den verstorbenen Helbing in der Ersten Kammer, der dieser als Prälat 1899–1902 angehört hatte:

> „Mit ihm ist eine wahrhaft bedeutende Persönlichkeit großer Prägung von uns gegangen, die wir noch lange mit Verehrung nennen werden, bedeutend nach der Seite des Charakters hin wie nach der Seite des Geistes. Innere Wahrhaftigkeit und Klarheit im Denken und Wollen, große Schärfe des Verstandes und ein umfassendes Wissen auf vielen Gebieten zeichneten ihn aus und befähigten ihn, den schwierigsten Aufgaben gewachsen zu sein, die sein verantwortungsvolles Amt mit sich brachte. Eine starke, aufrechte, höchst männliche Natur, die eine große Lücke hinterläßt im Kreise derer, mit denen er lebte [...].“[1281]

In der Presse wurde als Nachfolger Helbings schon bald der Präsident der Generalsynode von 1914, der Freiburger Landgerichtspräsident Eduard Uibel (1846–1925), gehandelt. Als langjähriges Freiburger Gemeindeglied Schmitthenners schrieb Uibel vor seiner Zusage an den Prälaten, dieser sei als der „langjährige vertraute Mitarbeiter des Verewigten [...] auch in die anderen großen Pläne eingeweiht und auch eine zur Vermittlung geeignete Persönlichkeit“[1282] am besten für das Amt des Präsidenten geeignet. Schmitthenner lehnte ab: „Der Prälat bleibt[,] was er ist[,] und wird dann die eigentliche Aufgabe seines Amtes, der Seelsorger der unständigen Geistlichen zu sein, ausgiebig erfüllen können.“[1283] Nicht erneut ein Theologe, sondern ein „warm religiös empfindender Jurist“[1284] wie Uibel solle an der Spitze des Oberkirchenrats stehen. Uibels endgültige Zusage erfolgte auch erst, nachdem ihn Schmitthenner zu einer mündlichen Besprechung in Freiburg aufgesucht hatte.[1285]

Am 25. Februar 1915 trat der neue Präsident sein Amt an und trieb in seinem Gruß an die Geistlichen der Landeskirche die Sakralisierung der deutschen Nation zur Stärkung der Kampfmoral auf die Spitze: „Überblicken Sie die Weltlage, meine Herren, und Sie werden mir zustimmen: vom deutschen Volke aus muß die in Haß und Lüge verkommene Welt für das Christentum wieder gewonnen werden. Ich glaube an die göttliche Mission des Deutschtums.“[1286]

1280 Vgl. VLS 1921, 4.

1281 VBL 1915, 8.

1282 Uibel an Schmitthenner, Freiburg, 19. Januar 1915, in: WINKLER: *Uibel*, 33.

1283 Schmitthenner an Uibel, Karlsruhe, 17. Januar 1915, in: WINKLER: *Uibel*, 34.

1284 Ebd.

1285 Ebd.

1286 Anlage zu GuVBl 1915. Vgl. zur nationalistischen Haltung des Kirchenpräsidenten von 1915–1920 WINKLER: *Uibel*, 49–59. Vgl. zu dem von Uibel eng mit dem befreundeten Prälaten abgesprochenen Aufruf vom Februar 1915 a.a.O., 65. Vgl. zur

Schmitthenner machte dagegen in der Öffentlichkeit kaum Aussagen zum Kriegsverlauf. Dagegen zeichnete er alle neun Kriegsanleihen – ab der fünften Kriegsanleihe vom März 1916 sogar mit dem Höchstbetrag von 2 000 Mark[1287] –, die als Ausdruck der Hoffnung auf einen baldigen Siegfrieden nicht nur eine gute Geldanlage, sondern auch Ausdruck des Patriotismus des Unterzeichnenden waren.[1288]

Nach dem Tod Helbings, der „in seinem umfassenden Arbeitsdrang und seiner ausbündigen Kraft Arbeiten selber geleistet und an sich gezogen [...], die frühere Präsidenten ohne Schaden den Referenten“[1289] überlassen hatten und der auch die eigentlich dem Prälaten zustehenden Personalfragen mit Vorliebe selbst behandelt hatte, übernahm Schmitthenner mehr Verantwortung in der Kirchenleitung. Nach außen vertrat er als Repräsentant die evangelische Landeskirche bei verschiedenen offiziellen Anlässen, etwa beim Neujahrsempfang 1915 im Karlsruher Schloss.[1290] Die privaten Audienzen und sonstigen Zusammenkünfte mit der Großherzogin und anderen Mitgliedern der großherzoglichen Familie nahmen ebenfalls zu.[1291] Vom 8.–10. September 1915 nahm Schmitthenner auf der Mainau an einer Zusammenkunft der Spitzen der staatlichen, städtischen und militärischen Behörden teil. Vom 27.–29. September 1915 war er Teil der badischen Delegation zum Austausch von deutschen und französischen Kriegsgefangenen in Konstanz.[1292] Am 20. Juni 1915 wurde er von der Theologischen Fakultät in Heidelberg für seine Verdienste um die Stärkung der Moral der badischen Truppen und der Bevölkerung in der Heimat, seinen Einsatz für die Sache der evangelischen Kirche als langjähriger Prälat und für seine öffentliche Bezeugung des Evangeliums als Theologe mit der Ehrendoktorwürde ausgezeichnet.[1293]

Mit der zunehmenden Dauer des Krieges wurde der Umgang mit seinen Schrecken zum Alltagsgeschäft der kirchlichen Verwaltung: Im Januar 1915 machte der Oberkirchenrat seine Geistlichen darauf aufmerksam, dass Briefe von der Front vor ihrer Veröffentlichung in Gemeindeblättern und Sonntagsboten vom Generalkommando des XIV. Armeekorps in Karlsruhe zu genehmigen seien.[1294]

Verbindung von Nationalismus und Religion im Kaiserreich allgemein WALKENHORST: *Nationalismus*, 503.

1287 Vgl. LKA Karlsruhe PA 3243.

1288 Vgl. MOMMSEN: *Urkatastrophe*, 86; ULLMANN: *Kriegswirtschaft*, 229.

1289 Uibel an Schmitthenner, Freiburg, 1. Februar 1915, in: WINKLER: *Uibel*, 35.

1290 Vgl. GLA Karlsruhe 47 Baden, Nr. 2123.

1291 Vgl. ebd. die Einträge vom 10., 18. und 29. Januar, 1. und 16. März, 16. und 30. April, 15. Juni, 16. und 26. Juli, 8.–10. September, 27.–29. September, 24. Oktober, 18. und 26. November, und 21. Dezember 1915.

1292 Vgl. zu diesen von Max von Baden als Präsident der Gefangenenfürsorge des Roten Kreuzes organisierten Austauschen, bei denen teilweise auch der Großherzog und seine Mutter Luise anwesend waren, BADEN: *Erinnerungen*, 23.

1293 Vgl. HINDENLANG: *Schmitthenner*, 37.

1294 Vgl. GuVBl 1915, 4.

Weiter bat man darum, dass in Briefen an Gemeindeangehörige im Feld „doch alles vermieden werden möge, was auf unsere Truppen im Feld statt erhebend, wie es ja zweifellos beabsichtigt ist, niederdrückend und beunruhigend wirken muss".[1295] Vom 12. August 1915 datiert ein Bericht Schmitthenners über die Betätigung der evangelischen Landeskirche im ersten Kriegsjahr, den er im Urlaub in Bad Peterstal im Schwarzwald abfasste.[1296] Neben dem Fronteinsatz von mehr als 100 der 530 badischen Pfarrer lobte Schmitthenner vor allem den Einsatz der Landesbibelgesellschaft und des Landesvereins für Innere Mission. In der Koordination der kirchlichen Maßnahmen während der Kriegszeit ergab sich zwischen Schmitthenner und Uibel eine enge und vertrauensvolle Zusammenarbeit. Beide engagierten sich während des Krieges im Kampf gegen die organisierte Prostitution an der Front, etwa auf der Tagung der Eisenacher Kirchenkonferenz am 11. Juni 1917.[1297] Viele Kanzelansprachen der Kriegszeit sind in Schmitthenners Handschrift abgefasst und von Uibel gegengezeichnet.[1298] Die gemeinsam verantworteten Maßnahmen der Landeskirche waren vor allem sittlich-humanitärer Natur. Die Geistlichen wurden etwa aufgefordert, der allgemein beklagten „Verwilderung der Schuljugend",[1299] die sich an vielen Orten durch Schulversäumnisse, Wirtshausbesuch von Minderjährigen oder Herumstreifen und Lärmen auf den Straßen nach Einbruch der Dunkelheit äußerte, entgegenzuwirken.[1300] Seit dem 7. Februar 1916 kam den Pfarrern die schwierige Aufgabe zu, den Angehörigen von Gefallenen das ehrende Gedenkblatt des Staates auszuhändigen.[1301] Am 9. April 1916 wurde das abendliche Betglockenläuten zum Andenken an die Gefallenen eingeführt, nur um kurz darauf aus Angst vor feindlichen Fliegerangriffen wieder abgeschafft zu werden.[1302]

1295 GuVBl 1915, 4.

1296 Vgl. LKA Karlsruhe GA 3282.

1297 Vgl. WINKLER: *Uibel*, 72.

1298 Vgl. die entsprechenden Entwürfe in LKA Karlsruhe GA 3024.

1299 Ebd.

1300 In Schwetzingen geschah das seit Oktober 1915 etwa durch eine Verpflichtung des Kirchendieners durch den Kirchengemeinderat, zur Abendstunde des jeweiligen Tages fünf Minuten lang die Abendglocke zu läuten, um die Jugend zum Verlassen der Straße aufzufordern. Vgl. ebd.

1301 Mit zunehmender Kriegsdauer wurde die Annahme der als unangemessen empfundenen Heldengedenkblätter von immer mehr Angehörigen verweigert. Am 21. Dezember 1916 musste das Generalkommando des XIV. Armeekorps die Vertreter der Religionsgemeinschaften instruieren, wie in solchen Fällen weiter vorzugehen sei. Vgl. ebd.

1302 Das Betglockenläuten stieß aber bald auf den Widerstand des Generalkommandos. Am 20. Oktober 1916 informierte es den EOK, dass in grenznahen Gebieten möglicherweise vor feindlichen Fliegerangriffen zur Zeit des Läutens nicht mehr rechtzeitig gewarnt werden könne. Am 2. November 1916 forderte der EOK die betroffenen Städte und Gebiete auf, das Läuten nach Einbruch der Dunkelheit wieder einzustellen. Vgl. ebd.

Persönlich setzte sich der Prälat dafür ein, im Dienstgebrauch des Oberkirchenrats nicht mehr die herkömmlich aus England importierten Stahlfedern, sondern nur noch zweifelsfrei in Deutschland hergestellte Fabrikate zu verwenden.[1303]

Als Vorsitzender des Landesvereins für Innere Mission organisierte Schmitthenner im ganzen Land sogenannte Kriegsvorträge zu evangelistischen und christlich-nationalen Themen.[1304] Gemeinsam mit der katholischen Kirche und dem Oberrat der jüdischen Gemeinde unterstützte der Landesverein die Weihnachtsspende-Aktionen des Roten Kreuzes zur Unterstützung der Frontsoldaten.[1305] Als Vorsitzender der Badischen Landesbibelgesellschaft engagierte sich Schmitthenner auch in der Versorgung von kriegsgefangenen und internierten Deutschen im Ausland mit Literatur.[1306]

Zunehmend machten sich die Entbehrungen der Kriegszeit aber auch im kirchlichen Leben bemerkbar. Das Mehl zur Herstellung von Abendmahlsbrot wurde knapp.[1307] Bei den Konfirmationen wurde die Bevölkerung zur Sparsamkeit bei der Kleideranschaffung aufgerufen.[1308] Verstorbene sollten erst gar nicht mehr in teure Kleider oder gar Schuhe gekleidet bestattet werden.[1309] Am 29. April 1917 richtete der Oberkirchenrat eine Kanzelansprache zur Kriegslage an die Gemeinden: „Heißer als je zuvor in dem bald dreijährigen Kriege ist der Kampf an der Westfront entbrannt, und während unsere Männer draußen in dem unsagbar harten, vielleicht letzten Ringen um die Entscheidung stehen, lastet auf unserem Volk in der Heimat Arbeit, Entbehrung, Sorge schwerer als wohl je in früheren Tagen."[1310] Trotz des ungebrochenen Siegeswillens blute der Bevölkerung das Herz angesichts der vielen Kriegstoten. So sei es im Jahr des Reformationsjubiläums nötig, zu siegen mit dem Glauben an den Auferstandenen, mit dessen Hilfe auch Luther „seinen Riesenkampf gegen eine ganze Welt von Feinden"[1311] geführt habe.

1303 Vgl. LKA Karlsruhe GA 3024.
1304 Vgl. ebd.
1305 Vgl. ebd.
1306 Vgl. ebd.
1307 Vom 19. November 1917 datiert etwa die Bitte der Landesvermittlungsstelle Karlsruhe an den EOK, das Abendmahlsbrot für die gesamte Landeskirche nur noch bei *einem* Bäcker herstellen zu lassen, um die Kontrolle über die entsprechenden Mehllieferungen zu ermöglichen. Vgl. LKA Karlsruhe GA 3024.
1308 Vgl. ebd.
1309 Vgl. ebd.
1310 Vgl. ebd.
1311 Vgl. ebd.

6.3. Der Krieg an der „Heimatfront" 1915–1918

Nicht nur an der Front, auch in der Heimat waren durch den Krieg Tote zu beklagen. Weit mehr als andere Staaten des Deutschen Reiches war Baden von den Kriegsereignissen auch unmittelbar betroffen: „Unser Land Baden als Grenzland […] wurde aber auch immer mehr und mehr in Mitleidenschaft der Kriegsereignisse gezogen. Insbesondere hatten unsere offenen Städte Freiburg, Offenburg, Karlsruhe, Mannheim und andere durch feindliche Fliegerangriffe zu leiden."[1312] So beschrieb Anna Lauter (1847–1926), die in der Karlsruher Gesellschaft angesehene Witwe des 1892 verstorbenen Karlsruher Bürgermeisters Wilhelm Lauter (1821–1892) und Präsidentin der Hauptabteilung III des Badischen Frauenvereins, die Situation an der „Heimatfront". Vor allem die Residenzstadt Karlsruhe wurde wegen ihrer exponierten Lage in Grenznähe, ihrer strategischen Bedeutung als Eisenbahnknotenpunkt und wegen ihrer kriegswichtigen Industrie- und Hafenanlagen im Ersten Weltkrieg insgesamt zehn Mal von französischen Flugzeugen angegriffen. Der erste dieser Angriffe fand am 15. Juni 1915 statt und forderte aufgrund der mangelhaften Schutzmaßnahmen 29 Menschenleben. Am 9. August 1915 flog die deutsche Luftwaffe mit fünf Luftschiffen einen „Vergeltungsangriff" auf London.[1313]

Am Nachmittag des Fronleichnamstages, am 22. Juni 1916, erlebte Karlsruhe den verlustreichsten Luftangriff des Ersten Weltkriegs und wurde „gleichsam dessen ‚Dresden'."[1314] Die Bombardierung einer Vorstellung des Zirkus Hagenbeck auf dem Festplatz am Ettlinger Tor forderte 120 Todesopfer und 169 Verletzte, vor allem Frauen und Kinder.[1315] Die großherzogliche Familie besuchte zur gleichen Zeit gerade das Jahresfest des badischen Landesvereins für Äußere Mission in der nahen Stadtkirche, wo sie nach dem Bericht Anna Lauters eine Panik der versammelten Gemeinde und eine kopflose Flucht ins Freie verhinderte.[1316] Luise ließ sich nach dem Verlassen der Kirche sofort zur Unglücksstelle bringen.[1317]

1312 LAUTER: *Großherzogin*, 36.

1313 Vgl. LACKER: *Zielort*, 14.

1314 A.a.O., 13.

1315 Bis in die Gegenwart galt die Annahme, der französische Angriff mit 25 Flugzeugen sei ein Versehen gewesen: Das eigentliche Ziel sei demnach der bis kurz zuvor am Ort des Angriffs gelegene Bahnhof gewesen, weil der erst 1913 neu eröffnete Hauptbahnhof auf dem veralteten französischen Kartenmaterial noch nicht verzeichnet gewesen sei. Neuere Forschungen deuten aber darauf hin, dass der Angriff, der als Vergeltungsschlag für den deutschen Luftangriff auf Bar le Duc mit 85 Todesopfern gerechtfertigt wurde, sehr wohl die Zivilbevölkerung treffen sollte. Vgl. BORCHARDT-WENZEL: *Frauen*, 323; BRÄUNCHE: *Krieg*, 35–38; MARTIN: *Luftangriffe*, 181–193.

1316 Vgl. ERBACHER: *Kirchengemeinde*, 105; WENNEMUTH: *Kirche*, 261f.

1317 Vgl. LAUTER: *Großherzogin*, 36.

Am 2. Juli fand in der großherzoglichen Grabkapelle im Fasanengarten eine Abendandacht zum Gedächtnis der Opfer des – in der Presse bald als der „Kindermord von Karlsruhe“[1318] verurteilten – Angriffs statt, bei der Schmitthenner die Predigt über Jeremia 29,11 hielt. Die Predigt unterscheidet sich von den bereits skizzierten Kriegspredigten des August 1914 durch die betont geistliche Deutung von Begriffen wie Heimsuchung und Sieg. Der Bibeltext wird nicht als Vorlage für eigene nationalistische Deutungen herangezogen, sondern gemäß seines eigenen Kontextes ausgelegt. Schmitthenner klagte, durch den Angriff seien viele Menschenleben vernichtet worden „nicht in ehrlichem Kampf, nicht in freier Hingabe des Lebens für des Vaterlandes große Sache, sondern durch den heimtückischen Überfall eines erbarmungslosen Feindes.“[1319] Nicht für die Toten, sondern für die Lebenden wolle er aber sprechen. Wie mit den Opfern habe Gott „gewiss auch mit uns, die wir am Leben geblieben sind, seine Friedensgedanken gehabt in dieser Heimsuchung.“[1320] Auch die Verheißung des Sieges deutete der Prälat geistlich: Der herrliche Sieg, den die Gläubigen erringen dürften, sei „das Leben droben im Vaterhaus, wo kein Leid und kein Geschrei mehr ist.“[1321] Damit Gott aber seine Friedensgedanken durchführen könne, müssten sich die Menschen die Gewissensfrage stellen: „Haben wir auch die Gedanken Gottes mit uns in der letzten schweren Heimsuchung verstanden, haben wir ihm so geantwortet, wie er es haben wollte?“[1322] Schmitthenner blickte auf die Ereignisse des 22. Juni zurück und stellte fest, wie man nach anfänglicher Furcht und dem Ruf nach Vergeltung in Karlsruhe schnell wieder zur Tagesordnung übergegangen sei: „Sieht es nicht so aus, als ob die Menschen trotz dieser Heimsuchung die gleichen geblieben seien mit ihrem Aufgehen in selbstsüchtigen Sorgen, mit ihrem Bedürfnis nach Genuss und Zerstreuung, mit ihrem Leichtsinn und ihrer Oberflächlichkeit?“[1323] Die Sorge um das tägliche Brot ersetze immer mehr den „heilige[n] Ernst, die demütige Beugung, die starke frohe Begeisterung, die anfangs unser Volk erfüllten […].“[1324] Der Prediger rief die Gemeinde dazu auf, die Glaubenswahrheit der Buße und Erneuerung in den Familien und Häusern zu bezeugen: „O, wie müßte, wenn jeder von uns das Seine tun wollte, ein Segen ausgehen von dieser Stunde in einen weiten großen Kreis. […] Ja, Herr, gib den Unsern, unsern Gemeinden und unserer Kirche, unserem Volk und unserm Vaterland das Ende, das wir erwarten: Gnade und Erlösung, Leben und Sieg! Amen.“[1325]

1318 MARTIN: *Luftangriffe*, 183.
1319 GLA Karlsruhe N Schmitthenner, Nr. 2.
1320 Ebd.
1321 GLA Karlsruhe N Schmitthenner, Nr. 2.
1322 Ebd.
1323 Ebd.
1324 Ebd.
1325 Ebd.

Auffällig an der Ansprache, die ansonsten politischen Fragen weitgehend ausklammert, ist der Durchhalteappell an die zunehmend leidende und unzufriedene Bevölkerung: Die Schuld an der sich abzeichnenden Niederlage sei nicht etwa bei der Militärführung oder den Eliten des Reiches zu suchen, sondern bei der Bevölkerung, welche die Ideen des Sommers 1914 verraten habe. Solche und andere letztlich vergeblichen Aufrufe zum Durchhalten, mit denen die Kirche sich auf die Seite der Regierenden stellte, sollten das Klima bis zum endgültigen Zusammenbruch im Herbst 1918 prägen.[1326]

[1326] Vgl. LUDWIG: *Geschichte*, 111.

6.4. *Die Erste Kammer und die Friedensfrage*

Auch in den Verhandlungen der Ersten Kammer nahmen die Kriegsereignisse einen breiten Raum ein. Am 4. Februar 1915 eröffnete Präsident Max von Baden den ersten Kriegslandtag mit einer Ansprache, die deutlich machte, wie sich der Ausbruch des Krieges aus der Sicht der Fürsten darstellte:[1327]

> „Eine große, heilige Not ist über unser Vaterland hereingebrochen und keiner kann und darf sich ihr entziehen. Alles, was uns wert, teuer und heilig ist, ist bedroht: Deutsche Freiheit, Deutscher Geist und Deutsches Wesen! [...] Wir erkannten unsere Feinde und wir erkannten uns selbst. Sie wurde zu einem gewaltigen Weck- und Mahnruf an das deutsche Volk. Eine großartige, erschütternde Antwort des deutschen Volkes auf diesen Weckruf war die Mobilmachung mit ihrem feierlichen Ernst und ihrer hingegebenen Freudigkeit. Ein nie zu vergessender Augenblick deutschen Lebens, den zu erlebt haben, wir Gott auf den Knien danken sollten. Denn er zeigte uns ein Volk, einig vom Kaiser bis zum letzten Mann, von einem einzigen Fühlen, Gedanken und Wollen durchdrungen."[1328]

Deutschland als das „Volk, das die Religion stets am ernstesten und tiefsten erlebte", dürfe „stark und reinen Gewissens [...] in diesen furchtbaren und heiligen Krieg eintreten".[1329] Im deutschen Heer kämpften „von den Söhnen der Könige und Fürsten bis hin zu den Söhnen des ärmsten Arbeiters und Landwirts"[1330] alle sozialen Klassen vereint im „Glauben an eine große Mission des deutschen Volkes in der Entwicklung der Menschheit",[1331] ohne den es keinen Sieg und keine Zukunft für das deutsche Volk gebe: „Mit Gottes Hilfe werden wir siegen und das Volk sein, das wir sein können, wenn wir es nur wollen. Das soll unser Glaube sein, der die Welt überwindet."[1332]

Auch der Landtag von 1915/1916 befasste sich im Wesentlichen mit Kriegsfragen, etwa mit einer Erhöhung der Einkommensteuer und einem Gesetz über die Niederschlagung von Strafverfahren gegen Kriegsteilnehmer. Beide Maßnahmen wurden vom Großherzog als wertvolle Beiträge im „fortdauernden Daseinskampf des Vaterlandes"[1333] gewürdigt.

[1327] Vgl. WEISS: *Lebenserinnerungen*, 139.

[1328] VBL 1915, 6.

[1329] A.a.O., 7.

[1330] Ebd. Max von Baden selbst hatte sich als bis 1911 aktiver Generalleutnant und Vertreter des Großherzogs im Stab des XIV. Armeekorps am 27. August 1914 von der französischen Front abgemeldet und war nach Karlsruhe zurückgekehrt. Großherzog Friedrich II. verlieh ihm dennoch am 30. August 1914 als einer von insgesamt acht Personen im Ersten Weltkrieg das Kommandeurkreuz mit Stern des Militärischen Karl-Friedrich-Verdienstordens. Vgl. MACHTAN: *Prinz*, 243–249.

[1331] VBL 1915, 8.

[1332] Ebd.

[1333] So Großherzog Friedrich II. am 26. Februar 1916 zum Landtagsschluss. VBL 1915/1916, 218.

Als Staatsminister von Dusch den Fall der im Festungsring von Verdun liegenden Panzerfeste Douaumont verkündete, fielen die Abgeordneten in das vom Großherzog ausgebrachte Hurra ein.[1334] Auch am 24. April 1917, als sich die Kriegslage bereits zu wenden begonnen hatte, lobte Max von Baden die taktischen Maßnahmen der Obersten Heeresleitung (OHL) und ihrer Protagonisten:

> „Auf dem Meere tragen unsere Unterseebote das Hungergespenst, mit dem unsere Feinde uns niederzuringen gedachten, nun ihrerseits an die feindlichen Küsten. Als letzter Gegner ist Amerika gegen uns aufgetreten. […] Unseres Kaisers Friedensangebot haben die Feinde mit Hohn und Spott abgewiesen und mit einem Programm der Vernichtung Deutschlands und seiner Verbündeten beantwortet. […] So sehr wir auch den Frieden wünschen, wir, eines der friedliebendsten Völker der Welt, so sehen wir es doch deutlich, wir müssen durchhalten, denn uns drohte der Untergang […]. In der hochragenden Gestalt des Feldmarschalls von Hindenburg, dieses Mannes von kerndeutscher Art und edelstem Wesen, hat uns die Vorsehung einen Führer geschenkt, wie ihn die Zeit verlangt […]. Hier haben wir Geschlossenheit und Kraft, Voraussicht und Zielsicherheit, Glaube und Zuversicht und die fraglose Hingabe an das Ganze; hier herrscht Sachlichkeit und damit die Gewähr des Erfolgs. Neulich noch klang sein mahnender Ruf durch Deutschland, das Leben des Mannes im Schützengraben durch unsachliches Verhalten in der Heimat nicht zu gefährden.“[1335]

Solche Durchhalteparolen ließen sich jedoch bereits im Herbst 1917 nicht mehr aufrecht erhalten: Nachdem das Friedensangebot der Mittelmächte im Dezember 1916 gescheitert war, hatte am 19. Juli 1917 auch der Reichstag mit den Stimmen von SPD, Zentrum und FVP einen „Frieden der Verständigung und der dauernden Versöhnung der Völker“[1336] gefordert. Die Abnutzungsschlachten des Jahres 1916 bei Verdun und an der Somme, die unberechenbare politische Situation im Osten seit der Revolution in Russland, die Erfolglosigkeit des uneingeschränkten U-Boot-Krieges mit der fatalen Folge des Kriegseintritts der USA am 6. April 1917 und die zunehmende Ernährungskrise mit Hungerprotesten und Streiks seit dem Steckrübenwinter 1916/1917 ließen die Rufe nach einem Verständigungsfrieden immer lauter werden.[1337]

Am 28. November 1917 eröffnete der neue badische Staatsminister Heinrich von Bodman die Landtagssession. Nicht zuletzt angesichts der bevorstehenden Verhandlungen über das Kirchengesetz würdigte er den Einsatz der Kirchen und die Beteiligung der Geistlichen „an den vielseitigen wirtschaftlichen Erfordernissen der Kriegszeit, sowie ihrer regen und unermüdlichen Förderung aller zur Ermutigung und Belehrung der Bevölkerung getroffenen Maßnahmen.“[1338]

[1334] Vgl. VBL 1915/1916, 219.

[1335] VBL 1917, 4.

[1336] VRT 1917, 3573. Vgl. Wehler: *Kaiserreich*, 207.

[1337] Vgl. Mommsen: *Deutschland*, 23.

[1338] VBL 1917/1918, 2.

Diese Anerkennung der Geistlichen und Feldgeistlichen wurde im Gegenzug von Schmitthenner besonders gewürdigt.[1339] Man war sich darüber im Klaren, dass der Krieg – unabhängig von seinem Ausgang – Änderungen in der Gestaltung des Staatswesens mit sich bringen werde:

> „Noch ist nicht abzusehen, wann der uns aufgezwungene Kampf sein Ende finden wird. Bei seinem Abschluss werden wir an der Schwelle einer neuen Zeit stehen, die uns neue und schwere Aufgaben bringen wird. Verfassung, Gesetzgebung und Verwaltung des badischen Staates weisen eine stetige Entwicklung auf im Sinne stärkerer Beteiligung aller Volkskreise an der Leitung und Gestaltung der öffentlichen Angelegenheiten.
>
> Nach den gemeinsamen Leistungen und Opfern aller Glieder des deutschen Volkes in dem gewaltigen Ringen um Bestand und Sicherheit des Vaterlandes muß diese Entwicklung auch in unserer Heimat fortschreiten. Unter Erhaltung der bewährten Grundlagen unseres Staatslebens werden die Einrichtungen des Staates, der Kreise und Gemeinden in vertrauensvollem Zusammenwirken von Fürst und Volk, von Regierung und Landständen einer Weiterbildung zuzuführen sein, welche dem Geist der neuen Zeit Rechnung trägt und damit die Gewähr bietet für die Erhaltung der Einheit und Geschlossenheit unseres Volkstums."[1340]

Am 14. Dezember 1917 hielt Max von Baden vor der Ersten Kammer dann eine Rede von weltpolitischer Bedeutung.[1341] Die von Kurt Hahn (1886–1974) während zweier Besuche in Baden und durch einen längeren Briefwechsel redigierte Rede war eine inoffizielle Bewerbung um die Reichskanzlerschaft, in der der Prinz sein politisches Programm einer „moralische[n] Offensive"[1342] vor der Öffentlichkeit präsentierte. Mit Hahns Hilfe bemühte sich der badische Thronfolger vor den Abgeordneten der Ersten Kammer in einer Ansprache, die „gründlich durchgearbeitet und filigran zugleich, kultiviert und geistig anspruchsvoll, aber auch ausgeklügelt und […] *oversophisticated*"[1343] daherkam, um einen Nachweis seiner politischen Qualitäten: Die russische Oktoberrevolution habe „bitteren Ernst mit den Schlagworten des Westens"[1344] gemacht und durch die Aufnahme von Friedensverhandlungen am 26. Oktober 1917 den „Pazifismus als Phrase mit der Politik der gewaltsamen Eroberung"[1345] durch die Westmächte entlarvt. Diese wollten keinen Frieden, sondern suchten nach wie vor die Entscheidung auf dem Schlachtfeld. Wie 1914 verhinderten England und Frankreich die deutschen diplomatischen Friedensbemühungen.

1339 Vgl. VBL 1917/1918, 39.

1340 A.a.O., 3.

1341 Vgl. WEISS: *Erinnerungen*, 153.

1342 MACHTAN: *Prinz*, 335. Vgl. zu dem von Kurt Hahn geprägten Begriff der „moralischen Offensive", mit deren Hilfe der geschlossene Kriegswille Englands erschüttert und ein Verständigungsfriede erreicht werden sollte, a.a.O., 326-329; BADEN: *Erinnerungen*, 39.

1343 A.a.O., 334f.

1344 VBL 1917/1918, 9.

1345 Ebd.

Der „Eckpfeiler der moralischen Offensive unserer Feinde“,[1346] dass die demokratischen Völker der Entente einen aufgezwungenen Verteidigungskrieg gegen das autokratische Deutschland führten, sei damit gescheitert. Auch die Demokratie sei „im Munde der Westmächte zu einer ungeheuren Lüge“[1347] geworden, weil diese den Krieg ohne Rücksicht auf den Friedenswillen ihrer Völker fortführten: „*Vox populi vox dei* sagen die westlichen Demagogen, und sie lästern dabei ihren Gott und ihr Volk. Sie sind wie die Priester, die ihren Götzen zu betrügen wagen, weil sie in Wirklichkeit nicht an ihn glauben.“[1348] Dagegen sei für das kaiserliche Deutschland der Krieg „gekommen als ein großer Erwecker“.[1349] Die Zukunft des deutschen Volkes liege wie 1914 in einer Erneuerung des Burgfriedens, in der Einheit von Krone und Volk und in dem „großen Gemeinschaftswillen“[1350], der draußen an der Front entstanden sei und nun auch in der Heimat einkehren müsse: „Wohl gibt es Parteien, aber es sind alles Deutsche.“[1351]

Das Bedeutsame der Rede lag im Aufruf einer eigenen deutschen moralischen Offensive, indem das „Moratorium[…] der Bergpredigt“[1352] noch vor dem Ende des Krieges beendet werden müsse. Der Prinz forderte eine Humanisierung der Kriegsführung im Geist des Haager Abkommens von 1907: „Für einen christlichen Soldaten gehört der Geist des Roten Kreuzes zum Heere gerade wie der Offensivgeist. Für ihn verletzt derjenige, der nicht alles zur Vernichtung des kämpfenden Feindes einsetzt, ebenso seine Pflicht, wie derjenige, der einen wehrlosen Feind nicht schont.“[1353] Max von Baden zitierte aus einem Aufruf der „Auskunfts- und Hilfsstelle für Deutsche im Ausland und Ausländer in Deutschland“ über den christlichen Geist der Kriegsführung: „Auch im Kriege ist die Feindesliebe das Zeichen derer, die dem Herrn die Treue halten.“[1354] Und er ergänzte, sie sei „auch das Zeichen derer, die Deutschland die Treue halten.“[1355] Es folgte der später meistzitierte Passus der Rede:

> „Macht allein kann uns die Stellung in der Welt nicht sichern, die uns nach unserer Auffassung gebührt. […] Soll die Welt sich mit der Größe unserer Macht versöhnen, so muß sie fühlen, daß hinter unserer Kraft ein Weltgewissen steht. […] Dieses Zeichen soll Deutschland getrost auf seine Fahnen schreiben. In diesem Zeichen werden wir siegen.“[1356]

[1346] VBL 1917/1918, 9.
[1347] A.a.O., 10.
[1348] Ebd.
[1349] A.a.O., 11.
[1350] Ebd.
[1351] Ebd.
[1352] Nach dem Pazifisten, Publizisten und liberalen Politiker Sir William Pollard Byles (1839–1917). A.a.O., 11.
[1353] A.a.O., 12.
[1354] Ebd.
[1355] Ebd.
[1356] Ebd.

Trotz ihres Pathos waren die Reaktionen auf die Rede in der Presse kontrovers.[1357] Und auch viele der anwesenden Karlsruher Abgeordneten konnten mit ihrem humanitären Ansatz nur wenig anfangen.[1358] Allerdings trug sie, wie auch die Präsidentschaft in der Ersten Kammer insgesamt, wesentlich zu der – bereits seit 1884 durch die Berichte des preußischen Gesandten in Baden Karl von Eisendecher gepflegten – positiven Wahrnehmung des badischen Thronfolgers im politischen Berlin bei.[1359]

1357 Vgl. BADEN: *Erinnerungen*, 203.
1358 Vgl. WEISS: *Erinnerungen*, 153.
1359 Vgl. MACHTAN: *Prinz*, 88; KREMER: *Großherzogtum*.

7. Das Prälatenamt nach 1918

7.1. Die Novemberrevolution im Großherzogtum Baden

Am 22. August 1918 fanden sich im Karlsruher Ständehaus die beiden Kammern der Landstände zusammen, um in einem festlichen Akt die Hundertjahrfeier der badischen Verfassung von 1818 zu begehen.[1360] Auch Großherzog Friedrich II., Großherzogin Luise und Großherzogin Hilda waren anwesend. Nur wenige Wochen, nachdem es die Erste Kammer aufgrund der Gegenstimmen ihrer adeligen Mitglieder abgelehnt hatte, eine Reduzierung der Sitze des grundherrlichen Adels zugunsten eines Umbaus der Kammer zu einer demokratischeren Repräsentanz der einzelnen Stände auch nur „in Betracht zu ziehen“,[1361] beschwor Max von Baden als ihr Präsident pathetisch die hundertjährige Geschichte Badens als Verfassungsstaat und die Einheit des badischen Volkes mit seinem Fürsten.[1362] Auch im Grußwort des Juristen, Zentrumspolitikers und Präsidenten der Zweiten Kammer Ferdinand Kopf[1363] an den Großherzog waren keine kritischen Töne zu vernehmen. Dieser dankte in seiner Rede dann auch für das „Vertrauen, das Mir von meinem geliebten Volke dargebracht wird“, und gelobte seinerseits, „nach Kräften mitzuarbeiten an seiner glücklichen Zukunft.“[1364]

Am gleichen Tag wurde Karlsruhe erneut Opfer eines französischen Luftangriffs. In der badischen Residenzstadt war es zuvor schon zu mehreren Demonstrationen und Streiks gegen die Regierung gekommen, die aufgrund der Mangelwirtschaft und der ungerechten Verteilung von Kleidung und Lebensmitteln unter einem zunehmenden Legitimationsverlust in der Bevölkerung zu leiden hatte.[1365] Abgeordnete, die sich in Festtagskleidung ins Ständehaus begaben, wurden auf der Straße beleidigt.[1366]

1360 Vgl. STECK: *Parlament*, 320f.

1361 VBL 1917/1918, 562.

1362 Vgl. a.a.O., 646f.

1363 Ferdinand Kopf (1857–1943), geb. 30. Mai 1857 in Kürzell, Jurastudium in Freiburg und Heidelberg, Rechtsreferent am Erzbischöflichen Ordinariat in Freiburg, 1885–1898 und 1901–1921 Zentrumsabgeordneter in der Zweiten Kammer, ab 1918 im badischen Landtag, 1918 Präsident der Zweiten Kammer, 1919 Präsident der verfassunggebenden Nationalversammlung. Vgl. BB NF 2, 167–168.

1364 VBL 1917/1918, 651.

1365 Vgl. FURTWÄNGLER: *Protokolle*, IX.

1366 Vgl. WEISS: *Erinnerungen*, 155.

Aus der vor allem von Arbeiterfamilien bewohnten Südstadt berichtete Stadtpfarrer Karl Hesselbacher[1367] von den Ressentiments in der Bevölkerung gegen die „Oben dran",[1368] namentlich die großherzogliche Familie und die alte Großherzogin, die nun plötzlich wieder verstärkt als preußische Prinzessin und Tante des Kaisers wahrgenommen wurde. Und auch die Pfarrerschaft galt im Volk als Repräsentanz des alten Regimes, das den Krieg verursacht hatte und sich nun als nicht fähig oder nicht willens erwies, ihn zu beenden. Es begann sich zu rächen, dass die Kirche bis zuletzt „mit aller Entschiedenheit sich bemühte, den Geist von 1914 im Volke lebendig zu erhalten".[1369]

Von seinen Besuchen bei Bauernfamilien im Schwarzwald und bei den Fischern am Bodensee konnte Hesselbacher von der Stimmung im Volk berichten: „Sie sollen aufhören! Unsere Männer sollen nicht mehr ‚verschossen' werden um nichts und wieder nichts. Es ist ja doch alles verloren. Was liegt uns daran, ob wir englisch oder französisch werden, aufhören soll's!"[1370] Aber vor dem, was im August 1918 „auch ein Blinder, wenn er ins Volksleben hineinblickte",[1371] sehen musste, ahnte die großherzogliche Familie allem Anschein nach nichts. Über Luise schrieb Hesselbacher beinahe mitleidig: „Sie wußte glücklicherweise nicht alles. Aber was mir die Frauen am Bodensee damals, als ich von der Mainau zurückfuhr, an Schmähungen über sie kundtaten, und die frechen Spottverse, die sogar die Kinder in Karlsruhe hinter ihrem Hofwagen her sangen, haben ihr Ohr nicht erreicht."[1372] Im allgemeinen Bewusstsein der Bevölkerung begann sich die Kriegsniederlage bereits abzuzeichnen: In Knielingen warnte Pfarrer Edwin Barner vor einem Durchbruch der Franzosen bei Rastatt.[1373]

Auch als die Oberste Heeresleitung (OHL) am 29. September 1918 schließlich um den ersehnten Waffenstillstand nachsuchte und die badischen Sozialdemokraten in Anlehnung an die Vorgänge in Berlin am 22. Oktober 1918 die Umwandlung des Großherzogtums in eine parlamentarischen Demokratie beantragten, schätzten Friedrich II. und die badische Regierung unter Staatsminister Heinrich von Bodman[1374] die explosive politische Lage völlig falsch ein.[1375]

1367 Vgl. Kap. 5.5.2., Anm. 1160.

1368 HESSELBACHER: *Erinnerungen*, 64.

1369 LUDWIG: *Geschichte*, 111.

1370 HESSELBACHER: *Erinnerungen*, 64.

1371 Ebd.

1372 A.a.O., 65.

1373 Vgl. Generalkommando an Oberkirchenrat, Karlsruhe, 13. Oktober 1918, in: LKA Karlsruhe GA 3024.

1374 Vgl. Kap. 5.3.1, Anm. 909.

1375 Vgl. zu den Vorgängen in Baden im Herbst 1918 die Einleitung bei FURTWÄNGLER: *Protokolle*, IX–XXIX. Ausführlich dargestellt ist die badische Revolution bei RÜRUP/BRAND: *Volksräte*; dies.: *Volksbewegung*; KALLER: *Revolution*; ders.: *Baden*, 24–31; SCHMIDGALL: *Revolution*, 100–127.

Man verließ sich auf die Unangreifbarkeit des Großherzogs, der in seiner Regierungszeit zwar nie über den Rang eines „ausgesprochen farblosen Epigonen seines legendären Vaters“[1376] hinaus gelangt war, sich aber im Volk – wohl auch dank der Präsenz seiner wegen ihres karitativen Engagements im badischen Volk verehrten Mutter – einer allgemein großen Beliebtheit erfreut hatte.[1377] Nachdem mit dem Auslaufbefehl an die deutsche Kriegsflotte zu einem aussichtslosen Kampf gegen die überlegene englische Marine und dem Aufstand der Kieler Matrosen am 4. November 1918 der revolutionäre Damm im Reich erst einmal gebrochen war, kam es auch im bisher politisch einigermaßen stabil gebliebenen Südwesten zu revolutionären Aktionen. Am 8. November 1918, noch bevor der badische Thronfolger und Reichskanzler Max von Baden in Berlin die Abdankung des Kaisers verkündet hatte, bildeten sich in Lahr, Offenburg, Rastatt und Karlsruhe erste Soldatenräte. In Mannheim wurden der Bahnhof und weitere öffentliche Gebäude von Soldaten besetzt.[1378] Am 10. November 1918 wurde in Karlsruhe eine provisorische Volksregierung gebildet, die aus zwei Zentrumsvertretern, jeweils einem Vertreter der Nationalliberalen und der Fortschrittlichen Volkspartei (FVP), sowie sieben Sozialdemokraten unter der Führung ihres badischen Vorsitzenden Anton Geiß[1379] bestand. Eine solche große Koalition hatte für die SPD in Baden seit den Anfängen der badischen Großblockpolitik 1905 Tradition und sollte die Legitimität und allgemeine Akzeptanz der neuen Regierung sichern.[1380] Der Großherzog erkannte die provisorische Regierung zwar formal nicht an,[1381] wünschte ihr in einer Erklärung vom gleichen Tag allerdings Erfolg bei der Bewahrung von Ruhe und Ordnung im Land.[1382] An einer Absetzung Friedrichs hatten die bürgerlichen Parteien und die gemäßigten Sozialdemokraten trotz des Drucks der Arbeiter- und Soldatenräte zunächst kein Interesse. Zumindest wollte man die Umwandlung Badens in eine Republik so rücksichtsvoll und angemessen wie möglich gestalten. Bis zur endgültigen Abdankung des Großherzogs am 22. November 1918 war Baden also eine Monarchie unter der Führung einer provisorischen Ausnahmeregierung.[1383]

[1376] MACHTAN: *Abdankung*, 328.

[1377] Vgl. ILGENSTEIN/KATTERFELD: *Friedrich*, 4f.

[1378] FURTWÄNGLER: *Protokolle*, XI.

[1379] Anton Geiss (1858–1944), geb. 11. August 1858 in Rettenbach, 1891 Schreinermeister in Mannheim und Eintritt in die SPD, 1895 Übernahme eines Gasthauses, 1893–1896 und 1907 Mannheimer Stadtverordneter, seit 1911 Vorstand der Stadtverordnetenversammlung, 1895–1903 und 1909–1921 Abgeordneter in der Zweiten Kammer, ab 1918 im Landtag, 1908 Vorsitzender der badischen SPD, 1918–1919 Vorsitzender der provisorischen Regierung, 1919–1920 badischer Staatspräsident und Regierungschef, ab 1933 im Ruhestand, gest. 3. März 1944 in Schriesheim. Vgl. BB NF 1, 136–137.

[1380] Vgl. SCHOLDER: *Kirchen*, 18.

[1381] Vgl. MACHTAN: *Abdankung*, 328.

[1382] FURTWÄNGLER: *Protokolle*, XVIII.

[1383] Vgl. FURTWÄNGLER: *Protokolle*, XVIII; RÜRUP/BRAND: *Volksbewegung*, 72.

7.2. Flucht und Abdankung des Großherzogs

Bis zum Abend des 11. November 1918, als der Matrose Heinrich Klumpp mit einigen bewaffneten Anhängern vor das Karlsruher Residenzschloss zog, um die Abdankung des Großherzogs zu erzwingen, war die Novemberrevolution in Baden eine „gezähmte Revolution".[1384] Als Hofdame der Großherzogin und Augenzeugin der Ereignisse war Gisela Stockhorner betroffen davon, wie schnell in dieser Nacht „ohne viel Lärm, ohne viel Plünderung einfach ein Thron gestürzt worden"[1385] sei. Eine wirkliche Gefahr bestand für die Bewohner des Schlosses nach Überzeugung der Hofdame nicht.[1386] An gewaltsamen Aktionen gegen die Fürstenfamilie konnte die provisorische Regierung schon deshalb kein Interesse haben, weil sich mit der badischen Prinzessin Viktoria immerhin die amtierende schwedische Königin in Karlsruhe aufhielt.[1387] Als vor dem Schloss, wo der Kammerherr von Göler den Meuterern erklärt hatte, der Großherzog sei nicht zu sprechen, dann doch Schüsse fielen, floh die großherzogliche Familie aus der Stadt. Wegen der Demonstranten waren die Lichter im Schloss gelöscht worden, durch die dunklen Säle und Flure ging es zum Hinterausgang in den Fasanengarten. Weil der Schlüssel fehlte, musste die großherzogliche Familie die Residenz schließlich durch das Fenster verlassen.[1388] Mit zwei bereitgestellten Wagen ging die Flucht zunächst Richtung Baden-Baden. Wegen der Gefahr von Straßensperren fuhr die großherzogliche Familie dann aber nach Schloss Zwingenberg am Neckar – einem zähringischen Privatbesitz. Klumpp wanderte wegen seiner dilettantischen Aktion ins Gefängnis.[1389] Der Großherzog hatte mit seiner Flucht und der kampflosen Aufgabe der Macht aber für klare Verhältnisse gesorgt und dabei letztlich unfreiwillig vor aller Augen bewiesen, dass er schon lange nicht mehr Herr der Lage gewesen war.[1390]

Aber noch immer wurde die Republik in Baden nicht ausgerufen. Am 13. November 1918 machten sich der neue sozialdemokratische Regierungschef Geiß und der alte Staatsminister Bodman mit viel „Bauchzwicken"[1391] nach Zwingenberg auf, um den Großherzog zur endgültigen Abdankung zu bewegen. Dieser empfing zunächst Bodman und anschließend Geiß, dem es auch unter den veränderten Umständen nicht gelang, seine monarchische

[1384] HUG: *Geschichte*, 304.
[1385] Zitiert nach: ILGENSTEIN/KATTERFELD: *Hilda*, 97.
[1386] Vgl. ebd.
[1387] Vgl. zu den diplomatischen Verwicklungen, die diese Tatsache auch in den folgenden Wochen für die provisorische badische Regierung bedeutete, ILGENSTEIN/CATTERFELD: *Friedrich*, 120f.
[1388] Vgl. BORCHARDT-WENZEL: *Frauen*, 331.
[1389] Vgl. KALLER: *Revolution*, 189.
[1390] Vgl. MACHTAN: *Abdankung*, 329.
[1391] So GEISS in einem Bericht vom 6. Juni 1919. Vgl. HUG: *Geschichte*, 308.

Ehrfurcht völlig abzulegen. Während der Sozialdemokrat die Audienz in wohlwollender Erinnerung behielt,[1392] empfanden sowohl Bodman als auch der Großherzog die Ereignisse in Zwingenberg als „dreistündige Hinrichtung".[1393] Die späteren Berichte über den in einer Eberbacher Gaststätte wartenden und mit Soldaten essenden Geiß sowie über eine Reifenpanne bei Hockenheim auf dem Rückweg nach Karlsruhe unterstreichen den improvisierten Charakter des ganzen Geschehens.[1394]

Aber immer noch weigerte sich der Großherzog, endgültig abzudanken. Er erklärte sich am 14. November 1918 aber bereit, bis zum Zusammentreten der Nationalversammlung auf die Ausübung der Regierungsgewalt zu verzichten und die Staatsbeamten von ihrem Treueeid auf seine Person zu entbinden.[1395] Unter tatkräftiger Mithilfe der provisorischen Regierung übersiedelte die großherzogliche Familie am 17. November 1918 schließlich aus Zwingenberg, das zu nahe an der Großstadt Mannheim gelegenen war, nach Schloss Langenstein im Hegau, ein Besitz des schwedischen Kammerherren Karl Robert Graf Douglas (1880–1955).

Dort erfolgte am 22. November 1918 der endgültige Thronverzicht, der auch für den Thronfolger Max von Baden verbindlich war. Der Text der Abdankungsurkunde lautete:

> „An das Badische Volk! Wie ich am 14. November 1918 erklärt habe, will ich kein Hindernis sein derjenigen Neugestaltung der staatsrechtlichen Verhältnisse des badischen Landes, welche die verfassunggebende Versammlung beschließen wird. Nachdem mir nun bekannt geworden ist, daß viele Badener sich durch den Treueid, den sie als Beamte, Soldaten oder Staatsbürger geleistet haben, in ihrem Gewissen gehemmt fühlen, bei der Vorbereitung der Wahlen zur verfassunggebenden Versammlung sich so zu betätigen, wie sie es nach den tatsächlichen Verhältnissen und insbesondere nach der Lage im Reich für geboten erachten, entbinde ich die Beamten, Soldaten und Staatsbeamten ihres Treueides und verzichte auf den Thron. Diesen Verzicht erkläre ich mit Zustimmung meines Vetters des Prinzen Max von Baden und für ihn und seine Nachkommenschaft. Mein und meiner Vorfahren Leitstern war die Wohlfahrt des Badischen Landes. Sie ist es auch bei diesem meinem letzten schweren Schritt. Mein und der Meinigen Liebe zu unserem Volke höret nimmer auf. Gott schütze mein liebes Badener Land! Schloß Langenstein, am 22. November 1918. [eigenhändig:] Friedrich."[1396]

[1392] Geiß zeigte sich in seinem Bericht – ganz der alten Tradition verhaftet – erfreut, dass sich Friedrich II. an frühere Begegnungen erinnerte, berichtete, der Großherzog habe ihm „recht viel Glück im Interesse unseres schönen Badner Landes" gewünscht und dann „mir nochmals die Hand gereicht und geschüttelt, war aber so ergriffen, daß er sich nicht mehr halten konnte. Er hat sich umgewendet und ging." Zitiert nach: HUG: *Geschichte*, 308.

[1393] KALLER: *Baden*, 27. Vgl. MACHTAN: *Abdankung*, 330.

[1394] Vgl. WEISS: *Erinnerungen*, 159.

[1395] Vgl. FURTWÄNGLER: *Protokolle*, XVIII.

[1396] Zitiert nach: SCHWARZMAIER/KRIMM/STIEVERMANN/KALLER/STRATMANN-DÖHLER: *Geschichte*, 247–248.

Am 15. Januar 1919 hielt es der neugewählte Präsident der verfassunggebenden badischen Nationalversammlung Ferdinand Kopf (1857–1943) für geboten, in seiner Eröffnungsansprache ausdrücklich darauf hinzuweisen, dass sich die Revolution in Baden nicht gegen das ehemals amtierende Staatsoberhaupt gerichtet habe:

> „Die Mängel und Fehler, die Versündigungen und Mißerfolge des alten Regiments haben zuerst im Reich und in Preußen zur Revolution geführt, und das Verlangen, daß künftighin das Volk selbst seine Geschicke bestimme und besonders die Entscheidung über Krieg und Frieden in die Hand nehme, hat mit elementarer Gewalt zur Einführung der parlamentarischen Staatsform geführt. Auch in Baden ist das geschehen, obwohl bei uns alle darüber einig waren, daß Großherzog Friedrich II. für den Krieg und die Fehler des alten Regiments nicht verantwortlich gemacht werden kann."[1397]

Ausdrücklich würdigte der Redner die Verdienste der Großherzogin Luise und ihres Neffen Max von Baden für Menschlichkeit, Demokratisierung und Völkerverständigung. Auch der Präsident der vorläufigen Volksregierung Anton Geiß ließ es sich nicht nehmen, „dem scheidenden Träger der Krone und dem Thronfolger [...] Dank auszusprechen für den von Engherzigkeit freien Geist, in dem sie als Glieder der erblichen Dynastie Badens ihre Aufgabe erfasst und erfüllt"[1398] hätten. Von Verbitterung und Hass gegen die Vertreter des untergegangenen Reiches in Baden war zumindest auf offizieller Ebene nichts zu spüren. Die Repräsentanten des neuen Staats hielten es wohl nicht für geboten, in einem bereits entschiedenen Spiel noch nachzutreten. Der Großherzog war in seinem Langensteiner Refugium noch Jahre später ebenfalls fest davon überzeugt, dass nicht aus dem eigenen Land, sondern von Berlin aus „bei dieser Umwälzung alles Übel für Süddeutschland"[1399] gekommen sei.

1397 VBL 1919–1921, 4.

1398 A.a.O., 5.

1399 Friedrich II. an Wilhelm von Hohenzollern, Langenstein, 5. Januar 1919. Zitiert nach: ILGENSTEIN/CATTERFELD: *Friedrich*, 134.

7.3. Die Neuordnung der badischen Landeskirche 1918

Die geschilderten Umstände der Ereignisse des Novembers 1918 in Baden machen deutlich, dass die Revolution und die durch sie erzwungene Neuordnung der kirchlichen Verhältnisse für die badische wie für die anderen protestantischen Landeskirchen in Deutschland eine völlig überraschende „Revolution von außen“[1400] gewesen ist. Noch am 4. August 1918, dem vierten Jahrestag des Kriegsausbruchs, hatte der badische Oberkirchenrat eine Kanzelansprache an die Gemeinden gerichtet, in der die goldenen Tage des Sommers 1914 beschworen worden waren:[1401] Was vorher „parteizerklüftet sich gegenüberstand“,[1402] sei durch den Kriegsausbruch zusammengeschweißt worden als „ein Bild des ganzen deutschen Volkes, das in einmütiger harter Entschlossenheit den aufgezwungenen Kampf annimmt […].“[1403] Für die Kriegsmüdigkeit hatte die Kirchenleitung eine theologische Erklärung bereit und machte sie gleichzeitig verantwortlich für die drohende militärische Niederlage:

> „Aber sind die Herzen festgeblieben bis zur Stunde? Wie ist kleinlicher Parteigeist, Selbstsucht und Unreinheit, Leichtsinn und Sünde, Gottentfremdung und schwächliches Verzagen allenthalben groß geworden, schier übermächtig in allen Schichten des Volkes[,] und will uns die Kraft nehmen, auszuharren, durchzudringen bis zum guten Ende! Wo sind die festen Hände geblieben? Sind sie weich geworden, trotzig und verzagt wie ehedem? Gewiss noch immer werden Großtaten getan, draußen im Feld in fast übermenschlicher Kraft – aber müßte die Heimat vor allem sich nicht wieder besinnen auf das, was ihr Not tut?“[1404]

Für die wirkliche Not der Bevölkerung hatte man in der Kirchenleitung und im badischen Fürstenhaus kein wirkliches Verständnis. In seinen Erinnerungen an Großherzogin Luise berichtete Karl Hesselbacher von einer Audienz, die er im Sommer 1918 bei Präsident Eduard Uibel erhalten hatte. Die alte Großherzogin Luise hatte seit 1916 mehrere von Hesselbacher durchgeführte vaterländische Abende besucht und war nun der Meinung, der Karlsruher Stadtpfarrer müsse für mehrere Wochen freigestellt werden, um durch ähnliche Vorträge die kriegsmüde Bevölkerung wieder aufzurichten.

Glaubt man Hesselbachers nachträglicher Schilderung, dann wussten nicht nur er, sondern auch der Präsident des Oberkirchenrats im Gegensatz zur hoffnungsvollen Großherzogin schon lange, dass der Krieg verloren war:

[1400] LIERMANN: *Staat*, 7.
[1401] Vgl. GuVBl 1918, 150.
[1402] Ebd.
[1403] GuVBl 1918, 150.
[1404] GuVBl 1918, 151.

> „Wir konnten die Freude der Fürstin nicht teilen – wir sahen das kommende Verhängnis. Sie sah jeden Lichtblitz, der aus den sich türmenden Wolkenmassen herausbrach, ehe die Finsternis über das Land fiel. [...] Sie schrieb wirklich an den Präsidenten unserer Landeskirche, er möge mich zu vaterländischen Reden ins Land schicken. Aber der Präsident fragte mich nur: ‚Versprechen Sie sich etwas davon?‘ Und als ich schwieg, sagte er: ‚Ich habe Ihre Antwort!‘ Die von der Großherzogin gewünschte Reise durch das Land unterblieb. Es war zu spät – ein paar Tage nach dieser Unterredung mit Exzellenz Uibel brach die Front in Bulgarien und Österreich zusammen.“[1405]

Eine für den 28. Oktober 1918 geplante Zusammenkunft der Generalsynode, um über notwendige Haushaltsfragen zu beschließen, wurde wegen der unklaren Verhältnisse am 18. Oktober 1918 „auf günstigere Zeiten“[1406] verschoben. Am 6. November 1918 richtete der Oberkirchenrat einen Aufruf zur Bewahrung des Kaisertums an die Geistlichen der Landeskirche, die aufgefordert wurden, „im Zwiegespräch wie von der Kanzel, die Liebe und Treue zu Kaiser und Reich zu stärken und auf Besonnenheit, Einmütigkeit und Ordnung hinzuwirken.“[1407] Am 14. November 1918 erging der Aufruf des Oberkirchenrats an sämtliche Geistliche der Landeskirche, jeder solle „an dem Platz, auf den er von Gott gestellt ist, unermüdlich in schlichter Erfüllung seiner Pflicht“ wirken und sich nicht „an die Öffentlichkeit mit Ratschlägen zu Neuordnungen“[1408] drängen. Es gelte, „unsere teure evangelische Kirche hinüber[zu]retten in die kommenden Zeiten, in welcher Gestalt auch die Welt dann vor uns stehe.“[1409]

Angesichts der auch in Baden verbreiteten Befürchtung beim Ende des landesherrlichen Kirchenregiments, dass nun „mit dem Deutschen Kaiserreich auch die Kirche zerfallen werde“,[1410] war das Vorgehen des Oberkirchenrats in den Wirren der Novemberrevolution jedoch erstaunlich pragmatisch. Abermals bewährte sich die Zusammenarbeit des Juristen Uibel mit dem Theologen Schmitthenner in der Leitung der Landeskirche. Zwar hatte der Oberkirchenrat noch am 15. November 1918 in einer Anfrage an den Großherzog betont, der Verzicht auf die Regierungsgewalt müsse aus Sicht der Kirche nicht unbedingt auch den Verzicht auf den landesherrlichen Summepiskopat bedeuten, da sich der Regierungsverzicht „nach unserer Auffassung auf die rein politischen Regierungsakte bezieht und die dem Großherzog kirchenverfassungsmäßig innewohnende landesbischöfliche Gewalt hiervon nicht betroffen wird“.[1411] Das Ansinnen zeigt, wie weit die Loyalität der Kirche zu der zusammenbrechenden badischen Monarchie immer noch ging.

1405 HESSELBACHER: *Erinnerungen*, 65.
1406 GuVBl 1918, 180.
1407 A.a.O., 190.
1408 GuVBl 1918, 191–192.
1409 Ebd.
1410 LUDWIG: *Geschichte*, 114.
1411 Zitiert nach WINKLER: *Uibel*, 82.

Denn seit der badischen Union und der Kirchenverfassung von 1821 war das Regiment über die Kirche eindeutig „dem evangelischen Regenten und und zugleich ihrem obersten Landesbischof"[1412] zugeordnet und damit Teil der „Rechte des Staatsoberhauptes".[1413] Der Großherzog schob den Hoffnungen auf eine Fortsetzung seines Summepiskopats einen entschiedenen Riegel vor. Noch 1922 war der Heidelberger Pfarrer Otto Frommel[1414] aber davon überzeugt, das seit 1861 dem Großherzog nicht als politischer Souverän, sondern nur noch als „praecipuum membrum ecclesiae" zustehende Kirchenregiment habe durch seine vermittelnde Stellung über den Parteien der Kirche „sicher weit mehr zum Segen als zum Schaden gereicht."[1415] § 4 und § 110 KV 1861 sprachen tatsächlich nur noch von dem „den evangelischen Fürsten herkömmlich zukommende[n] Kirchenregiment", das der Großherzog durch den Oberkirchenrat als „oberste[r] Behörde der vereinigten Evangelisch-protestantischen Kirche"[1416] ausübe.

Um die Rechtskontinuität des Kirchenregiments sicherzustellen, war die Kirchenleitung nach der Flucht des Großherzogs jedoch zum Handeln gezwungen. In großer Eile entwarfen Prälat und Präsident ein „Provisorisches Kirchliches Gesetz die evangelische Kirchenregierung in Baden betreffend",[1417] durch das der Großherzog das Kirchenregiment auf den Oberkirchenrat übertragen sollte. Neben den üblichen einleitenden Formulierungen und der Erklärung des Großherzogs, sich neben dem Verzicht auf die Regierungsgewalt bis zur Entscheidung der verfassunggebenden Versammlung über die zukünftige Staatsform auch „der Ausübung des Uns nach der Kirchenverfassung zustehenden Kirchenregiments bis auf Weiteres zu enthalten und für die Regierung der Kirche anderweitig Vorsorge zu treffen", bestand das Gesetz aus folgenden zwei Paragraphen:

> „1. Das Kirchenregiment wird dem Oberkirchenrat übertragen.
>
> 2. In den Angelegenheiten, die nach der Kirchenverfassung oder anderen kirchlichen Gesetzen oder Vorschriften Unserer Entschließung vorbehalten sind, bedarf der Oberkirchenrat der Zustimmung des durch Beiziehung der vorhandenen Ersatzmänner erweiterten Generalsynodalausschusses."[1418]

[1412] Zitiert nach LIERMANN: *Staat*, 10.

[1413] Ebd. Vgl. zum Text von KV 1821 ERBACHER: *Landeskirche*, 29-32.

[1414] Karl Otto Frommel (1871–1951), geb. 14. Mai 1871 in Heidelberg, Studium in Erlangen, Heidelberg und Berlin 1891–1895, Rez. 1895, Prediger der reformierten Gemeinde in Leipzig 1895, Hofdiakon in Karlsruhe 1901, Hofprediger 1906, Christuskirche Heidelberg und Lehrer am Praktisch-Theologischen Seminar 1910–1937, Lic. theol. 1909, Dr. theol 1912, Honorarprofessor 1918, Kirchenrat 1928, Mitglied in General– und Landessynode 1914–1932, als Schwiegersohn Helbings 1922 dessen Biograph, gest. am 9. November 1951 Heidelberg. Vgl. Neu II, 179.

[1415] FROMMEL: *Helbing*, 54.

[1416] Zitiert nach WINKLER: *Uibel*, 81.

[1417] Vgl. HUBER/HUBER: *Staat*, 51.

[1418] Ebd.

Entgegen der Vermutung Winklers, der Großherzog habe seine Entscheidung zur Unterzeichnung des Gesetzes dem Oberkirchenratspräsidenten mündlich oder telefonisch mitgeteilt,[1419] war es wohl Schmitthenner, der – vermutlich am 17. November 1918 – der Einladung Luises folgte und nach Zwingenberg reiste, um neben der Großherzogin auch den fürstlichen „Landesbischof" Friedrich II. aufzusuchen.[1420] Ähnlich wie wenige Tage zuvor im Fall der Machtübergabe an die revolutionäre Staatsregierung lag es auch für die Vertreter der Kirche nahe, dem geflohenen Großherzog die wichtigen Dokumenten persönlich vorzulegen. Möglicherweise hatte Schmitthenner die auf den 19. November 1918 datierte Vorlage des provisorischen kirchlichen Gesetzes zur Übergabe der Kirchenregierung an den Oberkirchenrat bei seiner Fahrt nach Zwingenberg im Gepäck.

Am 20. November 1918 stimmte jedenfalls Friedrich in Schloss Langenstein der Vorlage zu und ermächtigte den Oberkirchenrat, sie als kirchliches Gesetz mit seiner Unterschrift versehen zu verkündigen.[1421] Aufgrund der unübersichtlichen Verkehrsverhältnisse und der Eile, mit der vorgegangen werden musste, konnte die Zustimmung der auswärtigen Oberkirchenräte teilweise nur per Telegramm eingeholt werden.[1422] In der von Schmitthenner verfassten Vorlage des Oberkirchenrats an die Generalsynode, die am 28./29. November 1918 schließlich zusammentreten konnte, hieß es, man wolle die Überleitung „in ordnungsgemäßen Bahnen vollziehen",[1423] um nicht „den Weg des Umsturzes des bestehenden Rechts"[1424] beschreiten zu müssen. Ausdrücklich wurde dem scheidenden Monarchen für sein kluges Vorgehen gedankt, mit dessen Hilfe man einen verfassungsgemäßen Wechsel der Machtverhältnisse habe garantieren können.[1425] Die Generalsynode genehmigte das provisorische Gesetz vom 20. November 1918, so dass am 11. Dezember 1918 schließlich das „Kirchliche Gesetz, die evangelische Kirchenregierung in Baden betreffend" veröffentlicht werden konnte:

> „1. Das Kirchenregiment, wie es in der Verfassung bisher dem Großherzog zustand, ist dem Oberkirchenrat übertragen.
>
> 2. In den Angelegenheiten, die nach der Kirchenverfassung oder anderen kirchlichen Gesetzen oder Vorschriften bisher der Entschließung des Großherzogs vorbehalten waren, bedarf der Oberkirchenrat der Zustimmung des Generalsynodalausschusses.
>
> 3. Die Zahl der Mitglieder des Generalsynodalausschusses (§ 87 Kirchenverfassung) wird von vier auf acht erhöht."[1426]

[1419] Vgl. WINKLER: *Uibel*, 82.
[1420] Vgl. LKA Karlsruhe FA Schmitthenner, Nr. 36/42.
[1421] Vgl. LKA Karlsruhe GA 6205.
[1422] Ebd.
[1423] Ebd.
[1424] Ebd.
[1425] VLS 1921, 6
[1426] HUBER/HUBER: *Staat*, 51.

Die juristische Legitimität der Vorgänge vom November 1918, an denen neben dem Prälaten mit Präsident Uibel auch ein Jurist maßgeblich beteiligt gewesen war, wurde unter anderem von Rechtsanwalt Eduard Dietz aus Karlsruhe bestritten.[1427] Uibel argumentierte damit, dass Friedrich II. bis zum endgültigen Thronverzicht am 22. November 1918 noch Großherzog von Baden gewesen sei, so dass er sehr wohl am 20. November 1918 das Kirchenregiment rechtlich wirksam an den Oberkirchenrat habe übertragen können.[1428] Zwar traf die Ausfertigung des Gesetzes erst am 23. November 1918 in Karlsruhe ein. Weil aber die Einladung an die Generalsynode schon am 20. November 1918 erfolgt war, konnte diese verfassungsgemäß zusammentreten und das provisorische Gesetz beschließen. Auch für den Kirchenjuristen Hans Liermann war das Vorgehen des Oberkirchenrats und des Großherzogs rechtlich unangreifbar. Indem der Großherzog dem Gesetz – entgegen seiner ursprünglichen Stellungnahme, bereits am 13. November 1918 auch auf das Kirchenregiment verzichtet zu haben – seine Unterschrift gegeben habe, habe er eine letzte kirchenregimentliche Handlung als oberster Landesbischof vollzogen und damit „die Kirche in zwölfter Stunde dank der korrekten Handlungsweise und vornehmen Gesinnungsart des letzten Landesbischofs vor einem Rechtsbruch bewahrt [...], der die Wiederaufbauarbeit erheblich erschwert hätte."[1429]

Die Generalsynode versäumte es daher auch nicht, der abgetretenen Fürstenfamilie ihre ausdrückliche Dankbarkeit auszusprechen. Sie beauftragte den Oberkirchenrat, „seiner Königlichen Hoheit dem Großherzog Friedrich II. den innigsten Dank zu sagen für den reichen Dienst, den er unserer evang[elischen] Kirche als Landesbischof allzeit mit großer Hingabe und Treue und unserm Volk in gerechter und weiser Regierung und tatkräftiger Liebe erwiesen hat, und ihn zugleich unserer herzlichen Fürbitte zu versichern, dass Gott ihn und sein Haus in diesen schweren Tagen schirmen, ja ihm alles Gute vergelten möchte, besser als wir es jetzt vermögen."[1430]

Auch „Ihrer Königlichen Hoheit, der Großherzogin Luise als dem in vielen Jahren bis heute bewährten vornehmsten Vorbild werktätigen evangelischen Christentums, als eifriger Förderin unserer evangelischen Landeskirche in allen ihren Anstalten und Werken barmherziger Liebe" wollte sie zum bevorstehenden 80. Geburtstag am 3. Dezember 1918 ihren Dank aussprechen und „sie unserer anhaltenden Fürbitte [...] vergewissern, dass der treue Gott ihr durch die gegenwärtige bittre Not Schutz und Schirm sein und ihr einen Lebensabend schenken möge, um den es Licht ist."[1431] An die Adresse der neuen Machthaber im Staat gewandt erklärte die Generalsynode, sie halte „eine völlige Trennung von Staat und Kirche für schädlich, und zwar für bei-

---

[1427] Vgl. den Briefwechsel mit Uibel vom Frühjahr 1919 in WINKLER: *Uibel*, 84–91

[1428] Vgl. zu dieser Argumentation WINKLER: *Uibel*, 86-87.

[1429] LIERMANN: *Staat*, 22f.

[1430] HUBER/HUBER: *Staat*, 21.

[1431] Ebd.

de Teile.“[1432] Darum warne man die Regierung „bei aller Anerkennung des Grundsatzes der religiösen Freiheit aufs ernstliche vor übereilten Schritten oder gar vor gewaltsamen Eingriffen in die Lebensnotwendigkeiten der evang[elischen] Landeskirche, die durch jahrhundertelange Geschichte eng mit unserem Volksleben verwachsen ist und auch heute noch die religiös-sittlichen Güter weiter Teile unseres Volkes pflegt.“[1433]

Konkret wurden die Beibehaltung des Religionsunterrichts, die Beibehaltung der Kirchensteuer und die Erhaltung der Theologischen Fakultät in Heidelberg gefordert. Gleichzeitig erklärte die Synode, die Kirche sei „willig, den neuen Verhältnissen und Aufgaben in Staat und Gemeinde Rechnung zu tragen auch in der Umbildung der Verfassung unserer Landeskirche“, sie verwahre „sich aber gegen jeden übereilten Sturz des Alten, damit nicht wertvoll Überkommenes der Kirche verloren gehe.“[1434] Alle Glieder der Kirche wurden aufgefordert, „sich mit allen Kräften an dem sittlichen und religiösen Aufbau unseres kirchlichen und öffentlichen Lebens zu beteiligen und dafür die größten Opfer zu bringen im Sinn und Geist unseres Heilandes, im öffentlichen und staatlichen Leben besonders unter den gegenwärtigen Wirren vor allem Pflichttreue und Gehorsam zu bewähren, in allen Verhältnissen und zu jeder Zeit ihre Hoffnung zu beweisen als lebendige Christen […].“[1435]

Bereits am 27. November 1918 veröffentlichte die Kirchenleitung einen von Präsident Uibel unterzeichneten Aufruf zur Fürbitte für den Großherzog und seine Familie. Zwar könne die Fürbitte für den regierenden Fürsten „in der bisher geltenden Weise in öffentlichen Gottesdiensten keine Anwendung mehr finden“, das schließe aber nicht aus, „daß dankbare Erinnerung an alle Wohltat und allen Segen, die unserer evangelischen Landeskirche, ihren Gemeinden und ihren Einzelgliedern von unserem Landesherrn und Landesbischof zugeflossen sind, aus besonderer Gelegenheit da und dort das Bedürfnis empfindet, auch vor versammelter Gemeinde für ihn und sein Haus Fürbitte zu tun.“[1436] In gleicher Weise solle auch mit der kaiserlichen Familie verfahren werden.[1437] Als daraufhin das badische Kultusministerium beim Oberkirchenrat nachfragen ließ, ob die evangelische Kirche mit ihren Verlautbarungen „den gegenwärtigen staatlichen Zustand als einen vorläufigen kennzeichnen wolle“,[1438] teilte Schmitthenner dem sozialdemokratischen Kultusminister Friedrich Stockinger (1878–1937) mit, die „Stellung der evangelischen Kirche zu ihrem Fürstenhaus habe eine […] Fürbitte als innerliches Muß erscheinen lassen, das nicht zurückgenommen werden“[1439] könne.

[1432] HUBER/HUBER: *Staat*, 21.
[1433] A.a.O., 22.
[1434] Ebd.
[1435] Ebd.
[1436] GuVBl 1918, 201.
[1437] Vgl. ebd.
[1438] Zitiert nach: WINKLER: *Uibel*, 94.
[1439] Ebd.

Zwischen dem 2. und 14. Dezember 1918 reisten Kirchenpräsident, Prälat und die Oberkirchenräte durch das Land, um in den Gemeinden zur Zukunft der Kirche und ihre Anpassung an die neuen staatlichen Verhältnisse zu sprechen.[1440] Präsident Uibel schrieb am 14. November 1918 an alle Geistlichen und Kirchenältesten der Landeskirche, es solle Gelegenheit gegeben werden, „sich auszusprechen und Klarheit zu gewinnen über Fragen, die uns seit der staatlichen Umwälzung beschäftigen."[1441] Schmitthenner sprach am 12. Dezember in Bretten, am 5. Dezember in Durlach, am 8. und 10. Dezember in Karlsruhe sowie am 9. Dezember 1918 in Pforzheim.[1442]

Eine wesentliche Auswirkung der Revolution war für Schmitthenner das Ende seines politischen Wirkens in der Ersten Kammer der Landstände. Am 8. Januar 1919 erließ die vorläufige badische Volksregierung eine Anordnung mit Gesetzeskraft, nach der mit sofortiger Wirkung „die Mandate der Mitglieder und Abgeordneten der beiden Kammern der Landstände [...] erloschen"[1443] seien. Die von Eduard Dietz entworfene neue badische Verfassung vom 21. März 1919 – die als einzige der Weimarer Republik durch eine Volksabstimmung angenommen wurde – sah ein Einkammerparlament und damit auch den Wegfall der Präsenz des Prälaten in der Ersten Kammer vor.[1444] 1929 sah Hans Liermann im Wegfall dieses politischen Rechts bereits einen Vorteil für die Kirche, weil Verquickung von Politik und Religion „unevangelisch" sei und „der protestantischen Kirche noch nie Segen gebracht"[1445] habe. Für die Seite der Kirche ist es zumindest fraglich, ob die damaligen Entscheidungsträger die spätere Auffassung Liermanns teilen konnten. Äußerlich zeigte die Kirche zwar tatsächlich, dass „eine evangelische Kirche [...] jede Staatsform bejahen und in jeder Staatsform ihren Dienst ausrichten kann".[1446] Aus demokratischer Überzeugung vollzog sie diese Bejahung – zumindest auf der Ebene ihrer Entscheidungsträger – im November 1918 jedenfalls nicht.

1440 Vgl. LKA Karlsruhe GA 4117.

1441 Ebd.

1442 Ebd.

1443 VBL 1919, 2.

1444 Am 16. November 1918 hatten in Baden die Arbeiten an einem Verfassungsentwurf begonnen. In der Kommission – bestehend aus Rechtsanwalt Eduard Dietz (SPD), Oberlandesgerichtspräsident Anton Zehnter (Zentrum), dem Präsidenten des Verwaltungsgerichtshofs Karl Glockner (DDP) und Rechtsanwalt Friedrich Weill (FVP) war auch ein Zweikammersystem, deren Erster Kammer damit auch weiterhin der Prälat als Vertreter der evangelischen Kirche angehören sollte, erwogen worden. Dietz setzte sich aber mit einem eigenen Entwurf vom 11. Dezember 1918 durch, der zur Verhandlungsgrundlage für die zukünftige Verfassung bestimmt wurde. Vgl. LIERMANN: *Staat*, 42f.; FURTWÄNGLER: *Protokolle*, 314f.

1445 So LIERMANN: *Staat*, 43.

1446 DIBELIUS: *Jahrhundert*, 237.

7.4. *Der Hilfsdienst für die elsass-lothringische Pfarrerschaft*

Noch ungleich härter als die badische evangelische Landeskirche traf die Kriegsniederlage die Protestanten im benachbarten Elsass-Lothringen. Bereits während des Krieges war auch in Baden über dessen Zukunft debattiert worden: Großherzog Friedrich II. suchte dabei nach der Haltung, die er nach Kriegsende zu dieser Frage einnehmen sollte.[1447] Am wahrscheinlichsten war in den diversen Planspielen, Lothringen zu Preußen kommen zu lassen, während das Elsass in einen bayerischen Norden einschließlich Straßburgs und einen badischen Süden geteilt werden sollte. So meinte man, die vaterländische Zuverlässigkeit der Provinz – an der vor dem Krieg Vorkommnisse wie die „Zabern-Affäre"[1448] immer wieder für Zweifel bei den politischen Eliten des Reiches gesorgt hatten – sicherstellen zu können. In Baden hatte es gegen eine Annexion des Elsass aber auch schwerwiegende Einwände gegeben. Der Kommunalpolitiker John Gustav Weiß berichtete von den Befürchtungen der protestantischen Abgeordneten der Kurpfalz vor einer zunehmenden Dominanz des katholisch geprägten alemannischen Südens innerhalb des politischen und konfessionellen Gefüges des Großherzogtums.[1449] Die deutsche Niederlage beendete im Herbst 1918 alle territorialen Expansionsüberlegungen. Am 11. November 1918 legte der Waffenstillstand von Compiègne fest, dass Elsass-Lothringen innerhalb von 15 Tagen von den deutschen Truppen zu räumen sei. Am 21. November 1918 erreichten französische Truppen Straßburg. Besonders prekär war daraufhin die Situation der Pfarrer der beiden protestantischen Landeskirchen in Elsass-Lothringen. Viele von ihnen wandten sich in dieser Situation hilfesuchend an die evangelischen Landeskirchen im Reich, vor allem an die benachbarte badische Landeskirche. Bereits am 8. Oktober 1918 hatte Pfarrer Ludwig Köhnlein aus dem lothringischen Saaralben an den badischen Oberkirchenrat geschrieben, die zu befürchtende Rückeroberung durch Frankreich habe ihm als Altdeutschem „die Lust genommen, im elsass-lothringischen Kirchendienst zu bleiben, in den ich eigentlich ja auch nur zufällig durch den derzeitigen Wunsch meiner Eltern (Straßburg) hineingekommen war."[1450]

[1447] Vgl. zum Folgenden die Erinnerungen John Gustav Weiß an die vertraulichen Absprachen zur territorialen Zukunft Elsass-Lothringens während des Landtages 1915/1916 in WEISS: *Lebenserinnerungen*, 140f.

[1448] Am 28. Oktober 1913 hatten abfällige Bemerkungen eines Offiziers der deutschen Garnison in Zabern über die Zivilbevölkerung zu Protesten und Zusammenstößen zwischen Einwohnern und Militär geführt. Die Übergriffe des Militärs waren vom Kaiser und der Regierung nach außen hin weitgehend gedeckt und damit legitimiert worden. Vgl. SCHOENBAUM: *Zabern*.

[1449] Vgl. ebd.

Köhnlein berief sich auf seine verwandtschaftlichen Beziehungen nach Baden – sein Onkel Johannes Köhnlein war Pfarrer in Grünwettersbach gewesen[1451] – und bat darum, in den badischen Kirchendienst übernommen zu werden.[1452] Ebenfalls noch vor Kriegsende und dem Abschluss des Waffenstillstandes richteten die Straßburger Pfarrer Paul Grünberg, August Ernst, Johannes Klein und Gustav Lasch sowie Eduard Grucker in Hagenau und Friedrich Federlin in Straßburg-Ruprechtsau am 31. Oktober 1918 ein Bittgesuch an die badische Kirchenleitung.[1453] Angesichts der allgemeinen Befürchtungen, Elsass-Lothringen könne nach Kriegsende an Frankreich fallen, bitte man um die Aufnahme einer möglichst großen Zahl altdeutscher Pfarrer und Elsässer, die sich im Krieg klar für Deutschland positioniert hatten. Schon jetzt müssten dafür „ein *allgemeiner Rahmen* geschaffen und *gewisse Grundsätze* für eine möglichst große Zahl deutsch-evangelischer Kirchenbehörden im Voraus vereinbart werden."[1454] Zwar wisse man, dass ein rechtlicher Anspruch auf eine solche Übernahme nicht bestehe. Angesichts von 18 000 Pfarrstellen in Deutschland und nur 300 in Elsass-Lothringen, von denen nach ersten Schätzungen auch nur rund 100 von einer möglichen Ausweisung betroffen seien, könne die Schwierigkeit bei der Übernahme nach Ansicht der Unterzeichner „also nur darin bestehen, über die *Bedingungen*, insbesondere die finanziellen Bedingungen (Gehalt, Pension, Hinterbliebenenfürsorge usw.) einig zu werden, unter denen die Übernahme geschehen soll."[1455]

In Karlsruhe reagierte man auf die vielfältigen offiziellen und persönlichen Eingaben auf zweifache Art und Weise. Am 13. November 1918 richtete Präsident Eduard Uibel die allgemeine Bitte an alle deutschen Kirchenregierungen, die Aufnahme elsässisch-lothringischer Geistlicher als „eine allgemeine deutsche Frage"[1456] wohlwollend zu prüfen. Die badische Landeskirche sei außerdem bereit, aufgrund der günstigen nachbarschaftlichen Lage und der noch einigermaßen funktionierenden Verkehrswege eine Vermittlungsfunktion zwischen den betroffenen Pfarrern und den Landeskirchen zu übernehmen.[1457] Das badische Angebot wurde von den meisten der im Deutschen Evangelischen Kirchenausschuss vertretenen Landeskirchen gerne angenommen. Nur der preußische Oberkirchenrat teilte am 18. November 1918 mit, man wolle aufgrund der Größe der Landeskirche und der höchst unterschiedlichen Umstände in den einzelnen Provinzen die Besetzung vakanter

1450 Köhnlein an EOK, Saaralben, 8. Oktober 1918, in: LKA Karlsruhe GA 2716. Vgl. zu Köhnlein, der 1919 auf eine vakante Pfarrstelle in Bottrop (Westfalen) gewählt wurde, auch Bopp: *Geistliche*, 302.

1451 Vgl. Neu II, 336.

1452 Köhnlein an EOK, Saaralben, 8. Oktober 1918, in: LKA Karlsruhe GA 2716.

1453 Vgl. LKA Karlsruhe GA 2716.

1454 Ebd.

1455 Ebd.

1456 Uibel an Kirchenregierungen, Karlsruhe, 13. November 1918, in: LKA Karlsruhe GA 2716.

1457 Vgl. ebd.

Stellen mit Geistlichen aus dem Reichsland selbst organisieren.[1458] So sammelte man im badischen Oberkirchenrat in den folgenden Monaten die Aufnahmegesuche und versuchte, diese auf in Frage kommende Stellen zu vermitteln. Auf der am 15. Februar 1919 schließlich veröffentlichten Liste standen 21 elsass-lothringische Pfarrer, die ihre Heimat bereits verlassen hatten, sowie 19 Geistliche, die noch im ehemaligen Reichsland verblieben waren, nun aber die Ausweisung befürchten mussten oder aus anderen Gründen um eine Pfarrstelle im Reich baten.[1459] Schmitthenner lud die Betroffenen – unabhängig von der Art ihres Gesuchs – zunächst zu einem persönlichen Gespräch nach Karlsruhe ein, um die genauen Umstände des jeweiligen Aufnahmegesuches näher zu prüfen.[1460] Diese waren von Fall zu Fall sehr unterschiedlich: So wurde etwa der Feldgeistliche der 31. Infanteriedivision Hermann Hammes (1873–1939) – obwohl gebürtiger Elsässer – als Militärangehöriger von den französischen Behörden aus Elsass-Lothringen ausgewiesen.[1461] Der aus dem sächsischen Neustadt stammende Pfarrer Hermann Böhme (1866–1932) konnte dagegen auch als Altdeutscher bis zu seinem Tod 1932 auf seiner Pfarrstelle in Oberbronn verbleiben, nachdem seine Bitte um Aufnahme in den badischen Pfarrdienst unter Berufung auf seine aus Tüllingen stammende verstorbene Ehefrau abgelehnt worden war.[1462] Böhme erhielt am 23. November 1918 durch den Prälaten die Mitteilung, es seien „Stellen im badischen Kirchendienst [...] nur wenige verfügbar, die außerdem für die aus dem Feld zurückkehrenden Geistlichen offen gehalten werden müssen."[1463]

Wie Böhme erging es zunächst vielen der elsässisch-lothringischen Exulanten. Als federführender Unterzeichnender der Eingabe vom 31. Oktober 1918 erhielt Pfarrer Paul Grünberg (1857–1919) – der selbst aufgrund seiner Prominenz als Ehrendoktor der Straßburger Universität ab 1919 eine Pfarrstelle in Mosbach bei Eisenach übernehmen konnte – zumeist wohlwollende Antworten aus den Landeskirchenämtern.[1464]

1458 LKA Karlsruhe GA 2716.

1459 LKA Karlsruhe GA 2717.

1460 LKA Karlsruhe GA 2716.

1461 Hammes wirkte nach seiner Ausweisung von 1919–1934 als Pfarrer in Köln. Vgl. Bopp: *Geistliche*, 212f.

1462 Vgl. Bopp: *Geistliche*, 71.

1463 Schmitthenner an Böhme, Karlsruhe, 23. November 1918, in: LKA Karlsruhe GA 2716.

1464 Paul Grünberg (1857–1919), geb. 20.2.1857 in Brieg (Schlesien), Studium in Straßburg ab 1876, Ordination 11.4.1880, Vikariat 1880–1881 in Langensulzberg bei Pfarrer Wohlwert, Heirat mit Helene Wohlwert 1882, Vikariat in Obermodern 1881–1882, Hilfspfarrer in St. Avold 1882–1887, Pfarrer in Alteckendorf 1887–1892, Lic. Theol. 1892, Pfarrer in Straßburg an Alt St. Peter II 1892–1904, D. theol. 1905, Pfarrer an der Neuen Kirche in Straßburg 1904–1919, Pfarrer in Mosbach bei Eisenach 1919, gest. 8.8.1919 in Jena. Vgl. Bopp: *Geistliche*, 200. Grünberg hatte sich auch als Verfasser verschiedener Schriften zur Geschichte des Elsass sowie einer dreibändigen

Diejenigen Ausgewiesenen, die wie Grünberg selbst ihr Schicksal einer deutsch-nationalen Haltung vor Kriegsende 1918 zu verdanken hatten, erregten im Reich auch allgemeines Mitleid. Der größere Teil der vor 1870 geborenen und daher ausgewiesenen Altdeutschen kam für viele Landeskirchen aber alleine schon aus Altersgründen nicht für eine Übernahme in Frage. Seitens der schleswig-holsteinischen Kirche teilte man Grünberg mit, wegen des befürchteten Wegfalls der dänischsprachigen Gebiete und der dann nötigen Aufnahme der von dort ausgewiesenen Pfarrer könne man ihm kaum Hoffnungen auf eine Übernahme elsässisch-lothringischer Geistlicher machen.[1465] Die staatliche Kommission für die kirchlichen Angelegenheiten in Bremen wies auf die Unmöglichkeit einer kirchlichen Stellenbesetzung aufgrund des Prinzips der freien Pfarrerwahl durch die Gemeinden hin.[1466] Andere Landeskirchen führten konfessionelle Aspekte oder Patronatsrechte als Grund für die Ablehnung der Übernahme elsässisch-lothringischer Geistlicher an.[1467] Ähnlich wie in Baden argumentierte man auch in Sachsen mit der geringen Zahl an offenen Stellen, die man für eigene Bewerber und entlassene Militär- und Feldgeistliche unbesetzt halten müsse.[1468]

Auch der Präsident des Direktoriums und des Oberkonsistoriums der Protestantischen Kirche Augsburgischen Bekenntnisses in Elsass-Lothringen Hans Freiherr von der Goltz (1864–1941) wurde aus dem Reichsland ausgewiesen.[1469] Vom brandenburgischen Eberswalde aus führte er Verhandlungen über die übergangsweise Weiterzahlung der bisherigen Bezüge der ausgewiesenen Geistlichen durch das Reich.[1470] Im Reichsamt des Inneren wurde schließlich eine Hilfestelle für elsässisch-lothringische Beamte und Pensionäre eingerichtet.

Im Auftrag des Verbandes deutscher Pfarrvereine gab Pfarrer Robert Pasche (1862–1930) in Dieskau bei Halle (Saale) einen wöchentlich erscheinenden Vakanz-Anzeiger heraus, so dass elsässisch-lothringische Pfarrer sich direkt auf freiwerdende Stellen bewerben konnten.

Biographie Philipp Jakob Speners (1635–1705) einen Namen gemacht. Vgl. die Einführung Erich Beyreuthers in GRÜNBERG: *Spener*, 2–18.

[1465] Schleswig-Holsteinisches Konsistorium an Grünberg, Kiel, 13. November 1918, in: LKA Karlsruhe GA 2716.

[1466] Staatliche Kommission für kirchliche Angelegenheiten an Grünberg, Bremen, 30. November 1918, in: LKA Karlsruhe GA 2716.

[1467] Vgl. LKA Karlsruhe GA 2716.

[1468] Sächsisches Konsistorium an Uibel, Dresden, 2. Januar 1919, in: LKA Karlsruhe GA 2716.

[1469] Hans Ernst August von der Goltz (1864–1941), geb. am 2. Juli 1864 in Mettmann (Rheinland), Sohn von Alexander von der Goltz (Oberregierungsrat, D. theol.), Jurist, Kreisdirektor in Zabern, Ministerialrat in Straßburg, Präsident des Direktoriums in Straßburg 1915–1918, Präsident des Konsistoriums der Kirchenprovinz Rheinland in Koblenz 1919–1933, gest. am 4. Dezember 1941 in Koblenz. Vgl. BOPP: *Geistliche*, 190.

[1470] Vgl. LKA Karlsruhe GA 2716.

Pasche verwaltete auch den vom Verband eingerichteten Fonds zur Unterstützung von wegen ihrer nationalen Gesinnung ausgewiesenen Pfarrern, der über 13 500 Mark verfügte.[1471] Bei den Verhandlungen der Vorkonferenz zur Vorbereitung eines allgemeinen deutschen evangelischen Kirchentages in Kassel-Wilhelmshöhe am 27. und 28. Februar 1919 erreichte von der Goltz immerhin die Bereitstellung von 60 000 Mark durch die Deutsche Evangelische Kirchenkonferenz.[1472] Als Vertreter der Badischen Landeskirche erklärte Kirchenpräsident Uibel erneut die Bereitschaft Badens, als Bindeglied in der Grenzlage zu Frankreich vertriebene Geistliche der Elsass-Lothringischen Kirchen aufzunehmen und sie auch an andere Landeskirchen zu vermitteln.[1473] In Baden selbst kam es allerdings auch zu heftigen Interventionen, weil vor allem viele unständige Geistliche und Vikare um die eigenen Übernahmechancen fürchteten.[1474]

Bereits im Januar 1919 hatte von der Goltz die Vorgaben der meisten Landeskirchen an aufnahmewillige elsässisch-lothringische Geistliche zur Vorlage von Zeugnissen und Referenzen beklagt, die wegen des weiterhin gesperrten Postverkehrs und der Verweigerung zur Herausgabe der Personalakten durch die französischen Behörden unerfüllbar seien.[1475] Erneut wies er darauf hin, dass die Zahl der zu übernehmenden Pfarrer insgesamt gering sei, ihre Übernahme sei daher „eine Ehrenpflicht der übrigen deutschen Kirchen“.[1476] Als Vorsitzender der Kirchenkonferenz und zugleich Präsident des preußischen Evangelischen Oberkirchenrates unterstützte Bodo Voigts (1844–1920) die Klage von der Goltz′ und wies ebenfalls auf die Ehrenpflicht zur Solidarität mit den Vertriebenen hin.[1477]

Uibel und Schmitthenner – die an der Kasseler Vorkonferenz als badische Vertreter teilgenommen hatten – forcierten daraufhin die zumindest zeitweise Aufnahme elsässisch-lothringischer Geistlicher in die badische Landeskirche. Am 18. Februar 1919 wurde Paul Buchholz, bis 1918 Pfarrer im elsässischen Wangen, mit der Versehung des Vikariats in Spielberg betraut.[1478]

[1471] LKA Karlsruhe GA 2717.

[1472] Vgl. die gedruckte „Niederschrift der Verhandlungen der Vorkonferenz zur Vorbereitung eines allgemeinen deutschen evangelischen Kirchentages [in] Cassel-Wilhelmshöhe den 27. und 28. Februar 1919“, Berlin 1919, 14–15, in: LKA Karlsruhe GA 2658.

[1473] Vgl. ebd.

[1474] Vgl. den Bericht über die Hauptversammlung des Badischen Pfarrvereins am 20. Mai 1919 in Karlsruhe in BPfVBl. 1919, 41.

[1475] Vgl. von der Goltz an DEK, Ebertswalde, 16. Januar 1919, in: LKA Karlsruhe GA 2717.

[1476] Ebd.

[1477] Voigts an Kirchenleitungen, Berlin-Charlottenburg, 27. Januar 1919, in: LKA Karlsruhe GA 2717.

[1478] Vgl. Bopp: *Geistliche*, 90f.

Am 26. Februar 1919 berief Schmitthenner den Brumather Pfarrer Adolf Hohberg als Stadtvikar nach Hornberg.[1479] Friedrich Steiger, bis dahin Pfarrer in Schwindratzheim, wurde am 27. Februar 1919 als Krankheitsvertreter nach Feldberg geschickt.[1480] Als einziger der elsässischen Exilanten erhielt er später eine reguläre badische Pfarrstelle und wirkte von 1919–1935 als Pfarrer in Gochsheim. Ebenfalls in Baden blieb Hans Ostermeyer, ehemals Pfarrer in Sankt Ludwig, ab März 1919 Stadtvikar in der Karlsruher Oststadt, zwischenzeitlich Pfarrer der französisch-reformierten Gemeinde in Friedrichsdorf (Taunus) und 1922–1928 Reiseprediger des Badischen Landesvereins für Innere Mission.[1481] Ostermeyer und Steiger bildeten wegen der dienstrechtlich wenig komfortablen Bedingungen, unter denen sich gestandene Pfarrer plötzlich auf Vikarsstellen wiederfanden, allerdings die Ausnahme.[1482] Buchholz wurde 1920 Pfarrer in Boragk bei Mühlburg an der Elbe, ab 1926 in Würdenhain bei Elsterwerda.[1483] Hohberg wirkte 1920–1936 als Pfarrer in Recklinghausen.[1484]

1479 Vgl. Bopp: *Geistliche*, 250.
1480 Vgl. Neu II, 588.
1481 Vgl. Bopp: *Geistliche*, 404.
1482 Vgl. den diesbezüglichen Brief Schmitthenners an Pfarrer Gustav Walther vom 19. März 1919 in LKA Karlsruhe GA 2716. Walther, zunächst Stadtvikar in Beiertheim-Bulach, erhielt noch 1919 eine Pfarrstelle als Schlossprediger in Ernstbrunn bei Wien und schließlich als Pfarrer an der Lutherkirche in Chemnitz. Vgl. Bopp: *Geistliche*, 571.
1483 Vgl. a.a.O., 90f.
1484 Vgl. a.a.O., 250.

7.5. Die Kirchenverfassung vom Dezember 1919

Am 5. Januar 1919 fanden in Baden die ersten allgemeinen, gleichen, direkten und geheimen Parlamentswahlen statt.[1485] Am 15. Januar 1919 trat die verfassunggebende Landesversammlung erstmals zusammen. Am 21. März wurde die neue badische Verfassung angenommen und am 13. April – noch vor Inkrafttreten der Weimarer Reichsverfassung am 11. August 1919 – als erste und einzige Landesverfassung per Volksabstimmung bestätigt.[1486] Ihre Regelung des Verhältnisses von Staat und Kirche war ausgesprochen kirchenfreundlich. Bereits am 3. Januar 1919 hatte Innenminister Ludwig Haas (1875–1930) in der vorbereitenden Sitzung der vorläufigen Volksregierung erklärt, die Forderung nach einer Trennung von Staat und Kirche habe „unter dem alten Regiment, wo der Staat die Kirche in den Dienst seiner Interessen stellte, seine Berechtigung“[1487] gehabt, sie sei aber unter den neuen Verhältnissen nicht mehr notwendig.[1488] Und in seiner Rede vor der verfassunggebenden Landesversammlung sagte der neue Staatspräsident Anton Geiß am 15. Januar 1919, das Verhältnis von Staat und Kirche solle „für die nächsten Jahre eine neutrale Zone der Politik in diesem Hause werden. Es kann bei gutem Willen von allen Seiten [...] nicht schwer sein, hier einen friedlichen Ausgleich für die Jahre des Neuaufbaus zu finden.“[1489] Prominente Sozialdemokraten wie Eduard Dietz wiesen ebenfalls darauf hin, es könne könne zu einer friedlichen Verständigung zwischen Kirche und Sozialdemokratie kommen, sollte sich die Kirche ihrer geschichtlichen Rolle als Vorkämpferin sozialer Rechte neu bewusst werden.[1490]

Trotz der teilweise erbittert geführten Kontroversen innerhalb der Pfarrerschaft um eine Annäherung an die Sozialdemokratie[1491] sollte sich tatsäch-

---

1485 Vgl. SCHWINGE: *Geschichte*, 302.

1486 Vgl. ebd.

1487 FURTWÄNGLER: *Protokolle*, 153.

1488 Diese Auffassung stand im Widerspruch zu § 18 Abs. 5 des Verfassungsentwurfs, in dem noch alle freiwilligen staatlichen Leistungen an die Kirchen für unzulässig erklärt worden waren. Tatsächlich sollte das für die evangelische Kirche seit 1876 geltende Dotationssystem in Baden bis 1934 gelten. Vgl. ebd.

1489 VBL 1919, 3.

1490 Vgl. LKA Karlsruhe GA 3053.

1491 Vgl. etwa die in den „Badischen Pfarrvereinsblättern“ öffentlich ausgetragene Auseinandersetzung der Pfarrer Friedrich Bossert und Wilhelm Karl um die Annäherung der Kirche an die Sozialdemokratie. Der Schönauer Pfarrer Bossert forderte im September 1919, die Kirche müsse „der Sozialdemokratie entgegenkommen und einen Verständigungsfrieden mit ihr anbahnen.“ Jenseits aller Agenden-, Verfassungs- und Lehrbuchreformen sei diese Annäherung die „Schicksalsfrage unserer Kirche“. Dagegen argumentierte Karl, es sei falsch, beim unsicheren Werben um die Sozialdemokratie den sicheren Rückhalt im konservativen Bürgertum aufs Spiel zu setzen. In der so genannten Friedensfrage habe nicht die Kirche versagt, sondern es „hat bis auf den heutigen Tag nicht in der Welt je so jämmerlich versagt als die nationale und internationale Solich zeigen, dass die Kirche durch die Bestimmungen der Verfassung vom März 1919 zum Verhältnis von Staat und Kirche und die nach ihrem Vorbild entworfenen wegweisenden Artikel 137–140 der Weimarer Reichsverfassung in ihrem Verhältnis zum demokratischen Staat entgegen aller Befürchtungen „unverhältnismäßig viel mehr gewonnen als verloren“[1492] hatte. Allerdings stellte sich durch das Ende des landesherrlichen Summepiskopats nun die Notwendigkeit einer neuen Kirchenverfassung.

In Baden hatten die Vorarbeiten zu einer solchen bereits durch das kirchliche Gesetz vom 11. Dezember 1918 begonnen, das eine Verfassungsreform gefordert hatte, die „neuzeitlichen Anforderungen“ entsprechen und der „Anpassung an die neuen Verhältnisse“[1493] dienen sollte. Am 21. Juli 1919 richteten der Evangelische Oberkirchenrat und der Oberrat der israelitischen Gemeinde ein gemeinsames Ersuchen an den Badischen Landtag, die Steuergesetzgebung für Religionsgemeinschaften dahingehend zu ändern, dass künftig auch Frauen stimmberechtigt und wählbar sein sollten, das Wahlalter auf 20 Jahre herabgesetzt sowie die selbständige Lebensstellung zur Ausübung des Wahlrechts nicht mehr erforderlich sein sollte. Man wollte damit auch die Kirchensteuergesetzgebung der neuen Verfassung anpassen, die „im Sinn der neuzeitlichen Forderungen umgestaltet werden“ müsse.[1494] Am 17. und 18. Juni 1919 trat die vor dem Krieg gewählte Generalsynode zum letzten Mal zusammen.[1495] Hauptgegenstand ihrer Beratungen war die Wahlordnung für eine außerordentliche verfassunggebende Generalsynode.[1496]

---

zialdemokratie und ihr Anhang inklusive Erzberger in der Friedensfrage […].“ Überhaupt gelte: „*Die Kirchenfeindschaft der Sozialdemokratie kommt im letzten Grund und von Anfang an von ihrer Religionsfeindschaft, und diese kommt aus dem scheußlichen philosophischen Materialismus* […].“ Auf Bosserts Frage, ob „nicht die Kirche während des Krieges die Dienerin des Staates sein [musste], während sie sein Gewissen hätte sein sollen“, antwortete Karl: „Wenn auch die ‚Kirche‘ noch mitgewimmert hätte, als gewisse Kreise um ‚Frieden‘ jammerten – vor einem erbarmungslosen Feind, der unsere völlige Vernichtung schon lange vor dem Krieg beschlossen hatte, so wäre die Kirche wie der Reichstag mitschuldig daran geworden, dass der Feind notwendig die Meinung bekommen musste, unsere Kraft sei am Erlöschen. […] Es ist ja freilich doch so gekommen. Aber nun tragen wir wenigstens keine Schuld daran. […] *Der Materialismus, von bewusst religionsfeindlichen, besonders von jüdischen Agitatoren den Sozialdemokraten eingehämmert, ist die Hauptursache ihrer Feindschaft gegen die christliche Religion und Kirche* […].“ BPfBl. 1919, 81–82.91.119–120.

1492 HOFFMANN: *Beginn,* 93. Vgl. zur Beeinflussung der Artikel 137–140 WRV durch Art. 18 der Badischen Verfassung von 1919 SCHWINGE: *Geschichte*, 302; LIERMANN: *Staat*, 39.

1493 GuVBl 1919, 205. Zitiert nach: FRIEDRICH: *Einführung*, 211.

1494 LKA Karlsruhe GA 6205.

1495 Vgl. a.a.O., 212.

1496 Vgl. ebd.

Diese wurde nach intensiven Debatten schließlich nach dem Urwahlprinzip gestaltet, Frauen wurde das aktive und das passive Wahlrecht eingeräumt.[1497] Das Ergebnis der Kirchenwahlen bestätigte eindrücklich, was der kirchenpolitisch positive Dekan Kappler schon 1909 ausgesprochen hatte: „Unser Volk kann in politischen und bürgerlichen Dingen liberal, freisinnig, demokratisch, sozialdemokratisch sein; […] in kirchlichen Dingen und religiösen Dingen denkt und fühlt es furchtbar konservativ."[1498] In der verfassunggebenden Generalsynode, die vom 14. Oktober bis 12. Dezember 1919 in insgesamt 12 Sitzungen tagte, konnten die KPV 50, die Liberalen 30 und die Landeskirchliche Vereinigung 5 Sitze erringen.[1499]

Die Positiven, denen es in den Vormonaten besser als ihren Gegnern gelungen war, ihre Wählerschaft – etwa durch gezielte Wahlaufrufe an Frauen – zu mobilisieren, triumphierten über den Wechsel der Mehrheitsverhältnisse in der Synode:

> „Das ist vom Herrn geschehen und ist ein Wunder vor unseren Augen. Seit 60 Jahren hat es Jedermann als etwas Selbstverständliches hingenommen, daß in der badischen Landeskirche der Liberalismus herrscht. […] Die ‚Gleichberechtigung der Richtungen' wurde von Großherzog Friedrich I. nicht bestätigt, weil er sie nicht wollte; der Synodalbeschluß über das Apostolikum wurde von seinem Sohn nicht bestätigt, weil der Krieg kam […]. Nach der staatlichen Umwälzung hofften viele auf der linken Seite, fürchteten viele auf der rechten Seite, daß die ‚demokratische Welle' auch dem kirchlichen Liberalismus neu aufhelfen werde. […] Und nun ein solcher Umschwung!"[1500]

Am 13. Oktober 1919 eröffnete Schmitthenner wie üblich die Synode mit einem Gottesdienst in der Schlosskirche und fasste in Worte, was sich im Gegensatz zu den vorhergehenden Generalsynoden verändert hatte:[1501]

[1497] Die Einführung des Frauenwahlrechts für die politischen Wahlen zur badischen Nationalversammlung am 5. Januar und für die Weimarer Nationalversammlung, sowie für die kirchlichen Wahlen war auch deshalb so bedeutsam, weil es nach dem Krieg einen hohen Frauenüberschuss in der Bevölkerung gab. In Karlsruhe etwa standen 61.634 männlichen 72.803 weibliche Einwohner gegenüber. Viele der wahlberechtigten Männer waren in den ersten Monaten nach Kriegsende auch noch nicht aus der Gefangenschaft heimgekehrt. Vgl. STERR: *Aufbrüche,* 294.

[1498] VGS 1909, 184.

[1499] Vgl. FRIEDRICH: *Einführung*, 213. Nach der Auffassung Klaus Scholders begann durch die von liberalen Pfarrern wie Ernst Josef Lehmann und Erwin Eckert geforderten Urwahlen aber auch der Prozess der zunehmenden „Politisierung der Kirche", so dass bei den Landessynodalwahlen 1932 die Nationalsozialisten nur dort anzusetzen brauchten, wo die Linken bereits gescheitert waren, nämlich der „Eroberung der Macht in der Kirche über die Wahlen." SCHOLDER: *Kirchen*, 248. Vgl. HOFFMANN: *Beginn*, 95.

[1500] So Klaus Wurth in den „Monatsblättern", dem Presseorgan der KPV, vom November 1919, 41. Zitiert nach: LKA Karlsruhe GA 3053.

[1501] Vgl. VGS 1919, Beilage VII, 1–4.

> „Ein Platz aber ist leer, der Platz dessen, der unseres Landes Herr und unserer Kirche Bischof war, der sich es nie hatte nehmen lassen, mit den Seinen in diesem Gotteshause solche Feierstunden mitzuerleben. Als ein Opfer der staatlichen Umwälzung ist er von uns gegangen. [...] Über dieser wehmütigen Erinnerung aber steigt das ganze Elend vor uns auf, das vor Jahresfrist über unser Volk und Vaterland hereinbrach, und wie ein Notschrei ringt es sich aus unserer Seele: Herr, Gott, hilf doch, daß unser Volk nicht verderbe!“[1502]

Am 14. Oktober 1919 trat die verfassunggebende Landessynode im großen Sitzungssaal des Landtages zusammen. Der Saal war aus Kostengründen nicht beheizt, nach dem Sitzungsende mussten die Abgeordneten zu Fuß durch unbeleuchtete Straßen den Heimweg antreten.[1503] Mit der Schulrektorin Mathilde Baumgartner aus Zell und Hauptlehrerin Maria Janson aus Mannheim waren erstmals zwei Frauen Mitglieder der Synode.[1504] Der Präsident des Oberkirchenrats Eduard Uibel gab in seiner Eröffnungsansprache einen Rückblick über die Ereignisse seit der Staatsumwälzung und stellte fest, die Kirche sei nicht revolutioniert, sondern „der einzige ruhende Pol“[1505] in der staatlichen Umwälzung.

Auch den Vorwürfen, das Kirchenregiment hänge in der Luft bzw. müsse wie in Preußen dem Staat zufallen, erteilte er eine klare Absage. Ausdrücklich würdigte der Präsident des Oberkirchenrats die Kirchenpolitik der neuen Regierung. Als Reichspräsident Ebert am 29. August 1919 Karlsruhe besucht hatte, hatten Präsident und Prälat wie in alten Zeiten die Kirche beim Empfang im Staatsministerium vertreten.[1506] Landtagspräsident Kopf hatte wie vor dem Krieg den großen Sitzungssaal im Ständehaus zur Verfügung gestellt, weswegen die Synode aber durch den am 4. November 1919 beginnenden Landtag unterbrochen wurde.[1507]

Vor den Verhandlungen über die Kirchenverfassung, die erst am 6. Dezember 1919 begannen, beriet die Synode über mehrere andere Fragen: Am 21. November 1919 hatte Erzbischof Thomas Nörber auf dem Freiburger Katholikentag den Vorwurf erhoben, Aufklärung und Reformation seien indirekt der Grund für die deutsche Kriegsniederlage, was die Synode zu einer empörten Stellungnahme veranlasste.[1508] Mit Schmitthenners Zustimmung wurde die Einführung eines Bittsonntags für die Kriegsgefangenen beschlossen.[1509] Eindringlich schilderte der Prälat vor der Synode auch die Nöte der jungen Vikare, namentlich der Kriegsteilnehmer, die teilweise bereits verheiratet seien und eine Familie zu versorgen hätten, nun aber nicht in eine feste

---

[1502] VGS 1919, Beilage VII, 1.
[1503] Vgl. LKA Karlsruhe GA 3053.
[1504] Baumgartner war von den Liberalen, Janson von der Landeskirchlichen Vereinigung nominiert worden. Vgl. ebd.
[1505] VGS 1919, Beilage VII, 1.
[1506] Vgl. a.a.O., 2.
[1507] Vgl. a.a.O., 5.
[1508] Vgl. a.a.O., 7.
[1509] Vgl. VGS 1919, 221.

Stellung gebracht werden könnten.[1510] Der Prälat berichtete vor der Synode auch von der „kirchengeschichtlich bedeutsamen Tagung“[1511] des ersten Deutschen Evangelischen Kirchentages in Dresden vom 1.–5. September 1919.[1512]

Ein wenig rühmliches Kapitel der Generalsynode von 1919 wurde auf ihrer achten öffentlichen Sitzung am 8. Dezember 1919 geschrieben. Auf Anraten Präsident Uibels lehnte die Synode es ab, sich mit einer Eingabe des „Volkskirchenbundes“ zum Problem des Antisemitismus überhaupt nur zu beschäftigen, da die Synode ausschließlich dazu berufen sei, die Verfassung festzulegen.[1513] Die Eingabe hatte die Synode aufgefordert, klar zum Ausdruck zu bringen, „daß Raßenhaß und Religionshaß des christlichen Namens und Glaubens unwürdig ist und dass die Kirche des Evangeliums diesen trüben Haß als unverträglich mit dem Geiste ihres Herrn und Meisters weit von sich weist.“[1514] Namentlich Oberkirchenrat Friedrich Theodor Mayer,[1515] der als bekennender Antisemit 1919–1933 für die DNVP im badischen Landtag saß, wurde in der Eingabe kritisiert. Es dürfe nicht sein, dass „der Kirche als solcher zur Last gelegt [werde], was Privatmeinung eines ihrer höchsten Beamten“[1516] sei. Eine ungezeichnete Aktennotiz bemerkte dazu, selbst wenn die Behörde die Haltung Mayers nicht billigen könnte, dürfe sie in der Öffentlichkeit niemals über ihre eigenen Mitglieder urteilen.[1517] In der Presse wurde die Behandlung der Eingabe gelobt, bei der anscheinend „der Orient Patenschaft geleistet“ habe, weil die Synode mit ihr „den verdienten richtigen Prozess gemacht“ habe.[1518]

1510 Vgl. VGS 1919, 38f.

1511 A.a.O., 14.

1512 Vgl. Kap. 8.2.

1513 VGS 1919, 99f. Dagegen hatte man kurz zuvor noch kein Problem darin gesehen, ausführlich über die Rede des Erzbischofs auf dem Freiburger Katholikentag und eine diesbezügliche Eingabe der Diözesansynode Wertheim zu verhandeln. Vgl. a.a.O., 7–13. Die Eingabe zum Antisemitismus wurde nicht einmal verlesen und dem Oberkirchenrat zur Erledigung überwiesen. Uibel hätte es sogar noch lieber gesehen, wenn die Überweisung lediglich zur Kenntnisnahme – also ohne Zwang zu einer Stellungnahme – überwiesen worden wäre. Vgl. Uibel an Bauer, Karlsruhe, 29. Dezember 1919, in: LKA Karlsruhe GA 3206.

1514 LKA Karlsruhe GA 3206. Zitiert nach RÜCKLEBEN: *Judenchristen*, 58f.

1515 Friedrich Theodor Mayer (1864–1936), geb. 17. Februar 1864 in Heidelberg, Rez. 1886, Vikar in Emmendingen 1886, Pastorationsgeistlicher in Stockach–Radolfzell 1887, Pfarrverwalter 1891, Pfarrer in Buchenberg 1892, St. Georgen 1897, Dekan des KB Hornberg 1901–1907, Mitglied der Generalsynode 1904 und 1909, Oberkirchenrat 1907–1924, Vorsitzender und Landtagsabgeordneter der DNVP in Baden 1919–1929, Dr. theol. h.c. 1920, stellvertretender Prälat 1924, gest. am 16. April 1936. Vgl. BB NF 4, 204–206; NEU II, 400.

1516 RÜCKLEBEN: *Judenchristen*, 59.

1517 Vgl. ebd.

1518 „Süddeutsche Zeitung“ vom 13. Dezember 1919. Zitiert nach: RÜCKLEBEN: *Judenchristen*, 60.

Zwar hatten 589 badische Juden im Weltkrieg ihr Leben für ihr Vaterland gelassen,[1519] Präsident Uibel brachte aber dennoch im November 1918 stellvertretend für viele Kirchenvertreter seine Überzeugung zum Ausdruck, der „ganze furchtbare Aufruhr“ der Revolution sei „so in Rußland, so hier durch unsere ‚israelitischen Mitchristen‘ in die Wege geleitet“[1520] worden.

Am 6. Dezember 1919 begannen dann die Beratungen über den Entwurf für die neue Kirchenverfassung, für dessen Formulierung Präsident Uibel Oberkirchenrat Richard Kiefer und Kammerstenograph Ernst Frey als „ganz besonders befähigte[m] Mann“[1521] dankte.[1522] Die Eckpunkte der neuen Verfassung waren die Beibehaltung des Urwahlsystems, die Reform des Parochialprinzips durch die Einrichtung von Minderheitengemeinden – etwa der Heidelberger Kapellengemeinde ab 1920 – und die Einführung getrennter Kirchengemeinden in den Großstädten Mannheim, Karlsruhe und Weinheim.[1523] Am Morgen des 11. Dezember 1919 beriet die Synode in ihrer elften öffentlichen Sitzung über die §§ 110–122, die sich mit der Leitung der Kirche befassten.[1524] Wegen des Wegfalls der bisherigen bischöflichen Spitze der Kirche kam es dabei – neben den intensiven Debatten über die Ausgestaltung demokratischer Strukturen bei personellen Besetzung des Oberkirchenrats[1525] – vor allem zu einer Debatte über die zukünftige Gestaltung des Prälatenamtes.

1519 Vgl. RÜCKLEBEN: *Judenchristen*, 57.

1520 Uibel an Keller, Karlsruhe, 10. November 1918. Zitiert nach: WINKLER: *Uibel*, 41. Vgl. zum politischen Nationalismus des Kirchenpräsidenten, der wohl auf die jüdischen Wurzeln etwa Lenins und Rosa Luxemburgs anspielen wollte, a.a.O., 49–59. Als weiteres Beispiel für den weitverbreiteten latenten Antisemitismus im Kaiserreich in allen Gesellschaftsschichten seien auch die kritischen Äußerungen Max von Badens über den hohen Anteil von Juden in der badischen Sozialdemokratie und namentlich über deren Führer Ludwig Frank (1874–1914) genannt. Vgl. MACHTAN: *Prinz*, 209f.

1521 Vgl. a.a.O., 8.

1522 In einem Gutachten zur Rechtslage bei der Erneuerung der Kirchenregierung vom 17. November 1919 hatte Frey noch indirekt den Wunsch nach einer personellen Erneuerung im Oberkirchenrat ausgedrückt, indem er von einem „moralische[n] Anspruch“ der Generalsynode auf die (Wieder)wahl des Kirchenpräsidenten gesprochen hatte. In einem persönlichen Schreiben an den Amtsinhaber Eduard Uibel entschuldigte er sich zwar dafür, mit seinen Ausführungen diesen persönlich verletzt zu haben. Uibel klagte aber, Frey habe von ihm gesprochen als „einem Manne, der, wenn er nicht von selber ginge, seiner Senilität wegen im Zwangsweg dazu veranlasst werden müßte“. Der Kirchenpräsident schrieb an Frey, aus einer solchen „Bloßstellung“, der er „in einem offiziellen Schriftstück nicht gewärtig sein zu müssen“ geglaubt habe, die Konsequenzen zu ziehen. Am 12. Dezember 1919 lehnte Uibel die einstimmig auf ihn gefallene Wahl zum Kirchenpräsidenten ab. Vgl. LKA Karlsruhe GA 6205.

1523 Vgl. FRIEDRICH: *Einführung*, 214–216; SCHWINGE: *Geschichte*, 320–325.

1524 Vgl. VGS 1919, 221–290.

1525 Vgl. etwa Freys Antrag zu § 119 Abs. 2, die Landessynode könne als Rechtsnachfolgerin des Landesbischofs den Kirchenpräsidenten und die Mitglieder des Oberkirchenrats zur Ruhe setzen, der mehrmals verschoben werden musste. Vgl. a.a.O., 235–264.

Präsident Uibel hatte in seinen Erläuterungen zum Verfassungsentwurf auch allen Spekulationen hinsichtlich des Bischofsamtes eine klare Absage erteilt.[1526] Es sei in Baden seit Johann Peter Hebel der Prälat, der „als ein Seelsorger der ganzen Geistlichkeit, Vertrauensmann jedes einzelnen, des unständigen und des ältesten Pfarrers, aber auch als Berater und Vertrauensmann der Gemeinden, ein lebendiges Verbindungsglied zwischen Kirchenregierenden und Kirchenvolk"[1527] als Ersatz für einen Bischof dienen müsse. Daher müsse die Prälatur entsprechend ausgestaltet werden.[1528] Auf eine entsprechende Anfrage des Acherner Pfarrers Karl Ludwig Spitzer[1529] hatte Uibel geantwortet, er sei zwar grundsätzlich ein Befürworter des episkopalen Systems, wolle aber in der Zeit des Kampfes um den Bestand der Kirche im revolutionären Staat auf Experimente verzichten.[1530] Die Prälatur nach badischem Muster umschließe „alle wesentlichen Befugnisse und Eigenschaften des Bischofs in der Kirche des allgemeinen Priestertums",[1531] weshalb man sie nicht abschaffen, sondern weiterentwickeln solle. Der Prälat müsse „nicht bloß der oberste Geistliche, der Seelsorger der gesamten Geistlichkeit sein, [sondern] auch in ausgiebigem Maß Berater der Gemeinden werden."[1532]

Die Synodalen waren sich daher der Bedeutung des neuen § 125 über die Stellung des Prälaten wohl bewusst. Der Offenburger Landgerichtspräsident August Dölter wies darauf hin, ursprünglich habe mit dem Prälatenamt wohl „eine Art Bischofsamt geschaffen"[1533] werden sollen.[1534] Weil man in Baden aber keinen Bischof wolle und die Formulierungen der Vorlage des EOK in vielem als zu polizeilich erschienen,[1535] solle der Prälat lediglich als „primus inter pares"[1536] aus den anderen Pfarrern hervorgehoben werden.[1537]

[1526] Vgl. bereits den Wunsch nach „[e]twas mehr Bischöflichkeit" in der Kirchenleitung bei der Debatte um die Wiedereinführung der Visitationen 1915, in: BPfVBl 1915, 64.

[1527] A.a.O., 12. Vgl. WINKLER: *Uibel*, 106.

[1528] Vgl. VGS 1919, 12.

[1529] Vgl. NEU II, 583.

[1530] Vgl. BPfVBl 1919, 47.

[1531] Ebd.

[1532] Vgl. BPfVBl 1919, 47.

[1533] VGS 1919, 244.

[1534] In der Vorlage des EOK an die Generalsynode vom 25. September 1919 war der den Prälaten betreffende § 112 noch folgendermaßen formuliert gewesen: „Der Prälat ist der erste Geistliche der Landeskirche und als solcher zu allen geistlichen Verrichtungen im ganzen Land berechtigt. [...] Seine Aufgabe ist insbesondere die Überwachung des religiösen und sittlichen Zustandes der Landeskirche und ihrer Gemeinden und die Beobachtung der Amtsführung, des Wandels und der Fortbildung der Geistlichen. Über den Stand der Verhältnisse hat er sich durch regelmäßige Bereisungen zu unterrichten. An die Gemeinden kann er geistliche Ansprachen (Hirtenbriefe) richten. [...] Ihm obliegen die Dekanatsvisitationen sowie die Ordination und Verpflichtung der Pfarrkandidaten und die Einweihung neuer Kirchen [...]." A.a.O., 26.

[1535] Vgl. a.a.O., 52.

[1536] A.a.O., 244.

[1537] Baden stellte sich damit gegen den Vorschlag etwa der Mecklenburg-Strelitzschen Landessynode, dem Vorsitzenden des Oberkirchenrats den Titel „Landesbischof" bei-

Pfarrer Wilhelm Karl aus Tauberbischofsheim betonte, der Prälat stehe in der kirchlichen Hierarchie klar unter dem Kirchenpräsidenten.[1538] Durch den Verlust des Sitzes in der Generalsynode und in der Ersten Kammer der Landstände sei seine Stellung sogar noch gemindert.[1539] Karl schlug indirekt sogar vor, den Prälaten wie zu Carl Ullmanns Zeiten zum Präsidenten des Oberkirchenrats zu wählen.[1540] Dem wiederum widersprach Uibel – insgeheim ja ebenfalls ein „Anhänger der bischöflichen Spitze"[1541] – mit einer Befürwortung der althergebrachten Ämtertrennung.[1542]

So wurde in der letzten Sitzung der verfassunggebenden Generalsynode am 12. Dezember 1919 im Karlsruher Rathaussaal nach Uibels Verzicht nicht Schmitthenner, sondern der Freiburger Oberamtsrichter Ludwig Muchow mit 66 Stimmen zum neuen Kirchenpräsidenten gewählt.[1543] Auch wenn 1919 direkte Zeugnisse fehlen, liegt es doch nahe, dass der Prälat es – wie 1915 beim Wechsel von Helbing zu Uibel – wohl kaum angestrebt haben dürfte, tatsächlich Oberkirchenratspräsident zu werden. Von der Mainau aus gratulierte jedenfalls Großherzogin Luise zu dem für den Prälaten günstig ausgefallenen Ergebnis der Synode.[1544] Am 24. Dezember 1919 wurde die neue Kirchenverfassung verkündet und am Ostersonntag, dem 4. April 1920, in Kraft gesetzt.[1545]

---

zulegen. Die Bezeichnung – „so gewiß sie eine fehlsame bleiben" müsse – könne „sicherlich ein Segen für die Evangelische Kirche werden […], wenn sie weithinaus durchgeführt wird, da sie unverkennbar in den Empfindungen und Wünschen der weitesten evangelischen Volkskreise gerade unter den Laien einen tiefen und freudigen Wiederhall findet." Tolzien an EOK, Neustrelitz, 5. Oktober 1921, in: LKA Karlsruhe GA 6205.

1538 VGS 1919, 244. Für Otto Friedrich wurde der Prälat damit zum „Gehilfen" des Kirchenpräsidenten degradiert und damit „das Amt des Prälaten in eine Abhängigkeit auch zur Landessynode gebracht, die mit dem Auftrag einer geistlichen Leitung unvereinbar" sei. FRIEDRICH: *Einführung*, 216.

1539 Vgl. VGS 1919, 246.

1540 Vgl. ebd.

1541 VGS 1919, 248.

1542 Vgl. ebd.

1543 Vgl. a.a.O., 288.

1544 Vgl. LKA Karlsruhe FA Schmitthenner, Nr. 36/58.

1545 Vgl. FRIEDRICH: *Einführung*, 216.

8. Amtsführung, Ruhestand und Ehrenamt 1918–1932

8.1. Kontakte zur großherzoglichen Familie nach 1918

Für die Familie Schmitthenner waren die letzten Kriegstage im Herbst 1918 neben allen politischen Umwälzungen – wie in vielen anderen deutschen Familien auch – von einer privaten Tragödie überschattet. Am 14. Oktober 1918 starb im Feldlazarett im belgischen Stenay Schmitthenners Schwiegersohn Hans Keller an der Grippe. Am 24. Oktober 1918 wurde er in Freiburg bestattet. Großherzogin Luise schrieb an Schmitthenner, Kellers Tod bedeute für sie „auch einen ganz persönlichen Verlust",[1546] den sie als Witwe mit Martha Keller teile. Nur wenige Wochen zuvor, am 19. September 1918, war auch Luises Enkel Herzog Erik von Westermanland (1889–1918) an der Spanischen Grippe gestorben.[1547] Im Tagebucheintrag vom 18. Oktober 1918 spiegelt sich dann zum ersten Mal das persönliche Entsetzen der Großherzogin über den militärischen Zusammenbruch und das Vorgehen ihres Neffen, des neuen Reichskanzlers Max von Baden in Berlin:

> „[W]ir sind mit ungeahnter Plötzlichkeit in eine neue Zeit versetzt worden, die eine völlige Umwandlung unserer innenpolitischen Lage bedeutet und zugleich in noch viel erschütternder Weise eine Umwandlung unserer militärischen Lage. Und heute am 18. Oktober [...] vollzieht sich wohl in Berlin einer der wichtigsten Vorgänge unserer vaterländischen Geschichte. [...] Werden wir nachgeben und uns den unerhörten Forderungen unserer Feinde unterwerfen? Ja, werden wir nachgeben *müssen*[,] und ist dieses müssen bedingt durch die Lage unserer Armee? [...] Sind wir von der Höhe herabgestiegen, auf der wir während vier Jahren standen, von einer Höhe, wie sie die Geschichte unseres Vaterlandes kaum aufzuweisen vermag, denn dieser gewaltigste aller Kriege umfasst nicht wie der Feldzug von 1870/71 wenige Monate, sondern vier Jahre des Ringens gegen die halbe, um nicht zu sagen gegen die ganze Welt. [...] Keine dumpfe Resignation sollte sich unserer bemächtigen, sondern immer wieder die Frage uns beschäftigen: ‚Wozu macht unser Vaterland so Schweres durch, müssen wir nicht alle mitwirken, daß eine bessere Zeit heranbreche? Wozu die namenlosen Demütigungen, die wir erleiden, wenn nicht aus ihnen andere Mächte emporwachsen sollen, die uns aus der jetzigen Not und Tiefe wieder heraufführen zu *dem*, wozu Deutschland bestimmt ist?'"[1548]

[1546] Luise von Baden an Schmitthenner, Karlsruhe, 24. Oktober 1918, in: LKA Karlsruhe FA Schmitthenner, Nr. 36/41.

[1547] Vgl. LKA Karlsruhe FA Schmitthenner, Nr. 36/35.

[1548] GLA Karlsruhe N Schmitthenner, 5.

Auch Eduard Uibel empfand den 5. Oktober 1918 und die „vollkommene Annahme des sozialdemokratischen Programms mit freiwilliger Aufgabe jeglichen bluterkauften Vorteils und Versprechen von Entschädigung“ als den „finis Germaniae“.[1549] Nach ihrer erzwungenen Flucht aus Karlsruhe ließ Luise am 16. November 1918 durch den in Karlsruhe zurückgebliebenen Präsidenten ihrer Zivilliste den Prälaten auf Schloss Zwingenberg einladen.[1550] John Gustav Weiss erinnerte sich an die Zuversicht und die Freude der greisen Großherzogin an der Bergwelt des Neckartales. Um sie vor der Herbstkälte zu schützen hatte man Luises Bett in der Nähe des großen Kachelofens aufgestellt.[1551] Nach der Umsiedelung nach Langenstein bat die Großherzogin Schmitthenner, ihr auch dorthin nachzureisen.[1552] Vermutlich am 2. Dezember 1918 traf der Prälat in Langenstein ein, wo er eine gottesdienstliche Feier für die Angehörigen des abgedankten badischen Fürstenhauses hielt, die von den Ereignissen des 13. und des 22. Novembers 1918 noch immer wie gelähmt schienen.[1553] Am 3. Dezember 1918 feierte Luise ihren 80. Geburtstag. Am 6. Dezember 1918 dankte Schmitthenner der Großherzogin für die „schönen [und] herzbewegenden Tage“[1554] in Langenstein und unterrichtete sie über das treue und dankbare Gedenken „einer großen Menge treuer evangelischer Gemeindegenossen und Geistlichen“,[1555] die er auf der Rückreise nach Karlsruhe angetroffen habe.

Das Vertrauensverhältnis zwischen der großherzoglichen Familie und ihrem Seelsorger bewährte sich nach dem Zusammenbruch der Monarchie und dem Rückzug der Fürstenfamilie ins Privatleben umso stärker, als es nicht mehr von Amts wegen vorgegeben war. Der Prälat pflegte die Beziehungen zum abgetretenen Haus Baden – vor allem zu Luise – in der hergebrachten Form weiter, als sei nichts geschehen. Am 22. Dezember 1918 versicherte er der Großherzogin wie schon so oft seines fürbittenden Gedenken in den „schwere[n] Tagen der Heimsuchung.“[1556] Umgekehrt werde Luises Fürbitte, „wenn ich am ersten Weihnachtstag auf der Schlosskirchenkanzel stehe [...][,] mir eine Hilfe sein wie jedesmal.“[1557]

Ein Brief vom 5. Januar 1919 gibt einen Eindruck über die vielfältigen Botendienste, die der Prälat auf seinen Dienstreisen für die Großherzogin zu übernehmen hatte.[1558]

1549 WINKLER: *Uibel*, 57f.

1550 Vgl. LKA Karlsruhe FA Schmitthenner, Nr. 36/42.

1551 Vgl. WEISS: *Erinnerungen*, 159.

1552 Vgl. LKA Karlsruhe FA Schmitthenner, Nr. 36/43.

1553 Vgl. ebd.

1554 Schmitthenner an Luise von Baden, Karlsruhe, 6. November 1918, in: LKA Karlsruhe FA Zugang 2012–4, Nr. 2499.

1555 Ebd.

1556 Schmitthenner an Luise von Baden, Karlsruhe, 22. Dezember 1918, in: ebd.

1557 Ebd.

1558 Schmitthenner an Luise von Baden, Karlsruhe, 5. Januar 1919, in: GLA Karlsruhe FA Zugang 2012–4, Nr. 2499.

Am Geburtstag Wilhelms II. am 27. Januar 1919 klagte er, der ehemalige Tag voll heiliger vaterländischer Begeisterung und Freude sei nun „scham- und schmerzerfüllt", weil der Kaiser als „ärmster unter allen deutschen Männern"[1559] ihn in der Fremde verbringen müsse. Mit ganzer Seele seien Schmitthenner und seine Familie an diesem Tag in Langenstein und im fernen Amerongen.[1560] Auch am 9. März 1919 nutzte Schmitthenner einen Bericht über die Ergebnisse der Kasseler Vorkonferenz an Luise zur Erinnerung an die „hohe geheiligte Gestalt"[1561] Kaiser Wilhelms I. und die vergangene deutsche Herrlichkeit.

Gegenüber der Großherzogin klagte der Prälat aber auch sein eigenes Leid angesichts der nationalen Katastrophe der Kriegsniederlage: „Wenn nur einmal noch Gewißheit zu finden wäre über unsere Zukunftsgestaltung und Lebensmöglichkeit, dann würde auch mehr Freudigkeit in die Arbeit kommen und damit mehr Kraft. [...] Wo will Gott nur mit uns hin? Ich kann mir nicht denken, daß er uns ganz zu Grunde gehen lassen will."[1562]

Im Frühjahr 1919 siedelte Luise schließlich auf die Mainau über. Auf der Bodenseeinsel fand die Großherzogin angesichts der Schrecken des Herbstes 1918 ihre Überzeugung wieder, dass Schmerz und Trauer von Gott gesandt seien:

> „In einer noch nie dagewesenen Frühlingspracht steht in besonderer Weise Gottes Schöpfung vor uns, erhabener und ruhiger als je. Aber wir selbst sind anders geworden, und es bedarf Zeit, um sich wieder aufzurichten in dem tiefen Leid dieser 6 Monate und vor allem der namenlosen Not unserer vaterländischen Erniedrigung dieser Tage, die zu tragen so unermeßlich schwer ist. Aber der Frieden, der nicht von dieser Welt ist, überstrahlt Alles, und das arme gebeugte Herz *glaubt*. Und die Kraft des Glaubens, sie hilft in allem Dunkel, unter welchem wir leiden. Gottlob daß wir uns beide so vereinigt fühlen und jeder Ihrer Briefe mir es bestätigt, daß Sie wissen, wie mein altes Herz kummerbeladen ist und sich schwer hinaufschwingt in diesen Tagen äußerster Not, aber doch im Frieden der Gottesgemeinschaft und des unerschütterlichen Gottvertrauens seine glaubensstarke Ruhe nie verliert."[1563]

Im Sommer 1919 konnte Luise schließlich das Neue Schloss in Baden-Baden beziehen. Friedrich II. und Hilda ließen sich im Freiburger Sickingen-Palais und im Schloss in Badenweiler nieder.

[1559] Schmitthenner an Luise von Baden, Karlsruhe, 23. Januar 1919, in: ebd.

[1560] Ebd.

[1561] Schmitthenner an Luise von Baden, Karlsruhe, 7. März 1919, in: GLA Karlsruhe FA Zugang 2012–4, Nr. 2499.

[1562] Ebd.

[1563] Luise von Baden an Schmitthenner, [Mainau], 17. Mai 1919, in: LKA Karlsruhe FA Schmitthenner, Nr. 36/56. Vgl. die bereits 1899 veröffentlichten Aufzeichnungen Luises, in denen sie ihre Trauer über den Tod ihres Sohnes, Vaters und Bruders im Schicksalsjahr 1888 verarbeitet hatte: „Wer da glaubt, daß die Zeit den Schmerz verändert, hat seine Macht noch nicht selbst erfahren. Der Schmerz ist von Gott gesandt und trägt deshalb etwas an sich von dem, was da bleibt und unveränderlich ist. [...] Darum kann und soll wahrer Schmerz nicht vergänglich sein." BADEN: *Erlöser*, 149.

Beide Domizile waren wie die Mainau, die Schlösser in Salem und Zwingenberg sowie die großherzogliche Grabkapelle in Karlsruhe im Privatbesitz des Hauses Baden verblieben.[1564] Mit der Übersiedelung in die vertraute Umgebung normalisierten sich die Verhältnisse für die alternde Großherzogin ein wenig. Die Gewohnheit der Vorkriegszeit mit den regelmäßigen privaten Gottesdiensten wurde wieder aufgenommen. Am 5. November 1922 reiste Schmitthenner nach Baden-Baden, um der Großherzogin anlässlich des Geburtstages ihrer Schwiegertochter Hilda und der gleichzeitigen Vermählung ihres Neffen Wilhelm mit Hermine von Schönaich-Carolath (1887–1947) in Doorn die Nichterwähnung beider Vorkommnisse im öffentlichen Gottesdienst in der Stadtkirche zu ersparen.[1565] Einer Anfrage Luises, einen Gottesdienst am 9. März 1920 nicht vom zuständigen Vikar abhalten zu lassen, musste der Prälat aber eine Absage erteilen, weil man sich „ganz nach den hiesigen Dienstverhältnissen“[1566] zu richten habe. 1923 sagte Schmitthenner einen Gottesdienst zum Neujahrstag in Baden-Baden ab, weil er gleichzeitig zum Empfang im Staatsministerium geladen und ihm der Rat gegeben worden sei, „nicht wegzubleiben, da mein Fehlen bei meiner bekannten politischen Stellung der Sache, die ich vertrete, angekreidet werden könnte.“[1567]

Trotz der Verehrung des „armen verbannten Kaisers“[1568] vertiefte Schmitthenner in der Nachkriegszeit auch den Kontakt zu Wilhelms Intimfeind Prinz Max von Baden und dessen Frau Marie Luise. Immer häufiger weilte der Prälat in deren Refugium Schloss Salem am Bodensee.[1569] In den Sommermonaten des Jahres 1920 erteilte er Prinzessin Marie Alexandra von Baden (1902–1944) Privatunterricht für deren Konfirmation am 12. August 1920.[1570] Am 21. Juli 1922 konfirmierte Schmitthenner auch den Prinzen Berthold von Baden (1906–1963) in Salem.[1571] Vom 23. bis 26. Januar 1922 traf Schmitthenner dort mit Ernst August von Hannover-Cumberland (1845–1923), dessen Frau Thyra (1853–1933) und Marie Luises Schwester Olga (1884–1958) zusammen und führte mit dem ehemaligen Reichskanzler „Aussprachen über und Einblicke in die politische Gestaltung der Dinge in den letzten Wochen vor der Revolution.“[1572]

[1564] Vgl. KALLER: *Baden*, 31.
[1565] Vgl. LKA Karlsruhe FA Schmitthenner, Nr. 36/134.
[1566] Schmitthenner an Luise von Baden, Karlsruhe, 6. März 1920, in: GLA Karlsruhe FA Zugang 2012–4, Nr. 2444.
[1567] Ebd.
[1568] LKA Karlsruhe FA Schmitthenner, Nr. 36/135.
[1569] Vgl. ebd.
[1570] Vgl. Schmitthenner an Luise von Baden, Salem, 19. Juli 1920, in: GLA Karlsruhe FA Zugang 2012–4, Nr. 2444.
[1571] Vgl. Schmitthenner an Luise von Baden, Karlsruhe, 23. Juli 1922, in: ebd.
[1572] Ebd.

Die Freundschaft mit Max von Baden stand für Schmitthenner nicht im Widerspruch zur Treue zum abgedankten Kaiser, obwohl dessen Abneigung zu seinem letzten Reichskanzler spätestens anlässlich der Beisetzungsfeierlichkeiten für die verstorbene Großherzogin Luise am 30. April 1923 vor aller Augen sichtbar war.[1573] Als Schmitthenner anlässlich der Beisetzung Max von Badens am 8. November 1929 in Salem die Traueransprache hielt, ging er auch auf die Rolle des Verstorbenen im Herbst 1918 ein:

> „Als er aber dann in den letzten Tagen des Weltkrieges dem Ruf seines Kaisers folgte [...], da war es zu spät und all sein heißes Ringen, noch aufzuhalten was zusammenbrechen wollte, war vergeblich. Es ist erschütternd [...] zu erkennen, wie er sein Alles einsetzte, wie heiß er darum gerungen hat, noch zu retten, was zu retten war und schließlich in verhängnisvoller Stunde mit all seinem ehrlichen Wollen und Planen doch scheiterte. Was waren nun all dieses Mühens und Ringens letzte Frucht? [...] Trotz all der unerhörten Tapferkeit unserer Truppen, trotz aller Kriegskunst ihrer obersten Führer, ob unser Heer auch unbesiegt aus dem Kampfe hervorging, doch dies Ende, unter dem sich unser Volk heute noch quält."[1574]

Die weithin unkritische Haltung gegenüber den fürstlichen Respektspersonen, die es Schmitthenner ermöglichte, im März 1926 den Kaiser in seinem holländischen Exil aufzusuchen und „gefes[tigt] gegen jede verächtliche Kritik am Kaiser"[1575] nach Deutschland zurückzukehren, muss als typisch für die politische Haltung des Prälaten in den Nachkriegsjahren bezeichnet werden. Die Treue zur Monarchie brachte Schmitthenner so auch manche Kritik ein: Als er am 27. Januar 1930 in einem Gedenkgottesdienst des Heidelberger Vereins „Kaiserdank" anlässlich des 70. Geburtstags Kaiser Wilhelms II. in der Peterskirche predigte, wurde er dafür vom Durlacher Pfarrer Kurt Lehmann,[1576] einem Sohn Ernst Josef Lehmanns, scharf angegriffen:

> „Um die Zugkraft des ‚Gottesdienstes' möglichst groß zu machen, haben die Herren Einberufer auch nicht vor einer *Lüge* zurückgeschreckt. Die Predigt wurde *nicht* von dem gegenwärtigen Prälaten der badischen Landeskirche gehalten. – so weit sind wir im Süden Deutschlands denn doch nicht –, sondern von dem früheren Prälaten des großherzoglichen Baden, der, wie wir wissen, den fürstlichen Häusern schon immer mehr gedient hat, als der Kirche des Volkes, der [...] persönliche Verbindungen mit ‚Haus Doorn' hat bis zum heutigen Tag." [1577]

[1573] Ilsemann berichtet am 15. Mai 1923 von dem Eklat, zu dem es nach der Trauerfeier gekommen war. Als Vertreter des Kaisers weigerte sich dessen Generaladjutant von Plessen, Max von Baden die Hand zu geben. Der General wurde daraufhin wegen der Beleidigung des Hauses Zähringen von den Feierlichkeiten ausgeschlossen, was den Kaiser in Doorn wiederum zum Protest bei seinem Cousin Friedrich veranlasste. Vgl. ILSEMANN: *Kaiser*, Bd. 1, 276.

[1574] GLA Karlsruhe N Schmitthenner, Nr. 15.

[1575] LKA Karlsruhe PA 3243.

[1576] Kurt Gustav Ernst Lehmann (1892–1963), Pfarrer in Durlach 1927, Zwangspensionierung 1935, Emigration in die Schweiz 1938. Vgl. NEU II, 365.

[1577] „Sonntagsblatt des arbeitenden Volkes" Nr. 5 vom 20. April 1930. Zitiert nach: LKA Karlsruhe FA Schmitthenner, Nr. 191/2.

Noch bis kurz vor seinem Tod erinnerte sich Schmitthenner gegenüber seiner Tochter Martha wehmütig an eine Audienz im „kleine[n] Turm-Arbeitszimmer des Kaisers[,] in dem ich damals […] eine Stunde mit ihm zusammen sein durfte.“[1578] An Max von Baden schrieb Schmitthenner, er habe „in Haus Doorn hochinteressante, von großer gütiger Freundlichkeit für mich erfüllte zwei mal 24 Stunden [verlebt], die mir in vieler Hinsicht ein völlig anderes Bild vom Kaiser zeigten, als unsere Zeitgenossen es uns bieten.“[1579] Gleichzeitig versicherte er dem Prinzen seine Dankbarkeit für die „bedeutsame Stunde, als ich im Konfirmationsjahr 1920 den ersten Einblick in die Vorgänge der Kanzlerzeit […] gewährt bekam,“[1580] und dankte ihm für die Zusendung der „Erinnerungen und Dokumente“, die ihm nun als Bestätigung der „Überzeugung […] für mein Eintreten für Eurer Hoheit Grundlage und Richtschnur“[1581] dienten. Stolz berichtete der Prälat an Luise, zur Feier des Ergebnisses der Volksabstimmung in Oberschlesien am 20. März 1921 – bei der knapp 60 Prozent für einen Verbleib beim Deutschen Reich votiert hatten – sei vor dem Gebäude des Oberkirchenrats nicht nur die badische, sondern auch die alte schwarz-weiß-rote Reichsfahne gehisst worden.[1582] Trotzdem kritisierte Schmitthenner – im Gegensatz etwa zu anderen kirchenpolitisch positiv eingestellten Pfarrern wie Klaus Wurth[1583] – aus seiner christlichen Weltsicht heraus die Ermordung Matthias Erzbergers am 26. August 1921, weil „[a]us verbrecherischer Tat […] dem Vaterlande kein Heil erwachsen“[1584] könne. Dagegen veranlasste ihn die Explosion eines Düngemittellagers im Zweigwerk der BASF in Oppau am 21. September 1921, durch die 561 Menschen ums Leben gekommen waren, zu einer scharfen Kritik an den französischen Besatzern, die angeblich keine Hilfe bei den Rettungsmaßnahmen geleistet hatten.[1585]

1578 Schmitthenner an Martha Keller, Karlsruhe, 19. Juli 1931, in: LKA Karlsruhe PA 3243.

1579 Schmitthenner an Max von Baden, Karlsruhe, 12. März 1926, in: GLA Karlsruhe FA N Max von Baden, Nr. 1872.

1580 Schmitthenner an Max von Baden, Karlsruhe, 15. April 1927, in: GLA Karlsruhe FA N Max von Baden, Nr. 1906.

1581 Ebd.

1582 Vgl. Schmitthenner an Luise von Baden, Karlsruhe, 22. März 1921, in: GLA Karlsruhe FA Zugang 2012–4, Nr. 2444.

1583 Wurth schrieb über das Attentat: „Auch Erzberger ist von einer Kugel getroffen […]. Und alle Zeitungen verurteilen das Attentat des Gymnasiasten als etwas Schändliches […]. Haben sie vielleicht ein gleiches Urteil gehabt über die Revolution und den Sturz der Fürsten und die Zerstörung des Reiches? […] Aber die Revolution ist stets die Mutter solcher Taten gewesen, wer sie willkommen hieß oder sie gar heraufbeschwor, hat wenig Recht, sich über derartige nachfolgende Gewalttaten gegen ‚Reichsverderber‘ zu entsetzen.“ Zitiert nach: RIEMENSCHNEIDER: *Geschichte*, 17.

1584 Schmitthenner an Luise von Baden, Karlsruhe, 29. August 1921, in: GLA Karlsruhe FA Zugang 2012–4, Nr. 2444.

1585 Vgl. Schmitthenner an Luise von Baden, Karlsruhe, 21. September 1921, in: GLA Karlsruhe FA Zugang 2012–4, Nr. 2444. Mehrere Zeitungen hatten am 22. September 1921 berichtet, die französische Militärverwaltung habe aus Angst vor weiteren Ex-

Im März 1923 unterstrich Schmitthenner seinen Respekt für den Widerstand der Regierung Stresemann und klagte über die „Folterqualen, die die Feinde unseren Volksgenossen im Ruhrgebiet und im Rheinland täglich bereiten".[1586] In der Nachkriegszeit nahm die Großherzogin an einer weiteren familiären Tragödie im Hause Schmitthenner intensiv Anteil. Im November 1919 war Schmitthenners jüngster Sohn Walter aus Kanada nach Deutschland zurückgekehrt.[1587] Vermutlich im Internierungslager war er an der Ruhr erkrankt.[1588] 1922 ließ er sich als Kaufmann in Konstanz nieder.[1589] Mehrfach musste er dort operiert werden.[1590] Luise ließ sich vom behandelnden Professor Meisel selbst über den Gesundheitszustand des Patienten berichten.[1591] Im Januar 1923 wurde das Ehepaar Schmitthenner von Meisel nach Konstanz gerufen,[1592] nachdem ihr Sohn am 18. Januar 1923 abermals hatte operiert werden müssen. Am 7. Februar 1923 starb Walter Schmitthenner nach längerer Leidenszeit in Konstanz. Am 12. Februar 1923 kehrte Schmitthenner über Stuttgart nach Karlsruhe zurück.[1593] Für einen Trostbrief Luises und einen Blumenkranz von der Mainau bedankte er sich als Zeichen mütterlicher Liebe.[1594] Wegen der französischen Blockade der Rheintalstrecke war der Leichnam Walter Schmitthenners nicht nach Freiburg oder Karlsruhe überführt, sondern in Konstanz beigesetzt worden.[1595]

Nicht klar zu deuten sind die Andeutungen im Briefwechsel, die den ältesten Sohn Hermann Schmitthenner betreffen. Der Prälat klagte gegenüber der Großherzogin über das „Sorgenkind",[1596] das sich in einer nicht näher ausgeführten Weise sein Missfallen zugezogen hatte. Luise schrieb:

> „Gott führe den fernen Sohn auf die rechte Bahn. Wohl kann ich ermessen, was das Wort Bethel in sich schließt, aber es ist doch wohl ein Schritt zum Guten. Wie ich täglich für Sie und für Walter bete, so auch für den armen Verirrten.

plosionen ihre Pferde aus der Gefahrenzone abtransportiert. Hilfsmaßnahmen für die Verletzten hatte es dagegen sehr wohl gegeben. Vgl. LHA Koblenz: Bestand 713, Nr. 47; Bestand 169–700, Nr. 84; BRAUN: *Geschichte*, 624.

1586 Vgl. Schmitthenner an Luise von Baden, Karlsruhe, 14. März 1923, in: GLA Karlsruhe FA Zugang 2012–4, Nr. 2444.

1587 Luise von Baden an Schmitthenner, Schloss Baden, 19. November 1919, in: LKA Karlsruhe FA Schmitthenner, Nr. 36/67.

1588 Vgl. Schmitthenner an Luise von Baden, Karlsruhe, 22. März 1921, in: GLA Karlsruhe FA Zugang 2012–4, Nr. 2444.

1589 Vgl. SCHMITTHENNER: *Genealogie 1956*, 226.

1590 Vgl. Schmitthenner an Luise von Baden, Karlsruhe, 1. Oktober 1922, in: GLA Karlsruhe FA Zugang 2012–4, Nr. 2444.

1591 Vgl. LKA Karlsruhe FA Schmitthenner, Nr. 36/139.

1592 Vgl. Schmitthenner an Luise von Baden, Konstanz, 20. Januar 1923, in: GLA Karlsruhe FA Zugang 2012–4, Nr. 2444.

1593 Vgl. Schmitthenner an Luise von Baden, Karlsruhe, 23. Februar 1923, in: GLA Karlsruhe FA Zugang 2012–4, Nr. 2444.

1594 Vgl. ebd.

1595 Vgl. ebd.

1596 Ebd.

> Möchte er es wissen. Auf ihn paßt das schöne Wort ‚Kehre wieder, kehre wieder, der du Dich verloren hast - sinke reuig bittend nieder vor dem Herrn mit deiner Last'."[1597]

Wie in den Vorkriegsjahren bezog sich das „landesmütterliche"[1598] Interesse der Großherzogin auch auf die Kirchenpolitik, die Innere Mission und die Tagungen der Landessynode.[1599] Schmitthenner berichtete von dienstlichen Ereignissen dabei immer auch mit dem Fokus der gebliebenen Ergebenheit des Kirchenvolks für die abgetretene großherzogliche Familie. Eine Besuchsreise in die nordbadischen Gemeinden des Baulandes habe überall Gelegenheit geboten, „auch von Eurer Königlichen Hoheit zu erzählen und dem Großherzogenpaar[,] und überall begegnete ich viel Herzenswärme und Dankbarkeit im Blick auf die alte Zeit[,] und viele Grüße wurden mir zurückgegeben."[1600] In einem Brief vom Herbst 1921 heißt es: „In diesem Sommer bin ich viel draußen gewesen in den Gemeinden und habe viel freudiges Echo gefunden. Immer wieder werde ich auch weiter nach unserem Großherzoglichen Hause gefragt und viel treue Anhänglichkeit, ja mehr dankbare Treue und sehnsüchtiges Zurückdenken kommt dabei zum Ausdruck."[1601] Viele Menschen „erzählten mir im Flüsterton von alten Zeiten, tiefbekümmert über den Wechsel der Zeiten".[1602] Von den am 24. Juli 1921 eröffneten Sammlungen des Badischen Landesmuseums im Karlsruher Schloss wusste Schmitthenner zu berichten, sie seien mit „schonende[r] Pietät"[1603] für die früheren Bewohner eingerichtet worden.

Immer wieder musste Schmitthenner auch als Bindeglied zwischen den Gemeinden und der großherzoglichen Familie dienen, etwa im Fall der Odenwaldgemeinde Buchen, die von der Großherzogin nach einem Hagelschaden eine neue Altardecke erbat.[1604] Mehrmals wurde er um Fürsprache bei Königin Viktoria von Schweden gebeten, so von Pfarrer Walter Brandl[1605] in Stein, der sich auf die Pfarrstelle der deutschen Auslandsgemeinde in Stockholm beworben hatte.[1606]

1597 Luise von Baden an Schmitthenner, Schloss Baden, 22. Dezember 1922, in: LKA Karlsruhe FA Schmitthenner, Nr. 36/139.

1598 Luise von Baden an Schmitthenner, Mainau, 12. Juni 1921, in: LKA Karlsruhe FA Schmitthenner, Nr. 36/108a.

1599 Luise von Baden an Schmitthenner, Schloss Baden, 13. März 1922, in: Vgl. LKA Karlsruhe FA Schmitthenner, Nr. 36/123a.

1600 Schmitthenner an Luise von Baden, Karlsruhe, 9. Juni 1921, in: GLA Karlsruhe FA Zugang 2012–4, Nr. 2444.

1601 Schmitthenner an Luise von Baden, Beuggen, 6. August 1921, in: ebd.

1602 Vgl. Schmitthenner an Luise von Baden, Karlsruhe, 24. August 1922, in: ebd.

1603 Schmitthenner an Luise von Baden, Karlsruhe, 23. August 1922, in: ebd.

1604 Vgl. Schmitthenner an Luise von Baden, Karlsruhe, 9. Juni 1921, in: ebd.

1605 Vgl. NEU II, 73.

1606 Vgl. Schmitthenner an Luise von Baden, Karlsruhe, 28. Februar 1922, in: GLA Karlsruhe FA Zugang 2012–4, Nr. 2444.

Die Kirchengemeinde Pfullendorf bat die Königin sogar um finanzielle Unterstützung beim Bau eines Pfarrhauses, erhielt allerdings eine wiederum von Schmitthenner übermittelte Absage.[1607]

Die Briefe Schmitthenners geben auch – stärker als in den Jahren vor dem Kriegsausbruch – einen Eindruck davon, was die Formulierungen der Kirchenverfassung von 1919 unter „Überwachung des religiösen und sittlichen Zustandes der Landeskirche [...], regelmäßige Bereisungen [....] und die Einweihung neuer Kirchen"[1608] meinte. So berichtete der Prälat im Sommer 1921 auf eine Anfrage hin, auf die Mainau zu kommen, von der Eröffnung der Generalsynode am 14. Juni, der Teilnahme am landesweiten Jugendsonntag am 19. Juni, einer Glockenweihe in Hockenheim am 26. Juni und der Diasporakonferenz in Sigmaringen am 29. Juni 1921.[1609] Im November des gleichen Jahres klagte Schmitthenner ebenfalls über die vielen verschiedenen Reisen, welche „die zur Verfügung stehende Zeit zur Erledigung aller schriftlichen Aufgaben noch mehr ein[schränkten]."[1610] Innerhalb eines Monats besuchte der Prälat so die Gemeinden in Seckenheim, Weinheim, Donaueschingen, Freiburg, Kippenheim, Offenburg und Hochfelden.[1611] Wenige Monate später folgte dann der Bericht über eine 14tägige Reise durch die südbadischen Gemeinden Grenzach-Whylen, Beuggen, Salem, Überlingen, Meersburg, Konstanz, Reichenau, Wollmatingen und wieder Freiburg, welche „wieder viel wertvolle Eindrücke und Erlebnisse [...], auch viel Arbeit und Anstrengung, aber auch viel Erfrischung und Freude"[1612] gebracht habe. Im Juni 1922 klagte der Prälat gegenüber der Großherzogin, er habe „von den letzten 24 Tagen [...] 20 oder 21 auswärts"[1613] verbracht. Am 24. Dezember 1922 predigte Schmitthenner in Karlsruhe-Mühlburg anlässlich der dortigen Glockenweihe, der ersten in der Stadt nach dem Kriegsende.[1614]

Thema des Briefwechsels mit der Großherzogin ist auch die Seelsorge, in der „sich die schweren und ernsten Fälle [mehrten], da Einzelpersönlichkeiten mich vor schier unlösbare Fragen stellen [...]."[1615] Und auch die Synodaltagungen forderten mehr und mehr ihren gesundheitlichen Tribut. Die Debatten der Landessynode im November 1921 hätten

1607 Vgl. LKA Karlsruhe FA Schmitthenner, Nr. 37/56.

1608 §112 KV 1919 (Vorlage) in VGS 1919, 26.

1609 Vgl. Schmitthenner an Luise von Baden, Karlsruhe, 9. Juni 1921, in: GLA Karlsruhe FA Zugang 2012–4, Nr. 2444.

1610 Schmitthenner an Luise von Baden, Karlsruhe, 7. November 1921, in: ebd.

1611 Vgl. ebd.

1612 Schmitthenner an Luise von Baden, Karlsruhe, 5. Februar 1922, in: ebd.

1613 Schmitthenner an Luise von Baden, Karlsruhe, 23. Juni 1922, in: ebd.

1614 Vgl. ebd.

1615 Schmitthenner an Luise von Baden, Karlsruhe, 7. November 1921, in: ebd. Vgl. etwa Kap. 5.2.2. und 5.2.6.2.

> „leider die parteipolitischen Gegensätze wieder stark heraustreten [lassen, so] dass wir in der Oberkirchenbehörde mit mancherlei Betrübnis auf die Tage zurückschauen. Es fehlt an der Grundbedingung allen gesegneten Arbeitens und Weiterkommens, an dem Vertrauen. Es ist so schwer, solches Vertrauen selbst festzuhalten, wenn es Einem nicht entgegengebracht wird. Wie das anders werden soll, wissen wir nicht. Es läßt keine Befriedigung zurück, wenn die Vorlagen zwar durchgegangen sind[,] in den Hauptsachen aber nur mit Mehrheitsbeschlüssen.“[1616]

So gab Schmitthenner zwar immer wieder seiner Hoffnung Ausdruck,

> „daß Liebe zu unserer Kirche und Verständnis für ihre Not doch in vielen Kreisen unseres Volkes lebt, und dass immer Kräfte im Volk erstarken, die uns helfen werden zur Aufrichtung und Erneuerung unseres Volkslebens – freilich wann dazu der Anstoß kommt und durch welche Nöte es noch gehen muß, weiß der Herr allein. Was wir in der wirtschaftlichen Lage in täglich wachsendem Niedergang erleben, läßt noch schwerste Durchgangszeiten erwarten. Aber das ‚dennoch des Glaubens‘ im 73. Psalm muß unsere Losung bleiben und wird uns nicht zu Schanden werden lassen, sofern wir daran festhalten.“[1617]

Eine zunehmende Amtsmüdigkeit Schmitthenners in der von ihm als fremd und schwierig empfundenen neuen Zeit ist nicht zu übersehen.[1618] Die Fragen der Zeit hätten ihn „so müde gemacht, daß mir meine Denkfähigkeit manchmal versagen will und ich wohl um der Zukunft willen ein Ausruhen von wenigen Tagen nicht verwinden darf.“[1619] Schmitthenner klagte über das „Nachlassen der Spannkraft“[1620] und die „Zeichen beginnender Gedächtnisschwäche“,[1621] durch die er „nicht mehr recht Herr werde über die täglich sich häufenden Pflichten“.[1622]

Dem Dank Schmitthenners an Luise für den „gütigen Brief, der mich wieder in den Reichtum hineinschauen ließ, in dem Eurer Königlichen Hoheit mütterlich liebende Fürsorge uns alle umfaßt, auch den, der sich ihrer unwürdig erwiesen hat“,[1623] standen in den letzten Monaten des Briefwechsels immer wieder die Dankesbekundungen der alternden Großherzogin an den Prälaten gegenüber:

1616 GLA Karlsruhe FA Zugang 2012–4, Nr. 2444.

1617 Schmitthenner an Luise von Baden, Karlsruhe, 23. August 1922, in: GLA Karlsruhe FA Zugang 2012–4, Nr. 2444.

1618 Vgl. ebd.

1619 Ebd.

1620 Schmitthenner an Luise von Baden, Karlsruhe, 31. Dezember 1922, in: GLA Karlsruhe FA Zugang 2012–4, Nr. 2444.

1621 Schmitthenner an Luise von Baden, Karlsruhe, 2. November 1922, in: GLA Karlsruhe FA Zugang 2012–4, Nr. 2444.

1622 Schmitthenner an Luise von Baden, Karlsruhe, 31. Dezember 1922, in: GLA Karlsruhe FA Zugang 2012–4, Nr. 2444.

1623 Ebd.

> „Ich durfte wieder einen so inhaltreichen Brief von Ihnen erhalten mit der herrlichen Rede, die Sie uns hier gewährt haben. Von ganzem Herzen möchte ich Ihnen dafür danken. Sie wissen es ja: Ihnen danken ist ja eigentlich in Worten nicht recht möglich, aber ich glaube[,] Sie fühlen es, daß diese Dankbarkeit eine immer Sie begleitende ist und bleibt."[1624]

Wenige Wochen später hieß es:

> „Obgleich ich auch ohne schriftlichen Ausdruck stets weiß und empfinde, daß Ihre Gedanken mich so treu begleiten, so ist mir doch jeder Brief von Ihnen eine ganz besondere Herzensfreude, nur immer mit der Sorge verbunden, daß Ihnen ein solcher viel kostbare Zeit genommen hat und insbesondere diese Zeit Ihre kurze Nachtruhe noch beschränkte."[1625]

Schmitthenners Briefe seien für die Großherzogin

> „die Bestätigung, daß Sie wieder in herausragendem Maße als Seelsorger vieler Gemeinden unserer lieben badischen Heimat an vielen Orten Ihres Amtes gewaltet haben, ja, Ihres einzigartigen Amtes, wie ich es so gerne nenne: fürsorgliche Seelsorgearbeit, erfrischend und erbauend, glaubenerweckend und stärkend in zahlreichen Gemeinden, bei zahlreichen Geistlichen. Mir scheint, daß selten eine Zeit so gesegnet war für diese Arbeit als gerade die jetzige."[1626]

Und im letzten Brief vom 4. April 1923 formulierte Schmitthenner:

> „Wir sind beide heimgekehrt mit dem Gefühl[,] neue Kraft, neuen Mut, neue Freudigkeit gewonnen zu haben in den zurückliegenden Tagen, die in unserer Erinnerung stehen als neue Zeugnisse der unendlichen Güte Eurer Königlichen Hoheit. Jedesmal, wenn wir von solchen Tagen heimkehren – zumeist waren es ja Mainautage – so dünkt uns, sie seien reicher und schöner gewesen als alle anderen zuvor. Und doch war's immer die gleiche mütterliche Liebe, die uns umfangen hatte, uns waren's stets andere Verhältnisse, in denen sich diese bestätigte[,] und neue Gestaltungen, in denen wir sie erfahren durften. Für Alles, Alles sagen wir Eurer Königlichen Hoheit Dank und immer wieder Dank aus warmem Herzen[,] und unsere Fürbitte für Eurer Königlichen Hoheit Gesundheit und Leben, für alles[,] was die Beschwerden des andringenden Alters leichter, erträglicher macht, für den Frieden in der Seele, für die Kraft des Glaubens und alles Getragenwerden durch Gottes Barmherzigkeit soll nicht müde werden, nun das neue gefestigte Band geheiligter Gemeinschaft zu erhalten als unverlierbaren Gewinn für Zeit und Ewigkeit."[1627]

Drei Wochen später, am 23. April 1923, starb Großherzogin Luise auf Schloss Baden.[1628] Wegen der französischen Besetzung Offenburgs und der Unterbrechung der Bahnlinie Freiburg-Karlsruhe trafen Friedrich II. und Hil-

---

[1624] Luise von Baden an Schmitthenner, Schloss Baden, 30. April 1921, in: LKA Karlsruhe FA Schmitthenner, Nr. 36/105.

[1625] Luise von Baden an Schmitthenner, Mainau, 12. Juni 1921, in: LKA Karlsruhe FA Schmitthenner, Nr. 36/108a.

[1626] Ebd.

[1627] Schmitthenner an Luise von Baden, Karlsruhe, 4. April 1923, in: GLA Karlsruhe FA Zugang 2012–4, Nr. 2444.

[1628] Vgl. BORCHARDT-WENZEL: *Frauen*, 336f.

da erst am folgenden Tag in Baden-Baden ein.[1629] Im Sterbezimmer hielt der aus Karlsruhe herbeigeeilte Schmitthenner eine kurze Andacht.[1630] Am 26. und 27. April 1923 wurde der Leichnam unter reger Anteilnahme der Bevölkerung in der Schlosskapelle aufgebahrt.[1631] Auch die badische Staatsregierung, die angesichts des Ablebens des ersten Mitglieds des ehemaligen badischen Herrscherhauses in einer Sondersitzung des Kabinetts über eine angemessene Reaktion beraten hatte, ließ ihre Beileidsbekundung und eine Würdigung der Verstorbenen aussprechen.[1632] Am 28. April 1923 traf das schwedische Königspaar in Baden-Baden ein.[1633] Am 29. April 1923, einem Sonntag, hielt Schmitthenner im Kavaliersbau des Neuen Schlosses in Anwesenheit der Kaisersöhne Eitel Friedrich und August Wilhelm von Preußen die offizielle Traueransprache über den Konfirmations- und Trauspruch Luises: „Ich will dich segnen[,] und du sollst ein Segen sein" (Gen 12,2). Der Prälat sagte, Luise sei

> „aus dem preußischen Königshaus zu uns gekommen in einer Zeit, wo noch mancherlei Trennendes zwischen dem Norden und dem Süden Deutschlands lag. [...] Was in ihrem Herzen Norden und Süden verband, war der großdeutsche Gedanke, der in ihr glühte. [...] Dann kam die große Heimsuchung des Zusammenbruchs am Ende des Weltkrieges. Die deutschen Fürstenthrone zertrümmert in jähem Wettersturm, das Vaterland all seiner Herrlichkeit beraubt, der Kaiser, der Kronprinz in der Verbannung, sie selbst mit dem ganzen Großherzoglichen Hause im eigenen Lande heimatlos geworden und nur darum nicht geblieben, weil sich ihnen im Schloss Langenstein am Hohentwiel eine traute Heimat bot, bis die Rückkehr möglich war. Sie mußte es mitansehen, wie das stolze deutsche Volk sich zum Teil selbst die Ketten schmiedete, in denen es heute noch schmachtet, wie es in innerer Verblendung sich selbst zerfleischte, wie ein furchtbares Gottesgericht sich an ihm vollzog.
>
> Ach, das waren Heimsuchungsnöte von entsetzlicher Schwere, und doch waren es Wege Gottes, der nicht Leidens-, sondern Friedensgedanken mit uns hat. [...] Man darf wohl kühnlich sagen, es war kein Tag in ihrem bewußten, gereiften Christenleben, an dem nicht irgend ein Segen von ihrem Tun ausging."[1634]

1629 Vgl. BORCHARDT-WENZEL: *Frauen*, 336.

1630 Vgl. das Druckheft der „Gottesdienstliche[n] Feiern und Ansprachen zur Beisetzung von Großherzogin Luise vom 23.-30. April 1923", in: GLA Karlsruhe N Schmitthenner, Nr. 20.

1631 Vgl. BORCHARDT-WENZEL: *Frauen*, 336f.

1632 Vgl. ebd.

1633 Vgl. ebd. Als Victoria von Schweden im Jahr 1924 nicht an den diversen Feierlichkeiten anlässlich des ersten Todestages Luises teilnehmen konnte, wurde sie von Schmitthenner ausführlich über die Ereignisse informiert, verbunden mit dem Wunsch, „nur mit einem meiner fünf Gottesdienste in dieser [Kar]woche Eurer Majestät dienen" zu können. Schmitthenner an Victoria von Schweden, Karlsruhe, 16. April 1924, in: BA Stockholm NL Viktoria von Schweden II, Nr. 20.

1634 GLA Karlsruhe N Schmitthenner, Nr. 20. Das Motiv des strafenden *Deus absconditus*, mit dessen Hilfe der Glaube an Gott vom Erfolg der deutschen Sache unabhängig gemacht werden konnte, diente auch anderen Theologen wie etwa Paul Althaus zur theologischen Verarbeitung der Kriegsniederlage. Vgl. JASPER: *Althaus*, 68.

Am Abend des 29. April 1923 wurde der Leichnam Luises nach Karlsruhe überführt. Auch den Trauergottesdienst in der großherzoglichen Grabkapelle am Folgetag hielt der Prälat und erinnerte an die Flucht aus Karlsruhe in der „bösen Sturmnacht“[1635] viereinhalb Jahre zuvor. Luise habe „in allem die großen Zusammenhänge der Geschichte gesehen und in ihnen ein heiliges Walten Gottes [...].“[1636] Neben der offiziellen Kanzelansprache in den Sonntagsgottesdiensten am 29. April 1923, in der das segensreiche Wirken der Großherzogin für die evangelische Kirche betont wurde,[1637] ehrte der Oberkirchenrat Luise durch das angeordnete Läuten der Glocken in den badischen Kirchen anlässlich der Beisetzung.[1638]

Ähnliches wiederholte sich fünf Jahre später während der Bestattungsfeierlichkeiten für den nach langer Krankheit gestorbenen letzten Großherzog Friedrich II.[1639] Offiziell wurden Trauerfeierlichkeiten in Karlsruhe am 16. April 1928 vom Inhaber der Schlosskirchenpfarrei Ernst Fischer geleitet.[1640] Der im Ruhestand befindliche Prälat, der den erblindeten Großherzog in den Monaten vor seinem Tod immer wieder besucht hatte,[1641] hielt aber die Trauerfeier in der Stadtkirche, an der mehr als 40 Persönlichkeiten des Adels, unter ihnen Adalbert von Preußen als Vertreter Wilhelms II., teilnahmen. Auch die gesamte Staatsregierung und eine große Anzahl von Landtagsabgeordneten erschienen zu der Beisetzung des ehemaligen Staatsoberhauptes. So habe die Heimkehr des Großherzogs nach Karlsruhe nach zehn Jahren der Abwesenheit „wieder viel Wohltuendes und Versöhnendes in sich geborgen.“[1642] Die Trauernden seien vereint in einer „Treue, die sich der Pflicht, dem Vaterland auch in einer neuen Gestaltung seines Staatswesens zu dienen, wohl bewußt ist, die aber dem alten Herrscherhaus doch zugetan bleibt in dankbarer Liebe.“[1643] In dem 1930 von Eugen Fehrle herausgegebenen Sammelband mit Lebensbildern der Mitglieder des großherzoglichen Hauses verfasste Schmitthenner schließlich die Beiträge über Friedrich II. und Hilda von Baden.[1644]

[1635] GLA Karlsruhe N Schmitthenner, Nr. 20.

[1636] Ebd.

[1637] Vgl. BORCHARDT-WENZEL: Frauen, 337f.

[1638] Vgl. GuVBl 1923, 27.

[1639] Vgl. GuVBl 1928, 67.

[1640] Vgl. WENNEMUTH: *Hofprediger*, 123.

[1641] Vgl. das „Druckheft der Gottesdienstliche[n] Feiern und Ansprachen zur Beisetzung Friedrichs II. vom 9.–16. August 1916“, von dem Schmitthenner am 29. März 1929 zwei Exemplare an den EOK übersandte, in: LKA Karlsruhe FA Schmitthenner, Nr. 196/6.

[1642] Ebd.

[1643] Ebd.

[1644] Vgl. FEHRLE: *Großherzöge*, 67–76 und 97–102. Erneut abgedruckt in: ILGENSTEIN/ CATTERFELD: *Hilda*, 7–26.

8.2. Vertreter in überregionalen kirchlichen Gremien

Zunehmend wichtig für das Amt des Prälaten wurde in den Jahren der Weimarer Republik auch die Repräsentanz der badischen Landeskirche in den überregionalen kirchlichen Gremien wie der Deutschen Evangelischen Kirchenkonferenz und dem Deutschen Evangelischen Kirchenausschuss. Seit 1852 existierte die Deutsche Evangelische Kirchenkonferenz – nach ihrem Tagungsort auch Eisenacher Konferenz genannt – als loses Forum der Verbindung zwischen den einzelnen deutschen Landeskirchen.[1645] Ziel der Konferenz war es, „auf der Grundlage des Bekenntnisses wichtigere Fragen des kirchlichen Lebens in freiem Austausch zu besprechen und unbeschadet der Selbständigkeit jeder einzelnen Landeskirche […] ein Band ihres Zusammengehörens darzustellen und die einheitliche Entwicklung ihrer Zustände zu fördern."[1646] 1903 wurde durch sie der Deutsche Evangelische Kirchenausschuss (DEKA) als ständiges Organ ins Leben gerufen.[1647] Vom 1. bis 5. September 1919 tagte in Dresden der erste Kirchentag in den Jahren der Weimarer Republik, der die Gründung des Deutschen Evangelischen Kirchenbundes 1922 vorwegnahm.[1648] Ein Kirchenbund statt einer Reichskirche als Sieg der landeskirchlichen Einzelinteressen über die evangelischen Gesamtinteressen wurde auch von Schmitthenner als Vertreter der badischen Landeskirche in Dresden befürwortet.[1649]

Ein vorbereitender Ausschuss, an dessen Teilnahme die südwestdeutschen Vertreter aufgrund der schlechten Verkehrsverhältnisse verhindert waren, hatte in Berlin am 3.–4. Februar 1919 getagt und eine Vorkonferenz in Kassel am 27.–28. Februar 1919 einberufen.[1650]

[1645] 1846 war ein solcher Zusammenschluss der evangelischen Landeskirchen in Form einer Konferenz erstmals publizistisch vom badischen Prälaten Carl Ullmann in seiner Schrift „Für die Zukunft der evangelischen Kirche" gefordert worden: „Auf diesem Wege bleiben die kirchlichen Rechte des Landesherren ungeschmälert, jede Landeskirche behält ihre volle Selbständigkeit und die Möglichkeit, das Gute, was sie besitzt, in voller Freiheit und Eigenthümlichkeit zu entwickeln; und doch sind zugleich die Mittel gegeben, daß jede Landeskirche sich die Vorzüge der übrigen aneigne und durch brüderliche Verständigung und Vereinbarung mehr und mehr ein Zustand freier Übereinstimmung in Lehre, Cultus und kirchlichen Einrichtungen herbeigeführt werde." Zitiert nach: BORMUTH: *Kirchentage*, 46, Anm. 110.

[1646] Geschäftsordnung der Eisenacher Konferenz vom 18. September 1851, abgedruckt im „Allgemeinen Kirchenblatt für das Evangelische Deutschland" 1852, 195f. Hier zitiert nach: BORMUTH: *Kirchentage*, 60.

[1647] Vgl. a.a.O., 76–82.

[1648] Vgl. a.a.O., 90.

[1649] Vgl. SCHOLDER: *Kirchen*, 26; VGS 1919, 17.

[1650] Vgl. LKA Karlsruhe GA 2658.

Weil in Baden zu diesem Zeitpunkt noch keine neugewählte Landessynode existierte, wurde neben den beiden amtlichen Vertretern Uibel und Schmitthenner auch Heinrich Schmitthenner als Dekan des Kirchenbezirks Lahr und Vertrauensmann der Pfarrer außerhalb der Kirchenleitung bestimmt.[1651] Darüber hinaus nahm als badischer Vertreter Johannes Bauer aus Heidelberg an der Konferenz teil, deren Ziel ausdrücklich „[n]icht etwa in der Absicht der Gründung einer *Reichskirche*“ liegen sollte,

> „sondern – *unbeschadet der Selbständigkeit der Einzelkirchen* und unter sorgfältiger Wahrung ihrer Eigenart und insbesondere ihres Bekenntnisstandes – [die] Schaffung einer von dem Vertrauen des ganzen evangelischen Volkes getragenen, einheitlichen, rechtlich geordneten Vertretung der gemeinsamen Interessen aller im Deutschen Evangelischen Kirchenausschuß bereits zusammengeschlossenen Landeskirchen.“[1652]

Die in Kassel versammelten Kirchenführer formulierten außerdem eine deutliche Abgrenzung gegenüber den neuen staatlichen Verhältnissen.[1653] Im Anschluss an die Vorkonferenz fand man sich noch zu einer inoffiziellen Aussprache „insbesondere über die Rückwirkungen der politischen Umwälzungen auf die kirchlichen Verhältnisse in den deutschen Landeskirchen“[1654] zusammen. Auch die Entschließungen des Kirchentages, der aufgrund der „Verworrenheit im Innern [...], der Unsicherheit des geschäftlichen Lebens und der gesamten Verkehrsverhältnisse [und des] Druck[s] des [Versailler] Friedensschlusses“[1655] vom 15.–18. Juli 1919 auf den 1.–5. September 1919 hatte verschoben werden müssen, waren in politischer Hinsicht eher rückwärts gewandt, obwohl die Bestimmungen der Weimarer Verfassung inzwischen viele der in Kassel geäußerten Befürchtungen als gegenstandslos erwiesen hatten. Gemeinsam mit Kirchenpräsident Muchow nahm Schmitthenner auch 1921 am zweiten Evangelischen Kirchentag in Stuttgart und an der 35. und letzten Tagung der Deutschen Evangelischen Kirchenkonferenz teil, die „[t]rotz aller Mängel und aller Gebundenheit [...] in ihren etwa 7 Jahrzehnten viel Segensarbeit getan“[1656] habe.

1651 Vgl. LKA Karlsruhe GA 2658.

1652 Voigts an EOK, Berlin, 11. Februar 1919, in: ebd.

1653 Theodor Kaftan (1847–1932), Generalsuperintendent für Schleswig, äußerte, die Kirche dürfe „nicht dem Staate nachlaufen, vielmehr gelte es, die Eigenart und Freiheit der Kirche gegenüber dem Staate zu wahren.“ Präsident Uibel warnte zum Ende der Aussprache davor, „die gegenwärtige revolutionäre Stimmung im Volke auch auf das kirchliche Leben übergreifen zu lassen.“ Die Kirche sei „der ruhende Pol“ in allen gesellschaftlichen Unruhen der Zeit. Zitiert nach der „Niederschrift der Verhandlungen der Vorkonferenz zur Vorbereitung eines allgemeinen deutschen evangelischen Kirchentages [in] Cassel-Wilhelmshöhe den 27. und 28. Februar 1919“, Berlin 1919, 27.33f., in: LKA Karlsruhe GA 2658.

1654 LKA Karlsruhe GA 2658.

1655 Ebd.

1656 Schmitthenner an Luise von Baden, Beuggen, 6. August 1921, in: GLA Karlsruhe FA Zugang 2012–4, Nr. 2444.

8.3. *Vorsitzender der Inneren Mission 1922–1931*

1920 löste der soeben in den Ruhestand getretene Präsident Uibel Schmitthenner im Amt des Vorsitzenden des Landesvereins für Innere Mission ab.[1657] Als Entlastung für den Prälaten sollte damit ein Mann an die Spitze des Landesvereins treten, dem „neben dem warmen Herzen für die Sache auch die freie Zeit, sich ihr ganz hinzugeben, zur Verfügung stand."[1658] Uibels Ziel einer strafferen Verwaltungsorganisation stieß aber auf so viel Widerstand, dass er das Amt nach nicht einmal zwei Jahren an den Prälaten zurückgab.[1659] Von 1920 bis kurz vor seinem Tod 1931 amtierte Schmitthenner erneut als Vorsitzender des daraufhin gegründeten Badischen Landesverbandes für Innere Mission, dessen Ziel „neben der Verkündigung des Evangeliums in der brüderlichen Handreichung der christlichen Liebe"[1660] bestehen sollte. Der am 7. Dezember 1921 gegründete Landesverband als Zusammenschluss der verschiedenen Vereine, Verbände und Einrichtungen der Inneren Mission in Baden sollte eine einheitlichere Stellung gegenüber dem Staat und der als übermächtig empfundenen katholischen Caritas ermöglichen. Laut der Satzung war der Vorsitzende des weiter bestehenden Landesvereins auch gleichzeitig Vorsitzender des Landesverbands,[1661] ein Missstand, der erst 1929 mit der Gründung des Gesamtverbandes für Innere Mission, Schmitthenners „letzte[r] große[r] Arbeit für die Innere Mission und die Landeskirche",[1662] behoben werden sollte.[1663] Unter Schmitthenners zweiter Vorstandsschaft wurden auch eine Verwaltungszentralisation und eine Ordnung der Finanzen des Landesvereins durchgeführt.[1664] Pfarrer Paul Werner[1665] wurde zum Geschäftsführer, Robert Horning[1666] anstelle Theodor Steinmanns zum Vereinsgeistlichen und der elsässische Exulant Hans Ostermeyer[1667] für die Finanz-

[1657] Vgl. ERBACHER: *Mission*, 97f.

[1658] VLS 1921, 8

[1659] Vgl. Schmitthenners Bericht über die „Krisis im Landesverein für Innere Mission" an Luise vom 25. März 1922, in: GLA Karlsruhe FA Zugang 2012–4, Nr. 2444.

[1660] § 1 der Satzung des Landesverbandes, in: SCHMITTHENNER: *Liebeswerke*, 235.

[1661] LKA Karlsruhe GA 4618.

[1662] ERBACHER: *Mission*, 101.

[1663] Vgl. SCHWINGE: *Geschichte*, 335f.

[1664] Vgl. ERBACHER: *Mission*, 98.

[1665] Paul Werner, geb. 1877 in Waldersbach, Urenkel Johann Friedrich Oberlins, Rez. 1901, Übernahme in den badischen Pfarrdienst 1919, Vereinsgeistlicher des Landesvereins für Innere Mission, Landeswohlfahrtspfarrer 1924, Pfarrer im Diakonissenhaus Remscheid-Lüttringhausen 1930–1936. Vgl. Neu II, 658.

[1666] Robert Horning, geb. 1880 in Hagenau (Elsass), Rez. 1907, Militärgeistlicher in Kassel 1907–1911, Divisionspfarrer in Mühlhausen 1912, Dienstaushilfe in Rastatt 1919, Christuspfarrei Freiburg 1920, Landesjugendpfarrer und Vereinsgeistlicher im Landesverein für Innere Mission 1924, Übertritt in den Dienst des rheinischen Provinzialausschusses für Innere Mission 1927. Vgl. a.a.O., 287f.

[1667] Vgl. Kap. 7.4., Anm. 1460.

verwaltung berufen.[1668] Die staatlicherseits geforderte Jugendfürsorgepflicht wurde durch die Gründung eines Landeswohlfahrts- und Jugenddienstes mit Werner und Horning als Landeswohlfahrts- bzw. als Landesjugendpfarrer umgesetzt.[1669]

Die Inflation bedrohte auch die Existenz der Werke der Inneren Mission.[1670] Bereits vor der Landessynode 1921 hatte Schmitthenner den Antrag gestellt, die Landeskirche möge die Teuerungszulagen der für den Dienst in der Inneren Mission beurlaubten Geistlichen übernehmen.[1671] Im März 1922 war der Landesverein nicht mehr in der Lage, die Gehälter der Angestellten in den drei großen Anstalten – dem Schwarzacher Hof, dem Mädchenerziehungsheim in Bretten und der Rettungsanstalt in Weingarten – zu decken.[1672] Auch die hohen Fehlbeträge für Zins und Tilgung der Bauschulden und notwendige bauliche Verbesserungen konnte man nicht mehr aus eigener Kraft aufwenden.[1673] Am 5. Dezember 1922 musste Schmitthenner den EOK bitten, aufgrund der „schnell fortschreitende[n] Geldentwertung“[1674] die eingehenden Kollekten für die Einrichtungen des Landesvereins „möglichst bald“[1675] ihrem Zweck zukommen zu lassen.

Auch nach dem Ende der Inflation verschärfte sich die wirtschaftliche Krise des Verbandes weiter. Am 1. Dezember 1925 bat Schmitthenner den Oberkirchenrat um ein Darlehen für die Arbeit der Inneren Mission in Höhe von 20 000 Mark.[1676] Private Darlehen wurden vorzeitig aufgelöst und konnten teilweise nicht zurückgezahlt werden.[1677] Im März 1927 bat Schmitthenner erneut um ein Darlehen von 20 000 Mark.[1678]

Die inhaltliche und personelle Verquickung des Landesvereins mit dem neugegründeten Landesverband machte die organisatorische Ausrichtung zunehmend unübersichtlich. Am 6. Februar 1928 trat Steinmann wegen inhaltlicher Auseinandersetzungen mit Ostermeyer vom Amt des 2. Vorsitzenden des Landesvereins zurück.[1679] Schmitthenner musste schließlich zu der Einsicht kommen, aufgrund der Umstrukturierungen habe der Vorstand des Landesvereins seinen Einfluss verloren, eine „klare Einsicht in all diese Fragen [sei] auch für ihn nicht leicht.“[1680]

[1668] Vgl. ERBACHER: *Mission*, 98.
[1669] Vgl. a.a.O., 98f.
[1670] Vgl. a.a.O., 68.
[1671] Vgl. VLS 1921, 10.
[1672] Vgl. LKA Karlsruhe GA 4616.
[1673] Vgl. ebd.
[1674] LKA Karlsruhe GA 4283.
[1675] Ebd.
[1676] LKA Karlsruhe GA 4613.
[1677] Vgl. ebd.
[1678] Vgl. ebd.
[1679] Vgl. das Protokoll der Vorstandssitzung vom 6. Februar 1928, in: LKA Karlsruhe GA 4613.
[1680] Ebd.

Eine vom Oberkirchenrat angeordnete externe Prüfung des Rechnungsberichts für das Jahr 1927 offenbarte eine erschreckende Misswirtschaft in den Betrieben der Inneren Mission. In dem Bericht vom Mai 1927 heißt es:

> „Zunächst muß ich bemerken, daß die gesamte Art der Verrechnung, sowie der Bilanzaufstellung undurchsichtig ist für einen, der in die inneren Verhältnisse des Landesvereins nicht einen ganz genauen Einblick besitzt. Soviel kann aber festgestellt werden, daß die Fehlbeträge der Anstalten und deren Betriebe außerordentlich hohe zu nennen sind […]. Man kann den Eindruck gewinnen, als ob man in der Nachkriegszeit durch den Landesverein sprunghaft an neue Aufgaben herangetreten wäre, ohne sich darüber klar zu sein, wie die finanzielle Auswirkung und die Geldgestaltung sich gestalten würde."[1681]

Um die laufenden Kosten zu decken, war man gezwungen, eine Reihe von hochverzinslichen Darlehen aufzunehmen, die 1929 beinahe zum Bankrott des Landesvereins führten.[1682] Die Kirchenregierung sah sich gezwungen, günstige Darlehen sowie eine einmalige Festgabe zum 80jährigen Jubiläum des Landesvereins in Höhe von 10 000 Mark mit der Auflage bereitzustellen, diese zur Ablösung hochverzinslicher Anleihen aufzuwenden.[1683] Am 22. Februar 1929 forderte die Kirchenregierung den Landesverein dringend zu entschiedenen Sparmaßnahmen auf.[1684] Ein Hauptkritikpunkt war die zentrale Finanzverwaltung, nach der die einzelnen Anstalten für ihre Gewinne und Verluste nicht selbst haftbar gemacht werden konnten.[1685] Dies führte scheinbar besonders im Fall des Schwarzacher Hofs zu Misswirtschaft und Verschwendung.[1686] Eine von Schmitthenner angeregte Begehung der Einrichtung durch externe Gutachter am 11. Juni 1929 konnte aufgrund eines negativen Ergebnisses die Situation nicht entschärfen.[1687]

Der ehemalige 2. Vorsitzende und Vereinsgeistliche Theodor Steinmann hatte inzwischen den Rüppurrer Verein „Jugendheil" als Betreiber eines Mütter- und Kinderheims in Berghausen bei Karlsruhe gegründet. Wegen der Nichtberücksichtigung bei der Verteilung der staatlichen Zuschüsse beklagte sich Steinmann direkt beim badischen Innenministerium.

1681 Hoffmann an EOK, Bad Herrenalb, 25. Mai 1929, in: LKA Karlsruhe GA 4613.

1682 Ebd.

1683 Vgl. ebd.

1684 Vgl. ebd.

1685 Vgl. ebd.

1686 Vgl. ebd.

1687 Wie sehr die Notlage des Schwarzacher Hofs Schmitthenner belastete, zeigt seine Reaktion auf die Kritik des Göbricher Pfarrers Adolf Seeger. Dieser hatte in einem Schreiben an den EOK vom 24. Juli 1929 darauf hingewiesen, dass die mangelnde Auslastung des Schwarzacher Hofs vor allem auf die Tatsache zurückzuführen sei, dass die Anstalten der Inneren Mission in den Vorjahren zum Teil erheblich erweitert worden seien. Der EOK hatte das Schreiben Seegers an Schmitthenner weitergeleitet. Am 3. August 1929 schrieb der Prälat daraufhin an Seeger, dieser er müsse doch wissen, „in welch schwerer Notlage sich unser Verein befindet, daß ihm das Wasser bis zum Hals geht und dass ich mit meinen Mitarbeitern das letzte an Kraft aufbiete, damit wir nicht darin versinken." LKA Karlsruhe GA 4616.

Schmitthenner wandte sich daraufhin am 13. Mai 1928 an den EOK, weil er durch Steinmanns eigenmächtiges Vorgehen die evangelische Sache gegenüber dem Staat gefährdet sah.[1688] Steinmanns Neugründungen, „die unsere Arbeit zersplittern und schon nach Außen den Eindruck der Uneinigkeit machen“,[1689] erfüllten den Verband mit Sorge, weshalb die Beschwerde, „so peinlich es uns selbst ist“,[1690] der einzige verbleibende Weg sei.[1691] Eine von Schmitthenner gewünschte Aussprache kam aufgrund des Zeitmangels des Prälaten zunächst nicht zustande.[1692] Es war Steinmann, der mit der Anregung zur Einrichtung einer eigenständigen Verbandsgeschäftsstelle schließlich einen ersten Schritt zur Gründung des Gesamtverbandes für Innere Mission 1929 vorschlug.[1693] Auch Wilhelm Ziegler als Leiter der Anstalten in Kork machte mehrmals Vorstöße zur „Not des Bad[ischen] Landesvereins für Innere Mission und den Weg zu deren Behebung“.[1694] Am 8. Juni 1929 nahm der Vorstand des Landesverbandes „nach stundenlanger gründlicher Beratung“[1695] einen vom EOK ausgearbeiteten Satzungsentwurf an, nach dessen § 2 der Zweck des Gesamtverbandes sein sollte,

> „die Zusammenfassung aller auf dem Gebiet evangelischer Liebestätigkeit wirkenden Kräfte und Organisationen zu einheitlichem Handeln, zur Vertretung der gemeinsamen evangelischen Interessen gegenüber den staatlichen und kommunalen Behörden und den Verbänden der freien Wohlfahrtspflege, zur Förderung der ihm angeschlossenen Organisationen in der Erfüllung ihrer besonderen Zwecke und zur Übernahme solcher Aufgaben der Inneren Mission, die zu übernehmen andere evangelische Vereine oder Organisationen nicht gewillt oder in der Lage sind, vor allem die Förderung und Pflege des Freundeskreises der Inneren Mission in Baden.“[1696]

Vorsitzender des Gesamtverbandes wurde Theodor Steinmann, Geschäftsführer Paul Werner.[1697] Für die kommenden Jahre war damit die institutionalisierte kirchliche Liebestätigkeit in Baden wieder auf eine solidere Basis gestellt.

1688 LKA Karlsruhe GA 4618.

1689 Ebd.

1690 Ebd.

1691 Am 31. Dezember 1929 wurde das Berghausener Mütter- und Kinderheim vom Landesverein für Innere Mission zum Preis von 106 610 Mark übernommen „unter der ausdrücklichen Bedingung, daß sich der Ev[angelische] Verein Jugendheil vertraglich verpflichtet, auf jede Arbeit zu verzichten, die mit der des Landesvereins konkurrieren könnte, vor allem auf jede Jugendfürsorgearbeit.“ Beschluss des Vorstandes vom 19. November 1929, in: LKA Karlsruhe GA 9107.

1692 Vgl. Schmitthenner an Steinmann, Karlsruhe, 10. Mai 1928, in: LKA Karlsruhe GA 4618.

1693 Vgl. Steinmann an Schmitthenner, Karlsruhe, 11. Oktober 1928, in: ebd.

1694 LKA Karlsruhe GA 9107.

1695 LKA Karlsruhe GA 4618.

1696 Zitiert nach: ERBACHER: *Mission*, 101.

1697 Vgl. a.a.O., 103.

8.4. *Neuordnung des Kindergottesdienstes*

1921 wurde der badische Landesverband für die Kindergottesdienstarbeit, dessen Arbeit während des Krieges trotz des formellen Weiterbestehens faktisch zum Erliegen gekommen war, neu an den 1910 gegründeten Reichsverband für Kindergottesdienst und Sonntagsschule angeschlossen. Am 24. Mai 1921 wurde Schmitthenner zum badischen Vertreter in diesem Verband gewählt.[1698] Während er ökumenischen Bemühungen zum Anschluss des deutschen Verbandes für den Kindergottesdienst an die „World Sunday School Association" eher kritisch gegenüber stand,[1699] legte Schmitthenner großen Wert auf das konkurrenzlose Nebeneinander von kirchlichem Kindergottesdienst und Sonntagsschule.[1700] 1926 musste infolge der Wirtschaftskrise und der Inflation, die viele wirtschaftlich selbständige kirchliche Arbeitszweige an den Rand der Existenz brachten, auch der badische Landesverband für den Kindergottesdienst neu gegründet werden.[1701] Schmitthenner blieb dessen Vorsitzender und Leiter. Im Dezember 1926 richtete er ein Gesuch an den Oberkirchenrat, in dem um eine regelmäßige Unterstützung oder eine einmalige größere Beihilfe zur Deckung der Unkosten – vor allem beim Druck des Heftes „Evangelische Kinderkirche in Baden" durch den württembergischen Sonntagsschulverband – geworben wurde:

> „Nach seinem Eintritt in den Ruhestand hat Unterzeichneter seine Aufmerksamkeit der Sache wieder zugewandt und mit Billigung der Behörde, aber ohne unmittelbare Unterstützung[,] wieder einen Zusammenschluß der kirchlichen Kindergottesdienste und Sonntagsschulen wieder [sic!] herbei zu führen gesucht, aber er war dabei allein auf das angewiesen, was er an Zeit und Kraftaufbietung wie an finanziellen Opfern von sich aus aufzubringen vermochte.

1698 Vgl. ULRICHS: *Laienbewegung*, 24.

1699 Die von Karl-Heinz Voigt bereits für die Vorkriegszeit konstatierte politische Aversion des deutschen Protestantismus gegen die amerikanisch-englische Ökumene setzte sich nach 1918 verstärkt fort. Schmitthenner, der an einem geplanten Treffen mit dem Vorsitzenden der „Word Sunday School Association" C. W. Kinnear (Pittsburgh) und dem 2. Generalsekretär W. C. Pearce (New York) am 21. September 1921 in Berlin nicht teilnehmen konnte, instruierte im Vorfeld den württembergischen Vertreter Dehninger, die angebotene amerikanische Hilfe beim Aufbau der deutschen Kindergottesdienstarbeit dürfe „wohl in erster Linie eine pekuniäre" sein. Die Zeit für einen Anschluss des deutschen Verbandes an die WSSA sei noch nicht gekommen, „solange bis wir sicher sein können[,] nicht Zumutungen ausgesetzt zu werden (wie z.B. [ein] deutsches Schuldbekenntnis)[,] die sich mit unserer Ehre und unserem Gewissen nicht vertragen." Schmitthenner an Dehninger, Karlsruhe, 16. September 1921, in: LKA Karlsruhe GA 3877. Vgl. Ulrichs: *Laienbewegung* 25; VOIGT: *Ökumene*, 76.

1700 Vgl. den Brief an Dehninger, in dem es heißt, in Baden werde „die Sache der kirchl[ichen] Kindergottesdienste von der Landeskirchenbehörde kräftig unterstützt, ohne daß damit den Gemeinschaftssonntagsschulen irgend eine Konkurrenz bereitet werden soll." LKA Karlsruhe GA 3877.

1701 Vgl. Ulrichs: *Laienbewegung*, 26.

> Nachdem nun der Verband wieder aufs neue zusammengeschlossen und es in Verbindung mit dem Württembergischen Sonntagsschulverband gelungen ist, den inneren Ausbau zu fördern […], gehen aber die Aufwendungen für die Sache weit über die Kraft des Unterzeichneten hinaus. Daher richtet er, ermutigt durch eine persönliche Aussprache mit dem Herrn Kirchenpräsidenten, dem Herrn Prälaten und Herrn Oberkirchenrat Dürr an Hohe Behörde die ergebenste Bitte, es wolle ihm […] die Durchführung dieser Aufgabe weiterhin möglich gemacht werden."[1702]

Der Landesverband erhielt daraufhin einen Betrag von 400 Reichsmark sowie die Zusicherung der Veröffentlichung von Mitteilungen im Gesetzes- und Verordnungsblatt und der Erledigung von Schreibarbeiten in der Kanzlei des Oberkirchenrats.[1703] Erst 1931 legte Schmitthenner aus gesundheitlichen Gründen die Leitung der Arbeit, die ihm am meisten am Herzen lag und die er sowohl vor als auch nach dem Krieg gegen alle Widerstände aufgebaut hatte, nieder.[1704]

[1702] Schmitthenner an EOK, Karlsruhe, 16. Dezember 1926, in: LKA Karlsruhe GA 3877. Vgl. Ulrichs: *Laienbewegung*, 27.

[1703] Vgl. a.a.O., 28.

[1704] Vgl. die Mitteilung vom 29. Oktober 1931, in: LKA Karlsruhe GA 3877.

8.5. Die Krise im Oberkirchenrat 1923– 1924

Die Kirchenverfassung von 1919 hatte in § 93 Absatz 1 die Landessynode als kirchliche Volksvertretung und als „Inhaberin der der Kirchengemeinde innewohnenden Kirchengewalt“[1705] bestimmt. Als Kompensation für den weggefallenen landesherrlichen Summepiskopat war darüber hinaus in § 110 KV 1919 die sogenannte Kirchenregierung als „oberste[s] Organ zur Leitung und Verwaltung der Landeskirche im Auftrag der Landessynode“[1706] etabliert worden. Sie bestand aus dem Präsidenten des Oberkirchenrats als ihrem Vorsitzenden, dessen Stellvertreter, dem Prälaten, sowie sechs synodalen Mitgliedern.[1707] Obwohl so die Kompetenzen des neuen Amtes des Kirchenpräsidenten erheblich gestärkt wurden, war die Kirchenleitung nun in eine wesentlich stärkere Abhängigkeit zur Landessynode gebracht.[1708] So hatte die Landessynode nicht nur das Recht, den neuen Präsidenten zu wählen, sondern konnte ihn sowie die Mitglieder des Oberkirchenrats einschließlich des Prälaten auch jederzeit mit einer Zweidrittelmehrheit in den Ruhestand versetzen.[1709]

Die Verfassung war damit – wie Schmitthenner es in der Eröffnungspredigt für die verfassunggebende Generalsynode am 13. Oktober 1919 formuliert hatte – ein „Gebilde des neuzeitlichen Lebens“[1710] mit deutlich demokratisch ausgeprägtem Gewicht. Bis zur Pensionierung Schmitthenners 1923 führte die neue Ämterkonstellation in der Kirchenleitung aber nicht zu öffentlichen Konflikten.[1711] Trotzdem war für die Vertreter der alten kaiserlichen Zeit das neue demokratische Element der Abhängigkeit von der Landessynode nur schwer zu akzeptieren: Der scheidende Präsident Uibel, der das Amt des Kirchenpräsidenten bis zur Verkündung der neuen Kirchenverfassung weiterführte,[1712] klagte am 20. Januar 1920 gegenüber seinem Nachfolger Muchow, in den Sitzungen der Kirchenregierung scheine es, als ob „jedes einzelne Mitglied […] der Vorgesetzte der Oberkirchenräte wäre.“[1713] Er habe im vergangenen halben Jahr mehr Menschenkenntnis gewonnen als in den vergangenen 49 Jahren zuvor.[1714] Die alte Landessynode tagte am 18. Mai 1920 zum letzten Mal.[1715] Ihre Hauptaufgabe waren Maßnahmen gegen die beginnende Inflation.

[1705] Zitiert nach: SCHWINGE: *Geschichte*, 322.
[1706] A.a.O., 323.
[1707] Vgl. FRIEDRICH: *Einführung*, 215.
[1708] Vgl. a.a.O., 216.
[1709] Vgl. ebd.
[1710] VGS 1919, Anlage VII, 2.
[1711] Vgl. FRIEDRICH: *Einführung*, 216.
[1712] Vgl. a.a.O., 217.
[1713] Zitiert nach: WINKLER: *Uibel*, 114f.
[1714] Vgl. ebd.
[1715] Vgl. FRIEDRICH: *Einführung*, 217.

Am 7. November 1920 wurde die neue Landessynode gewählt. Erneut erhielt die KPV mit 32 der 57 Sitze eine deutliche Mehrheit.[1716] Im Juni 1921 tagte dann erstmals die neue Synode. Auch sie hatte sich im Wesentlichen mit dem Haushaltsplan und dem Stand des Kirchenvermögens zu befassen.[1717] Im Februar 1922 wurde die Synode zu einer außerordentlichen Tagung einberufen, um der immer weiter fortschreitenden Inflation beizukommen.[1718] Wegen der zunehmenden finanziellen Schwierigkeiten bei der Einberufung der Synode berief diese im September 1923 schließlich einen sogenannten Landessynodalausschuss – bestehend aus den synodalen Mitgliedern der Kirchenregierung und 13 weiteren Synodalen –, dem alle Rechte und Pflichten der Vollsynode übertragen wurden.

Bevor der Landessynodalausschuss am 19. Februar 1924 aber erstmalig zusammentreten konnte, kam es innerhalb der Kirchenleitung zu einem folgenschweren Zerwürfnis: Das kirchliche Beamtengesetz vom 22. Juni 1921 hatte offen gelassen, ob die staatlichen Abbauvorschriften, nach denen Beamte statt wie bisher mit 70 Jahren nun mit dem Erreichen des 65. Lebensjahres zur Ruhe zu setzen seien, auch auf die kirchlichen Beamten anzuwenden seien.[1719]

Gegen das Votum des Kirchenpräsidenten hatte sich die Kirchenregierung aber mehrheitlich die Herabsetzung des Ruhestandsalters beschlossen. Auch Schmitthenner selbst hatte vor der Generalsynode 1919 noch eine Lanze für die Zurruhesetzung älterer Geistlicher gebrochen.[1720] Wie die Herabsetzung des Ruhestandsalters ohne eigenes Ansuchen auf die Betroffenen aber wirken musste, zeigt der Hinweis Muchows in der Sitzung des Landessynodalausschusses vom 22. Februar 1924, wonach mit den getroffenen Maßnahmen „nicht gesagt sein [solle], dass nunmehr jeder 65jährige Geistliche zur Ruhe gesetzt werden muss. Seine Zurruhesetzung soll auch weiterhin nur dann erfolgen, wenn die Kirchenregierung der Ansicht ist, dass er sein Amt nicht mehr so zu versehen imstande ist, wie es gefordert werden muss."[1721] Als die staatliche Abbauverordnung vom 5. Dezember 1923 das Ruhestandsalter auf 65 Jahre festlegte zogen Oberkirchenrat Schenck und Schmitthenner, der damit am 30. September 1923 die Ruhestandsgrenze erreicht hatte, ihre Konsequenzen: Am 23. Dezember 1923 teilte Schmitthenner dem Kirchenpräsidenten mit, dass er sich zum 1. Januar 1924 als im Ruhestand befindlich ansehe.[1722]

1716 Vgl. FRIEDRICH: *Einführung*, 217.

1717 Vgl. ebd.

1718 Vgl. a.a.O., 218.

1719 Vgl. GuVBl 1921, 79.

1720 Vgl. VGS 1919, 38.

1721 Protokoll der Sitzung vom 22. Februar 1924, in: LKA Karlsruhe GA 2850.

1722 Dieses Schreiben fehlt in der Personalakte Schmitthenners. Vgl. aber die Antwort Muchows vom 11. Januar 1924 in: LKA Karlsruhe PA 3243.

Auch Schenk zeigte dem Kirchenpräsidenten seinen Eintritt in den Ruhestand mit Ablauf des 31. Dezember 1923 an.[1723] Die synodalen Mitglieder der Kirchenregierung protestierten gegen die Eigenmächtigkeit dieses Vorgehens, weil das Gesetz lediglich davon gesprochen habe, ein Geistlicher könne von der Kirchenregierung auf eigenes Nachsuchen in den Ruhestand versetzt werden.[1724] Ein Recht zur Niederlegung des Amtes sei damit nicht verbunden.[1725] Die von der Kirchenregierung mit einer Stimmenthaltung gewünschte Weiterführung seines Amtes bis zum 31. März 1924 nahm Schmitthenner zunächst auch an.[1726] Am 10. Januar 1924 – wohl nachdem er das entsprechende Protokoll gelesen hatte – teilte er dem Kirchenpräsidenten aber mit, die Annahme des Beschlusses rückgängig machen zu wollen.[1727] Wegen der demütigenden Art und Weise der Mitteilung durch die Kirchenregierung und weil deren Beschluss nicht einstimmig erfolgt sei, habe er mit sofortiger Wirkung seine Amtsgeschäfte an seinen Stellvertreter Oberkirchenrat Mayer übergeben.[1728] Die Rücktritte Schmitthenners und Schencks standen dann aber am Anfang einer Lawine, die im Oktober 1924 schließlich in den erzwungenen Rücktritt des gesamten Oberkirchenrats münden sollte:

Der Landessynodalausschuss tagte am 19. Februar 1924 erstmalig.[1729] Der § 126 KV 1919 wurde dabei um den Zusatz erweitert, demzufolge der Kirchenpräsident und die Mitglieder der Kirchenregierung „ohne ihr Ansuchen aus dringenden Rücksichten des Dienstes durch die Landessynode zur Ruhe gesetzt werden“[1730] konnten. Mit Wirkung vom 1. April 1924 wurde das Beamtengesetz dahingehend geändert, dass über das Vorliegen der Voraussetzungen des Ruhestandes die Kirchenregierung endgültig zu entscheiden habe.[1731] In der öffentlichen Sitzung des Landessynodalausschusses am 19. Februar 1924 erklärte der Kirchenpräsident, den staatlichen Abbauvorschriften vom Dezember 1923 seien mit Schmitthenner und Schenck „zwei um die Kirche hoch verdiente Herren […] zum Opfer gefallen.“[1732] Der Vizepräsident des Landessynodalausschusses Ernst Schulz[1733] sprach beiden Män-

[1723] Vgl. LKA Karlsruhe GA 2850.
[1724] Vgl. GuVBl 1921, 79.
[1725] Vgl. das Protokoll der Sitzung der Kirchenregierung vom 8. Januar 1924 in: LKA Karlsruhe PA 3243.
[1726] Vgl. ebd.
[1727] Vgl. Schmitthenner an Muchow, Karlsruhe, 10. Januar 1924, in: ebd.
[1728] Vgl. ebd.
[1729] Vgl. LKA Karlsruhe GA 2850.
[1730] Protokoll der Sitzung vom 22. Februar 1924, in: LKA Karlsruhe GA 2850.
[1731] Vgl. GuVBl 1924, 49.
[1732] Protokoll der öffentlichen Sitzung vom 19. Februar 1924, in: LKA Karlsruhe GA 2850.
[1733] Ernst Julius Schulz (1876–1949), Rez. 1901, Pfarrer in Radolfzell 1908, Karlsruhe-Mühlburg 1920, Mittelstadtpfarrei Karlsruhe 1924, Landeskirchenrat 1927, Oberkirchenrat 1928–1933, Versehung des Pfarrdienstes in Eutingen und Hohensachsen 1940, Mitglied der außerordentlichen Generalsynode 1919– 1920, der Landessynode 1921–1928. Teilnehmer an den evangelischen Kirchentagen in Königsberg und Nürn-

nern, „die in Jahren und Jahrzehnten in leitenden Ämtern unserer Landeskirche gestanden sind und dadurch unserem Kirchenvolk wert geworden sind“,[1734] den Dank der Landessynode aus:

> „Sie sind mit uns durch den Krieg gegangen und haben oft bis an den Rand ihrer Kraft gearbeitet, immer freundlich entgegenkommend. [...] Es ist in unserer Erinnerung, wie Herr Prälat oft im Land draußen zu unserem Kirchenvolke gesprochen und Kindergottesdienste gehalten hat. Das war in jenen Tagen besonders wohltuend. Die beiden Herren stehen noch in guter Kraft. Noch haben sie kirchliche Aufgaben in ihren Händen, zu denen wir ihnen Frische und Gesundheit wünschen. Mögen sie so weiter frei vom Zwang des Dienstes ihnen dienen können.“[1735]

Auch in den Pfarrvereinsblättern wurde dem scheidenden Prälaten vom neuen Herausgeber Viktor Renner ein „*Wort dankbaren Gedenkens und rückhaltloser Anerkennung* [...]“[1736] ausgesprochen. Schmitthenner sei als Prälat „seines hohen Amtes würdigster Vertreter“[1737] gewesen. Es fällt auf, dass in der Sitzung vom 22. Februar 1924 ausgerechnet Franz Rohde, der aus seiner Unzufriedenheit mit dem „Verlauf der Dinge und der mühevollen Tagung“[1738] und seiner Meinung, „wenn irgendwo gespart werden [müsse], dann bei der obersten Kirchenbehörde“,[1739] zuvor keinen Hehl gemacht hatte, auf eine kritische Stellungnahme zum scheidenden Prälaten verzichtete. Indirekt sprach er bei seiner Forderung nach einer Neubesetzung der Prälatur diesem sogar ein Lob aus:

> „Man redet von persönlicher Autorität. Das Volk lechzt nach freundlichen Persönlichkeiten. Fragen Sie einen Mann aus dem Kirchenvolke, wer für ihn die oberste kirchliche Autorität ist, so wird er sagen: der Prälat. Das wird immer die Antwort sein. In religiösen und sittlichen Fragen hungert das Volk nach Autorität in dieser Zeit, die ihrer Autoritäten beraubt ist. Wir brauchen führende Persönlichkeiten, geistliche Wegweiser.“[1740]

Kritik an Schmitthenner äußerte nur Otto Frommel, der bei der Neubesetzung vor kirchenparteilichem Taktieren warnte.[1741] Schmitthenner machte er die – wohl seit dem Wahlsieg der Rechten 1919 geübte – Praxis zum Vorwurf, in den kirchlichen Examensprüfungen die Kandidaten nach ihrer kirchenpolitischen Richtung zu fragen, um diese entsprechenden Gemeinden und Lehrpfarrern zuteilen zu können:

---

berg 1927–1930, Dr. theol. h.c. Heidelberg 1929. Vgl. NEU II, 556.

1734 Protokoll der öffentlichen Sitzung vom 19. Februar 1924, in: LKA Karlsruhe GA 2850.

1735 Ebd.

1736 BPfVBl 1924, 2.

1737 Ebd.

1738 Protokoll der Sitzung vom 22. Februar 1924, in: LKA Karlsruhe GA 2850.

1739 Ebd.

1740 Ebd.

1741 Vgl. ebd.

> „Es ist für junge Leute gar nicht gut, wenn sie sich so früh auf Parteistandpunkte festlegen. Und es ist auch für eine Partei nicht gut, wenn sich junge Leute ihr anschließen wegen der Aussicht auf eine bessere Beförderung. Es ist das eine Gefahr, nämlich die Versuchung für eine Partei, auf die Weise ihre Position zu befestigen, namentlich für eine in der Herrschaft befindliche Partei. Das ist eine Versuchung des Teufels."[1742]

In der öffentlichen Sitzung vom 22. Februar 1924 wurden die Oberkirchenräte Adolf Buch und Theodor Friedrich Mayer zu Stellvertretern von Kirchenpräsident und Prälat bestimmt.[1743] Die Abbau-Vorlage vom Dezember 1923 wurde mit der Ruhestandsgrenze von 65 statt wie bisher 70 Jahren einstimmig angenommen.[1744] In der Sitzung am 22. Februar 1924 wurde im Landessynodalausschuss aber auch heftiger als bisher die Unzufriedenheit mit den als unzureichend empfundenen Maßnahmen des Oberkirchenrats gegen die Inflation offen ausgesprochen.[1745] Wechselseitig machten sich Kirchenpräsident und die synodalen Mitglieder der Kirchenregierung den Vorwurf, der Krise nicht angemessen zu begegnen.[1746]

Weil die Synodalen das meiste Einsparpotential in der Behörde selbst sahen, wurde schließlich ein Antrag Rohdes zur Einsetzung einer gemischten Kommission aus sieben Mitgliedern der Kirchenregierung und der Synode angenommen. Der sogenannte „Siebenerausschuss" sollte für die Vollsynode eine Vorlage über den Umbau der Kirchenregierung und des Oberkirchenrats erstellen.[1747] Der Vorschlag, die 1919 festgeschriebene Doppelspitze aus Kirchenpräsident und Prälat durch die Verschmelzung beider Ämter durch einen Theologen an der Spitze der Kirchenregierung abzuschaffen, verhärtete wohl die Fronten zwischen dem Kirchenpräsidenten und den synodalen Mitgliedern der Kirchenregierung weiter.[1748] Am 3. Juni 1924 kam es in einer der Sitzungen der Kirchenregierung, die von Klaus Wurth später als „unerträgliche[s] Tribunal, wenn nicht [...] Skandal"[1749] bezeichnet wurden, zur offenen Auseinandersetzung:

1742 LKA Karlsruhe GA 2850.

1743 VLSA Februar 1924, 10.

1744 A.a.O., 4.

1745 Vgl. LKA Karlsruhe GA 2850.

1746 Kirchenpräsident Muchow hatte in seiner Eröffnungsansprache am 19. Februar 1924 von Kräften gesprochen, die „nicht müde wurden, das Mißtrauen gegen den Oberkirchenrat zu steigern und die Vorwürfe immer zu wiederholen, die gemacht wurden, insbesondere die Vorwürfe, daß der Oberkirchenrat kein Herz und Mitgefühl mit den Geistlichen habe, daß er die katastrophale Lage der Pfarrhäuser durch schlechte Finanzgebarung verschuldet habe." Franz Rohde hatte in der Aussprache am 22. Februar 1924 dagegen betont, das Problem liege darin, „daß unsere kirchlichen Beamten sich immer noch wesentlich als Staatsbeamte fühlen und das gerade hier das kirchliche Bewusstsein nicht so zum Ausdruck kommt, wie es sein sollte." LKA Karlsruhe GA 2850.

1747 Vgl. LKA Karlsruhe GA 2850.

1748 Vgl. ebd.

1749 FINCK: *Wurth*, 123.

Der Wunsch nach einer Einberufung der Vollsynode wurde von Muchow unter Berufung auf die vakante Prälatenstelle abgelehnt. Offen machte er den synodalen Mitgliedern der Kirchenregierung den Vorwurf, an den Unstimmigkeiten innerhalb des Gremiums schuld zu sein. Die in der Verfassung von 1919 angelegten Probleme würden durch die „Absonderung der synodalen Abgeordneten“[1750] und ihre ungeistliche Haltung verstärkt. Klaus Wurth, der neben Kühlewein als einer der möglichen Kandidaten für die Wiederbesetzung der Prälatur galt, fragte daraufhin, „ob es nicht Pflicht der Synodalen sei, auf die Mitarbeit zu verzichten, nachdem gesagt wurde, daß sie vermissen lassen, was geistlich sei.“[1751] Es habe „so, wie die Dinge sich entwickelt haben, keinen Wert mehr, miteinander zu verhandeln.“[1752]

Der Wunsch nach neuen Köpfen innerhalb der Kirchenregierung war zu diesem Zeitpunkt bereits stark ausgeprägt. Der Rücktritt des gesamten Oberkirchenrats im Herbst 1924 geschah dann aufgrund des Drucks der sogenannten „Jungpositiven“,[1753] einer Gruppe junger Pfarrer um Karl Dürr[1754] und den späteren Landesbischof Julius Bender.[1755] Wie sehr Schmitthenner diese Verbindung unterstützte, zeigt ein Brief an Julius Bender, in dem er dem jungen Pfarrverwalter in Meßkirch seinen „warmen Dank für die freundliche Mitteilung über die Gründung der Jungpositiven Gruppe u[nd] ihres Programms“ mitteilte: „Das Programm hat mich mit tiefer herzlicher Freude erfüllt; jedem einzelnen Satze kann ich zustimmen und erflehe aus diesem kleinen Anfang eine große Wirkung zur Erneuerung unserer Kirche.“[1756]

1750 Protokoll der Sitzung der Kirchenregierung vom 3. Juni 1924 in: LKA Karlsruhe GA 2850.

1751 Ebd.

1752 Ebd.

1753 Vgl. zu dieser Selbstbezeichnung WENNEMUTH: *Kiefer*, 474. Der ebenfalls den Jungpositiven zugerechnete Jurist Otto Friedrich (1883–1978) rückte erst am 25. November 1925 als Oberkirchenrat in die Kirchenregierung ein und war daher an den Vorgängen vom Herbst 1924 nicht beteiligt. Vgl. LKA Karlsruhe PA 6577.

1754 Karl Heinrich Dürr (1892–1976), Rez. 1920, Pfarrer in Pforzheim-Brötzingen 1925, Vorsitzender des Badischen Bruderrates 1934, badischer Vertreter auf den Bekenntnissynoden 1934 in Barmen und Berlin-Dahlem, 1935 Augsburg, 1936 Bad Oeynhausen, Pauluspfarrei Freiburg 1935, Oberkirchenrat 1945–1958. Vgl. NEU II, 123, KLAUSING: *Kirche*, 109–122.

1755 Ferdinand Julius Bender (1893–1966), Rez. 1920, Vikariat in Hagsfeld 1920, Pfarrverwalter in Meßkirch 1921, Schopfheim 1922, Mitglied der Jungpositiven Vereinigung 1923, Pfarrer und Vorstand des Diakonissenmutterhauses in Nonnenweier 1928, Mitglied im fünfköpfigen Aktionsausschuss der KPV 1933, Mitglied im Landesbruderrat der BK 1933–1939, Teilnehmer der Bekenntnissynode in Bad Oeynhausen 1936, Mitglied des Erweiterten EOK und der vorläufigen Landessynode 1945, Landesbischof 1946–1964. Vgl. NEU II, 51; SCHWINGE: *Geschichte*: 559; KLAUSING: *Kirche*, 123f.

1756 Schmitthenner an Bender, Karlsruhe, 16. Dezember 1923, in: LKA Karlsruhe PA 7588.

Als Vikar in Hagsfeld hatte Bender zu den Kriegsteilnehmern gehört, die im November 1919 an einer Nothauptprüfung teilnahmen und im Februar 1920 während ihres Vikariates deren zweiten Teil in einer abgemilderten Variante – ohne neue Kirchenverfassung, Katechetik und Pädagogik mit praktischem Schwerpunkt – ablegten.[1757] Der 1892 geborene Karl Dürr hatte ab 1915 als Kriegsgefangener ein Dogmatikstudium betrieben und konnte so bereits im Mai 1920 sein unterbrochenes Studium abschließen. Aus Müllheim erreichte den Prälaten der Dank der dortigen Kirchengemeinde, er habe „unseren Wunsch nach einem positiven Vikar in Herrn Dürr über Bitten erfüllt."[1758]

Das amtliche Protokoll der entscheidenden Tagung der Landessynode vom September/Oktober 1924, während der in geschlossenen Sitzungen am 2. und 4. Oktober 1924 Kirchenpräsident Muchow sowie die Oberkirchenräte Adolf Buch, Richard Kiefer, Rudolf Deecke und Heinrich Rapp ihre Ämter niederlegten,[1759] vermerkte zu der sogenannten „Krise im Oberkirchenrat" nur lapidar:

> „Die Landessynode spricht dem Herrn Kirchenpräsidenten und den Mitgliedern des Oberkirchenrats beim Ausscheiden aus ihren Ämtern für treu geleistete, meist langjährige Dienste den herzlichen Dank der Landeskirche aus."[1760]

Öffentlich protestierte gegen die Zwangsmaßnahme nur der stellvertretende Prälat Friedrich Theodor Mayer.[1761] In einer persönlichen Erklärung vor der Synode hatte Mayer am 2. Oktober 1924 erklärt, er werde „nur der Gewalt weichen".[1762] Seit dem Februar 1923 habe er mit dem damaligen Prälaten Schmitthenner immer wieder darüber gesprochen, „daß man in der Regierung, Leitung und Verwaltung der Kirche gänzlich absehe von einer staatskirchlichen Einstellung und von einer bürokratischen Einstellung im Sinne des Maßgebenden und des Entscheidenden."[1763] Muchow, gegen dessen staatskirchliches Denken als Jurist es bereits 1919 Bedenken gegeben habe, habe dagegen die Geistlichen als reine Beamte zu wenig geschätzt. Die Rede vom Abbau nach staatlichem Vorbild sei ein „unglücksselige[s] Losungswort"[1764] für die Kirche. Mayer wurde von der Synode unter Berufung auf § 126 Abs. 5 KV 1919 zur Ruhe gesetzt.[1765] Oberkirchenrat Hermann Sprenger wurde unter Belassung seiner Amtsbezeichnung als Seelsorger ans Städtische Klinikum in Karlsruhe berufen.[1766]

[1757] Vgl. Uibel an Bender, Karlsruhe, 10. Januar 1920, in: LKA Karlsruhe PA 7588.
[1758] Vgl. das Schreiben vom 24. August 1920 in LKA Karlsruhe PA 5271.
[1759] Vgl. FRIEDRICH: *Einführung*, 218.
[1760] VLS September/Oktober 1924, 5. (Im Original fett gedruckt.) Vgl. SCHWINGE: *Geschichte*, 326.
[1761] Vgl. die Stellungnahme „[i]n eigener Sache" im „Karlsruher Volksblatt" vom 7. Oktober 1924, in: LKA Karlsruhe PA 3437.
[1762] Abschrift der Erklärung vom 2. Oktober 1924, in: LKA Karlsruhe PA 3437.
[1763] Ebd.
[1764] Ebd.
[1765] Vgl. GuVBl 1924, 96.
[1766] Vgl. ebd.

Rapp trat am 8. Oktober 1924 wieder in den Oberkirchenrat ein.[1767] Am 4. Oktober 1924 wurde mit Klaus Wurth erstmals seit Albert Helbing wieder ein Theologe zum Kirchenpräsidenten gewählt. Wurth erhielt 36 Stimmen, auf den liberalen Kandidat August Dölter – wie zuvor Uibel und Muchow ein Jurist – entfielen immerhin 19 Stimmen. Julius Kühlewein, der bei der Wahl zum Kirchenpräsidenten ebenfalls angetreten war und lediglich eine Stimme erhalten hatte, wurde am 8. Oktober 1924 zum neuen Prälaten ernannt.[1768]

[1767] Vgl. GuVBl 1924, 96.
[1768] Vgl. ebd.

8.6. Letzte Lebensjahre, Krankheit und Tod 1924–1932

Wie bereits dargestellt führte Schmitthenner im Ruhestand seine bisherigen Ehrenämter als Vorsitzender der Inneren Mission, der Landesbibelgesellschaft und des Verbandes für den Kindergottesdienst zunächst weiter.[1769] Auch die freundschaftliche Beziehung zur großherzoglichen Familie blieb nach dem Ableben Luises bestehen, Schmitthenner pflegte den vertrauten engen Kontakt zu Max von Baden in Salem und dem großherzoglichen Paar Friedrich und Hilda in Freiburg weiter.[1770] Nicht nur bei den Trauerfeierlichkeiten für die verstorbenen Mitglieder des großherzoglichen Hauses oder bei der umstrittenen Gedenkfeier anlässlich des 70. Geburtstags Wilhelms II. trat Schmitthenner weiterhin in kirchlicher Funktion auf.[1771] So hielt er am 19. September 1926 anlässlich der Wiedereinweihung von Schloss Bürgeln im Markgräfler Land die Predigt zur Weihe der evangelischen Schlosskapelle.[1772] Im Ruhestand übernahm er auch das Amt des Hilfsgeistlichen im Karlsruher Diakonissenhaus, in dessen Verwaltungsrat er von 1918 bis 1931 den Vorsitz einnahm.[1773] Als Vorsitzender des Landesverbandes für Innere Mission unterstützte er 1926 die Genehmigung der Wieblinger Mädchenschule durch Elisabeth von Thadden.[1774] Als eines der „Aushängeschilder"[1775] der Kirche und der besseren Gesellschaft gehörte er schließlich auch dem Vorstand der im Geiste des ehemaligen Viktoria-Pensionates gegründeten Schule an.[1776] Schmitthenners 70. Geburtstag am 30. September 1928 wurde noch einmal zum Akt der Würdigung, der in der Prälatenwohnung im Dienstgebäude des Oberkirchenrats, die der Jubilar auch im Ruhestand bewohnte, im großen Kreis gefeiert wurde.[1777] Am 11. Januar 1930 erlitt er einen ersten Schlaganfall, der ihn linksseitig lähmte.[1778]

[1769] Vgl. Kap.8.3. und 8.4. Das Dankschreiben des Oberkirchenrats an Schmitthenner anlässlich dessen 70. Geburtstag am 30. September 1928 beantwortete Schmitthenner mit dem Hinweis, er sei sich darüber bewusst, „dass Pflichterfüllung im amtlichen wie im außeramtlichen Wirken etwas ganz Selbstverständliches ist für den sich seiner Verantwortung bewussten Menschen, und dass aller uns dafür zu teil werdende Dank dem allein gebührt, der uns für unsern [sic!] Dienst brauchbar gemacht hat", in: LKA Karlsruhe PA 3243.

[1770] Vgl. Kap. 8.1.

[1771] Vgl. Kap. 8.1., Anm. 1558.

[1772] Vgl. LKA Karlsruhe FA Schmitthenner, Nr. 319/5a.

[1773] Vgl. HINDENLANG: *Schmitthenner*, 39.

[1774] Vgl. BARON: *Reformpädagogik*, 63, Anm. 114.

[1775] A.a.O., 66.

[1776] Vgl. MEYER: *Thadden*, 476.

[1777] Vgl. HINDENLANG: *Schmitthenner*, 39.

[1778] Vgl. ebd.

Weitere Anfälle raubten ihm in den folgenden Monaten zunehmend die geistigen und körperlichen Kräfte. Im Herbst 1931 legte Schmitthenner gezwungenermaßen seine Ehrenämter im Landesverband für den Kindergottesdienst und im Landesverband für Innere Mission endgültig nieder. Friedrich Hindenlang notierte über die letzten Krankheitsjahre:

> „Sein *inneres Leben* verklärte und vertiefte sich, je mehr die körperlichen Kräfte infolge neuer Schlaganfälle zerbrachen. Mit seiner ganzen Liebe umfaßte sein getreues Herz fürbittend alle, die ihm lieb waren. [...] Mancher weiß es nicht, daß der Kranke für ihn seine Fürbitte zu Gott emporschickte. [...] Es war einmal während seiner letzten Krankheit, da überkam ihn so besonders stark das Gefühl der Ewigkeitsnähe, und der Gedanke wollte ihm zu schaffen machen:
>
> Wie stehst du dann da? Hast du etwas in den Händen? Ihm wollte scheinen, er stünde dort wie einst die Fischer am See Genetsareth mit leeren Netzen, die zum Herrn sagen mußten: ‚Wir haben die ganze Nacht gearbeitet und nichts gefangen!' Da war ihm das Lied ein herrlicher Trost [...]: ‚Stern, auf den ich schaue...!' Sein letzter Vers wurde ihm zur Antwort auf alle Anfechtung des eigenen Herzens: ‚Nichts hab′ ich zu bringen, alles, Herr, bist Du!' [...] Nicht viel Worte über allerlei Tun und Wirken. Aber viel Dank und Lobpreis der allein wirksamen und offenbar gewordenen Gnade."[1779]

Für Pfarrer Karl Pross, der wegen einer Depression 1925 vom Kirchendienst beurlaubt und als Schmitthenners persönlicher Assistent für Schreibarbeiten und Korrespondenz eingesetzt wurde, blieb bei einem Besuch am Krankenbett unvergesslich, „wie [Schmitthenner] auf ein ihm gegenüber an der Wand hängendes Bild des Gekreuzigten deutete und sagte: ‚Der ist mein einziger Trost!'"[1780] Und Schmitthenners Tochter Martha Keller schrieb posthum an ihren Vater:

> „Die letzte Leidenszeit war für dich und trotz allem auch für uns eine Segenszeit, denn wir durften erkennen, wie Gott dich innerlich bereit machte, und vor unseren Augen entfaltete sich immer mehr dein innerstes Wesen, ein frohes Erfassen aller Freude, ein Pflichtgefühl, das am strengsten gegen sich selber war, ein unerschütterliches Vertrauen auch in den schweren und schwersten Stunden und ein immer kindlicher werdender Glaube. Das ist das Geistesgut, das du uns hinterlassen hast."[1781]

Am 8. Juni 1932 fuhr Schmitthenner gemeinsam mit seiner Frau mit Erlaubnis der Ärzte zu einem Kuraufenthalt nach Königsfeld im Schwarzwald in die dortige Herrnhuter Brüdergemeine.[1782] An seine Tochter Martha schrieb er: „Auf Königsfeld freuen wir uns wie die Kinder."[1783] In Anwesenheit seines ältesten Sohnes Hermann und seiner Frau Luise starb Schmitthenner dort in den frühen Morgenstunden des 11. Juni 1932.

[1779] Vgl. HINDENLANG: *Schmitthenner*, 40.
[1780] LKA Karlsruhe PA 3243.
[1781] LKA Karlsruhe PA 3243. Vgl. HINDENLANG: *Schmitthenner*, 40.
[1782] Vgl. ERBACHER: *Mission*, 17.
[1783] Schmitthenner an Martha Keller, Karlsruhe, 19. Mai 1932, in: LKA Karlsruhe PA 3243.

In den Tagen nach dem Tod Schmitthenners trafen Beileidsbekundungen unterschiedlichster Provenienz bei der Trauerfamilie ein. Am 14. Juni 1932 kondolierte Reichspräsident von Hindenburg.[1784] Vom gleichen Tag datiert ein Schreiben Hermines von Schönaich-Carolath aus Doorn, das die Trauer darüber ausdrückt, „diesen lieben, guten, edlen Menschen nicht mehr unter uns zu wissen."[1785] Berthold von Baden ließ die Familie Schmitthenner wissen, er sehe seine Teilnahme an der Beisetzung als „eine Selbstverständlichkeit und nur ein kleines äußeres Zeichen tiefer Dankbarkeit unserem lieben Seelsorger gegenüber".[1786] Auch Hilda von Baden kondolierte aus Zwingenberg.[1787] Am 16. Juni 1932 wurde Schmitthenner von seinem Nachfolger im Prälatenamt Julius Kühlewein in Freiburg beigesetzt. Kühlewein lobte Schmitthenner als „Mensch unermüdlicher Arbeit und strenger Pflichttreue […], von einer ungewöhnlichen Güte und Freundlichkeit", der in seinem Leben „viele Freunde und Verehrer, aber kaum einen eigentlichen Feind und Gegner"[1788] gehabt habe. Das Lebensmotto des Verstorbenen aus 1. Mose 32,11: „Ich bin zu gering aller Barmherzigkeit und aller Treue, die du an deinem Knechte getan hast", sei auch dessen „letztes Wort an uns".[1789] Am 17. Juni 1932 erschien in der „Breisgauer Zeitung" ein ausführlicher Bericht über die Beisetzung, an der neben Kühlewein auch Kirchenpräsident Klaus Wurth und Oberkirchenrat Theodor Mayer als Vertreter der Kirche sowie Berthold von Baden und Freiherr von Göler als Vertreter des großherzoglichen Hauses teilgenommen hatten. Auch die Mitglieder der deutschnationalen Landtagsfraktion waren anwesend.[1790] Der Artikel würdigte Schmitthenner als Mann

> „von unermüdlicher Arbeitskraft und seltener Berufstreue; ihn beseelte ein einzigartiges Pflichtgefühl; gegen jedermann war er von ungewöhnlicher Güte und gewinnender Freundlichkeit[,] und ein aufrichtiger Gerechtigkeitssinn bestimmte ihn in seinem ganzen Tun. Aber der Kern seines Charakters war bestimmt von seiner evangelischen Demut, die aus tiefster Frömmigkeit entspringt."[1791]

In einem Nachruf, der an gleicher Stelle abgedruckt wurde, wurden die ausgleichende Amtsführung als Prälat und die Treue zum großherzoglichen Haus gleichermaßen gewürdigt:

> „In den grundlegenden Glaubensfragen nahm Schmitthenner persönlich einen durchaus konservativen Standpunkt ein. Das hinderte ihn aber nicht, allen anders Gerichteten mit größter Objektivität zu begegnen und in ihnen bedingungslos

[1784] Vgl. GLA Karlsruhe N Schmitthenner, Nr. 18.
[1785] Ebd.
[1786] Berthold von Baden an Hermann Schmitthenner, Salem, 22. Juni 1932, in: GLA Karlsruhe N Schmitthenner, Nr. 18.
[1787] Vgl. ebd.
[1788] LKA Karlsruhe PA 3243.
[1789] Ebd.
[1790] „Breisgauer Zeitung" vom 17. Juni 1932, in: LKA Karlsruhe FA Schmitthenner, Nr. 199.
[1791] Ebd.

gleichwertige Glieder der großen Gemeinde Jesu Christi zu sehen. [...] Er sah seine vornehmste Aufgabe als Prälat darin, alle lebendigen Kräfte der Kirche zusammen zu halten und jedem Teil in ihr Raum zu lassen. [...] Seine Beziehung zum großherzoglichen Hause ist allbekannt. An seinen Mitgliedern hing er mit unerschütterlicher Treue, und dem Großherzog Friedrich II. durfte er bis zu seiner schweren Erkrankung der Seelsorger bleiben, der er immer gewesen war."[1792]

Das irenische Element in Schmitthenners Persönlichkeit und seinem Wirken als Prälat ist tatsächlich das auffälligste Merkmal, das in den diversen Nachrufen und Beileidsbekundungen gewürdigt wurde. Nie habe der Prälat

„jemanden seine übergeordnete Stellung spüren lassen. Wo er tadeln mußte, tat er es in so gütiger Weise, dass mancher durch diese Güte wahrhaft beschämt war. Ihm waren alle mit denen er in Berührung kam, gleich, ob dienstlich oder außerdienstlich, Brüder und Schwestern, denen er mit seinen Gaben zu dienen sich verpflichtet fühlte."[1793]

Das Bemühen um Ausgleich und Vermittlung ging stellenweise wohl so weit, dass es Schmitthenner die einzige leise Kritik in der Fülle der lobenden Worte eintrug:

„Seine engeren Freunde haben [...] seine strenge paritätische Haltung nicht immer gebilligt, aber sie haben doch niemals und nirgends behauptet, daß seine innere Einstellung je ins Wanken gekommen ist. [...] Wenn [...] seine innere Einstellung nach außen nicht immer klar hervor getreten ist, so lediglich deshalb, weil die versöhnende Natur in ihm so mächtig war, daß sie auch da den Ausschlag gab, wo vielleicht eine seiner inneren Einstellung entsprechende bestimmte Entscheidung von ihm erwartet werden durfte."[1794]

Friedrich Hindenlang resümierte 1934 – zwei Jahre nach Schmitthenners Tod und im Jahr der Bekenntnissynoden von Barmen und Dahlem – sein Lebensbild über den Prälaten mit einem Urteil über seine Zeit, die Aufgabe der Kirche und einem Wunsch für deren glückliche Zukunft:

„Wir leben in einer Zeit der großen Wandlungen, die sich in einem stürmischen Tempo vollziehen. Auch unsere Kirche bleibt davon nicht unberührt. Wie aber die äußere Form der Kirche, ihre Verfassung und Leitung gestaltet sein mag, ihr inneres Leben beruht doch darauf, daß das heilige Evangelium herzanfassend gepredigt wird, die Einzelseele, auch die Kindesseele treulich gehegt und gepflegt und das gemeinsame Leben liebewarm und immer mehr lebensvoll gestaltet wird. Möge Gott unserer Kirche auch in der neuen Zeit immer solche Diener schenken wie Ludwig Schmitthenner."[1795]

[1792] LKA Karlsruhe FA Schmitthenner, Nr. 199.
[1793] Ebd.
[1794] Ebd.
[1795] HINDENLANG: *Schmitthenner*, 41.

9. Schmitthenners Wirken – Größe und Grenzen

Die vorliegende Untersuchung hat es sich zur Aufgabe gemacht, die wissenschaftliche Biographie eines bedeutenden kirchengeschichtlichen Protagonisten vor dem Hintergrund seiner Zeit nachzuzeichnen. Ziel war es, allgemeine Fragestellungen, Tendenzen und Probleme aufzunehmen und am biographischen Einzelfall zu konkretisieren, zu präzisieren und sie dadurch zu überprüfen.[1796] Die Nachzeichnung des Lebensweges Schmitthenners als des Prälaten der badischen Landeskirche ging außerdem vom exemplarischen Charakter einer solchen Darstellung vor dem Hintergrund der lokalen Kirchen- und Territorialgeschichte Badens als einem bedeutenden deutschen Mittelstaaten aus.

So ergibt sich am Ende der vorliegenden Untersuchung das Bild einer Persönlichkeit in ihrer Widersprüchlichkeit zwischen Größe und Grenzen, die den Herausforderungen ihrer Zeit zu begegnen suchte. An einigen exemplarischen Fragestellungen soll diese Widersprüchlichkeit im Folgenden noch einmal aufgewiesen werden: Bevorzugte zum Beispiel der aus einem konservativen Pfarrhaus stammende Schmitthenner, der sich in seinen Freiburger Jahren den Ruf eines „treuen, bibelgläubigen Verkünder[s] des Evangeliums“[1797] erworben hatte, als geistliche Leitung der Landeskirche einseitig seine „Brüder zur Rechten“?[1798] Oder war er tatsächlich fähig, „alle lebendigen Kräfte der Kirche zusammen zu halten und jedem Teil in ihr Raum zu lassen“?[1799] Es fällt auf, dass Schmitthenner schon als junger Theologiestudent in der Lage war, die zweifellos vorhandenen „Ekelschranken“[1800] zwischen den kirchenpolitischen Richtungen zu überwinden. Der Umgang mit politisch unbequemen Kollegen – hervor sticht hier Erwin Eckert – zeugt von einer menschlichen Größe, die es Schmitthenner ermöglichte, Grenzen zu überschreiten und neue Wege zu gehen. Dieses Urteil gilt nicht nur für sozialistische Pfarrer in der evangelischen Kirche, sondern auch für den Umgang mit dem Katholizismus. Während der von den unliebsamen Erfahrungen der Freiburger Diaspora-Situation geprägte Schmitthenner noch im Juni 1910 mit einem „mannhaften evangelischen Bekenntnis“[1801] gegen die antiprotestantische Polemik des Papstes auftreten konnte, ermöglichten der Ausbruch des Ersten Weltkrieges und der vielfach geforderte Burgfrieden tatsächlich ein

---

[1796] Vgl. Kap. 1.1., Anm. 4, sowie die dort genannte Literatur.

[1797] Vgl. Kap. 4.7., Anm. 487.

[1798] VGS 1914, 360.

[1799] Ebd.

[1800] Vgl. zur Diskussion um den Begriff HÜBINGER: *Kulturprotestantismus*, 277; KUHLEMANN: *Bürgerlichkeit*, 348-349.

[1801] HINDENLANG: *Schmitthenner*, 37.

engeres Zusammenrücken der zerstrittenen Konfessionen bis hin zum Besuch von Erzbischof Thomas Nörber in Karlsruhe im Juli 1915. Allerdings kam Schmitthenners Aufruf zum gemeinsamen Einsatz beider Konfessionen im Kampf gegen den gemeinsamen Feind im Juni 1918 zu spät. Nur wenige Monate nach der Kriegsniederlage waren auch die Grenzen zwischen den Konfessionen wieder so verhärtet wie zuvor.

Die Fähigkeit Schmitthenners zur Grenzüberwindung begegnet auch im Fall von Elsbeth Oberbeck, die ohne seine Fürsprache wohl kaum ihren Weg als erste „Gemeindehelferin" in die Heidelberger Kirchengemeinde hätte gehen können. Unabhängig davon, was im Einzelnen Schmitthenners genaue Motive waren und ob er ebenso gehandelt hätte, wenn er die Folgen hätte absehen können, zeigt die erstmalige Zulassung einer Frau für den kirchlichen Dienst sicher eine gewisse Größe. Dieser Eindruck wird allerdings dadurch geschmälert, dass Schmitthenner nur wenige Jahre später im Fall von Grete Gillet wieder eng in den Grenzen seiner Zeit argumentierte. So kann man in der Frage der Frauenordination Schmitthenner wohl am treffendsten als Revolutionär wider Willen bezeichnen.[1802]

Falsch ist jedenfalls das in späteren Jahren oft gezeichnete Bild des stets um Ausgleich bemühten Irenikers, der sich in seinem Amt „viele Freunde und Verehrer, aber kaum einen eigentlichen Feind und Gegner"[1803] erworben habe. Schmitthenners Umgang mit unliebsamen Pfarrern wie Otto Raupp und Franz Rohde zeigt eindrücklich einen – von den Jahren als Freiburger Pfarrer bis in die Prälatur – vorhandenen Unwillen zum Ausgleich, wenn das theologische Tischtuch einmal zerschnitten und das Urteil über eine Person gefällt war. Wo Schmitthenner die „Ehre der evangelischen Kirche"[1804] gefährdet sah und sich zudem durch den erbitterten Widerstand des Betroffenen provoziert fühlte, gelang es ihm nicht mehr, die Souveränität des Amtes zu wahren. Die beinahe naive Protegierung Johannes Hemmers gegen Rohde zeugt zudem von einer gewissen Unfähigkeit, den Charakter einer – mit einem gewissen Charisma ausgestatteten – Person aus dem eigenen kirchenpolitischen Lager richtig einzuschätzen.

Entgegen seiner eigenen Bitte als Gemeindepfarrer im Fall Raupp 1893 nutzte Schmitthenner im Februar 1919 seine Stellung, um dem liberalen Rohde mit Hemmer einen Vertreter der äußersten kirchlichen Rechten als Vi-

---

[1802] Vgl. den Hinweis von Hilde Bitz, die eingeschränkte Anstellung, wie sie Elsbeth Oberbeck und Grete Gillet zugestanden wurde, sei der „Beginn eines Weges von Zurücksetzungen [...], der trotz aller Umwege aber doch am Ende zu seinem Ziel kam." Zwar sei diese „für die Landeskirche eine völlig neue Situation [gewesen], die mit der Tradition brach und sie vor völlig neue Herausforderungen und Entscheidungen stellte." Es seien aber „letztlich doch die Theologinnen selbst [gewesen], die in eine Zeit ohne eigenes Berufsbild einen für sie gangbaren Weg in der Kirche suchen mussten." BITZ: *Gillet*, 406.

[1803] Vgl. Kap. 8.6., Anm. 1769.

[1804] Vgl. Kap. 5.2.6.2., Anm. 833.

kar zuzuweisen.[1805] Die Ursache dafür, dass die Auseinandersetzung zwischen Rohde und Hemmer schließlich sogar vor dem kirchlichen Dienstgericht ausgetragen werden musste, ist auch in der persönlichen Fehleinschätzung Schmitthenners zu suchen.

Wo Schmitthenners Beitrag etwa hin zur Frauenordination noch als unfreiwillig und wohl kaum beabsichtigt erscheint, sind seine Verdienste auf einem anderen Arbeitsfeld unbestreitbar: der Kindergottesdienstarbeit. Seit seinem Eintreten für ein gemeinsames Gesangbuch im Vorfeld der Generalsynode von 1904, spätestens aber mit dem Beginn der „Ära Schmitthenner" durch die Berufung zum Prälaten 1909 und der Gründung des Landesverbandes 1911 wurde Schmitthenner gegen alle Widerstände zum Wegbereiter einer organisierten Kindergottesdienstarbeit innerhalb der badischen Landeskirche. Sie mitbegründet zu haben ist ein bleibendes großes Verdienst seines Wirkens.

Die Frage nach Größe und Grenzen stellt sich auch bei Schmitthenners Umgang mit den Mitgliedern des großherzoglichen Hauses. Statt Kritik begegnet auch hier – zumindest im dokumentierbaren Briefverkehr – durchgängig eine beinahe devote Loyalität. Die bewusste Umgehung des Großherzogs in der Frauenfrage bildet hier eine beinahe befremdlich anmutende Ausnahme.[1806] Dass Schmitthenner die Beziehungen zur großherzoglichen Familie auch über die Revolution von 1918 hinweg aufrecht erhielt, kann ihm sicherlich ebenfalls als Zeichen charakterlicher Größe und Integrität angerechnet werden. Das in den Jahren zuvor vor allem zu Luise entstandene Vertrauensverhältnis, das in den Nachkriegsjahren nicht etwa abflachte, sondern sich im Gegenteil noch vertiefte, trug Schmitthenner den Vorwurf ein, „den fürstlichen Häusern schon immer mehr gedient [zu haben], als der Kirche des Volkes".[1807] Erst die Treue über den „Wechsel der Zeiten"[1808] hinweg macht aber das zuvor von Amts wegen verordnete Verhältnis zu einer Seelsorgebeziehung im eigentlichen Sinn.

Der Vorwurf an Schmitthenner, als Mitglied der Generalsynode und der Ersten Kammer der Landstände seine Überzeugungen nach außen nicht immer klar gemacht zu haben, bezieht sich möglicherweise auf die Stimmenthaltung im Streit um die Freigabe des Apostolikums auf der Generalsynode von 1914.[1809]

Auch sie ist, als Versuch zur Vermeidung einer knappen Mehrheitsentscheidung in einer wesentlichen Frage des kirchlichen Lebens, als Ausdruck der Größe zu werten. In den Landtagsdebatten trat Schmitthenner eher zurückhaltend auf und blieb – etwa im Streit um die Neubesetzung der beiden

---

[1805] Vgl. Kap. 4.3., Anm. 375.

[1806] Vgl. Kap. 5.2.3.1., Anm. 691.

[1807] Vgl. 8.1., Anm. 1558.

[1808] Vgl. Schmitthenner an Luise von Baden, Karlsruhe, 24. August 1922, in: GLA Karlsruhe FA Zugang 2012–4, Nr. 2444.

[1809] Vgl. VGS 1914, 360f. Vgl. Kap.5.5.2.

freien theologischen Lehrstühle an der Heidelberger Fakultät im Februar 1910 – gegenüber dem eloquenten und streitbaren Ernst Troeltsch eher blass. Vehement kämpfte er aber bei ethischen Themen für seine Überzeugungen, etwa für die Belange der Inneren Mission oder gegen die Legalisierung der Prostitution, mit der er sich bereits als Gemeindepfarrer in Freiburg auseinandergesetzt hatte.

In der Weimarer Republik gehörte Schmitthenner zur Mehrheit der deutschen Kirchenvertreter, die sich nach der Revolution erstaunlich pragmatisch an die neuen Verhältnisse anpassen konnten.[1810] Der Wille, „dem Vaterland auch in einer neuen Gestaltung seines Staatswesens zu dienen“,[1811] war zweifellos vorhanden. Trotzdem bleibt der Eindruck der bedingungslosen, stellenweise fast naiven Treue zur Monarchie und zu ihren abgetretenen Repräsentaten vorherrschend, bis hin zu einer gewissen Koketterie mit der betonten Distanz zur Demokratie.[1812] Wenn es zutrifft, dass das landesherrliche Kirchenregiment bereits vor 1918 „in einzelnen Fällen sogar auf der politisch konservativen und theologisch orthodoxen Seite des deutschen Protestantismus als durch die Zeit überholt und für das Wirken der Kirche in der modernen Gesellschaft als hinderlich empfunden“[1813] wurde, so zählt Schmitthenner sicherlich nicht dazu. Das Fremdeln mit der Demokratie hinderte Schmitthenner allerdings – im Gegensatz zu anderen konservativen Kirchenvertretern wie etwa Klaus Wurth – nicht daran, als Christ die Ermordung Matthias Erzbergers zu kritisieren.[1814] Die Amtsführung des letzten vom Großherzog berufenen Prälaten unter den Bedingungen einer demokratischen Staatsverfassung zeigte so zwar äußerlich, dass „eine evangelische Kirche [...] jede Staatsform bejahen und in jeder Staatsform ihren Dienst ausrichten kann“,[1815] ein Demokrat aus innerer Überzeugung war Schmitthenner – trotz seines Wirkens als Politiker in der Ersten Kammer der Landstände mit zumindest demokratischen Ansätzen – aber sicher nicht.

Ausgerechnet die Kirchenverfassung von 1919 als demokratisch geprägtes Gebilde des neuzeitlichen Lebens sollte dann aber nach dem Wegfall des landesherrlichen Summepiskopats die Prälatur mit nahezu bischöflichen Vollmachten ausstatten. Seitdem umschloss Schmitthenners Amt „alle wesentlichen Befugnisse und Eigenschaften des Bischofs in der Kirche des allgemeinen Priestertums“.[1816] Es kann daher nicht genug gewürdigt werden, dass es während Schmitthenners Amtszeit keine Maßnahmen der Kirchenleitung gegen politisch unliebsame Pfarrer gab. Das war in der badischen Landeskirche tatsächlich erst nach 1923 der Fall.

[1810] Vgl. SCHOLDER: *Kirchen*, 9-10.
[1811] Vgl. Kap. 8.1., Anm. 1624.
[1812] Vgl. Kap. 8.1., Anm. 1548.
[1813] HÜRTEN: *Kirchen*, 10.
[1814] Vgl. Kap. 8.1., Anm. 1565.
[1815] DIBELIUS: *Jahrhundert*, 237.
[1816] Vgl. BPfVBl 1919, 47.

Am Ende dieser Untersuchung soll schließlich noch einmal die Frage nach der Haltung Schmitthenners zum Ersten Weltkrieg als der „Urkatastrophe“[1817] des 20. Jahrhunderts aufgegriffen werden. Nicht nur Schmitthenners Predigt zum Gedenken an die Opfer des Fronleichnamstages vom 22. Juni 1916, sondern auch der Briefwechsel mit Großherzogin Luise zeigt letztlich eine – von Gerhard Schwinge anhand der Kriegsbiographien von Pfarrern wie Klaus Wurth, Franz Rohde, Hermann Maas und Karl Hesselbacher, aber auch junger Kriegsteilnehmer wie Friedrich Hauß oder Julius Bender nachgewiesene – „Unfähigkeit, die Fragwürdigkeit und das Grauen des Krieges zu erkennen und theologisch-ethisch zu verarbeiten.“[1818] Theologische Reflexionen über den Krieg im Austausch zwischen Schmitthenner und Luise sind beinahe ausnahmslos Rechtfertigungen des aufgezwungenen, notwendigen, heiligen Krieges nach alttestamentlichem Vorbild.[1819] Mit dieser Haltung ist Schmitthenner ein Kind seiner Zeit. Während des Krieges konnten so auch ausgesprochen liberal eingestellte Geistliche wie Ernst Josef Lehmann scharf nationalistische Positionen vertreten: Noch 1917 rechtfertigte Lehmann die Notwendigkeit des deutschen U-Boot-Krieges und trat 1919 als überzeugter Gegner des Versailler Friedens auf.[1820] Mit Pfarrer Theodor Böhmerle in Langensteinbach findet sich in der vorliegenden Untersuchung gerade einmal ein badischer Geistlicher, der es wagte, den Ersten Weltkrieg aus theologischen Gründen abzulehnen.[1821] Die religiöse Überhöhung der Nation,[1822] die kulturelle Überhöhung des Krieges[1823] und der bedingungslose Glaube an den Sieg der als gerecht empfundenen Sache übertönten die wenigen und leisen kritischen Stimmen.[1824]

Und auch nach der Katastrophe von 1918 verhallten bei den verantwortlichen Kirchenführern – unter ihnen auch Schmitthenner – Fragen wie die des Schönauer Pfarrers Friedrich Bossert ungehört, ob während des Krieges „nicht die Kirche […] die Dienerin des Staates [gewesen sei], während sie sein Gewissen hätte sein sollen“.[1825] Auch Schmitthenners Haltung zum Krieg und zur aus ihm hervorgegangenen Demokratie ist daher – aus heutiger Sicht – als eine widersprüchliche Gefangenheit zwischen charakterlicher Größe und den Grenzen seiner Zeit zu beschreiben:

[1817] BERGHAHN: *Weltkrieg*, 17.

[1818] SCHWINGE: *Pfarrer*, 82.

[1819] Vgl. HINDENLANG: *Krieg*; THOMA: *Krieg;* BECKER: *Religion*, 192-195.

[1820] Vgl. LORENZ: *Lehmann*, 305f.

[1821] Vgl. Kap. 6.1., Anm. 1214.

[1822] Vgl. WALKENHORST: *Nationalismus*, 503-526; HÜBINGER: *Sakralisierung*, 234.

[1823] Vgl. BECKER: *Religion*, 192.

[1824] Vgl. die von Karl Hesselbacher überlieferte Reaktion Großherzogin Luises auf den Kriegseintritt Englands: „Ich glaube an den Sieg der gerechten Sache.“ Erst im Rückblick fragte sich der Karlsruher Stadtpfarrer: „Ob nicht das Neue Testament mehr vom Leiden der Gerechten redet als von ihrem Sieg?“ HESSELBACHER: *Erinnerungen*, 62.

[1825] BPfVBl 1919, 119.

Schmitthenner war weder Pazifist, noch Kriegsenthusiast, weder Demokrat, noch Demokratiegegner. Diese – im wahrsten Sinne des Wortes – „Mittelmäßigkeit" kann man als erschreckend begrenzt empfinden. Positiv verstanden als Maß zur Mitte zeugt sie aber ebenfalls von Größe in einer Zeit, die oft genug von der Auseinandersetzung zwischen den politischen Extremen gekennzeichnet war.

Tragischerweise fügte sich die Widersprüchlichkeit zwischen Größe und Grenzen nahtlos in die weitverbreitete Haltung vieler Kirchenvertreter, Politiker und Militärs, den Krieg gerade deshalb umso entschiedener und alternativloser zu führen, weil man ihn eigentlich nicht gewollt habe. Und sie machte es in der Weimarer Zeit unmöglich, angesichts der Hoffnungen auf „Mächte [...], die uns aus der jetzigen Not und Tiefe wieder heraufführen zu *dem*, wozu Deutschland bestimmt ist",[1826] die ungeliebte Demokratie gegen ihre eigentlichen Gegner zu schützen. Der „Sieg über den Staat",[1827] der 1919 die Kirche in eine bisher nie gekannte Unabhängigkeit entließ, führte wohl auch bei Schmitthenner zu einer Fehleinschätzung über den Wert einer stabilen Demokratie für die Kirche. Ob Schmitthenner allerdings in der Lage gewesen wäre, die Zeichen der kommenden Zeit zu erkennen und angesichts der durchaus vorhandenen Resistenz gerade der konservativen Pfarrerschaft gegen den Nationalsozialismus diesem zu widerstehen,[1828] darüber kann – bei aller Größe der Fragestellung – innerhalb der vorhandenen Grenzen der Zeit nur spekuliert werden.[1829]

1826 GLA Karlsruhe N Schmitthenner, Nr. 5.

1827 KURZ: *Denken*, 148.

1828 Vgl. KUHLEMANN: *Bürgerlichkeit*, 34f.

1829 Vgl. zur Rechtfertigung der Fragestellung den modernisierungstheoretischen Ansatz Kuhlemanns: „Der weitverstandene modernisierungstheoretische Ansatz bietet insgesamt den Vorzug, eine *rein* historistische Betrachtung der Religionsgeschichte im Deutschen Kaiserreich zu vermeiden. Ist es zwar notwendig [...], die unterschiedlichen, auch regional vielfach differenzierten Ausprägungen protestantischer Mentalitäten endlich grundlegend aufzuarbeiten, um den Kaiserreichs-Protestantismus aus einseitigen Kontinuitätskonstruktionen herauszulösen, muss gerade die Unabgeschlossenheit der Moderne und der mit ihr verbundenen religiösen Problemlagen auch zu einer von späteren Problemlagen abhängigen Betrachtungsweise führen. Dazu gehören die Daten 1933 und 1939 [...] ebenso wie das Jahr 1989 oder auch die von der Religionssoziologie neuerdings beschriebene, globale »Wiederkehr der Religionen«." A.a.O., 51.

Verzeichnis der Abkürzungen

Die verwendeten Abkürzungen sind entnommen aus: Abkürzungen Theologie und Religionswissenschaft nach RGG^4, herausgegeben von der Redaktion der RGG^4, UTB 2868, Tübingen 2007. Darüber hinaus bzw. abweichend davon werden die folgenden Abkürzungen verwendet:

BA	Bernadotte-Archiv
BB (NF)	Badische Biographien (Neue Folge)
BPfVBl	Badische Pfarrvereinsblätter
BRBl	Badisches Regierungsblatt (1803 Kur-Badisches Regierungsblatt, 1806 Regierungsblatt des Großherzogtums Baden, 1808 Großherzoglich-Badisches Regierungsblatt, 1822 Großherzoglich-Badisches Staats- und Regierungsblatt, 1845 Großherzoglich-Badisches Regierungsblatt, 1869 Gesetzes- und Verordnungsblatt für das Großherzogtum Baden, 1918 Badisches Gesetzes- und Verordnungsblatt)
DRA	Deutscher Reichsanzeiger (1819 Allgemeine Preußische Staatszeitung, 1843 Allgemeine Preußische Zeitung, 1848 Allgemeiner Preußischer Staatsanzeiger, 1851 Königlich Preußischer Staatsanzeiger, 1871 Deutscher Reichs-Anzeiger und Königlich Preußischer Staats-Anzeiger, 1918 Deutscher Reichsanzeiger und preußischer Staatsanzeiger)
DDP	Deutsche Demokratische Partei
DNVP	Deutsch-Nationale Volkspartei
EOK	Evangelischer Oberkirchenrat
EZA	Evangelisches Zentralarchiv
FA	Familienarchiv
FVP	Fortschrittlichen Volkspartei
GLA	Landesarchiv Baden Württemberg Abt. Generallandesarchiv
GuVBl	Kirchliches Gesetzes und Verordnungsblatt (1861 Verordnungsblatt für die vereinigte evangelisch-protestantische Kirche des Großherzogtums Baden, 1883 Gesetzes- und Verordnungsblatt für die vereinigte evangelisch-protestantische Kirche des Großherzogtums Baden, 1918 Gesetzes- und Verordnungsblatt für die vereinigte evangelisch-protestantische Kirche Badens)

KLV	Kirchlich-Liberale Vereinigung
KPV	Kirchlich-Positive Vereinigung
KV	Kirchenverfassung
LHA	Landeshauptarchiv
LKA	Landeskirchliches Archiv
N/NL	Nachlass
OKR	Oberkirchenrat
StA	Stadtarchiv
VBL	Verhandlungen der Ersten Kammer der Badischen Landstände/Verhandlungen des badischen Landtags
VGS/VLS	Verhandlungen der Generalsynode/Landessynode
VLSA	Verhandlungen des Landessynodalausschusses
VRT	Verhandlungen des Reichstags

Literaturverzeichnis

1. Quellen

1.1. ungedruckte Quellen

a) Bernadotte-Archiv Stockholm

Nachlass der Königin Victoria von Schweden. Ausländische Korrespondenz 1908–1929, II, Nr. 20–33.

b) Evangelisches Evangelisches Zentralarchiv Berlin

Centralvorstand des Evangelischen Vereins der Gustav-Adolf-Stiftung. Unterstützung der evang[elischen] Gemeinde zu Meersburg im Großherzogtum Baden, 200/1, Nr. 4.646.

Centralvorstand des Evangelischen Vereins der Gustav-Adolf-Stiftung. Unterstützung der evangelischen Gemeinde Freiburg in Baden, 200/1 Nr. 2.928.

Führende Persönlichkeiten der deutschen Politik im Nachlass Friedrich Siegmund-Schultzes, 626/I, 21,6.

Briefwechsel der Großherzogin Luise von Baden und des Prinzen Max von Baden mit Friedrich Siegmund-Schultze 1912–1921, 51/DId.

Staatsleistungen an Baden, EZA 1/1819.

c) Generallandesarchiv Karlsruhe:

Ernennung eines evangelischen Prälaten 1819–1909, Abt. 60/708.

Hoftagebücher 1909–1918, 47 Baden 2117–2125.

Kabinett Luise, 69 Baden.

Nachlass Willy Hellpach, N Hellpach.

Nachlass Großherzogin Luise von Baden, FA Zugang 2012–4, Nr. 2444, 2498, 2499.

Nachlass Karl Ludwig Schmitthenner, N Schmitthenner.

Nachlass Prinz Max von Baden, FA N Max von Baden, Nr. 1872, 1906.

Stockhorn, Otto von: Der Fall Wimmer-Hasenclever in Freiburg. Seperatabdruck aus Nr. 43 der „Badischen Landpost“ vom 20. Februar 1895, 69 von Stockhorn, Nr. 188.

d) Landeskirchliches Archiv Karlsruhe

Personalakten:

Personalakte Julius Bender (1893–1966), PA 7588.

Personalakte Theodor Böhmerle (1870–1927), PA 1997.

Personalakte Theophil Burgstahler (1896–), PA 1004.

Personalakte Erwin Eckert (1893–1972), PA 1052/1.
Personalakte Ernst Fischer (1862–1940), PA 1718.
Personalakte Grete Gillet (1895–1970), PA 4514.
Personalakte Gustav Günther (1872–1947), PA 5402.
Personalakte Friedrich Hauß (1893–1977), PA 4577.
Personalakte Albert Helbing (1837–1914), PA 3081.
Personalakte Hans Hemmer (1887–1949), PA 5758/59.
Personalakte Karl Hesselbacher (1871–1943), PA 2438.
Personalakte Hans Keller (1881–1918), PA 867.
Personalakte Julius Kühlewein (1873–1948), PA 3308.
Personalakte Otto Lang (1872–1938), PA 2423.
Personalakte Ernst Josef Lehmann (1861–1948), PA 1527.
Personalakte Hermann Maas (1877–1970), PA 4350.
Personalakte Theodor Friedrich Mayer (1864–1936), PA 3437.
Personalakte Karl Mondon (1884–1954), PA 4729.
Personalakte Elsbeth Oberbeck (1871–1939), PA 485.
Personalakte Friedrich Karl Oehler (1844–1910), PA 3080.
Personalakte Otto Raupp (1867–1945), PA 1574.
Personalakte Franz Rohde (1863–1937), P 1015.
Personalakte Emil Schwaab (1882–), PA 2989.
Personalakte Hugo Schwarz (1872–1927), PA 1395.
Personalakte Adolf Schmitthenner (1854–1907), PA 940.
Personalakte Ludwig Schmitthenner (1858–1932), PA 3243.
Personalakte Theodor Steltz (1887–1970), PA 4082.
Personalakte Jonathan Stern (1872–1961), PA 4080.
Personalakte Eduard Uibel (1846–1925), PA 3101.
Personalakte Klaus Wurth (1861–1948), PA 3343.
Personalakte Wilhelm Ziegler (1870–1952), PA 1736.
Personalakte Wilhelm Ziegler (1901–1993), PA 7295.

Generalakten:

Pressestimmen zu den Generalsynoden 1904 und 1909, GA 779.

Kirchenverfassung, Wahl, Zusammensetzung und Einberufung einer außerordentlichen Generalsynode 1919–1920, GA 1455.

Wahlvorschlagslisten zur Generalsynode 1919, GA 1456.

Sitzung des Landessynodalausschusses vom Februar 1924, GA 2623.

Vorlagen, Beschlüsse und Verhandlungen des Deutschen Evangelischen Kirchentages 1919–1920, GA 2658.

Die Aufnahme der aus Elsass-Lothringen vertriebenen evangelischen Geistlichen in den Kirchendienst der deutschen Bundesstaaten, GA 2716–2722

Beschwerden gegen Geistliche allgemeiner Natur, GA 2730.

Die Überwachung der Geistlichen in Bezug auf reines Leben und unanstößigen Wandel, GA 2840.

Außerordentliche Tagung des Landessynodalausschusses vom Februar 1924, GA 2850.

Kriegszustand, Mobilmachung, Kriegsfürsorge, GA 3023.

Außerordentliche Maßnahmen während der Kriegszeit auf kirchlichem Gebiet, GA 3024.

Pressekundgebungen zum Verhältnis von Staat und Kirche, GA 3053.

Stellung der evangelischen Kirche zur Judenfrage 1919–1952, GA 3206.

Militärverhältnisse und Unabkömmlichkeit der Beamten des Oberkirchenrats und der Verwaltungen, GA 3261.

Betätigung der evangelischen Kirche im Krieg, GA 3282.

Besuche des Prälaten Schmitthenner an der Front 1916, GA 3283.

Versorgung des Feldheeres und der Gemeinden mit Erbauungsliteratur, GA 3292.

Sammlung von Feldpostbriefen, GA 3293.

Vortrag von Otto Raupp über „Kirche und Religion im öffentlichen Leben", GA 3302.

Sitzungsprotokolle Evangelischer Oberkirchenrat 1924–1929, GA 3475.

Ableben der königlichen Hoheiten Friedrich I., Luise und Friedrich II., GA 3510.

Ermordung des Reichsministers Rathenau, GA 3511.

Evangelischer Gemeindebote für die Stadt Karlsruhe, GA 3573.

Kirchliche Blätter, Zeitungen und Zeitschriften, GA 3574.

Diener und Dienste. Prälatenstelle 1819–1934, GA 3678.

Jugend- und Kindergottesdienste, Christliche Sonntagsschulen, Badischer Landesverband für den Kindergottesdienst. Bd. 1: 1883–1937, GA 3877.

Die Dienstverhältnisse der unständigen Geistlichen betr[effend], GA 3976.

Das Ableben des Reichspräsidenten Ebert am 7. März 1925, GA 3997.

Trennung von Staat und Kirche, Neuordnung der Badischen Landeskirche durch die Staatsumwälzung 1918, GA 4117.

Kirchenpolitik, Kirchenhoheit, Trennung von Staat und Kirche 1919, GA 4118.

Deutsche Evangelische Kirchenkonferenz und Eisenacher Konferenz 1919, GA 4147.

Kundgebungen der kirchlichen Parteien für die Generalsynode 1919, GA 4233.

Gemeindebesuche des Prälaten 1922–1931, GA 4276.

Kollekten für den Badischen Landesverein für Innere Mission, GA 4283.

Feiern im großherzoglichen Haus 1906–1934, GA 4332.

Visitation der Militärgemeinden durch den Militäroberpfarrer, GA 4349.

Die Abänderung der Kirchenverfassung bzw. Vorarbeiten zum Gesetz vom 9. Oktober 1860, [d]ie rechtliche Stellung der Kirchen und kirchlichen Vereine im Staate betr[effend], GA 4530

Zentralausschuss der Inneren Mission, GA 4606.

Badischer Landesverein für Innere Mission, GA 4613.

Innere Mission, Erziehungsanstalt Schwarzacher Hof und Mädchen- und Frauenheim Bretten, GA 4615.

Badischer Landesverein für Innere Mission. Erziehungsanstalt Schwarzacherhof und Mädchen- und Frauenheim Bretten, GA 4616.

Gesamtverband Innere Mission, GA 4618.

Volkskirchenbund religiöser Sozialisten 1919–1933, GA 4656.

Bildung und Einberufung eines Landessynodalausschusses 1924, GA 4909.

Gründung und Leitung evangelischer Arbeitervereine in Deutschland 1890–1943, GA 5117.

Disziplinarordnung und Verfahren gegen Geistliche, GA 5220.

Beziehungen zur elsässischen Landeskirche, GA 5585.

Die Zulassung von weiblichen Theologiestudierenden zu den Theologischen Prüfungen und zu Kirchenämtern betr[effend], GA 5906.

Kirchenverfassung und Kirchenregierung 1918–1967, GA 6205.

Dienstreisekosten des Präsidenten 1881–1933, GA 6830.

Feldtagebuch Gustav Rost, GA 6854.

Verlautbarungen des Evangelischen Oberkirchenrats 1888–1924, GA 9001.

Handakten des Prälaten zur Ersten Theologischen Prüfung, GA 9012.

Badischer Landesverein für Innere Mission. Handakte Friedrich, GA 9107.

Trauerbriefe an Kriegswitwen von Großherzogin Luise von Baden, GA 13753.

Spezialakten:

Kirchenvisitationen 1875–1953, SpA 74.

Kirchenvisitationen Heidelberg, SpA 3777.

Einteilung der evangelischen Kirchengemeinde Freiburg in Pfarrbezirke, SpA 2417.

Pfarrei der Christuskirche 1884–1946, SpA 2425.

Stadtvikariat Christuskirche 1892–1953, SpA 2426.

Schul- und Armensachen Freiburg 1902–1929, SpA 2442.

Bau und Betrieb des Diakonissen- und Krankenhauses Freiburg, SpA 2524.

Kirchenvisitationen Mannheim, SpA 6743.

Kirchenvisitationen Stadtgemeinde Freiburg 1878–1908, SpA 13801.

Nachlässe:

Nachlass Hermann Maas, NL 150.013 Hermann Maas.

Nachlass Fritz Hermann Hauß, NL 150.021 Fritz Hermann Hauß.

Familienarchiv Schmitthenner, NL 150.028 FA Schmitthenner.

Nachlass Otto von Stockhorn, NL 150.031 Otto von Stockhorn.

Sonstige:

Divisionspfarrei Freiburg. Festsetzungen 1872–1903.

Divisionspfarrei Freiburg. Jahresberichte 1873–1896.

Divisionspfarrei Freiburg. Nebenamtliche Beschäftigungen 1878–1911.

Divisionspfarrei Freiburg. Zugehörigkeit zur Militärgemeinde 1882–1915.

Christusgemeinde Freiburg. Allgemeine Amtsführung und Verwaltung 1891–1994.

1.2. gedruckte Quellen

Baden, Luise von: Ich weiß, dass mein Erlöser lebt. Glaubensworte für Tage der Prüfung, Leipzig 1899.

Baden, Luise von: Den Leidtragenden, Karlsruhe 1917.

Baden, Luise von: In den ernsten Tagen des Jahres 1917. Gedichtsammlung zusammen gestellt für den Badischen Frauenverein und seine Zweigvereine zur Verwendung bei Vorträgen und vaterländischen Veranstaltungen insbesondere für Frauen und Mütter, Karlsruhe 1917.

Baden, Max von: Die moralische Offensive. Deutschlands Kampf um sein Recht. Nachdruck der Originalausgabe von 1921, Hamburg 2011.

Baden, Max von: Erinnerungen und Dokumente. Nachdruck der Originalausgabe von 1927, Hamburg 2011.

Baudissin, Wolf Graf von: Aus meiner Dienstzeit. Militärische Erinnerungen von Fr[ei]h[er]rn v[on] Schlicht, in: Kieler Neueste Nachrichten, 6. Januar 1909.

Bauer, Ludwig: Die Mitglieder der Ersten Kammer der Badischen Ständeversammlung vom Jahre 1819 bis mit 1912, 5. Auflage, Karlsruhe 1913.

Bericht an die ordentliche Landessynode von 1921, in: Evangelischer Oberkirchenrat Karlsruhe (Hg.): Verhandlungen der Landessynode der vereinigten evangelisch-protestantischen Landeskirche Badens. Ordentliche Tagung vom Juni 1921, Karlsruhe 1922, 1–27.

Dibelius, Otto: Das Jahrhundert der Kirche, 5. Auflage, Berlin 1928.

Drews, Arthur: Die Christusmythe, Jena 1909.

Drews, Arthur: Die Christusmythe. Zweiter Teil: Die Zeugnisse für die Geschichtlichkeit Jesu. Eine Antwort an die Schriftgelehrten mit besonderer Berücksichtigung der theologischen Methode, Jena 1911.

Evangelischer Oberkirchenrat Karlsruhe (Hg.): Gesetzes- und Verordnungsblatt für die vereinigte evangelisch-protestantische Kirche des Großherzogtums Baden für das Jahr 1861, Karlsruhe 1861.

Evangelischer Oberkirchenrat Karlsruhe (Hg.): Verhandlungen der ordentlichen General-synode des Jahres 1904 in der evangelisch-protestantischen Kirche des Groß-herzogtums Baden, Karlsruhe 1905.

Evangelischer Oberkirchenrat Karlsruhe (Hg.): Verhandlungen der ordentlichen General-synode des Jahres 1909 in der evangelisch-protestantischen Kirche des Groß-herzogtums Baden, Karlsruhe 1910.

Evangelischer Oberkirchenrat Karlsruhe (Hg.): Gesetzes- und Verordnungsblatt für die vereinigte evangelisch-protestantische Kirche des Großherzogtums Baden für das Jahr 1914, Karlsruhe 1914.

Evangelischer Oberkirchenrat Karlsruhe (Hg.): Verhandlungen der ordentlichen General-synode des Jahres 1914 in der evangelisch-protestantischen Kirche des Groß-herzogtums Baden, Karlsruhe 1915.

Evangelischer Oberkirchenrat Karlsruhe (Hg.): Gesetzes- und Verordnungsblatt für die vereinigte evangelisch-protestantische Kirche des Großherzogtums Baden für das Jahr 1918, Karlsruhe 1918.

Evangelischer Oberkirchenrat Karlsruhe (Hg.): Gesetzes- und Verordnungsblatt für die Vereinigte Evang.-protest. Kirche Badens für das Jahr 1919, Karlsruhe 1919.

Evangelischer Oberkirchenrat Karlsruhe (Hg.): Verhandlungen der Generalsynode der evangelisch-protestantischen Kirche Badens vom November 1918 und Juni 1919, Karlsruhe 1919.

Evangelischer Oberkirchenrat Karlsruhe (Hg.): Gesetzes und Verordnungsblatt für die Vereinigte Ev[angelisch]-prot[estantische] Landeskirche Badens für das Jahr 1920, Karlsruhe 1920.

Evangelischer Oberkirchenrat Karlsruhe (Hg.): Verhandlungen der außerordentlichen Generalsynode der vereinigten evangelisch-protestantischen Kirche Badens vom Oktober/Dezember 1919, Karlsruhe 1920.

Evangelischer Oberkirchenrat Karlsruhe (Hg.): Verhandlungen der außerordentlichen Generalsynode (Landessynode) der vereinigten evangelisch-protestantischen Landeskirche Badens im Mai 1920, Karlsruhe 1921.

Evangelischer Oberkirchenrat Karlsruhe (Hg.): Gesetzes- und Verordnungsblatt für die vereinigte evangelisch-protestantische Landeskirche Badens, Karlsruhe 1922.

Evangelischer Oberkirchenrat Karlsruhe (Hg.): Verhandlungen der Landessynode der vereinigten evangelisch-protestantischen Landeskirche Badens. Ordentliche Tagung vom Juni 1921, Karlsruhe 1922.

Evangelischer Oberkirchenrat Karlsruhe (Hg.): Gesetzes- und Verordnungsblatt für die Vereinigte Ev[angelisch]-prot[estantische] Landeskirche Badens für das Jahr 1923, Karlsruhe 1923.

Evangelischer Oberkirchenrat Karlsruhe (Hg.): Verhandlungen der Landessynode der vereinigten evangelisch-protestantischen Landeskirche Badens. Außerordentliche Tagung vom September 1923, Karlsruhe 1926.

Evangelischer Oberkirchenrat Karlsruhe (Hg.): Verhandlungen der Landessynode der vereinigten evangelisch-protestantischen Landeskirche Badens. Ordentliche Tagung vom September/Oktober 1924, Karlsruhe 1926.

Evangelischer Oberkirchenrat Karlsruhe (Hg.): Verhandlungen des Landessynodal-ausschusses der vereinigten evangelisch-protestantischen Landeskirche Badens. Außerordentliche Tagung vom Februar 1924, Karlsruhe 1926.

Evangelischer Pfarrverein in Baden (Hg.): Kirche und Heimat. Ein Buch von der evangelischen Kirche in Baden. Festgabe zum Deutschen Evangelischen Pfarrertag in Karlsruhe 1928, Karlsruhe 1928.

Geschichte des Badischen Frauenvereins. Festschrift zur Feier der silbernen Hochzeit Ihrer Königlichen Hoheiten des Großherzogs Friedrich mit der Großherzogin Luise und der Vermählung Ihrer Großherzoglichen Hoheit der Prinzessin Victoria mit seiner Königlichen Hoheit dem Kronprinzen Oscar Gustav Adolf von Schweden und Norwegen am 20. September 1881, herausgegeben vom Centralcomite des Badischen Frauenvereins, Karlsruhe 1881.

Hindenlang, Friedrich: Der heilige Krieg, Karlsruhe 1914.

Huber, Ernst Rudolf; Huber, Wolfgang (Hg.): Staat und Kirche im 19. und 20. Jahrhundert. Dokumente zur Geschichte des deutschen Staatskirchenrechts, Bd. 4: Staat und Kirche in der Zeit der Weimarer Republik, Staat und Kirche im 19. und 20. Jahrhundert. Dokumente zur Geschichte des Deutschen Staatskirchenrechts Bd. 5, Berlin 1988

Hof- und Staatshandbuch des Großherzogtums Baden 1910, Karlsruhe 1909.

Klein, Paul: Du bist mein Hammer, meine Kriegswaffe. Kriegsandachten, Mannheim 1914.

Köhler, Franz: Der Weltkrieg im Lichte der deutsch-protestantischen Kriegspredigt, Tübingen 1915.

Lauter, Anna: Großherzogin Luise von Baden und ihre Wirksamkeit im Weltkrieg, Lahr (Schwarzwald) 1918.

Lehmann, Ernst: Der Aufbau der evangelischen Volkskirche in Baden, Heidelberg 1919.

Neu, Heinrich: Pfarrerbuch der evangelischen Kirche Badens. Von der Reformation bis zur Gegenwart. Bd. 2: Alphabetisches Verzeichnis mit biographischen Angaben, Lahr (Schwarzwald) 1939.

Neu, Heinrich: Pfarrerbuch der evangelischen Kirche Badens. Von der Reformation bis zur Gegenwart. Bd. 1: Verzeichnis der Geistlichen geordnet nach Gemeinden, Lahr (Schwarzwald) 1939.

Rohde, Franz: Kriegspredigten, Karlsruhe 1914.

Schmitthenner, Adolf: Non cras sed hodie!, in: Schmitthenner, Adolf (Hg.): Novellen von Adolf Schmitthenner, Leipzig 1896, 435–506.

Schmitthenner, Adolf (Hg.): Novellen von Adolf Schmitthenner, Leipzig 1896.

Schmitthenner, Adolf: Der Seehund, in: Meyer-Frommhold, Carl (Hg.): Aus Geschichte und Leben. Erzählungen von Adolf Schmitthenner, Leipzig 1907, 11–26.

Schmitthenner, Christian Heinrich: Erlebnisse eines freiwilligen badischen Grenadiers im Feldzug 1870/71, Karlsruhe 1890.

Schmitthenner, Christian Heinrich: Genealogie der Familie Schmitthenner. Herausgegeben 1884 von Johann Heinrich August Schmitthenner, Pfarrer und Dekan, später Kirchenrat zu Kirchheim bei Heidelberg. Fortgeführt und ergänzt 1928 von seinem Sohne Heinrich Schmitthenner, Kirchenrat, Pfarrer a. D., z. Zt. in Neckarbischofsheim, Neckarbischofsheim 1928.

Schmitthenner, Gottfried: Genealogie der Familie Schmitthenner. Herausgegeben 1884 von Johann Heinrich August Schmitthenner, Pfarrer und Dekan in Kirchheim bei Heidelberg; fortgesetzt 1928 von seinem Sohn Kirchenrat Heinrich Schmitthenner, Pfarrer und Dekan in Hugsweier, zuletzt in Neckarbischofsheim; weitergeführt 1955/56 von seinem Enkel Gottfried Schmitthenner, Kaufm. Direktor I. R. in Frankfurt am Main. Teil II: Die fünf Familiengruppen. A) Die Namensträger, Neustadt a. d. Aisch 1956.

Schmitthenner, Gottfried: Genealogie der Familie Schmitthenner. Herausgegeben 1884 von Johann Heinrich August Schmitthenner, Pfarrer und Dekan in Kirchheim bei Heidelberg; fortgesetzt 1928 von seinem Sohn Kirchenrat Heinrich Schmitthenner, Pfarrer und Dekan in Hugsweier, zuletzt in Neckarbischofsheim; weitergeführt 1955/56 von seinem Enkel Gottfried Schmitthenner, Kaufm. Direktor I. R. in Frankfurt am Main. Teil II: Die fünf Familiengruppen. B) Die ausgeheirateten Töchter und ihre Nachkommen, Neustadt a. d. Aisch 1958.

Schmitthenner, Johann Heinrich August: Genealogie der Familie Schmitthenner. Herausgegeben von Johann Heinrich Schmitthenner, Pfarrer zu Kirchheim bei Heidelberg, Heidelberg 1884.

Schmitthenner, Karl Ludwig Wilhelm: Abschiedspredigt von Pfarrer L. Schmitthenner. Gehalten in der Christuskirche zu Freiburg i. Breisgau am Ostermontag, den 12. April 1909, Freiburg (Brsg.) 1909.

Schmitthenner, Karl Ludwig Wilhelm: Predigt zur Eröffnung der Generalsynode 1909. Gehalten von Prälat Schmitthenner in der Schloßkirche am 11. Juni 1909, vormittags 9 Uhr. Text: 1. Korinther 3,9a, in: Evangelischer Oberkirchenrat Karlsruhe (Hg.): Verhandlungen der ordentlichen Generalsynode des Jahres 1909 in der evangelisch-protestantischen Kirche des Großherzogtums Baden, Karlsruhe 1910, 1–4.

Schmitthenner, Karl Ludwig Wilhelm: Predigt zur Eröffnung der Generalsynode 1914. Gehalten von Prälat Schmitthenner in der Schloßkirche am 3. Juli 1914, vormittags 1/2 10 Uhr. Text: Daniel 6,10, in: Evangelischer Oberkirchenrat Karlsruhe (Hg.): Verhandlungen der ordentlichen Generalsynode des Jahres 1914 in der evangelisch-protestantischen Kirche des Großherzogtums Baden, Karlsruhe 1915, 1–4.

Schmitthenner, Karl Ludwig Wilhelm: Drei köstliche Dinge. Ein Frühsommergruß, in: Brepohl, Friedrich Wilhelm (Hg.): Kriegsgefangenengrüße, Marburg 1917, 9–16.

Schmitthenner, Karl Ludwig Wilhelm: Predigt zur Eröffnung der außerordentlichen Generalsynode. Gehalten von Prälat D. Schmitthenner am 13. Oktober 1919, abends 6 Uhr, in der Schlosskirche zu Karlsruhe, in: Evangelischer Oberkirchenrat Karlsruhe (Hg.): Verhandlungen der außerordentlichen Generalsynode der vereinigten evangelisch-protestantischen Kirche Badens vom Oktober/Dezember 1919, Karlsruhe 1920, 1–4.

Schmitthenner, Karl Ludwig Wilhelm: Kanzelansprache an die Gemeinden. Zur Verlesung im Neujahrsgottesdienst, in: Evangelischer Oberkirchenrat Karlsruhe (Hg.): Gesetzes- und Verordnungsblatt für die vereinigte evangelisch-protestantische Landeskirche Badens, Karlsruhe 1922, 151–154.

Steltz, Theodor (Hg.): Gedanken des Friedens. Kriegspredigten, Schwetzingen 1916.

Steltz, Theodor: Der innere Aufbau der evangelischen Volkskirche, 1. Teil, in: „Christliches Volksblatt" vom 1. September 1919.

Steltz, Theodor: Der innere Aufbau der evangelischen Volkskirche, 2. Teil, in: „Christliches Volksblatt" vom 15. Oktober 1919.

Steltz, Theodor: Bekehrung zum Sozialismus, in: „Christliches Volksblatt" vom 15. Mai 1921.

Steltz, Theodor: Ein offener Brief an die evangelische Kirchenregierung Badens, in: „Christliches Volksblatt" vom 30. Januar 1921.

Steltz, Theodor: Mammonismus und Kapitalismus, in: „Christliches Volksblatt" vom 24. April 1921.

Thoma, Albrecht: Der Krieg von 1914 aus dem Munde der heiligen Sänger und Seher. Eine biblische Geschichte unseres Krieges, Karlsruhe 1914.

Verfassung der vereinigten evang[elisch]-prot[estantischen] Kirche des Großherzogthums Baden, in: Evangelischer Oberkirchenrat Karlsruhe (Hg.): Gesetzes- und Verordnungsblatt für die vereinigte evangelisch-protestantische Kirche des Großherzogtums Baden für das Jahr 1861, Karlsruhe 1861, 55–79.

Verfassung der vereinigten evangelisch-protestantischen Landeskirche Badens, in: Evangelischer Oberkirchenrat Karlsruhe (Hg.): Gesetzes- und Verordnungsblatt für die Vereinigte Evang.-protest. Kirche Badens für das Jahr 1919, Karlsruhe 1919, 1–36.

Verhandlungen der Ersten Kammer der Stände-Versammlung des Großherzogtums Baden in den Jahren 1909/1910. Protokollheft enthaltend die Protokolle der Ersten Kammer, Karlsruhe 1910.

Verhandlungen der Ersten Kammer der Stände-Versammlung des Großherzogtums Baden vom 45. Landtag 1911/12. Protokollheft enthaltend die amtlichen Protokolle nebst Repertorium. Heft 154 der ganzen Drucksachensammlung der Ersten Kammer, Karlsruhe 1912.

Verhandlungen der Ersten Kammer der Stände-Versammlung des Großherzogtums Baden vom 46. Landtag (1913/14). Beilagenheft enthaltend die Beilagen zum Protokollheft (Nr. 156) Nr. 1–122. Heft Nr. 157 der ganzen Drucksachen-Sammlung der Ersten Kammer, Karlsruhe 1914.

Verhandlungen der Ersten Kammer der Stände-Versammlung des Großherzogtums Baden vom 46. Landtag 1913/14. Protokollheft enthaltend die amtlichen Protokolle nebst Repertorium. Heft 156 der ganzen Drucksachensammlung der Ersten Kammer, Karlsruhe 1914.

Verhandlungen der Ersten Kammer der Stände-Versammlung des Großherzogtums Baden vom V. außerordentlichen Landtag 1915. Protokoll- und Beilagenheft. Heft 158 der ganzen Drucksachen-Sammlung der Ersten Kammer, Karlsruhe 1915.

Verhandlungen der Ersten Kammer der Stände-Versammlung des Großherzogtums Baden vom 47. Landtag (1915/16). Protokollheft enthaltend die amtlichen Protokolle nebst Repertorium. Heft 159 der ganzen Drucksachen-Sammlung der Ersten Kammer, Karlsruhe 1916.

Verhandlungen der Ersten Kammer der Stände-Versammlung des Großherzogtums Baden vom VI. außerordentlichen Landtag 1917. Protokollheft enthaltend die amtlichen Protokolle nebst Repertorium. Heft 161 der ganzen Drucksachen-Sammlung der Ersten Kammer, Karlsruhe 1917.

Verhandlungen der Ersten Kammer der Stände-Versammlung des Großherzogtums Baden vom 48. Landtag (1917/18). Beilagenheft enthaltend die Beilagen Nr. 1-78 zum Protokollheft (Heft Nr. 163). Heft 164 der ganzen Drucksachen-Sammlung der Ersten Kammer, Karlsruhe 1918.

Verhandlungen der Ersten Kammer der Stände-Versammlung des Großherzogtums Baden vom 48. Landtag (1917/18). Protokollheft enthaltend die amtlichen Protokolle der Ersten Kammer. Heft 163 der ganzen Drucksachensammlung der Ersten Kammer, Karlsruhe 1918.

Verhandlungen des Badischen Landtags: I. Landtagsperiode (15. Januar 1919 bis 15. Oktober 1921), I. Sitzungsperiode (15. Januar bis 15. Oktober 1919). Vom Landtag selbst herausgegeben und bestehend in einem Protokollheft und einem Beilagenheft. Protokollheft enthaltend die amtlichen Protokolle nebst Repertorium, Karlsruhe 1920.

Wilhelm II.: Ereignisse und Gestalten aus den Jahren 1878–1918, Leipzig/Berlin 1922.

Wurster, Paul von: Die Prostitutionsfrage im Lichte des Krieges. Referat auf der Arbeitskonferenz der südwestdeutschen Konferenz für Innere Mission am 20. Oktober 1915 in Heidelberg, Karlsruhe 1915.

Wurth, Klaus: Der Sozialismus und der Religionsunterricht an den Schulen, in: Kirchlich-Positive Blätter 1922, 125.

2. Sekundärliteratur

Achtnich, Martin: Heinrich Neu (1864–1963). Pionier badischer Kirchen- und Ortsgeschichte und Stimme der badischen Pfarrerschaft, in: Schwinge, Gerhard (Hg.): Lebensbilder aus der Evangelischen Kirche in Baden im 19. und 20. Jahrhundert. Band V: Kultur und Bildung, Sonderveröffentlichungen des Vereins für Kirchengeschichte in der Evangelischen Landeskirche in Baden Bd. 4, Heidelberg 2007, 422–455.

Aretin, Karl Otmar von; Besier, Gerhard (Hg.): Die Kirchen zwischen Republik und Gewaltherrschaft. Gesammelte Aufsätze, Frankfurt 1991.

Arnold, Matthieu: Die Kriegspredigten in Elsass-Lothringen 1914–1918, in: Jahrbuch für badische Kirchen- und Religionsgeschichte Bd. 8/9 (2014/2015), 231–242.

Asche, Susanne: Fürsorge, Partizipation und Gleichberechtigung. Die Leistungen der Karlsruherinnen für die Entwicklung zur Großstadt (1859–1914), in: Asche, Susanne; Guttmann, Barbara; Hochstrasser Olivia (Hg.): Karlsruher Frauen 1715–1945. Eine Stadtgeschichte, Veröffentlichungen des Karlsruher Stadtarchivs Bd. 15, Karlsruhe 1992, 171–256.

Asoronye, Susanne (Hg.): Feldpost eines Badischen Leib-Grenadiers 1914–1917, Königsbach-Stein 2012.

Bachem, Karl: Vorgeschichte, Geschichte und Politik der deutschen Zentrumspartei. Bd. 7: Das Zentrum in den Reichstagen von 1907 und 1912, Köln 1930, Neudruck Aalen 1968.

Bader, Karl Siegfried: Die badische Verfassung von 1818 und ein Jahrhundert badischer Verfassungswirklichkeit, in: Schäfer, Alfons (Hg.): Oberrheinische Studien II. Neue Forschungen zu Grundproblemen der badischen Geschichte im 19. und 20. Jahrhundert, Karlsruhe 1973, 49–60.

Balzer, Friedrich-Martin; Schnell, Karl-Ulrich: Der Fall Erwin Eckert. Zum Verhältnis von Protestantismus und Faschismus am Ende der Weimarer Republik, 2. Auflage, Bonn 1993.

Balzer, Friedrich-Martin; Wendelborn, Gerd: Wir sind keine stummen Hunde – Heinz Kappes (1893–1988). Christ und Sozialist in der Weimarer Republik, Bonn 1994.

Balzer, Friedrich-Martin; Abendroth, Wolfgang (Hg.): Protestantismus und Antifaschismus vor 1933. Der Fall des Pfarrers Erwin Eckert in Quellen und Dokumenten, Bonn 2011.

Banhardt, Sarah: „Nicht bloß barmherzige Mitschwester, [...] sondern [...] Theologin, weiblicher Pfarrer“ – Elsbeth Oberbeck (1871–1944): Leben und Wirken der ersten badischen Theologin, in: Jahrbuch für badische Kirchen- und Religionsgeschichte Bd. 11 (2017), 297–312.

Balharek, Christa: Gebietsgewinne Badens 1803–1819 nach A.I.V. Heunisch, in: Rödel, Volker (Hg.): 1806. Baden wird Großherzogtum, Karlsruhe 2006, 103–109.

Baron, Rüdeger: Reformpädagogik und evangelische Schule im 20. Jahrhundert, Münster 2011.

Barth, Johann Heinrich (Hg.): Genealogisch-ethymologisches Wörterbuch. Band 1: Deutsch, Reichelsheim 2006.

Becker, Annette: Religion, in: Hirschfeld, Gerhard; Krumeich, Gerd; Renz, Irina (Hg.): Enzyklopädie Erster Weltkrieg. Aktualisierte und erweiterte Studienausgabe, UTB 8396, Paderborn 2009, 192–197.

Beisel, Hans Markus: Die Brandkatastrophe vom 2. und 3. November 1859, in: Verein für Heimatpflege Neckarbischofsheim (Hg.): Neckarbischofsheim 988-1988. Heimatgeschichtliche Beiträge aus dem Leben einer Kraichgaustadt, Neckarbischofsheim 1988, 244–256.

Beisel, Peter: Adolf Schmitthenner (1854–1907). Pfarrer, Schriftsteller und Lehrer am Praktisch-theologischen Seminar in Heidelberg, in: Schwinge, Gerhard (Hg.): Lebensbilder aus der Evangelischen Kirche in Baden im 19. und 20. Jahrhundert. Band V: Kultur und Bildung, Sonderveröffentlichungen des Vereins für Kirchengeschichte in der Evangelischen Landeskirche in Baden Bd. 4, Heidelberg 2007, 123–143.

Benz, Wolfgang (Hg.): Handbuch des Antisemitismus. Judenfeindschaft in Geschichte und Gegenwart, Bd. 5: Organisationen, Institutionen, Bewegungen, Berlin 2012.

Berghahn, Volker: Das Kaiserreich 1871–1914. Industriegesellschaft, bürgerliche Kultur und autoritärer Staat, Gebhardt Handbuch der deutschen Geschichte Bd. 16, 10. Auflage, Stuttgart 2003.

Berghahn, Volker: Der Erste Weltkrieg, 3. Auflage, München 2006.

Besier, Gerhard (Hg.): Die protestantischen Kirchen Europas im Ersten Weltkrieg. Ein Quellen- und Arbeitsbuch, Göttingen 1984.

Bethge, Werner: Bund Jungdeutschland (BJD), in: Fricke, Dieter (Hg.): Die bürgerlichen Parteien in Deutschland. Handbuch der Geschichte der bürgerlichen Parteien und anderer bürgerlicher Interessenorganisationen vom Vormärz bis zum Jahre 1945, Bd. 1, Leipzig 1968, 162–175.

Beutel, Albrecht; Leppin, Volker; Sträter, Udo (Hg.): Christentum im Übergang. Neue Studien zu Kirche und Religion in der Aufklärungszeit, Arbeiten zur Kirchen- und Theologiegeschichte Bd. 19, Leipzig 2006.

Bickel, Kurt: Luise von Baden. Die vergessene Mutter des Roten Kreuzes, Karlsruhe 2011.

Bieler, Andrea (Hg.): Darum wagt es, Schwestern. Zur Geschichte evangelischer Theologinnen in Deutschland, Historisch-theologische Studien zum 19. und 20. Jahrhundert Bd. 7, Neukirchen-Vluyn 1994.

Bitz, Hilde: Elsbeth Oberbeck (1871–1944), in: Erhardt, Hannelore (Hg.): Lexikon früher evangelischer Theologinnen. Biographische Skizzen, Neukirchen-Vluyn 2005, 281.

Bitz, Hilde: Grete Gillet (1895–1970). Die erste Theologin Deutschlands im landeskirchlichen Dienst, in: Schwinge, Gerhard (Hg.): Lebensbilder aus der evangelischen Kirche in Baden. Band IV: Erweckung/Innere Mission/Diakonie/Theologinnen, Sonderveröffentlichungen des Vereins für Kirchengeschichte der Evangelischen Landeskirche in Baden Bd. 9, Ubstadt-Weiher 2015, 404–431.

Blaschke, Olaf; Kuhlemann, Frank-Michael: Religion in Geschichte und Gesellschaft. Sozialhistorische Perspektiven für die vergleichende Erforschung religiöser Mentalitäten und Milieus, in: Blaschke, Olaf; Kuhlemann, Frank-Michael (Hg.): Religion im Kaiserreich. Milieus-Mentalitäten-Krisen, Religiöse Kulturen der Moderne, 2. Auflage, Gütersloh 2000, 7–56.

Blickle, Peter: Von der Ständeversammlung zum demokratischen Parlament. Die Geschichte der Volksvertretungen in Baden-Württemberg, Stuttgart 1982.

Boberach, Heinz; Nicolaisen, Carsten; Pabst, Ruth (Hg.): Handbuch der deutschen evangelischen Kirchen 1918 bis 1949. Organe-Ämter-Verbände Personen. Bd. 1: Überregionale Einrichtungen. Arbeiten zur Kirchlichen Zeitgeschichte Reihe A: Quellen, Bd. 18, Göttingen 2010.

Bopp, Marie-Joseph: Die evangelischen Geistlichen und Theologen in Elsaß und Lothringen. Von der Reformation bis zur Gegenwart, Neustadt a. d. Aisch 1959.

Borchardt-Wenzel, Annette: Die Frauen am badischen Hof. Gefährtinnen der Großherzöge zwischen Liebe, Pflicht und Intrigen, Gernsbach 2001.

Bormuth, Daniel: Die Deutschen Evangelischen Kirchentage in der Weimarer Republik, Stuttgart 2007.

Brandenburg, Hans: Keller, Samuel, in: Bayerische Akademie der Wissenschaften (Hg.): Neue Deutsche Biographie Bd. 11, Berlin 1977, 466–467.

Bräunche, Otto: Der Krieg daheim. Karlsruhe 1914–1918. Eine Einführung, in: Bräunche, Otto; Steck, Volker (Hg.): Der Krieg daheim. Karlsruhe 1914–1918, Veröffentlichungen des Karlsruher Stadtarchivs Bd. 33, Karlsruhe 2014, 11–40.

Bräunche, Otto; Steck, Volker (Hg.): Der Krieg daheim. Karlsruhe 1914–1918, Veröffentlichungen des Karlsruher Stadtarchivs Bd. 33, Karlsruhe 2014.

Brand, Peter; Rürup, Reinhard: Arbeiter-, Soldaten- und Volksräte in Baden 1918/19, Düsseldorf 1980.

Brand, Peter; Rürup, Reinhard: Volksbewegung und demokratische Neuordnung in Baden 1918/19, Sigmaringen 1991.

Braun, Otto: Geschichte der beiden Rheindörfer Oppau und Edigheim, Ludwigshafen 1953.

Brüning, Rainer; Brasseur-Wild, Laetitia (Hg.): Menschen im Krieg am Oberrhein 1914–1918. Stuttgart 2014.

Büttner, Ursula: Weimar – die überforderte Republik 1918–1933, Gebhardt Handbuch der deutschen Geschichte Bd. 18, 10. Auflage, Stuttgart 2010.

Christusgemeinde Freiburg (Hg.): Die Christuskirche in der Wiehre. Streiflichter aus hundert Jahren 1891–1991. Berichte, Dokumente, Erinnerungen, Freiburg 1991.

Carlsson, Ingemar: Kungens Familjearkiv, Stockholm 1994.

Clark, Christopher: Wilhelm II. Die Herrschaft des letzten deutschen Kaisers, München 2009.

Clark, Christopher: Die Schlafwandler. Wie Europa in den Ersten Weltkrieg zog, München 2013.

Conrad, Paul; Zauleck, Paul (Hg.): Die kleinen Majestäten. Eine Festschrift zum 50jährigen Jubiläum des deutschen Kindergottesdienstes. Berlin 1913.

Cser, Andreas: Weiß, John Gustav, in: Kommission für geschichtliche Landeskunde in Baden-Württemberg (Hg.): Badische Biographien. Neue Folge Bd. 2, Stuttgart 1987, 308–310.

Daniel, Ute: Frauen, in: Hirschfeld, Gerhard; Krumeich, Gerd; Renz, Irina (Hg.): Enzyklopädie Erster Weltkrieg. Aktualisierte und erweiterte Studienausgabe, UTB 8396, Paderborn 2009, 116–134.

Doll, Ida: Großherzogin Luise, in: Fehrle, Eugen (Hg.): Die Großherzöge Friedrich I. und Friedrich II. und das badische Volk, Karlsruhe 1930, 47–58.

Ebeling, Gerhard: Luthers Seelsorge. Theologie in der Vielfalt der Lebenssituationen an seinen Briefen dargestellt, Tübingen 1997.Ehmann, Johannes: Emil Zittel (1831–1899). Stadtdekan und Bildner des evangelischen Volkes, in: Ehmann, Johannes (Hg.): Lebensbilder aus der Evangelischen Landeskirche in Baden im 19. und 20. Jahrhundert. Band II: Kirchenpolitische Richtungen, Sonderveröffentlichungen des Vereins für Kirchengeschichte in der Evangelischen Landeskirche in Baden Bd. 4, Heidelberg 2010, 361–375.

Ehmann, Johannes (Hg.): Lebensbilder aus der Evangelischen Landeskirche in Baden im 19. und 20. Jahrhundert. Band II: Kirchenpolitische Richtungen, Sonderveröffentlichungen des Vereins für Kirchengeschichte in der Evangelischen Landeskirche in Baden Bd. 4, Heidelberg 2010.

Ehmann, Johannes: Die badischen Unionskatechismen. Vorgeschichte und Geschichte vom 16. bis 20. Jahrhundert, Veröffentlichungen zur badischen Kirchen- und Religionsgeschichte Bd. 3, Stuttgart 2013.

Ehmann, Johannes: Die Theologische Fakultät Heidelberg und der Erste Weltkrieg, in: Jahrbuch für badische Kirchen- und Religionsgeschichte Bd. 8/9 (2014/2015), 221–230.

Ehmann, Johannes: Wilhelm Stern (1792–1873). Direktor des evangelischen Schullehrerseminars zu Karlsruhe und Vater der badischen Erweckung, in: Schwinge, Gerhard (Hg.): Lebensbilder aus der evangelischen Kirche in Baden. Band IV: Erweckung/Innere Mission/Diakonie/Theologinnen, Sonderveröffentlichungen des Vereins für Kirchengeschichte der Evangelischen Landeskirche in Baden Bd. 9, Ubstadt-Weiher 2015, 40–57.

Ehmann, Reinhard: Daniel Schenkel (1813–1884). Liberaler Kirchenpolitiker und Agitator, in: Ehmann, Johannes (Hg.): Lebensbilder aus der Evangelischen Landeskirche in Baden im 19. und 20. Jahrhundert. Band II: Kirchenpolitische Richtungen, Sonderveröffentlichungen des Vereins für Kirchengeschichte in der Evangelischen Landeskirche in Baden Bd. 4, Heidelberg 2010, 169–197.

Ehrhardt, Hannelore (Hg.): Lexikon früher evangelischer Theologinnen. Biographische Skizzen, Neukirchen-Vluyn 2005.

Erbacher, Hermann: Die innere Mission in Baden. Ein Beitrag zur Geschichte des 19. und 20. Jahrhunderts der Evangelischen Landeskirche in Baden, Karlsruhe 1957.

Erbacher, Hermann: Doll, Karl Wilhelm, in: Bayerische Akademie der Wissenschaften (Hg.): Neue Deutsche Biographie Bd. 4, Berlin 1959, 60f.

Erbacher, Hermann: 250 Jahre Evangelische Kirchengemeinde Karlsruhe, in: Erbacher, Hermann (Hg.): Suchet der Stadt Bestes. Karlsruhe 1715–1965, Festschrift der Evangelischen Kirchengemeinde zum Stadtjubiläum, Karlsruhe 1965, 7-131.

Erbacher, Hermann: Die Geschichte des Melanchthonvereins, in: Erbacher, Hermann (Hg.): Melanchthonverein für Schülerheime e.V. Festschrift 1917–1967, Karlsruhe 1967, 29–78.

Erbacher, Hermann: Die Landesbibelgesellschaft als Wegbereiterin und Begleiterin der badischen Landeskirche. Zu ihrem 150. Geburtstag, in: Erbacher, Hermann (Hg.): 150 Jahre Vereinigte Evangelische Landeskirche in Baden. Dokumente und Aufsätze. Im Auftrag des Oberkirchenrates herausgegeben von Hermann Erbacher, Karlsruhe 1971, 478–520.

Erbacher, Hermann: Zur Geschichte des Evangelischen Pfarrvereins in Baden, in: Wunderer, Gerhard (Hg.): Die ersten hundert Jahre 1892–1992. Festschrift zum 100jährigen Jubiläum des Evangelischen Pfarrvereins in Baden, Karlsruhe 1992, 19–53.

Erbacher, Hermann (Hg.): Die Evangelische Landeskirche in Baden 1919–1945. Geschichte und Dokumente, Karlsruhe 1983.

Erbacher, Hermann (Hg.): Beiträge zur kirchlichen Zeitgeschichte der Evangelischen Landeskirche in Baden. Preisarbeiten anläßlich des Barmenjubiläums 1984, Karlsruhe 1989.

Evangelischer Pfarrverein in Baden (Hg.): Die Opfer des Badischen Pfarrstandes und Pfarrhauses im Weltkrieg 1914–1918, Karlsruhe 1937.

Fähler, Jochen: Der Ausbruch des 1. Weltkrieges in Karl Barths Predigten 1913–1915, Bern/Frankfurt (M.)/Las Vegas 1979.

Faulhaber, Doris: Die Pfarrerin in der Evangelischen Landeskirche in Baden, in: Gerhard Wunderer (Hg.): Die ersten hundert Jahre 1892–1992. Festschrift zum 100jährigen Jubiläum des Evangelischen Pfarrvereins in Baden, Karlsruhe 1992, 69–75.

Fenske, Hans: Baden 1860-1918, in: Hansmartin Schwarzmaier (Hg.): Handbuch der baden-württembergischen Geschichte. Bd. 3: Vom Ende des Alten Reiches zum Ende der Monarchien, Stuttgart 1992, 133–234.

Fehrle, Eugen (Hg.): Die Großherzöge Friedrich I. und Friedrich II. und das badische Volk, Karlsruhe 1930.

Finck, Klaus: Klaus Wurth (1861–1948). Ein Leben für die Kirche im Umbruch, Norderstedt 2004.

Finck, Klaus: Wurth, Klaus, in: Bautz, Traugott (Hg.): Biographisch-Bibliographisches Kirchenlexikon, Bd. 25, Nordhausen 2005, 1549–1554.

Fischer, André: Zwischen Zeugnis und Zeitgeist. Die politische Theologie von Paul Althaus in der Weimarer Republik, Göttingen 2012.

Fix, Karl-Heinz: „Gott helfe uns weiter auf unserem harten Weg, und wenn es sein darf, nach seinem heiligen Willen zu Sieg und Frieden“. Die badische Landeskirche im Jahr des Kriegsbeginns 1914, in: Jahrbuch für badische Kirchen- und Religionsgeschichte Bd. 8/9 (2014/2015), 199–219.

Flasch, Kurt: Die geistige Mobilmachung. Die deutschen Intellektuellen und der Erste Weltkrieg, Berlin 2000.

Fricke, Dieter (Hg.): Die bürgerlichen Parteien in Deutschland. Handbuch der Geschichte der bürgerlichen Parteien und anderer bürgerlicher Interessenorganisationen vom Vormärz bis zum Jahre 1945, Bd. 1, Leipzig 1968.

Friedrich, Otto: Einführung in das Kirchenrecht, 2., neubearbeitete und erweiterte Auflage, Göttingen 1978.

Frommel, Otto: Präsident [Albert] Helbing. Ein Beitrag zur Geschichte der evangelisch-protestantischen Kirche Badens, Veröffentlichungen der evangelischen kirchenhistorischen Kommission in Baden Bd. 3, Heidelberg 1922.

Furtwängler, Martin (Hg.): Die Protokolle der Regierung der Republik Baden. Bd. 1: Die provisorische Regierung November 1918 – März 1919, Veröffentlichungen der Kommission für geschichtliche Landeskunde in Baden-Württemberg, Kabinettsprotokolle von Baden und Württemberg Teil I/Bd. 1, Stuttgart 2012.

Gall, Lothar: Der Liberalismus als regierende Partei im Großherzogtum Baden zwischen Restauration und Reichsgründung, Veröffentlichungen des Instituts für Europäische Geschichte Mainz Bd. 47, Wiesbaden 1968.

Geiger, Markus: Hermann Maas – Eine Liebe zum Judentum. Leben und Wirken des Heidelberger Heiliggeistpfarrers und badischen Prälaten. Im Auftrag der Stadt Heidelberg herausgegeben von Peter Blum, Buchreihe der Stadt Heidelberg Bd. 17, Heidelberg 2016.

Generallandesarchiv Karlsruhe (Hg.): Baden. Land-Staat-Volk 1806–1871, Karlsruhe 1980.

Gihring, Kurt: Ein neues Licht. Großherzogin Luise und das Rote Kreuz, Offenburg 1963.

Greschat, Martin: Die Bedeutung der Sozialgeschichte für die Kirchengeschichte. Theoretische und praktische Erwägungen, in: Historische Zeitschrift 1993, 67–103.

Grünberg, Paul: Philipp Jakob Spener, Göttingen 1893, Neudruck Hildesheim 1988.

Guttmann, Barbara: Mobilmachung der Frauen. Frauenarbeit und Frauenbewegung im Ersten Weltkrieg, in: in: Asche, Susanne; Guttmann, Barbara; Hochstrasser Olivia (Hg.): Karlsruher Frauen 1715–1945. Eine Stadtgeschichte, Veröffentlichungen des Karlsruher Stadtarchivs Bd. 15, Karlsruhe 1992, 268–285.

Haas, Dieter; Maaß, Hans; Thierfelder, Jörg (Hg.): Unterwegs durch die Zeiten. Lesebuch zur badischen Kirchengeschichte. Karlsruhe 1996.

Häffner, Martin: Der Beginn des Kirchenkampfes in Baden bis zur theologischen Erklärung von Barmen, in: Erbacher, Hermann (Hg.): Beiträge zur kirchlichen Zeitgeschichte der Evangelischen Landeskirche in Baden. Preisarbeiten anläßlich des Barmenjubiläums 1984, Karlsruhe 1989, 145–183.

Hasenclever, Adolf (Hg.): Hundert Jahre Protestantismus. Festschrift zur Feier des hundertjährigen Jubiläums der evangel[ischen] Gemeinde in Freiburg i. Br., Freiburg 1907.

Hauß, Heinrich; Schmid, Adolf (Hg.): Badisches Kalendarium. Von Tag zu Tag, von Jahr zu Jahr. Personen und Ereignisse, Leinfelden-Echterdingen 2007.

Heinsius, Wilhelm: Aloys Henhöfer und seine Zeit, Karlsruhe 1925, Neudruck Stuttgart 1987.

Henze, Dagmar: Die Anfänge des Frauenstudiums in Deutschland, in: Bieler, Andrea (Hg.): Darum wagt es, Schwestern. Zur Geschichte evangelischer Theologinnen in Deutschland, Historisch-theologische Studien zum 19. und 20. Jahrhundert Bd. 7, Neukirchen-Vluyn 1994, 19–40.

Hesselbacher, Karl: Aus meinen Erinnerungen an Großherzogin Luise, in: Fehrle, Eugen (Hg.): Die Großherzöge Friedrich I. und Friedrich II. und das badische Volk, Karlsruhe 1930, 59–66.

Hindenlang, Friedrich: Prälat D. Ludwig Schmitthenner, in: Gottesfreude. Kalender auf das Jahr 1934. Herausgegeben von Friedrich Kayser zum Besten der Neubauten der Evang. Diakonissen-Anstalt Karlsruhe-Rüppurr, Karlsruhe 1934, 30–41.

Hirschfeld, Gerhard; Krumeich, Gerd; Renz, Irina (Hg.): Enzyklopädie Erster Weltkrieg. Aktualisierte und erweiterte Studienausgabe, UTB 8396, Paderborn 2009.

Hoepke, Klaus-Peter: Geschichte der Fridericiana. Stationen der Geschichte der Universität Karlsruhe (TH) von der Gründung 1825 bis zum Jahr 2000, Veröffentlichungen aus dem Universitätsarchiv Karlsruhe Bd. 1, Karlsruhe 2007.

Hoffmann, Heinrich: Der Beginn des Kirchenkampfes in Baden bis zur Theologischen Erklärung von Barmen, in: Erbacher, Hermann (Hg.): Beiträge zur kirchlichen Zeitgeschichte der Evangelischen Landeskirche in Baden. Preisarbeiten anläßlich des Barmenjubiläums 1984, Karlsruhe 1989, 91–143.

Holtzmann, Heinrich: Schenkel, Daniel, in: Historische Commission bei der Königlichen Akademie der Wissenschaften (Hg.): Allgemeine Deutsche Biographie, Bd. 31. Leipzig 1890, 82–89.

Hübinger, Gangolf: Kulturprotestantismus und Politik. Zum Verhältnis von Liberalismus und Protestantismus im wilheminischen Deutschland, Tübingen 1994.

Hübinger, Gangolf: Sakralisierung der Nation und Formen des Nationalismus im deutschen Protestantismus, in: Krumeich, Gerd; Lehmann, Hartmut (Hg.): Gott mit uns. Nation, Religion und Gewalt im 19. und frühen 20. Jahrhundert, Veröffentlichungen des Max-Planck-Instituts für Geschichte Bd. 162, Göttingen 2000, 233–247.

Hürten, Heinz: Die Kirchen in der Novemberrevolution. Eine Untersuchung zur Geschichte der Deutschen Revolution 1918/19, Regensburg 1984.

Hug, Wolfgang: Geschichte Badens, Stuttgart 1992.

Hunkel, Andreas: Eduard Dietz (1866–1940). Richter, Rechtsanwalt und Verfassungsschöpfer, Frankfurt 2009.

Ilgenstein, Wilhelm; Ilgenstein-Katterfeld, Anna (Hg.): Hilda. Badens letzte Großherzogin. Ein Gedenkbuch. Karlsruhe 1953.

Ilgenstein, Wilhelm; Ilgenstein-Katterfeld, Anna (Hg.): Friedrich I. und Friedrich II. Die letzten Großherzöge von Baden. Karlsruhe 1954.

Ilsemann, Sigurd von: Der Kaiser in Holland. Bd. 1: Amerongen und Doorn 1918–1923, hg. von Harald von Koenigswald, München 1967.

Ilsemann, Sigurd von: Der Kaiser in Holland. Bd. 2: Monarchie und Nationalsozialismus 1924–1941, hg. von Harald von Koenigswald, München 1968.

Jacobs, Uwe Kai: 150 Jahre Gesetzes- und Verordnungsblatt der Evangelischen Landeskirche in Baden, in: Jahrbuch für badische Kirchen- und Religionsgeschichte Bd. 5 (2011), 177–191.

Jannasch, Wilhelm: Wimmer, Richard (1836–1905), in: Galling, Kurt (Hg.): Die Religion in Geschichte und Gegenwart, Bd. 6, 3. Auflage, 1727.

Jasper, Gotthard: Paul Althaus (1888–1966). Professor, Prediger und Patriot in seiner Zeit, 2. Auflage, Göttingen 2015.

Jeismann, Michael: Propaganda, in: Hirschfeld, Gerhard; Krumeich, Gerd; Renz, Irina (Hg.): Enzyklopädie Erster Weltkrieg. Aktualisierte und erweiterte Studienausgabe, UTB 8396, Paderborn 2009, 198–209.

Jordan, Stefan: Theorien und Methoden der Geschichtswissenschaft, Paderborn 2009.

Kaiser, Jochen-Christoph: Die Formierung des protestantischen Milieus. Konfessionelle Vergesellschaftung im 19. Jahrhundert, in: Blaschke, Olaf; Kuhlemann, Frank-Michael (Hg.): Religion im Kaiserreich. Milieus-Mentalitäten-Krisen, Religiöse Kulturen der Moderne Bd. 2, 2. Auflage, Gütersloh 2000, 257–289.

Kaller, Gerhard: Die Revolution des Jahres 1918 in Baden und die Tätigkeit des Arbeiter- und Soldatenrates in Karlsruhe, in: Zeitschrift für die Geschichte des Oberrheins Nr. 114 (1966), 301–350.

Kaller, Gerhard: Zur Revolution von 1918 in Baden. Klumpp-Putsch und Verfassungsfrage, in: Schäfer, Alfons (Hg.): Oberrheinische Studien II. Neue Forschungen zu Grundproblemen der badischen Geschichte im 19. und 20. Jahrhundert, Karlsruhe 1973, 175–202.

Kaller, Gerhard: Baden in der Weimarer Republik, in: Schwarzmaier, Hansmartin (Hg.): Handbuch der baden-württembergischen Geschichte. Bd. 4: Die Länder seit 1918, Stuttgart 2003, 23–72.

Keller, Werner; Thierfelder, Jörg; Marggraf, Eckhart (Hg.): Leben für Versöhnung. Hermann Maas – Wegbereiter des christlich jüdischen Dialogs, Edition Zeitzeugen Bd. 2, 2. Auflage, Karlsruhe 1997.

Kißener, Michael; Scholtysek, Joachim (Hg.): Die Führer der Provinz. NS-Biographien aus Baden und Württemberg. Karlsruher Beiträge zur Geschichte des Nationalsozialismus Bd. 2, 3. Auflage, Konstanz 1997.

Klappenecker, Gabriele: Grete Gillet (1895–1970). Erste Leiterin der badischen Frauenarbeit, in: Zimmerling, Peter (Hg.): Evangelische Seelsorgerinnen. Biographische Skizzen, Texte und Programme, Göttingen 2005, 279–297.

Klausing, Caroline: Die bekennende Kirche in Baden. Machtverhältnisse und innerkirchliche Führungskonflikte 1933–1945, Veröffentlichungen zur badischen Kirchen- und Religionsgeschichte Bd. 4, Stuttgart 2014.

Kluge, Ulrich: Die Weimarer Republik, Paderborn 2006.

Koch, Manfred: Heinrich Martin (Heinz) Kappes (1893–1988), in: Ehmann, Johannes (Hg.): Lebensbilder aus der Evangelischen Landeskirche in Baden im 19. und 20. Jahrhundert. Band II: Kirchenpolitische Richtungen, Sonderveröffentlichungen des Vereins für Kirchengeschichte in der Evangelischen Landeskirche in Baden Bd. 4, Heidelberg 2010, 536–553.

Köhler, Heike (Hg.): Dem Himmel so nah – dem Pfarramt so fern. Erste evangelische Theologinnen im geistlichen Amt, Neukirchen-Vluyn 1996.

Kohnle, Armin; Engehausen, Frank (Hg.): Zwischen Wissenschaft und Politik. Studien zur deutschen Universitätsgeschichte. Festschrift für Eike Wolgast zum 65. Geburtstag, Stuttgart 2001.

Kolb, Eberhard; Schumann, Dirk: Die Weimarer Republik, 8. Auflage, München 2013.

Krimm, Konrad: Residenz im Kaiserreich. Karlsruhe um 1890 [Textband zur Ausstellung des Generallandesarchivs Karlsruhe im Altbau der Badischen Landesbibliothek am Nymphengarten, 15. September bis 13. Oktober], Karlsruhe 1990.

Kremer, Hans-Jürgen (Hg.): Das Großherzogtum Baden in der politischen Berichterstattung der preußischen Gesandten 1871–1918, 3 Bde., Stuttgart 1990–2001.

Krumeich, Gerd: Gott mit uns? Der Erste Weltkrieg als Religionskrieg, in: Krumeich, Gerd; Lehmann, Hartmut (Hg.): Gott mit uns. Nation, Religion und Gewalt im 19. und frühen 20. Jahrhundert, Veröffentlichungen des Max-Planck-Instituts für Geschichte Bd. 162, Göttingen 2000, 273–283.

Kuhlemann, Frank-Michael: Protestantisches Milieu in Baden. Konfessionelle Vergesellschaftung und Mentalität im Umbruch zur Moderne, in: Blaschke, Olaf; Kuhlemann, Frank-Michael (Hg.): Religion im Kaiserreich. Milieus-Mentalitäten-Krisen, Religiöse Kulturen der Moderne Bd. 2, 2. Auflage Gütersloh 2000, 316–349.

Kuhlemann, Frank-Michael: Bürgerlichkeit und Religion. Zur Sozial- und Mentalitätsgeschichte der evangelischen Pfarrer in Baden 1860–1914, Veröffentlichungen des Vereins für Kirchengeschichte in der Evangelischen Landeskirche in Baden Bd. 58, Göttingen 2001.

Kuhlemann, Frank-Michael: Kultur und Politik im badischen Protestantismus. Zur Bedeutung von Pfarrerschaft und Vereinswesen für die Ausdifferenzierung der bürgerlichen Gesellschaft in der zweiten Hälfte des 19. Jahrhunderts, in: Wennemuth, Udo (Hg.): Mission und Diakonie, Kultur und Politik. Vereinswesen und Gemeinschaften in der evangelischen Kirche in Baden im 19. Jahrhundert, herausgegeben im Auftrag des Verein für Kirchengeschichte in der Evangelischen Landeskirche in Baden, mit Beiträgen von Gustav Adolf Benrath, Stephan Holthaus und Frank-Michael Kuhlemann, Veröffentlichungen des Vereins für Kirchengeschichte in der Evangelischen Landeskirche in Baden Bd. 59, Karlsruhe 2004, 97–215.

Kuhn, Thomas K.: Reinhard (1814–1890), Emil Otto (1816–1973) und Oskar Ernst (1824–1895) Schellenberg. Theologie und Kirchenpolitik im Zeichen des Liberalismus, in: Ehmann, Johannes (Hg.): Lebensbilder aus der Evangelischen Landeskirche in Baden im 19. und 20. Jahrhundert. Band II: Kirchenpolitische Richtungen, Sonderveröffentlichungen des Vereins für Kirchengeschichte in der Evangelischen Landeskirche in Baden Bd. 4, Heidelberg 2010,199–241.

Kupisch, Karl: Die Kirche in ihrer Geschichte. Deutschland im 19. und 20. Jahrhundert. Ein Handbuch herausgegeben von Bernd Moeller, 2. Auflage, Göttingen 1975.

Kurz, Roland: Nationalprotestantisches Denken in der Weimarer Republik. Voraussetzungen und Ausprägungen des Protestantismus nach dem Ersten Weltkrieg in seiner Begegnung mit Volk und Nation, Gütersloh 2007.

Lacker, Erich: Zielort Karlsruhe. Die Luftangriffe im Zweiten Weltkrieg, Karlsruhe 1996.

Lang, Theophil: Welche Leistungen des Badischen Staates an die Vereinigte evangelisch-protestantische Landeskirche genießen den Schutz der Artikel 138, 173 der Reichsverfassung?, Veröffentlichungen des Vereins für Kirchengeschichte der evangelischen Landeskirche in Baden Bd. 6, Lahr (Schwarzwald) 1931.

Lange, Albert de: Karl Mondon (1884–1952). National-Positiver in der Bekennenden Kirche, in: Ehmann, Johannes (Hg.): Lebensbilder aus der Evangelischen Landeskirche in Baden im 19. und 20. Jahrhundert. Band II: Kirchenpolitische Richtungen, Sonderveröffentlichungen des Vereins für Kirchengeschichte in der Evangelischen Landeskirche in Baden Bd. 4, Heidelberg 2010, 348–389.

Lennartz, Ulrike: Ein badischer Preuße. Paul Schmitthenner, Badischer Staatsminister, in: Kißener, Michael; Scholtysek, Joachim (Hg.): Die Führer der Provinz. NS-Biographien aus Baden und Württemberg. Karlsruher Beiträge zur Geschichte des Nationalsozialismus Bd. 2, 3. Auflage, Konstanz 1997, 623–653.

Liermann, Hans: Staat und evangelisch-protestantische Landeskirche während und nach der Staatsumwälzung von 1918, Sonderveröffentlichungen des Vereins für Kirchengeschichte der Evangelischen Landeskirche in Baden Bd. 2, Lahr (Schwarzwald) 1929.

Liermann, Hans: Die vereinigte evangelisch-protestantische Landeskirche des Großherzogthums Baden im konstitutionellen Staat 1818–1918. Ein Stück kirchliche Verfassungsgeschichte des 19. und beginnenden 20. Jahrhunderts, in: Erbacher, Hermann (Hg.): 150 Jahre Vereinigte Evangelische Landeskirche in Baden. Dokumente und Aufsätze. Im Auftrag des Oberkirchenrates herausgegeben von Hermann Erbacher, Karlsruhe 1971, 521–554.

Lochmann, Ulrich: 200 Jahre Beresina, in: Jahrbuch für badische Kirchen- und Religionsgeschichte Bd. 6 (2012), 167–181.

Lorenz, Eckehard: Kirchliche Reaktionen auf die Arbeiterbewegung in Mannheim 1890–1933. Ein Beitrag zur Sozialgeschichte der evangelischen Landeskirche in Baden, Sonderveröffentlichungen des Stadtarchivs Mannheim Bd. 11, Sigmaringen 1987.

Lorenz, Eckehard: Ernst Josef Lehmann (1861–1948). Jude, Christ, Streiter für Recht und Freiheit, in: Ehmann, Johannes (Hg.): Lebensbilder aus der Evangelischen Landeskirche in Baden im 19. und 20. Jahrhundert. Band II: Kirchenpolitische Richtungen, Sonderveröffentlichungen des Vereins für Kirchengeschichte in der Evangelischen Landeskirche in Baden Bd. 4, Heidelberg 2010, 296–315.

Lübbe, Hermann: Drews, Christian Heinrich Arthur, in: Bayerische Akademie der Wissenschaften (Hg.): Neue Deutsche Biographie, Bd. 4, Berlin 1959, 117.

Ludwig, Albert: Geschichte der evangelischen Kirche in Baden, 2. Auflage, Karlsruhe 1927.

Machtan, Lothar: Die Abdankung. Wie Deutschlands gekrönte Häupter aus der Geschichte fielen, Berlin 2008.

Machtan, Lothar: Prinz Max von Baden. Der letzte Kanzler des Kaisers, Berlin 2013.

Marggraf, Eckhart: Klaus Finck: Klaus Wurth (1861–1948). Ein Leben für die Kirche, in: Jahrbuch für badische Kirchen- und Religionsgeschichte Bd. 1 (2007), 232–237.

Marggraf, Eckhart: „...was sich hier in unserer Blumenstraße abspielt...“. Briefe des badischen Kirchenpräsidenten Albert Helbing bei Kriegsbeginn 1914, in: Jahrbuch für badische Kirchen- und Religionsgeschichte Bd. 8/9 (2014/2015), 247–258.

Martin, Michael: Luftangriffe auf Karlsruhe im Ersten Weltkrieg, in: Bräunche, Otto; Steck, Volker (Hg.): Der Krieg daheim. Karlsruhe 1914–1918, Veröffentlichungen des Karlsruher Stadtarchivs Bd. 33, Karlsruhe 2014, 170–198.

Maylunas, Andrei; Mironenko, Sergei (Hg.): Eine Liebe für die Ewigkeit. Nikolaus und Alexandra – Das letzte Zarenpaar, München 1999.

Merz, Hans-Georg: Nokk, Franz Wilhelm, in: Bayerische Akademie der Wissenschaften (Hg.): Neue Deutsche Biographie, Bd. 19, Berlin 1998, 325f.

Meyer, Almut A.: Elisabeth von Thadden (1890–1944). Pädagogin aus christlichem Geist im Konflikt mit dem Nationalsozialismus, in: Schwinge, Gerhard (Hg.): Lebensbilder aus der Evangelischen Kirche in Baden im 19. und 20. Jahrhundert. Band V: Kultur und Bildung, Sonderveröffentlichungen des Vereins für Kirchengeschichte in der Evangelischen Landeskirche in Baden Bd. 4, Heidelberg 2004, 473–495.

Meyer-Frommhold, Carl (Hg.): Aus Geschichte und Leben. Erzählungen von Adolf Schmitthenner, Leipzig 1907.

Michalka, Wolfgang (Hg.): Der Erste Weltkrieg. Wirkung, Wahrnehmung, Analyse, München/Zürich 1994.

Möller, Christian: Martin Luther, in: Möller, Christian (Hg.): Geschichte der Seelsorge in Einzelportraits, Bd. 2: Von Martin Luther bis Matthias Claudius, Göttingen 1995, 25–44.

Mommsen, Wolfgang J.: Die nationalgeschichtliche Umdeutung der christlichen Botschaft im Ersten Weltkrieg, in: Krumeich, Gerd; Lehmann, Hartmut (Hg.): Gott mit uns. Nation, Religion und Gewalt im 19. und frühen 20. Jahrhundert, Veröffentlichungen des Max-Planck-Instituts für Geschichte Bd. 162, Göttingen 2000, 249–261.

Mommsen, Wolfgang J.: Die Urkatastrophe Deutschlands. Der Erste Weltkrieg 1914-1918, Gebhardt Handbuch der deutschen Geschichte Bd. 17, 10. Auflage, Stuttgart 2002.

Mommsen, Wolfgang J.: Deutschland, in: Hirschfeld, Gerhard; Krumeich, Gerd; Renz, Irina (Hg.): Enzyklopädie Erster Weltkrieg. Aktualisierte und erweiterte Studienausgabe, UTB 8396, Paderborn 2009, 15–30.

Morgenthaler, Christoph: Seelsorge, Lehrbuch Praktische Theologie Bd. 3, Gütersloh 2009.

Müller, Leonhard: Was soll aus dem Karlsruher Schloss werden? Nach dem Ende der Monarchie 1918, in: Blick in die Geschichte Nr. 95, 15. Juni 2012.

Müller, Leonhard: Zum Tod des Großherzogs Friedrich I. von Baden 1907, in: Blick in die Geschichte Nr. 75, 16. Juni 2007.

Niens, Hans: Vom Pfründeeinkommen zur Pfarrbesoldung, in: Wunderer, Gerhard (Hg.): Die ersten hundert Jahre 1892–1992. Festschrift zum 100jährigen Jubiläum des Evangelischen Pfarrvereins in Baden, Karlsruhe 1992, 120–135.

Nipperdey, Thomas: Deutsche Geschichte 1800–1866. Bürgerwelt und starker Staat, München 1983.

Nipperdey, Thomas: Deutsche Geschichte 1866–1918. Machtstaat vor der Demokratie, München 1993.

Noack, Stefan (2012): Der Jungdeutschlandbund, in: Benz, Wolfgang (Hg.): Handbuch des Antisemitismus. Judenfeindschaft in Geschichte und Gegenwart, Bd. 5: Organisationen, Institutionen, Bewegungen, Berlin 2012, 344–346.

Opitz, Günter: Wurth, Klaus, in: Kommission für geschichtliche Landeskunde in Baden-Württemberg (Hg.): Badische Biographien. Neue Folge, Bd. 5, Stuttgart 2005, 297–300.

Oster, Uwe A.: Die Großherzöge von Baden (1806–1918), Regensburg 2007.

Overmans, Rüdiger (Hg.): In Gottes Wort gehalten. Die Evangelische Kirchengemeinde Freiburg 1807–2007, Freiburg 2006.

Pagel, Karl: Geschichtliche Entwicklung Badens, in: Fehrle, Eugen (Hg.): Die Großherzöge Friedrich I. und Friedrich II. und das badische Volk, Karlsruhe 1930, 11–32.

Pfisterer, Ruth: Grete Gillet, in: Köhler, Heike (Hg.): Dem Himmel so nah-dem Pfarramt so fern. Erste evangelische Theologinnen im geistlichen Amt, Neukirchen-Vluyn 1996, 34–37.

Pfisterer, Hans: Carl Ullmann (1796–1865). Sein Weg zur Vermittlungstheologie, Karlsruhe 1977.

Pfisterer, Hans: Carl Ullmann (1796–1865). Vom Pfarrersbub aus dem kurpfälzischen Odenwald zum badischen Prälaten: Romantik und „positive Vermittlung" in Theologie und Kirche, Ubstadt-Weiher 2014.

Planert, Ute: Antifeminismus im Kaiserreich. Diskurs, soziale Formation und politische Mentalität, Kritische Studien zur Geschichtswissenschaft Bd. 124, Göttingen 1998.

Pressel, Wilhelm: Die Kriegspredigt 1914–1918 in der Evangelischen Kirche Deutschlands, Göttingen 1967.

Progress-Verlagsanstalt Karlsruhe (Hg.): Die badischen Gemeinden. Ihre Entwicklung in den Jahren 1919–1930, dargelegt an zahlreichen großen, mittleren und kleinen Gemeinden, Karlsruhe 1930.

Raberg, Frank: Alexander Freiherr von Dusch, in: Kommission für geschichtliche Landeskunde in Baden-Württemberg (Hg.): Badische Biographien. Neue Folge, Bd. 5. Stuttgart 2005, 55.

Riemenschneider, Matthias: Die Geschichte der kirchlich-positiven Vereinigung in Baden, in: Erbacher, Hermann (Hg.): Beiträge zur kirchlichen Zeitgeschichte der Evangelischen Landeskirche in Baden. Preisarbeiten anläßlich des Barmenjubiläums 1984, Karlsruhe 1989, 1–89.

Ritter, Adolf Martin: Erwin Eckert (1893–1972). Pfarrer, Religiöser Sozialist, Kommunalpolitiker, in: Ehmann, Johannes (Hg.): Lebensbilder aus der Evangelischen Landeskirche in Baden im 19. und 20. Jahrhundert. Band II: Kirchenpolitische Richtungen, Sonderveröffentlichungen des Vereins für Kirchengeschichte in der Evangelischen Landeskirche in Baden Bd. 4, Heidelberg 2010, 507 533.

Rödel, Volker: Badens Aufstieg zum Großherzogtum, in: Rödel, Volker (Hg.): 1806. Baden wird Großherzogtum. Karlsruhe 2006, 9–43.

Röhl, John C. G. (Hg.): Kaiser, Hof und Staat. Wilhelm II. und die deutsche Politik, 4. Auflage, München 1995.

Röhl, John C. G.: Wilhelm II. Der Aufbau der Persönlichen Monarchie 1888-1900, München 2001.

Röhl, John C. G.: Wilhelm II., München 2013.

Rotberg, Edgar Freiherr von (1930): Großherzog Friedrich II. als Soldat, in: Fehrle, Eugen (Hg.): Die Großherzöge Friedrich I. und Friedrich II. und das badische Volk, Karlsruhe 1930, 77–96.

Rückleben, Hermann: Kirchliche Zentralbehörden in Baden 1771–1958, in: Erbacher, Hermann (Hg.): 150 Jahre Vereinigte Evangelische Landeskirche in Baden. Dokumente und Aufsätze. Im Auftrag des Oberkirchenrates herausgegeben von Hermann Erbacher, Karlsruhe 1971, 624–667.

Rückleben, Hermann: Maas, Hermann, in: Kommission für geschichtliche Landeskunde in Baden-Württemberg (Hg.): Badische Biographien. Neue Folge, Bd. 2, Stuttgart 1987, 196–198.

Rückleben, Hermann: Evangelische Judenchristen in Karlsruhe 1715–1945. Die badische Landeskirche vor der Judenfrage, Veröffentlichungen des Vereins für Kirchengeschichte der evangelischen Landeskirche in Baden Bd. 37, Karlsruhe 1988.

Salaba, Marie: Soziale Lage und Revolution, in: Generallandesarchiv Karlsruhe (Hg.): Baden. Land-Staat-Volk 1806–1871, Karlsruhe 1980, 113–156.

Schäfer, Alfons (Hg.): Oberrheinische Studien II. Neue Forschungen zu Grundproblemen der badischen Geschichte im 19. und 20. Jahrhundert, Karlsruhe 1973.

Scheidle, Ilona: Großherzogin Luise von Baden (1838–1923). Eine politische Biographie, Heidelberg (unveröffentlicht) 2003.

Scheidle, Ilona: Großherzogin Luise von Baden, Prinzessin von Preußen (1838–1923). Macht-Frömmigkeit-Diakonie. Landesmutter und Wohltäterin, in: Jahrbuch für badische Kirchen- und Religionsgeschichte Bd. 8/9 (2014/2015), 407–421.

Schenkel, Daniel: Das Charakterbild Jesu. Ein biblischer Versuch, Wiesbaden 1864.

Schmidgall, Markus: Die Revolution 1918/19 in Baden, Karlsruhe 2012.

Schmitthenner, Karl Ludwig Wilhelm: Baden, in: Conrad, Paul; Zauleck, Paul (Hg.): Die kleinen Majestäten. Eine Festschrift zum 50jährigen Jubiläum des deutschen Kindergottesdienstes, Berlin 1913, 86–94.

Schmitthenner, Karl Ludwig Wilhelm: Die Liebeswerke in Baden, in: Evangelischer Pfarrverein in Baden (Hg.): Kirche und Heimat. Ein Buch von der evangelischen Kirche in Baden. Festgabe zum Deutschen Evangelischen Pfarrertag in Karlsruhe 1928, Karlsruhe 1928, 232–243.

Schmitthenner, Karl Ludwig Wilhelm: Großherzog Friedrichs II. Charakterbild, in: Fehrle, Eugen (Hg.): Die Großherzöge Friedrich I. und Friedrich II. und das badische Volk, Karlsruhe 1930, 67–76.

Schmitthenner, Karl Ludwig Wilhelm: Großherzogin Hilda von Baden, in: Fehrle, Eugen (Hg.): Die Großherzöge Friedrich I. und Friedrich II. und das badische Volk, Karlsruhe 1930, 97–102.

Schmitthenner, Johann Heinrich August: Neckarbischofsheim und seine Lage, in: Verein für Heimatpflege Neckarbischofsheim (Hg.): Neckarbischofsheim 988–1988. Heimatgeschichtliche Beiträge aus dem Leben einer Kraichgaustadt, Neckarbischofsheim 1988, 7.

Schnaiter, Walter: Die Nachlässe Adolf Schmitthenner (1854–1907) und Karl Ludwig Schmitthenner (1858-1932) im Landeskirchlichen Archiv, in: Jahrbuch für badische Kirchen- und Religionsgeschichte Bd. 3 (2009), 341–346.

Schnaiter, Walter: Der Nachlass von Otto Raupp (1867–1945) im Landeskirchlichen Archiv, in: Jahrbuch für badische Kirchen- und Religionsgeschichte Bd. 6 (2012), 315–320.

Schnaiter, Walter: Der Familiennachlass Schmitthenner im Landeskirchlichen Archiv, in: Jahrbuch für badische Kirchen- und Religionsgeschichte Bd. 7 (2013), 331–335.

Schneider, Thomas: Müller, Johannes, in: Bayerische Akademie der Wissenschaften (Hg.): Neue Deutsche Biographie, Bd. 18, Berlin 1997, 426–428.

Schneider-Harpprecht, Christoph: Das evangelische Pfarrhaus-soziale Institution im Wandel der Zeiten. Einführende Überlegungen zu einer Kulturgeschichte des evangelischen Pfarrhauses, in: Schwarzmaier, Hansmartin; Wennemuth, Udo; Krüger, Jürgen (Hg.): Das Evangelische Pfarrhaus im deutschsprachigen Südwesten, Oberrheinische Studien Bd. 32, Ostfildern 2014, 19–40.

Schoenbaum, David: Zabern 1913. Consensus politics in imperial Germany, London 1982.

Scholder, Klaus: Die Kirchen und das Dritte Reich. Band 1: Vorgeschichte und Zeit der Illusionen 1918–1934, Frankfurt (Main) 1977.

Schulin, Ernst: Die Geschichte der evangelischen Kirchengemeinde Freiburg 1807–1982, Freiburg 1983.

Schwarzmaier, Hansmartin: Monarchie und Staat, Generallandesarchiv Karlsruhe (Hg.): Baden. Land-Staat-Volk 1806–1871, Karlsruhe 1980, 32–74.

Schwarzmaier, Hansmartin (Hg.): Handbuch der baden-württembergischen Geschichte. Bd. 3: Vom Ende des Alten Reiches zum Ende der Monarchien, hg. im Auftrag der Kommission für geschichtliche Landeskunde in Baden-Württemberg, Stuttgart 1992.

Schwarzmaier, Hansmartin; Krimm, Konrad; Stievermann, Dieter; Kaller, Gerhard; Stratmann-Döhler, Rosemarie (Hg.): Geschichte Badens in Bildern 1100–1918, Stuttgart 1993.

Schwarzmaier, Hansmartin: Baden. Dynastie-Land-Staat, Stuttgart 2005.

Schwarzmaier, Hansmartin (Hg.): Handbuch der baden-württembergischen Geschichte. Bd. 4: Die Länder seit 1918, hg. im Auftrag der Kommission für geschichtliche Landeskunde in Baden-Württemberg, Stuttgart 2003.

Schwarzmaier, Hansmartin; Wennemuth, Udo; Krüger, Jürgen (Hg.): Das Evangelische Pfarrhaus im deutschsprachigen Südwesten, Oberrheinische Studien Bd. 32, Ostfildern 2014.

Schwarzmaier, Hansmartin: Nach Kriegsausbruch 1914. Briefe von der Front an die Heimat, in: Blick in die Geschichte Nr. 101, 3. Januar 2014.

Scholder, Klaus: Neuere deutsche Geschichte und protestantische Theologie. Aspekte und Fragen, in: Aretin, Karl Otmar von; Besier, Gerhard (Hg.): Die Kirchen zwischen Republik und Gewaltherrschaft. Gesammelte Aufsätze, Frankfurt 1991, 75–97.

Schulz, Gerhard: Max(imilian) von Baden (1867–1929), in: Bayerische Akademie der Wissenschaften (Hg.): Neue Deutsche Biographie, Bd. 16, Berlin 1996, 475–477.

Schwarz, Martin: Mein bisheriger Weg 1905–1950, in: Jahrbuch für badische Kirchen- und Religionsgeschichte Bd. 2 (2008), 174–183.

Schweitzer, Albert: Geschichte der Leben-Jesu-Forschung, Tübingen 1913.

Schwinge, Gerhard (Hg.): Geschichte der badischen evangelischen Kirche seit der Union 1821 in Quellen. Herausgegeben vom Vorstand des Vereins für Kirchengeschichte in der Evangelischen Landeskirche in Baden zum Kirchenjubiläum 1996, Veröffentlichungen des Vereins für Kirchengeschichte der evangelischen Landeskirche in Baden Bd. 53, Karlsruhe 1996.

Schwinge, Gerhard (Hg.): Lebensbilder aus der Evangelischen Kirche in Baden im 19. und 20. Jahrhundert. Band V: Kultur und Bildung, Sonderveröffentlichungen des Vereins für Kirchengeschichte in der Evangelischen Landeskirche in Baden Bd. 4, Heidelberg 2004.

Schwinge, Gerhard: Albrecht Thoma (1844–1915). Ein Lebenswerk für Kirche, Schule und Haus, in: Ehmann, Johannes (Hg.): Lebensbilder aus der Evangelischen Landeskirche in Baden im 19. und 20. Jahrhundert. Band II: Kirchenpolitische Richtungen, Sonderveröffentlichungen des Vereins für Kirchengeschichte in der Evangelischen Landeskirche in Baden Bd. 4, Heidelberg 2010, 277–295.

Schwinge, Gerhard: Badische Pfarrer und der Erste Weltkrieg. Klaus Wurth, Franz Rohde, Karl Hesselbacher, Hermann Maas, Friedrich Haußß, Julius Bender, in: Jahrbuch für badische Kirchen- und Religionsgeschichte Bd. 7 (2013), 51–82.

Schwinge, Gerhard: Kriegsbegeisterung – und was danach? Mannheimer evangelische Pfarrer und der Erste Weltkrieg. Theodor Achtnich, Ernst Lehmann, Paul Klein, Heinz Kappes, Gustav Rost, Erwin Eckert, in: Jahrbuch für badische Kirchen- und Religionsgeschichte Bd. 8/9 (2014/2015), 259–286.

Schwinge, Gerhard (Hg.): Lebensbilder aus der evangelischen Kirche in Baden. Band IV: Erweckung/Innere Mission/Diakonie/Theologinnen, Sonderveröffentlichungen des Vereins für Kirchengeschichte der Evangelischen Landeskirche in Baden Bd. 9, Ubstadt-Weiher 2015.

Sontheimer, Kurt: Antidemokratisches Denken in der Weimarer Republik. Die politischen Ideen des Nationalsozialismus zwischen 1918 und 1933, 3. Auflage, München 1978.

Steck, Volker: Parlament und Ständehaus im Ersten Weltkrieg, in: Bräunche, Otto; Steck, Volker (Hg.): Der Krieg daheim. Karlsruhe 1914–1918. Veröffentlichungen des Karlsruher Stadtarchivs Bd. 33, Karlsruhe 2014, 311–326.

Sterr, Lisa: Aufbrüche, Einschnitte und Kontinuitäten. Karlsruher Frauen in der Weimarer Republik und im Dritten Reich, in: Asche, Susanne; Guttmann, Barbara; Hochstrasser Olivia (Hg.): Karlsruher Frauen 1715–1945. Eine Stadtgeschichte, Veröffentlichungen des Karlsruher Stadtarchivs Bd. 15, Karlsruhe 1992, 293–390.

Strack, Paul: Johann Heinrich von Bodman, in: Bayerische Akademie der Wissenschaften (Hg.): Neue Deutsche Biographie, Bd. 2, Berlin 1955, 360.

Theobald, Udo (Hg.): Das badische Ständehaus in Karlsruhe. Eine Dokumentation über das erste deutsche Parlamentsgebäude. Karlsruhe 1988.

Theobald, Udo: Das neue Ständehaus. Stadtbibliothek und Erinnerungsstätte; herausgegeben anlässlich der Einweihung des neuen Ständehauses in Karlsruhe am 21. August 1993, Karlsruhe 1993.

Tiling, Peter von: Gemeinde und Gemeindeprinzip im badischen Verfassungsrecht seit 1821, in: Erbacher, Hermann (Hg.): 150 Jahre Vereinigte Evangelische Landeskirche in Baden. Dokumente und Aufsätze. Im Auftrag des Oberkirchenrates herausgegeben von Hermann Erbacher, Karlsruhe 1971, 555–581.

Ullmann, Hans-Peter: Kriegswirtschaft, in: Hirschfeld, Gerhard; Krumeich, Gerd; Renz, Irina (Hg.): Enzyklopädie Erster Weltkrieg. Aktualisierte und erweiterte Studienausgabe, UTB 8396, Paderborn 2009, 220–232.

Ulrichs, Hans-Georg: Eine Laienbewegung kommt unter kirchliche Hut. Der evangelische Kindergottesdienst in Baden von den Anfängen bis 1945, in: Ulrichs, Hans-Georg (Hg.): Kirche der kleinen Leute. Geschichte und Gegenwart des evangelischen Kindergottesdienstes in Baden, herausgegeben im Auftrag des Verbandes für Kindergottesdienstarbeit in der Evangelischen Landeskirche in Baden, mit Beiträgen von Dieter Haas, Manfred Hilkert, Esther Richter und Hans-Georg Ulrichs, Sonderveröffentlichungen des Vereins für Kirchengeschichte in der Evangelischen Landeskirche in Baden Bd. 3, Ubstadt-Weiher 2003, 11–57.

Urban, Georg: Theodor Böhmerle. Ein Zeuge Jesu Christi und Seiner Gemeinde, Badische Väter Bd. 4, Karlsruhe 1973.

Vierling-Ihrig, Heike: Ernst August Göler von Ravensburg (1837–1912). „Zu des christlichen Standes Besserung“ – Leben und Werk, in: Schwinge, Gerhard (Hg.): Lebensbilder aus der evangelischen Kirche in Baden. Band IV: Erweckung/Innere Mission/Diakonie/Theologinnen, Sonderveröffentlichungen des Vereins für Kirchengeschichte der Evangelischen Landeskirche in Baden Bd. 9, Ubstadt-Weiher 2015, 230–253.

Verein für Heimatpflege Neckarbischofsheim (Hg.): Neckarbischofsheim 988–1988. Heimatgeschichtliche Beiträge aus dem Leben einer Kraichgaustadt, Neckarbischofsheim 1988.

Voigt, Karl-Heinz: Ökumene in Deutschland. Internationale Einflüsse und Netzwerkbildung – Anfänge 1848–1945, Kirche-Konfession-Religion Bd. 62, Göttingen 2014.

Vom Orde, Klaus: Carl Mez. Ein Unternehmer in Industrie, Politik und Kirche, Veröffentlichungen des Vereins für Kirchengeschichte der evangelischen Landeskirche in Baden Bd. 45, Karlsruhe 1992.

Walkenhorst, Peter: Nationalismus als „politische Religion“? Zur religiösen Dimension nationalistischer Ideologie im Kaiserreich, in: Blaschke, Olaf; Kuhlemann, Frank-Michael (Hg.): Religion im Kaiserreich. Milieus-Mentalitäten-Krisen, Religiöse Kulturen der Moderne Bd. 2, 2. Auflage Gütersloh 2000, 503–529.

Weech, Friedrich von: Karlsruhe. Geschichte der Stadt und ihrer Verwaltung 1852–1874, Karlsruhe 1904.

Wehler, Hans-Ulrich: Das Deutsche Kaiserreich 1871–1918, Deutsche Geschichte Bd. 9, 7. Auflage, Göttingen 1994.

Weiß, John Gustav: Lebenserinnerungen eines badischen Kommunalpolitikers, heraus gegeben und bearbeitet von Jörg Schadt unter Mitarbeit von Hans Ewald Keßler, Veröffentlichungen des Stadtarchivs Mannheim Bd. 6, Stuttgart 1981.

Wennemuth, Udo: Mannheim und die Universität Heidelberg um 1900, Kohnle, Armin; Engehausen, Frank (Hg.): Zwischen Wissenschaft und Politik. Studien zur deutschen Universitätsgeschichte. Festschrift für Eike Wolgast zum 65. Geburtstag. Stuttgart 2001, 473–493.

Wennemuth, Udo: Geschichte der evangelischen Kirche in Mannheim, Quellen und Darstellungen zur Mannheimer Stadtgeschichte Bd. 4, Sigmaringen 2004.

Wennemuth, Udo (Hg.): Mission und Diakonie, Kultur und Politik. Vereinswesen und Gemeinschaften in der evangelischen Kirche in Baden im 19. Jahrhundert, herausgegeben im Auftrag des Verein für Kirchengeschichte in der Evangelischen Landeskirche in Baden, mit Beiträgen von Gustav Adolf Benrath, Stephan Holthaus und Frank-Michael Kuhlemann, Veröffentlichungen des Vereins für Kirchengeschichte in der Evangelischen Landeskirche in Baden Bd. 59, Karlsruhe 2004.

Wennemuth, Udo: Friedrich Kiefer (1893–1955). Schwärmerische Frömmigkeit und deutsch-christlicher Radikalismus, in: Ehmann, Johannes (Hg.): Lebensbilder aus der Evangelischen Landeskirche in Baden im 19. und 20. Jahrhundert. Band II: Kirchenpolitische Richtungen, Sonderveröffentlichungen des Vereins für Kirchengeschichte in der Evangelischen Landeskirche in Baden Bd. 4, Heidelberg 2010, 471–501.

Wennemuth, Udo: Die Hofprediger am badischen Hof. Eine Annäherung, in: Jahrbuch für badische Kirchen- und Religionsgeschichte Bd. 6 (2012), 109–124.

Wennemuth, Udo: Die evangelische Kirche in Karlsruhe im Ersten Weltkrieg, in: Bräunche, Otto; Steck, Volker (Hg.): Der Krieg daheim. Karlsruhe 1914–1918, Veröffentlichungen des Karlsruher Stadtarchivs Bd. 33, Karlsruhe 2014, 252–267.

Winkler, Leonard: Präsident Uibel. Ein Lebensbild, Veröffentlichungen des Vereins für Kirchengeschichte der evangelischen Landeskirche in Baden Bd. 4, Lahr (Schwarzwald) 1930.

Winter, Jörg: Vor 150 Jahren: Kirchenverfassung von 1861, in: Jahrbuch für badische Kirchen- und Religionsgeschichte Bd. 5 (2011), 169–176.

Winter, Jörg: Wilhelm Ziegler (1901–1993). Landespfarrer für Diakonie in schwierigen Zeiten, in: Schwinge, Gerhard (Hg.): Lebensbilder aus der evangelischen Kirche in Baden. Band IV: Erweckung/Innere Mission/Diakonie/Theologinnen, Sonderveröffentlichungen des Vereins für Kirchengeschichte der Evangelischen Landeskirche in Baden Bd. 9, Ubstadt-Weiher 2015, 300–323.

Wolgast, Eike: Paul Schmitthenner, in: Badische Biographien. Neue Folge Bd. 3, Stuttgart 1990, 239–243.

Wolff, Jens: „Lutherus gibt gut Teutsch“. Der Streit um Renatus Kortums Hiob-Kommentar von 1708 als Modell für die dynamische Relationalität von Pietismus, Orthodoxie und Aufklärung, in: Beutel, Albrecht; Leppin, Volker; Sträter, Udo (Hg.): Christentum im Übergang. Neue Studien zu Kirche und Religion in der Aufklärungszeit, Arbeiten zur Kirchen- und Theologiegeschichte Bd. 19, Leipzig 2006, 15–31.

Wunderer, Gerhard (Hg.): Die ersten hundert Jahre 1892–1992. Festschrift zum 100jährigen Jubiläum des Evangelischen Pfarrvereins in Baden, Karlsruhe 1992.

Wirsching, Andreas: Die Weimarer Republik. Politik und Gesellschaft, München 2000.

Zeilfelder-Löffler, Monika: Maria Heinsius geb. Stoeber (1893–1979). „Der Dienst der Frau (in der Kirche) ist so alt wie die Kirche selber“, in: Schwinge, Gerhard (Hg.): Lebensbilder aus der evangelischen Kirche in Baden. Band IV: Erweckung/Innere Mission/Diakonie/Theologinnen, Sonderveröffentlichungen des Vereins für Kirchengeschichte der Evangelischen Landeskirche in Baden Bd. 9, Ubstadt-Weiher 2015, 387–402.

Zimmerling, Peter (Hg.): Evangelische Seelsorgerinnen. Biographische Skizzen, Texte und Programme, Göttingen 2005.

Zweig, Stephan: Die Welt von gestern. Erinnerungen eines Europäers, Stockholm 1944.

Personenregister (Auswahl)